D1732025

Fernand Braudel

Schriften zur Geschichte 2

Menschen und Zeitalter

Aus dem Französischen übersetzt von
Jochen Grube, Joachim Kalka und
Gerda Kurz / Siglinde Summerer

Klett-Cotta

Klett–Cotta
Die Originalausgabe erschien 1990
unter dem Titel »Écrits sur l'histoire«
im Verlag Editions Arthaud, Paris
© 1990 by Editions Arthaud
Aus dem Französischen übersetzt
von Jochen Grube, Joachim Kalka
und Gerda Kurz/Siglinde Summerer
© für die deutsche Ausgabe
© J. G. Cotta'sche Buchhandlung Nachfolger GmbH, gegr. 1659
Stuttgart 1993
Fotomechanische Wiedergabe nur mit Genehmigung des Verlags
Printed in Germany
Schutzumschlag: Klett-Cotta Design
Gesetzt aus der 10 Punkt Bembo
von Peter & Partner, Höchberg bei Würzburg
Auf säure- und holzfreiem Werkdruckpapier gedruckt
und in Fadenheftung gebunden von Clausen und Bosse, Leck
Einbandstoff: Garant-Leinen

Die Deutsche Bibliothek – CIP-Einheitsaufnahme
Braudel, Fernand:
Schriften zur Geschichte / Fernand Braudel. – Stuttgart : Klett-Cotta
Einheitssacht.: Écrits sur l'histoire <dt.>
NE: Braudel, Fernand: [Sammlung <dt.>]
Bd. 2. Menschen und Zeitalter / aus dem Franz.
übers. von Jochen Grube, Joachim Kalka
und Gerda Kurz / Siglinde Summerer. – 1993
ISBN 3-608-93159-7

Inhalt

Vorbemerkung zum Band 2

Der vorliegende Band *Menschen und Zeitalter,* der die Ausgabe der *Schriften zur Geschichte* von Fernand Braudel beschließt, wurde gegenüber der französischen Edition um einige Beiträge erweitert. Es handelt sich um autobiographische und biographische Skizzen, die erstmals ein Licht auf die persönlichen Beziehungen der Protagonisten der *Annales* aus der Sicht Braudels werfen. Im Mittelpunkt steht dabei die von tiefer Verehrung für den Älteren geprägte enge Freundschaft zwischen Lucien Febvre und Fernand Braudel. In welchem Ausmaß der Erfolg gemeinsamer wissenschaftlicher Arbeit eingebettet ist in die alltäglichen Lebenszusammenhänge der Forschenden, davon legen die Anmerkungen Braudels in den Beiträgen des Kapitels III beredtes Zeugnis ab. Darüber hinaus vermitteln sie dem Leser ein anschauliches Bild vom Klima lebhafter intellektueller Auseinandersetzungen in den Redaktionsräumen der *Annales.* Gerade dieser beinahe permanente intensive Diskurs zwischen Lehrern und Schülern, zwischen »Vätern« und »Söhnen«, hatte wesentlichen Anteil am Erfolg der *histoire nouvelle.* Daß dieser Diskurs auf interdisziplinärer Ebene stattfand, indem er vom Anfang an Geographen, Ethnologen, Anthropologen, Linguisten, Sozial- und Wirtschaftswissenschaftler integrierte, gehörte zum Programm der *Annales*-Begründer Marc Bloch und Lucien Febvre: Nur durch eine Kooperation aller Wissenschaften vom Menschen sei das Ziel einer *histoire totale,* die sämtliche Aspekte menschlichen Zusammenlebens in der Vergangenheit berücksichtigt und aufeinander bezieht, zu erreichen. Der große, zusammen mit Frank Spooner ursprünglich für die *Cambridge Economic History of Europe* verfaßte Artikel über »Die Preise in Europa von 1450 bis 1750« ist ein Beispiel für die Umsetzung dieses programmatischen Anspruchs in die Praxis des Historikers/Ökonomen.

Im Kapitel II des vorliegenden Bands widmet Braudel sich in zwei kleineren Essays den historischen Figuren, die ihn zeitlebens besonders faszinierten: Karl V. und Philipp II. Beide Poräts entkräften den häufigen Vorwurf an die Vertreter der *Annales,* den Menschen als handelndes Individuum aus »ihrer« Geschichte eliminiert zu haben. (Die vielleicht schönsten, weil persönlichsten Bücher Lucien Febvres widmen sich ebenfalls konkreten historischen Personen: Martin Luther und Margarete von Navarra.)

Die im abschließenden Kapitel IV unter dem Titel »Schriften über die Gegenwart« zusammengefaßten späten Artikel Braudels für den italienischen *Corriere della Sera* eröffnen dem Leser einen sehr privaten Zugang zum Denken Braudels. Neben überaus persönlichen Kommentaren zur politischen und sozialen Entwicklung Europas seit den sechziger Jahren, zur 68er Bewegung und zur französischen Bildungspolitik spricht Braudel hier vor allem von seiner ureigensten Passion: der Liebe zur Geschichte, die bei ihm stets einfloß in die Liebe zu Frankreich und die Liebe zum Mittelmeerraum, seinem Klima, seiner Vegetation und – vor allem – seinen Menschen. Diese enge Verbundenheit mit der mediterranen Welt, die die Arbeit des Forschers Braudel so nachhaltig beeinflußte, prägte zeitlebens auch den Menschen Braudel, der nicht nur immer wieder der Faszination der Akten in den Archiven der Städte rund ums Mittelmeer erlag, sondern auch dem Reiz seiner Bewohner, von denen die Dokumente über die Jahrhunderte hinweg berichten. Gerade diese Leidenschaft für seinen Gegenstand befähigte Fernand Braudel vielleicht wie keinen zweiten Historiker dieses Jahrhunderts dazu, Geschichte als Vergegenwärtigung des Vergangenen sinnlich erfahrbar zu machen.

Im April 1993   Thomas Bertram

I
ZEITALTER

Die Preise in Europa von 1450 bis 1750[*]

In Zusammenarbeit mit Frank Spooner

Die außerordentlich umfangreiche Problematik der Preisgeschichte in Europa vom 15. bis zur Mitte des 18. Jahrhunderts, also annähernd während der sogenannten vorindustriellen Ära, in einem Kapitel[**] der Allgemeingeschichte abzuhandeln kann einen auf den ersten Blick schon leicht bange machen. Entsprechend beklommen fragten wir uns denn auch, ob es uns gelingen würde, das Unterfangen zu einem guten Ende zu führen. Die Antwort lautet ja und nein: denn so leicht es ist, Rahmen und Hauptlinien einer europäischen Preisgeschichte festzulegen, so unmöglich erscheint es beim heutigen Wissensstand, verläßliche Grundlagen zu schaffen und zuverlässige Deutungen zu geben. Einen Vorteil aber bringt der Versuch mit Sicherheit doch: Die Frage nach dem Wert, ja, man möchte fast sagen, nach dem Wesen einer Preisgeschichte wird in relativ neuen Begriffen gefaßt – und das ist, wie die Schwierigkeiten, auf die wir stoßen werden, bezeugen, ein keineswegs zu verachtender Vorteil. Aber sehen wir erst einmal zu!

Erste sehr ernstzunehmende Schwierigkeit: Bei der zuuntersuchenden Wirtschaft handelt es sich um eine *alte*, der Vergangenheit angehörende Wirtschaft, die sich mit ihren Strukturen und Rhythmen von der Wirtschaft des industriellen Europa im 19. und mehr noch im 20. Jahrhundert stark unterscheidet. Eine Standortveränderung für Leser wie für Wirtschaftshistoriker ist demnach vonnöten, zumal letzterer den natürlichen Drang verspürt, sich täglich bei Volkswirtschaftlern Rat zu holen, die sich, genaugenommen, ja nur für die Gegenwart interessieren. Besagter Historiker muß sich also von einer lebendigen Realität befreien, deren Schauspiel sich ihm aufdrängt; er

---

[*] »Les prix en Europe de 1450 à 1750«. Aus dem Französischen übersetzt von Gerda Kurz/Siglinde Summerer. Eine gekürzte englische Übersetzung erschien 1967 in: *The Cambridge Economic History of Europe*, IV, Kap. VII, S. 374–486.

[**] Sämtliche Berechnungen in diesem Kapitel wurden von Frank Spooner durchgeführt. Ich habe sie lediglich in den Text eingefügt und ausgewertet, was zwar mein Verdienst schmälert, nicht aber meine Verantwortung verringert. Die Graphiken stammen von Jacques Bertin und seinen Mitarbeitern (F. B.). Die Anmerkungen sind auf den S. 156–161 zusammengefaßt, die Abbildungen auf den S. 126–155.

muß sich von gebräuchlichen Deutungen, mehr noch von praktischen, bewährten, aber aktuellen und für die Aktualität, genauer, für
die westliche Welt von heute entwickelten Methoden trennen. Hat
die Wirtschaftswissenschaft nicht erst jüngst, mindestens seit dem
Zweiten Weltkrieg, erkannt, daß die für die wirtschaftlichen Gegebenheiten des Westens aufgestellten Methoden und Regeln zwar für
den Westen ihre Gültigkeit behalten, diese aber mehr oder minder
verlieren, sobald man versucht, sie auf andere, wiewohl ebenfalls zeit-
genössische wirtschaftliche und soziale Strukturen anzuwenden, etwa
in Indien oder in den neuen, sogenannten unterentwickelten Ländern? Wie sollten sie sich also ohne weiteres auf das vorindustrielle
Europa übertragen lassen?

Zugegeben, eine Annäherung zwischen Aktuellem und Vergange-
nem ist immer eine Verlockung, hilft sie uns doch auch, uns zu orientieren. Dennoch sollte man sich vor Beweisen hüten, die auf beiden Zeitebenen Gültigkeit beanspruchen – etwa wenn Alexandre
Chabert[1] die Wirtschaft des Ancien régime mit der Wirtschaft der
unterentwickelten Länder vergleicht, weil er glaubt, dadurch die
Gültigkeit der Quantitätstheorie des Geldes für Vergangenheit (und
Gegenwart) bestätigen zu können. Ein solches Verfahren mag verlok-
kend sein, überzeugt aber nicht unbedingt, auch wenn es bei der
Formulierung (wenn schon nicht bei der Lösung) der Probleme der
beiden miteinander verglichenen Erfahrungen wunderbare Dienste
leistet. Ebensowenig sind wir uns sicher, ob Earl J. Hamilton mit seiner verführerischen Hypothese über die unterschiedlichen Wachs-
tumsgeschwindigkeiten von Löhnen und Preisen wirklich recht hat;
ob sie in Zeiten der Inflation – sei es im 16., sei es im 18. Jahrhundert
– tatsächlich die Unternehmensgewinne so stark ansteigen ließen, daß
sie zu den Hauptursachen für das Aufkommen des Frühkapitalismus
zu zählen sind – was im übrigen auch John Maynard Keynes glaubt
und der polnische Historiker Stanislaw Hoszowski[2] in seiner unlängst
erschienenen Arbeit verficht. So überzeugt sind wir indessen davon
nicht, zumal wir die statistischen Unterlagen über die Löhne für viel
zu dürftig halten, um eine wirklich solide Erörterung darauf aufzubauen. Andererseits lehnen wir es aber auch ab, wie beispielsweise
R. A. Kessel und A. A. Alchian, die ihre Beweisführung gegen Hamiltons Theorie mit den Zuständen in Nordamerika zwischen 1939
und 1952 untermauern, Zuflucht zu *aktuellen* Beweisen zu nehmen.
Ein solches Vergleichsverfahren erscheint uns fragwürdig, wie aus

ähnlichen Gründen auch das Eingreifen von David Felix[3] in diese Debatte.

Vor 1750, wiederholen wir es noch einmal, um uns ein für allemal davon zu überzeugen, stellt sich kein Problem in den Begriffen von heute, wobei wir unter *heute* sämtliche neuen Zeiten verstehen, die seit dem Beginn der Industriellen Revolution unaufhörlich zu uns heranbranden und uns noch immer mit ihren Wassern fortreißen.

Dennoch verfügt die Geschichte der Preise noch nicht über ein eigenes Rüstzeug. Sie begnügt sich damit, das von den Volkswirtschaftlern und Statistikern übernommene ihren eigenen Belangen anzupassen, koste es, was es wolle. Die Folge sind ein ewiges Gebastel, fortwährende Änderungen, kurzum: ein Hin und Her, in dem sich eine von Tag zu Tag kleinlichere und rechthaberischere methodologische Gelehrsamkeit austobt, gerade als könnte jeder Gelehrte nur eine Methode für brauchbar halten – seine eigene – und müßte in ihrem Namen und »im Namen der Wissenschaft« seine Vorläufer und Rivalen übergehen oder exkommunizieren. Das möchten wir als irreale, selbstverschuldete oder hausgemachte Schwierigkeiten bezeichnen. Man klammert, sei es durch Verschweigen, sei es durch eine oberflächliche, jedenfalls wenig konstruktive Kritik, sämtliche Vorläufer in der Preisgeschichte aus: Georg Wiebe, François Simiand, Francisk Bujak, Lord Beveridge, Wilhelm Abel, Earl J. Hamilton, Ernest Labrousse… Man verdrängt, daß es ohne sie wohl kaum eine Geschichte der Preise gäbe; jedenfalls hat sie seit ihren bahnbrechenden Arbeiten und revolutionären Thesen – sämtliche möglicherweise fragwürdigen Punkte sogar eingeschlossen – auf der wichtigen Ebene der Problemstellung keinen merklichen Fortschritt mehr gemacht; im Gegenteil. Zufrieden damit, über diesen oder jenen Punkt bereits bekannte oder vorhersehbare Wahrheiten zu bestätigen, scheint sich das Fach in kleinlichen Einwänden ohne Ende festgefahren zu haben und dem schlimmsten geistigen Malthusianismus zu frönen. Man denke nur an den blutigen Streit von gestern über das bäuerliche und das bürgerliche Jahr, bis Giuseppe Parenti[4] ihn schließlich mit zwei Kurven beendete. Oder an den Baehrel-Meuvret-Streit, der zwar ohne Totschlag abging, unfehlbar aber von jedem Neuankömmling, der meint, dazu seine Meinung abgeben zu müssen, wieder aufgegriffen wird, ohne daß sich indessen eine sinnvolle Lösung abzeichnete. Oder an diese trübsinnige Sitzung im Anschluß an Earl J. Hamiltons Bericht auf dem letzten Internationalen Historikerkongreß von

Stockholm (August 1960). Und wenn wir unlängst die überzeugend vorgetragene These eines jungen französischen Historikers[6] mit Interesse und großem Vergnügen gelesen haben, so waren wir bei der Lektüre der Anmerkungen um so überraschter. Wenn es nach ihm ginge, wäre keine – oder fast keine – Arbeit seiner Vorgänger brauchbar. Der eine bringt lediglich Nennwertkurven: Wie leichtfertig! Der andere überträgt die Preise in Gramm Silber, wo doch der offizielle Silberpreis Quelle so vieler Fehler sein kann! Nieder mit der Tabelle von Natalis de Wailly! Die Fünfjahresdurchschnitte? Können doch gar nicht den Trend wiedergeben. Die Interzyklen? Gibt es die überhaupt? Der Jahresdurchschnitt – oder eine Zahl für einen einzigen Monat im Jahr – und das soll ein gutes Verfahren sein? Die einzigen guten Verfahren sind, wie wir daraus schließen müssen, die vom Autor selbst angewendeten: Vierteljahresdurchschnitte und gleitende Mittelwerte und das Ganze – trotz wiederholter Kritik an Natalis de Waillys Tabelle und ihrer Verwendung durch andere Autoren – mit Hilfe besagter Tabelle regelmäßig in Gramm Silber übersetzt. Dafür wird uns ein Wirtschaftshistoriker vielleicht sagen, daß die Fünfjahresdurchschnitte die beste, da am wenigsten ausgeklügelte Methode sind, um den säkularen Bewegungen des Trends zu folgen.

Wir für unseren Teil jedoch sind überzeugt, daß solche Diskussionen den Kern des Problems und das oberste – nicht einzige – Ziel nur verdecken: der vielschichtigen Wirklichkeit des materiellen Lebens von gestern ein zwar vereinfachtes, gleichwohl aber möglichst genaues Bild überzustülpen, das den ausgewählten Ausschnitt der Wirklichkeit mit Hilfe der unpersönlichen, komplizierten Aussage der Zahlen wenigstens zum Teil erfaßt. Das ist das oberste Ziel und die größte Schwierigkeit, denn die Historiker finden nicht ohne weiteres Zugang zu dieser ungewohnten Sprache; die Handhabung des Rüstzeugs fällt ihnen nicht leicht, auch wenn sie im Grunde nicht schwierig ist. Vorsichtsmaßnahmen und Warnungen sind mithin legitim, wenn eine echte Meinungsverschiedenheit vorliegt, haben aber nur einen Sinn (die Preisgeschichte für sich selbst hat keinen Sinn), wenn man über diese Maßnahmen hinausgeht und die Geschichte wieder in ihrer ganzen Fülle betrachtet, das heißt samt allen Realitäten, von denen wir in der Absicht, sie besser zu beleuchten, ursprünglich ausgegangen sind.

Eben diese Rückwendung aber ist, so lautet die Lektion aus Ernest Labrousses Werk, der springende Punkt. Eine Preiskurve mag zwar eine eigenständige Existenz haben, wird aber nicht *um ihrer selbst willen* aufgestellt, sie dient lediglich als Werkzeug der Erkenntnis, der Rückwendung zum Konkreten. Da die Preisgeschichte aber nur eine Hilfswissenschaft ist, muß sie auch notwendig zur allgemeinen Geschichte zurückkehren; andernfalls verliert sie ihre Existenzberechtigung. Doch wer würde schon bestreiten oder bezweifeln, daß sich jede Spezialstudie mit den großen Problemen auseinandersetzen muß? Unsere wissenschaftliche Neugier macht uns Historiker gleichzeitig zu Volkswirtschaftlern und Soziologen, zwingt uns allerdings, die Probleme und Konzepte der Soziologie oder der Volkswirtschaft in einer Zeit fern von der Gegenwart in einer menschlichen Landschaft, die erst wieder zum Leben erweckt werden muß, nach eigenem Gutdünken wiederaufzunehmen – kurz, *alles* auf eigene Verantwortung und Gefahr wieder von vorn zu beginnen.

Gibt es für diese Aufgabe, für eine solche Rückwendung zur Realität, *eine* gute Kurve oder *eine* gute Methode? Schön wäre es. In der Hoffnung auf einen eindeutigen Bescheid haben sich die Verfasser des vorliegenden Artikels, jeder von seiner Seite aus, an wirtschaftlich interessierte Mathematiker gewandt, an einen in England[7], an einen in Frankreich[8], und umgehend die fast gleichlautende Antwort erhalten: Die *eine* gute Methode gibt es nicht. Gut ist jede Kurve, die eine gute oder relativ gute Antwort liefert. Probieren Sie alle durch und sehen Sie selbst zu! Und das haben wir (Dank sei ihnen!) auch gemacht, nachdem wir außerdem noch durch ein Beispiel dazu ermutigt worden waren. Einer der Verfasser des vorliegenden Artikels hat zusammen mit Ruggiero Romano und Ugo Tucci[9] anhand einer langen Preisreihe von Udine, die sich für alle möglichen Berechnungen eignet, weil sie über einen Zeitraum von 212 Jahren zahlreiche Wochenpreise auf ein und demselben Markt für die verschiedenen Getreidequalitäten in Folge angibt, alle Methoden ausprobiert und festgestellt, daß anscheinend jede einen anderen Aspekt der Realität hervorhebt.

Also haben wir beschlossen, keine Möglichkeit von vornherein auszuklammern, keiner Vorliebe nachzugeben und von Fall zu Fall solche Verfahren auszuwählen, die sich für unser Vorhaben am dienlichsten erweisen, ein Vorhaben, das (vielleicht vor allem aus Angst vor Kritik) seit Georg Wiebe niemand mehr in Angriff genommen hat: die Annäherung verschiedener Kurven zum Zwecke der Erfassung der Preisrealität im gesamten *europäischen* Raum. Natürlich bedeutet eine solche Ausweitung des Operationsfeldes eine beträchtliche Erschwerung der Aufgabe, zumal es nicht nur ein Europa, sondern mehrere Europas gibt. Europa als einen Block, als Gleichklang sehen heißt, bei einem großartigen – in vieler Hinsicht dem großartigsten – Schauspiel stehenbleiben und andere übergehen. Nun will ein Historiker aber alles in den Blick bekommen, alles sammeln, um es dann zu zergliedern und danach wieder zusammenzusetzen; er ist unentwegt zwischen Analyse und Gesamtschau hin- und hergerissen. Beide Bewegungen gesellen sich zueinander, schließen sich gegenseitig aus und verquicken sich wieder.

Der Gedanke, den europäischen Raum im Zeichen der Arbeitsteilung, das heißt eines gemeinsamen Lebens, das eine Reihe von Dingen erzwingt, zu betrachten, ist für die Wirtschaftshistoriker gewiß nicht neu. Natürlich ist Europa im Jahr 1400 nicht in von Thünensche Zonen aufgeteilt. Indessen zeichnen sich schon vor diesem Zeitpunkt, im 11., 12., 13. und 14. Jahrhundert, große »Industrie«zonen, »industrialisierte« Regionen und eine bestimmte allgemeine Aufteilung der Märkte ab. Eine Ordnung ist im Entstehen begriffen.

Einen Beweis dafür sehen wir in der Ausdehnung des beherrschenden Handelsnetzes von Venedig (vgl. Abb. 3, die Routen der *galere da mercato*), in der Überlegenheit der handel- und gewerbetreibenden italienischen Städte sowie schließlich im Aufblühen verschiedener nordeuropäischer Regionen auf dem Gebiet der Tuchproduktion (Niederlande, Nordfrankreich und England), in deren Verlagerungen und kurzzeitigen Verschiebungen. Hektor Ammanns Karten zufolge lassen diese Konzentrationen, diese Privilegien von relativ langer Dauer mit Sicherheit auf eine Einheit Europas und der hier wirksamen Kräfte schließen. Und genau das ist der springende Punkt, den J. A. van Houtte[10] mit der Frage, ob Brügge im 15. Jahrhundert mit ebensolcher Gewißheit wie Antwerpen im 16. Jahrhundert als internationaler Hafen gelten kann, wieder aufgreift. Das heißt nichts anderes, als daß sich in Europa von einem Jahrhundert zum anderen eine bis zu einem gewissen Grad einheitliche Lebensform festigt und durchsetzt, die in der Folge zwar noch recht schwerfällig ist, im 18. Jahrhundert jedoch neue Impulse erhält.

Es ist also durchaus folgerichtig, bei einem ersten Schritt die Preise so zu betrachten, als gäbe es einen Dirigenten, dessen Taktstock sie von London bis Istanbul, von Moskau bis Lissabon gehorchen müßten. Freilich werden wir unterwegs erkennen müssen, daß der Dirigent nicht immer am Pult steht, daß er recht phantasievolle Einfälle hat, daß aber auch die Musiker recht eigenwillig sind; kurzum, daß bei unserer ganzen Musik, falls denn überhaupt von Musik die Rede sein kann, für individuelle Initiativen noch ein großer Spielraum bleibt. Kurzum, die Jahre von 1450 bis 1750 stehen, um die Sprache der Volkswirtschaftler zu parodieren, im Zeichen eines *unvollkommenen Orchesters*. Wirtschaftlicher Gleichklang bleibt nie unwidersprochen. Jedenfalls aber unterwirft sich Venedig im 15. Jahrhundert nicht nur den Handelsverkehr auf den großen Alpenrouten, sondern auch den ausgedehnten, flexiblen Schiffsverkehr, der im Verlauf des 15. Jahrhunderts in Brügge mehr oder weniger einen anderen Knotenpunkt findet. Und damit haben wir (unter Wahrung aller Proportionen) eine bereits moderne, blühende internationale Wirtschaft, freilich mit Einschränkungen, denn sie erfaßt nicht alle Meere und kontinentalen Räume gleichermaßen.

Hüten wir uns also, in unseren Netzen nur das materielle Leben der Pioniere und des Luxus einzufangen – die Tuche des Nordens, die seit der Mitte des 12. Jahrhunderts bis in den Mittelmeerraum oder die Levante verkauft werden; die Gewürze, die die venezianischen Galeeren von fern her bis nach Aigues-Mortes, England oder Brügge bringen; den Weizen des weit ausgreifenden Fernhandels… Denn daneben gibt es noch eine andere, bis jetzt kaum erforschte, darum aber nicht minder lebendige Realität, beherrscht von Trägheit, Rückständigkeit und bremsenden Elementen, Regionen, die von der Geldwirtschaft erst gestreift, noch nicht durchdrungen sind und in manchen Fällen an deren Auftauchen zerbrechen. (Wir denken hier zum Beispiel an Polen, an die kräftigen Geldabwertungen und Preisanstiege durch massive Weizenexporte.) Noch im 17. Jahrhundert stoßen wir im doch gar nicht so weit von Paris entfernten Beauvais auf einen äußerst aktiven Tauschhandel; die Gold- und Silbermünzen sind den Reichen vorbehalten, und selbst das schwarze Geld der Armen, die Scheidemünze, ist knapp. Dasselbe Bild bieten zahllose kleine lokale Gemeinschaften, wo klingende Münzen kaum zu hören oder zu sehen sind, aber auch ganze Regionen in Europa.

Das ist einer der Gründe, warum wir so viele Diagramme aufgenommen haben. Sie unterstreichen und lokalisieren das Preisgefälle, das eine Gemeinschaft gleichzeitig einführt, behindert oder fördert. Lebt sie nicht im wahrsten Sinne des Wortes vom Preisgefälle, das heißt davon, daß die Mühe, die Arbeit des Menschen da oder dort so gering veranschlagt werden? In der Tat sind der Weizen, den Danzig oder die Balkanhalbinsel ausführen, oder das Silber aus dem mitteleuropäischen Bergbau und später aus der Neuen Welt oder (nach 1630) das Gold aus dem brasilianischen Schwemmland genau besehen in vielen Fällen letztlich die auf den internationalen Markt geworfene Arbeit der Ärmsten der Armen, der Stiefkinder der Menschheit.

Mit Sicherheit werden wir nicht alle Schwierigkeiten, Widersprüche, Probleme, die wir anpacken müssen, auch lösen können. In Abwandlung eines Wortes von Ernst Wagemann[11] möchten wir den Preis (eine Zahl unter vielen) einen guten Detektiv nennen. Wir werden ihn immer wieder zum Einsatz bringen. Leider aber kommt es nur im Kriminalroman am Ende zu einer umfassenden Aufklärung. Im wirklichen Leben geht es nie ganz so einfach zu. Wir werden unsere Nachforschungen also in mindestens vier Anläufen durchführen, um in eine oft dunkle Debatte, die wir fast nie entscheiden können, doch wenigstens etwas Licht zu bringen.

Erster Standortwechsel und erste Vorsichtsmaßnahme: ein Blick auf das Geld – die Münzen, die Münzmetalle. Spielen letztere, wie wir glauben, eine wichtige Rolle oder können wir sie, um Ernest Labrousses geflügeltes Wort zu benutzen, als »epidermisch« übergehen?

Zweite Reise: die Strömung des säkularen Trends erkunden bzw. überhaupt erst einmal ihre von den beunruhigten Volkswirtschaftlern so umstrittene Realität anerkennen oder zumindest doch als praktischen Rahmen unserer Deutung akzeptieren. Wohin geht die Strömung, wie beeinflußt sie die Sektoren des materiellen Lebens, wie verändert sie die verschiedenen regionalen Wirtschaften? Das heißt den Geschichtstypus der »langen Dauer«[12] ins Spiel bringen, dem es mehr um das Regelmäßige als um das Zufällige, mehr um die Struktur als um die Konjunktur, ob lang- oder kurzfristig, zu tun ist.

Dritte Aufgabe: uns für die kurzfristigen Veränderungen, ihre Dauer und ihre verschiedenen Bezeichnungen, ihre allzu klaren Biographien interessieren, die oft zu Unrecht an die benachbarte Sprache der traditionellen Geschichtsschreibung erinnern.

Und wenn wir diese Untersuchungen dann so weit wie möglich vorangetrieben haben, müssen wir mit den frischgewonnenen Erkenntnissen und den uns zur Verfügung stehenden Stichproben (vgl. Abb. 2), koste es, was es wolle, zu einem Schluß zu kommen versuchen. Das heißt die Fakten, Probleme, Hypothesen, Kurven, Berechnungen wieder vornehmen, voller Bedauern, daß es nicht das letzte

Wort sein wird, denn das werden wir mit Sicherheit nicht gefunden haben.

I

Zur Einführung:
Münzen, Münzmetalle und Wechsel

Preise unabhängig vom Rahmen eines Geldsystems, das ihnen gleichzeitig als Ausdrucksmittel dient, zu begreifen dürfte schwerfallen. Kein Geld, kein Preis. Aber Geld ist »eine von wenigen verstandene Geheimwissenschaft«, schrieb schon 1567 der Sieur de Malestroit.[13] Und auch heute noch ist man sich nicht recht einig, welche Bedeutung dem Geldstoff, dem Stoff, aus dem das Geld besteht, bei der Preisbildung und Entwicklung einer Wirtschaft, die sich dem Geld ja gestern noch in großen Teilen entzog, genau zukommt. Aber obwohl unsere Dokumentation und die Bedeutung des Gegenstands eigentlich lange, ausführliche Erläuterungen erfordern, werden wir uns aufs Wesentlichste beschränken.

Auch auf die Gefahr hin, dem eingeweihten Leser allzu simpel zu erscheinen, müssen wir zunächst ein Wort zu dem schon tausendmal behandelten Problem des Rechnungsgeldes sagen. Wirklich kompliziert ist es nicht, aber es erfordert eine gewisse Anstrengung der Vorstellungskraft. Wenn es heute in den Volkswirtschaften und Buchführungen ein Rechnungsgeld gibt, so versteckt es sich auf einer dem Nichtfachmann unzugänglichen, komplizierten technischen Ebene. Dagegen sind in der Epoche, mit der wir uns beschäftigen, die »imaginären« oder »fingierten« Münzen, wie man sie oft nennt, vom einen bis zum anderen Ende Europas Teil des Alltags. Und diese Universalität, diese Unabdingbarkeit ist es, die der Neuling nicht auf Anhieb begreift.

Universalität: zwei Worte genügen zur Begründung. Alle Preise, jedwede Buchführung bis hin zur summarischsten, sämtliche Verträge sind in Rechnungseinheiten abgefaßt, das heißt in einem Geld, das nicht in Form einer Metallmünze vorhanden ist, sondern lediglich als Basis und Bezugsgröße für die umlaufenden Münzen dient. Jedes Land hat solch eine eigene Rechnungseinheit mit ihren Vielfach- und Teilwerten: Frankreich die Livre tournois zu 20 Sous à 12 Deniers;

England das Pfund Sterling zu 20 Shilling à 12 Pence; Deutschland die Mark oder das Pfund zu 20 Schilling à 12 Pfennige... Mithin ist jede Zahlung die Übertragung eines im Rechnungsgeld festgesetzten Betrags in wirklich geprägte Münzen. Schulde ich in französischem Rechnungsgeld etwa 65 Livres tournois und möchte sie in Silbertestons zurückzahlen, so werde ich, wenn der Teston an dem und dem Tag des Jahres 1574 13 Sols tournois wert ist, 100 Testons bezahlen müssen.

Warum aber dieses in unseren Augen reichlich komplizierte Zwischenglied? Schlicht und einfach, weil es sich als notwendig, als unumgänglich erweist, weil es das Geld- und Währungssystem komplettiert und ihm erst Zusammenhalt verleiht. Eine »klingende, vollwichtige« Münze stellt soundso viele Gramm Gold oder Silber dar, das heißt eine Ware mit variablem Preis wie jede andere. Zweifelsohne haben die Regierungen seit eh und je Zahlungsmittel angestrebt, deren Wert dem Rechnungsgeld entspricht (das im übrigen ursprünglich auch aus einer wirklich zirkulierenden Münze hervorging). Doch in Anbetracht der Preisschwankungen bei Edelmetallen hätte das Gewicht der Münzen, sollten sie ihre Rolle dauerhaft spielen, unentwegt geändert werden müssen – was bei Kleinmünzen im übrigen auch fast regelmäßig geschah (wir kommen noch einmal darauf zurück) und selbst bei den großen mit mäßigem Erfolg angestrebt wurde, indem häufig neue Stücke geprägt wurden, die freilich stets leichter waren als ihre Vorgänger und so fort... Das Ergebnis war ziemlich bald eine große Vielfalt von Kurantmünzen mit unterschiedlichem Gewicht und Feingehalt sowie von unterschiedlicher Prägung und, um das Ganze noch zu komplizieren, von unterschiedlicher Abnutzung oder betrügerischer Beschneidung (weshalb man die Stücke oft nachwiegen mußte). Dazu kamen in jedem Land zahlreiche ausländische Münzen, auch nicht immer die besten – im Gegenteil, dafür aber ebenfalls die verschiedensten Sorten. Wie hätte man unter diesen Umständen ohne den Umweg über das »imaginäre« oder »fingierte« zum »effektiven« Geld mit den wirklich umlaufenden Münzen klarkommen sollen?

Beispielsweise besitzen wir einen Aushang der Republik Venedig vom 24. September 1551 mit einer Liste der in Venedig gültigen ausländischen Münzen und ihres Kurswerts, angegeben im Rechnungsgeld, der venezianischen Lira. Ebenfalls festgesetzt wird, wenn erforderlich, der Kurs der von der venezianischen *Zecca* selbst ausgegebenen »effektiven« Zahlungsmittel. So ist alles in bester Ordnung: Hat ein Venezianer eine Schuld von 10 000 Lire zu begleichen, kann er das mit den angegebenen Münzen tun, gleich ob venezianischer oder ausländischer Prägung, er muß sich lediglich auf den letzten Kursstand beziehen. Kurz, er verhält sich wie wir, wenn wir heute, was freilich etwas ausgefallen wäre, 100 000 neue Francs in Goldstücken zu zahlen hätten. In diesem Fall müßten wir die Summe durch den letzten Kurswert des »Napoléon d'or« an der Börse teilen, um die genaue Stückzahl zu ermitteln. Dabei fiele unseren Banknoten unversehens etwa dieselbe Rolle zu wie damals dem Rechnungsgeld, obwohl es sich in unserem Fall um ein von einer Staatsbank garantiertes, tauschbares Wertaufbewahrungsmittel (zu einem amtlichen Kurs) handelt, also um ein reales, vollständiges Zahlungsmittel.

Als Maßstab und Raster ermöglicht das Rechnungsgeld also eine Einordnung der Preise, eine fortlaufende Buchführung; außerdem greift es in das für die Wechselkurse von Land zu Land erforderliche Räderwerk ein, vielmehr: es stellt dieses Räderwerk selbst. Als Wertmesser der Gold- und Silberstücke sowie der Scheide- oder einfachen Kupfermünzen tritt es hinzu und mischt sich fortwährend in ihre reale Existenz ein. Wie schon dargelegt, hält das Kleingeld (die »schwarze Münze«) auf der bescheidenen Ebene des Alltags ein nicht abreißendes Zwiegespräch mit dem Rechnungsgeld und dessen Teilwerten. So in Mailand[14]: Die allzuoft ohne Maß und Ziel ausgegebenen Kleinmünzen (sie sind ja so klein und enthalten so wenig Silber) von einem Feingehalt und Gewicht, das sich nie verbessert, gelten den achtzigsten (die *terline*) beziehungsweise vierzigsten (die *sesini*) Teil der *lira imperiale*, des mailändischen Rechnungsgeldes.

Das aber bedeutet, daß durch dieses arithmetische Spiel umgekehrt das Rechnungsgeld in die latente, immer weiter fortschreitende Abwertung der Kleinmünzen, durch die es ja erst greifbare Gestalt annimmt, einbezogen wird. Notgedrungen wirkt sich diese Abwertung über die *lira imperiale* auch nach oben auf die großen Gold- und Silbermünzen aus, die aufgrund dieser »internen Veränderungen« unaufhörlich im Wert steigen... Einen ganz ähnlichen Vorgang hat man sich in Deutschland vorzustellen, wo die Kupfermünze, der Pfennig, unabänderlich den zweihundertvierzigsten Teil der Mark, des deutschen Rechnungsgeldes, darstellt.

Ein analoger Vorgang spielt sich im Osmanischen Reich ab, wo eine kleine, kaum versilberte Kupfermünze, der Asper, zu allem

Überfluß noch als Rechnungsgeld dient. Seine seit 1584 häufigen Abwertungen stellen nicht nur die Zirkulation und den Wert sämtlicher Münzen in Frage, sie bedrohen darüber hinaus die Macht der Osmanen und mit Sicherheit auch den sozialen Frieden in Konstantinopel und den türkischen Ländern. Die zunehmend verheerenderen Auswirkungen der Inflation haben in Ömer Lutfi Barkan einen aufmerksamen Historiker gefunden.

Dieselbe Spielregel gilt im Moskauer Reich. Der Rubel, dessen Geschichte wir hier vereinfacht wiedergeben, ursprünglich ebenfalls eine reale Münze, ist im 15. Jahrhundert nur noch eine Rechnungsmünze mit ihren silbernen Teilwerten, den Kopeken und Halbkopeken. Ein Rubel hat 100 Kopeken oder 200 Halbkopeken. Durch die Ablösung der Silberkopeke im Zuge einer Kupferschwemme zwischen 1656 und 1663 durch die Kupferkopeke erlebt er dann eine schnelle Abwertung. Aber im Jahr 1701 läßt Peter der Große Halbrubel aus Silber prägen, 1704 Silberrubel, und er macht damit das Rechnungsgeld wieder zu einem gültigen, wenn auch nicht unveränderlichen Zahlungsmittel, denn eine wirkliche Stabilisierung sollte das neue Geld erst 1762 erfahren.[15]

Was haben nun die Regierungen im Kampf mit diesen Problemen der Geldarithmetik, die freilich nur teilweise von der Arithmetik beziehungsweise ihrem eigenen Belieben abhängen, wirklich bezweckt? Die Fixierung des Wertes aller Münzen, der realen wie der fiktiven, die ja das ganze System zusammenhalten, und bei den realen der kleinen wie der großen, weil sich jede Maßnahme unfehlbar aufs Ganze auswirkt... Das ist das Ziel, das sie durch diese oft wenig lauteren Maßnahmen zu erreichen glauben oder zumindest zu erreichen behaupten. Es gibt kein schöneres Beispiel, um unseren kurzen Überblick abzuschließen, als die »klassische« Episode der Verordnung von 1577 in Frankreich: Alle Untertanen des Königs wurden verpflichtet, hinfort nicht mehr in Livres tournois, sondern in Gold*écus*, »d'or en or«, zu rechnen, wobei die sogenannten *écus d'or au soleil*, wirklich ausgeprägte Münzen, auf 3 Livres tournois oder, anders ausgedrückt, auf 60 Sols angesetzt wurden. Im Prinzip sollte diese Anbindung des Rechnungsgelds an den Ecu (und an das Gold) bis 1602 dauern. Im Prinzip – denn seit der Gründung der Katholischen Liga[16] war das Gleichgewicht zerbrochen. So schnellten die Kurse für den Ecu inoffiziell kühn auf über 60 Sols hinauf, während gleichzeitig die Preise in furiosem Tempo stiegen. Als wieder Ruhe eingekehrt war, wurde 1602 per Dekret erneut die Livre tournois als Rechnungsgeld eingeführt und der Goldécu zu 65 Sols notiert – aber dieses Niveau überschritt er in der Folge natürlich wieder... *Ein* dauerhaftes Ergebnis aber sollte diese Episode dann doch zeitigen: An den Wechselplätzen, wo es sich eingebürgert hatte, in Ecus zu rechnen, wurde der Ecu als französische Wechselkurs- oder Rechnungseinheit beibehalten, und zwar nach wie vor zu 3 Livres (mithin 60 Sols). Hier haben wir also den Übergang eines gängigen Zahlungsmittels (das in diesem Fall allerdings weiterhin in Umlauf blieb) in Rechnungsgeld miterlebt – oder, um es noch einmal zu wiederholen, die allen Rechnungsmünzen gemeinsame Entwicklung. Dasselbe Schicksal ereilte noch im 15. Jahrhundert den venezianischen Dukaten, der, wenn man so sagen darf, im März 1472 bei 6 Lire, 4 Soldi gewissermaßen erstarrte und so zur allgemeinen Rechnungseinheit von Venedig wurde (während die Zechine[17] weiterhin zirkulierte), und sogar noch ein Jahrhundert später auch den spanischen Dukaten, der auf 375 Maravedis festgesetzt wurde.

Hat der Leser diesen summarischen Erklärungen bis hierher folgen können, ohne den Faden zu verlieren, wird er auch inzwischen erraten haben, daß im Mittelpunkt all dieser Geld- und Preisprobleme während der von der vorliegenden Untersuchung ins Auge gefaßten Jahrhunderte die Abwertung des Rechnungsgeldes oder, wie man sagte, »die Aufwertung der realen Münzen« steht. Die Frage ist allerdings, ob sie Ursache oder Folge der fast immer gleichzeitig beobachtbaren Erschütterungen und Umwälzungen war.

Die Kurven auf Abbildung 4 verfolgen die jährliche Abwertung der großen Rechnungsmünzen zwischen 1440 und 1760; damit ist auch die fortschreitende gleichzeitige Abnahme des Metallwerts dieser Münzen in Gramm Silber auf einen Blick zu erkennen. Im übrigen hätten wir den Feingehalt oder »Metallwert« auch in Gold oder sogar in Kupfer ausdrücken können. Wenn wir von allem Anfang an das weiße Metall vorgezogen haben, so teils weil es uns eine bessere Ausgangsbasis bietet, teils aber auch weil Silber, wie uns scheint – und Marc Bloch teilte diese Ansicht –, das Wirtschaftsleben in seinen weitesten und lebendigsten Ausformungen spiegelt. Das Silber ist in diesen Jahrhunderten kein schlechtes Richtmaß. Doch kaum ist uns dieses Wort entschlüpft, möchten wir es am liebsten wieder zurücknehmen, denn in Wahrheit gibt es kein gutes Richtmaß: weder den Weizen von Jean-Baptiste Say (1818) noch den Roggen von Johannes

Falke (1869) noch den Mindestlohn von Hermann Grote (1864) noch, fügen wir hinzu, Gold oder Silber. Wir brauchen viele Maßstäbe und viele Kurven, und wir sollten weder den einen noch den anderen allzusehr vertrauen...

Doch so aufschlußreich es wäre, zunächst einmal die Beziehungen zwischen den einzelnen Sorten zu bestimmen und dann die im Grunde reichlich monotone Biographie der verschiedenen Münzen anhand exakter Kurven der Reihe nach zu verfolgen, genügt es offenbar für unsere Zwecke, die allen gemeinsamen Züge festzuhalten. Und die wären? Eine ununterbrochene Abwertung, die übrigens schon vor 1440 beginnt und bis weit nach 1750 anhält, unter neuen Namen bekanntlich sogar bis in unsere Zeit. In diese vielfältig wiederholte Bewegung schickt sich jede unserer imaginären Münzen oder widersetzt sich ihr, bis sie ihr früher oder später doch erliegt. Und für alle – ausgenommen den Maravedí vor 1642, das Pfund Sterling (trotz einiger Wechselfälle die schwerste und solideste dieser Münzen) nach 1601 und den Carlino von Neapel (falls die diesbezüglichen Auskünfte zutreffen, was uns jedoch keineswegs so sicher erscheint[18]) – bedeutet sie stets nur eines: Wertverfall, und zwar Wertverfall durch gewaltige Kursstürze (die teils definitiv sind, teils kompensiert werden) oder durch schwache, aber wiederholte Abwertungen wie ein durch Stromschnellen unterbrochener Wasserlauf. Am Ende ist keine Münze einer allgemeinen Niveausenkung entgangen. Im Laufe der 300 Jahre, die unsere Untersuchung umfaßt, hat das Pfund Sterling, in Silber ausgedrückt, lediglich 43,42 Prozent seines »Gewichts« verloren (und das ist eine Leistung), die Livre tournois 82,68; das genuesische Pfund 72,98, der polnische Grosz 90,10, der holländische Gulden 68,74 Prozent. Übertragen wir die Summe dieser Abwertungen auf eine Europakarte, dann scheinen im Jahr 1750 vornehmlich drei politische Einheiten schwer betroffen: Polen, die Türkei und Frankreich, wo die Livre tournois im Zuge der Ankurbelung der Wirtschaft 1726 nach dem Lawschen Experiment geschickt stabilisiert wird, allerdings auf einer sehr niedrigen Stufe.

Auf diesen Kurven könnte man zweifelsohne eine vermutlich durchaus nützliche Münztypologie aufzubauen versuchen. Wie der Leser bemerkt haben wird, ist auf der oben erwähnten Graphik (Abb. 4) bei allen Münzen der Feingehalt an Silber angegeben, der offensichtlich sehr unterschiedlich gehandhabt wurde. Grob gesprochen, können wir drei Gruppen unterscheiden: die schweren (mit einem einzigen Beispiel, dem Pfund Sterling), die mittleren und die leichten Münzen.[19] Natürlich wäre nun interessant, ob sich für die verschiedenen Gruppen ein gemeinsames Schicksal konstruieren läßt oder nicht.

Doch was uns betrifft, drängen sich mehr noch zwei andere Fragen auf: Wie kamen die horizontalen Strecken, die langsamen Senkungen, die vertikalen Stürze zustande? Wie oder warum wurden sie beschlossen, oder waren sie nicht zu umgehen? Und mehr noch, was haben sie für das Wirtschaftsleben und speziell für die Preisbewegung, Gegenstand unserer Untersuchung, genau bedeutet?

»Die Münzen aufwerten«, die wirklich umlaufenden, versteht sich, hieß ausländische Münzen anlocken, die im Zuge der Abwertung der Livre tournois oder der Mark oder irgendeiner anderen imaginären Währung ebenfalls eine Aufwertung erfuhren. Damit aber belebte sich auch schlagartig die im allgemeinen langsame Geldzirkulation. Normalerweise war sie nämlich durch die allenthalben betriebene Hortung behindert, die relativ bedeutende Kapitalien aus dem Verkehr zog. Schon vor dem Aufschwung des Geldwesens und dem Geldzustrom im 16. Jahrhundert waren in Europa da oder dort immer wieder, wie von den wiederholten Abwertungen gerufen oder geleitet, »ausländische« Münzen (in der Regel die schlechten) in größerer Menge eingeströmt und hatten gemäß dem sogenannten Greshamschen Gesetz schon lange vor Sir Thomas Gresham (1519–1579) die guten Münzen verdrängt.

Solche Wertminderungen der Rechnungsmünzen dürften sich sowohl kurz- als auch langfristig auf das Preisniveau ausgewirkt haben. Häufig aber stößt der Beobachter dieser Prozesse auf offenkundige Trägheitselemente und bedeutende Verzögerungen. So prompt jede Abwertung, wie gesagt, auf der Uhr der ausländischen Wechselplätze registriert wird, auf die binnenländischen Preise wirkt sie sich nur nach und nach aus. Beweis dafür ist nicht die Krise, sondern die von F. J. Fisher[20] in einem wichtigen Aufsatz geschilderte, nicht mehr abreißende Kette von Krisen, die England zwischen 1522 und 1526 und 1555 heimsuchen. Auf dem Antwerpener Wechselplatz zeigt die starke Abwertung des Pfund Sterling sofort Wirkung. Die Preise für das englische Tuch fallen, und das auf einem Markt, der für den Export so wichtig, so unentbehrlich ist (Jahresrekord 1553: 133 000 Ballen). In England selbst ziehen die Preise an, aber relativ langsam: Sie folgen der Entwicklung... Schließlich führen die Proteste gegen die schleichende Teuerung und die Schwierigkeiten, die der Regierung Heinrichs VIII. aufgrund der durch dieses Spiel steigenden Auslandsschulden erwachsen, zu entschlossenen Sanierungsmaßnahmen.

Offenkundig also werden die Spiele mit dem Rechnungsgeld, mit seiner Abwertung, von den Preisen registriert, wenn *auf kurze Sicht* auch oft unvollständig – und zudem, je nachdem welches Metall von der Aufwertung betroffen ist, auch recht unterschiedlich. In der Tat kommt es einmal zur Aufwertung der Goldmünzen, dann wieder zur Aufwertung der Silbermünzen, schließlich sogar zur gleichzeitigen Aufwertung beider. Gehen wir fehl mit unserer Deutung der langen Kurve von Udine, daß also im Fall der Aufwertung der Goldmünzen, und nur der Goldmünzen, die kurzfristigen, die zyklischen Steigerungen eher gebremst zu sein scheinen? Wenn Venedig (denn Udine ist von Venedig abhängig) den Goldpreis erhöht, so in Wirklichkeit, weil die Signoria Goldbarren und Goldstücke anlocken möchte. Umgekehrt muß die Stadt dafür notgedrungen vorübergehend einen Teil ihrer Silberstücke abgeben: Leistung und Gegenleistung. Durch diesen Silberabfluß wird – ein weiterer Hinweis auf die Rolle des weißen Metalls als Wirtschaftsmotor – der Anstieg der Nominalpreise anscheinend *kurzfristig* gebremst. Ist es im Überfluß vorhanden, dann steigen die Preise; fängt es an, knapp zu werden, dann sinken sie. Freilich trifft das, um es noch einmal zu wiederholen, nur kurzfristig zu. Auf lange Sicht verschmelzen alle Veränderungen des Rechnungsgeldes mit den Preisbewegungen und gehen in ihnen auf.

Überdies reagieren die Preise mit der Zeit immer präziser auf die Aufwertung der Münzen. Voraussetzung für dieses Einpendeln der Preise auf die Münzen und umgekehrt der Münzen auf die Preise war ohne Zweifel – und stärker, als man glaubt – eine gewisse Höhe der Zirkulation, sozusagen ein bestimmter Wasserstand[21], hoch genug, um die Schleusen zu füllen, denn nur das in der Schleusenkammer angestaute Wasser kann abfließen. Kurz: Eine Münzaufwertung bedeutet stets Nachfrage nach Gold oder Silber. Aber bekanntlich vermag die Nachfrage nichts ohne das Angebot. Es muß antworten, zum Treffen erscheinen, aber es läßt sich Zeit: im Westen *anscheinend* bis zum Beginn des 16. Jahrhunderts.

Alles in allem also eine an sich schon komplizierte, schwer durchschaubare Geschichte, bei der es ebenso schwer hält, zu entscheiden, was Ursache und was Wirkung war. Läßt sie sich denn überhaupt im Sinne unserer Eingangsannahme so vereinfachen, daß wir sie mit Hilfe eines – im übrigen nicht unumstrittenen – graphischen Spiels zu ei-

nem ersten kurzen Überblick zusammenfassen können? Nehmen wir
als Basis die Zeitepoche 1450–1474 = 100, so können wir die Indizes
der verschiedenen Kurven aneinanderreihen, und wir erhalten auf diese Weise die Kurve für den durchschnittlichen Wertverfall der Münzen nach ihrem Feingewicht für ganz Europa. Natürlich müßte diese
Kurve, um exakt zu sein, allerlei unabdingbare Erwägungen berücksichtigen, vornehmlich was den Umfang der beteiligten Wirtschaften
betrifft, wozu wir jedoch beim gegenwärtigen Stand der Kenntnisse
überhaupt nicht imstande sind. Unsere Kurve zeigt also nur eine Tendenz auf, erscheint uns aber gleichwohl recht aufschlußreich. Da wir
die Berechnung zugleich in Gramm Silber und in Gramm Gold
durchgeführt haben, erhalten wir durch Umkehrung der beiden Kurven die durchschnittliche Aufwertung des Silberpreises sowie des in
Europa geprägten Goldes gegenüber den Rechnungsmünzen. Damit
haben die hohen Herrschaften, das Gold und das weiße Metall, die
Bühne betreten. Lassen wir uns nicht von ihnen wie so viele andere
blenden; unterschätzen sollten wir sie aber auch nicht.

Da uns diese beiden Kurven als Ausdruck der langfristigen Tendenz interessieren, haben wir sie nicht auf dem Jahres-, sondern auf
dem Zehnjahresdurchschnitt aufgebaut. So können wir sie auch jederzeit mit den anderen Preiskurven, vornehmlich mit den ebenfalls
nach einem Zehnjahresdurchschnitt berechneten Getreidepreiskurven
vergleichen.

Nun sind diese beiden Kurven aber reichlich eigentümlich, nicht
aufgrund irgendwelcher Mängel in der Berechnung (die nicht viel
besser hätte durchgeführt werden können), sondern vielmehr weil die
Preise der beiden Edelmetalle auf dieser Kurve nicht ins Gewicht zu
fallen scheinen. Soll heißen: Weil sie auf lange Sicht in fast regelmäßigen Stufen mit gelegentlichen Verlangsamungen stetig ansteigen, von
zwei kleinen Einbrüchen abgesehen, ohne Rückfall (vgl. Abb. 11).
Kurz, weil sie im Grunde nie fallen. Dieser langfristige Wertzuwachs
bei Gold und Silber setzt sich durch den ganzen von uns behandelten
Zeitraum fort, ja erscheint untrennbar mit dem Währungssystem verbunden, – ein unlösbares Problem, auf das sich alle Volkswirtschaftler
von Cassel bis Woytinski, Kitchin, Warren, Pearson, Wilcoxen, Rist,
Marjolin geradezu leidenschaftlich gestürzt haben. Warum reißt die
Nachfrage nach Gold und Silber nie ab? Vielleicht weil, wie eine für
die Mitte des 19. Jahrhunderts angestellte Berechnung nahelegt, der
Metallbestand regelmäßig zunehmen muß (in der zweiten Hälfte des

19. Jahrhunderts beispielsweise um mindestens 3 Prozent jährlich), damit sich das Preisniveau auch nur halten kann? Andernfalls würden die Preise fallen. Das heißt, sogar in Zeiten der Deflation besteht eine Nachfrage, ein regelmäßiger Bedarf an Edelmetallen, der durch die Inflation nur viel zu stark betont wird.

Fragt sich nun, ob diese offensichtlich aus dem Rahmen fallenden, eine Vorzugsstellung einnehmenden Münzpreise, die wir uns demnach wie eine nahezu in einem einzigen Strahl aufsteigende Reihe von Linien vorstellen können, der sprunghaften Bewegung der anderen Preise, der Warenpreise mit ihrem starken Anstieg oder Abfall, vorangehen oder ob sie hinter der Entwicklung herhinken. Das ist aber eine Frage, die wir am Ende des Kapitels vollständig wiederfinden werden, weil sie nicht von der Art ist, daß man sie rasch beantworten könnte, und man sollte es auch gar nicht erst versuchen – es sei denn, man kennte die historischen Wirtschaftssysteme und die Rolle der Edelmetalle und Münzen recht genau. Trotz gegenteiliger Versicherungen bestimmter Volkswirtschaftler und Historiker ist das heute aber keineswegs der Fall.

Wir sehen lediglich – und wußten es auch schon –, daß die beiden Edelmetalle nicht demselben Weg folgen, daß sie, mehr als man bisher glaubte, ein Zwiegespräch halten.[22] Das heißt, man muß die beiden zirkulierenden Metalle stets in der Wirklichkeit wie in der Vorstellung auseinanderhalten. Im großen und ganzen ist bis zum Jahr 1550 Gold *relativ* im Überfluß vorhanden; der um die Jahrhundertmitte einsetzende Silberzustrom macht das Gold rarer. Mit dem ständig wachsenden Abstand erfährt das Silber gegenüber dem Gold bis zur Mitte des 17. Jahrhunderts eine progressive Abwertung. Nach diesem Zeitpunkt setzen die beiden Metalle dann ihren Weg nahezu parallel fort.

Zur Zwiesprache von Gold- und Silberpreis gesellt sich ein Dialog von Münz- und Warenpreisen, und das erschwert, wie sich denken läßt, das ganze Problem nicht unerheblich. Zweifellos ist das auch der Grund, warum die alten »Volkswirtschaftler« des 16. Jahrhunderts so beharrlich ein »natürliches« Verhältnis zwischen Gold und Silber postulierten, das Verhältnis 1:12 (1 Gramm Feingold auf 12 Gramm Feinsilber), das man im Namen von Recht und Ordnung zu respektieren hatte. Im 17. Jahrhundert freilich dürften sich genügend Gelegenheiten geboten haben, an der Gültigkeit oder zumindest der Festigkeit dieses »natürlichen« Verhältnisses zu zweifeln.

Von diesen beiden eben besprochenen Kurven des mittleren Gold-
und Silberpreises ausgehend, können wir also die Entwicklung der
berühmten Bimetall*ratio*, des wechselnden Wertes von 1 Gramm
Gold, ausgedrückt in Gramm Silber (vgl. Abb. 5), in einer Kurve festhalten. Zwischen 1610 und 1620 wird die sich beschleunigende Aufwertung des Goldes deutlich (wir sprechen gern vom »Wendepunkt
des Goldes«); um diesen Zeitpunkt herum überholt das gelbe Metall
endgültig die Notierung von 1:12. Auf den ersten Blick erklärt sich
dieser Aufstieg durch die massive amerikanische Silberproduktion,
eine bereits modern betriebene Produktion, oder sagen wir lieber der
Klarheit zuliebe, auch wenn der Terminus etwas anachronistisch ist,
eine »industrielle« Produktion, während das Gold in dieser Epoche
noch einem handwerklichen Kreislauf verhaftet ist. Diese oft vorgetragene Erklärung trifft auch im großen und ganzen zu. Nur muß
außerdem noch die Umlaufgeschwindigkeit der beiden Metalle in
Betracht gezogen werden. Zirkulieren die Goldstücke schneller oder
langsamer als die Silberstücke? Langsamer, wird man wohl eingedenk
der Hortung antworten. Und dieser Unterschied in der Umlaufgeschwindigkeit fällt immer mehr ins Gewicht; er nimmt im selben
Maß zu, wie im Verlauf des wirtschaftlichen Aufschwungs im 16.
Jahrhundert die Umlaufgeschwindigkeit des Geldes ganz allgemein
zunimmt.[23] Jedenfalls tritt, wie Frank Spooner aufzeigt, Europa um
die Mitte des Jahrhunderts in eine Phase ein, in der relativ weniger
Gold als Silber vorhanden ist – eine Tendenz, die sich dann in der
Folge weiter fortsetzt.

Falls diese allgemeinen Betrachtungen von Wert sind – das letzte
Wort kann hier sowenig gesprochen werden wie anderswo –, mag
uns auch die darauf aufgebaute Kurve vorerst mangels Besserem von
Nutzen sein. Durch Zufall sind Historiker bei ihren Nachforschungen
da oder dort auf Notierungen des Gold/Silber-Verhältnisses gestoßen,
das geringe, aber beständige Schwankungen aufweist. Sammelt man
diese verstreuten Ziffern und bezieht sie auf die Kurve des Mittel-
werts, erhalten sie, je nachdem ob sie über oder unter die Kontroll-
linie fallen, eine bestimmte Bedeutung. Und schlagartig begreift man
die vielfältigen differentiellen Bewegungen, die die Geldkarte Europas
ohne Unterlaß in Unruhe versetzen und beleben, – etwa die von den
spanischen »Experten«, die von der Regierung Karls V. zu Rate gezogen wurden, signalisierte Doppelbewegung: den Abfluß des spanischen Silbers nach Frankreich und den Zustrom von ausländischem

Gold. Oder auch das von Felipe Ruiz aufgedeckte weitgespannte Zahlungsnetz, in dem regelmäßig für den Sold der in spanischen Diensten stehenden Truppen Gold über Wechsel in die Niederlande gelangte. Allein schon diese Notwendigkeit – aber sie ist nicht die einzige – würde den ausgleichenden Silberabfluß aus Spanien erklären. Außerdem zeigen die von Jean Delumeau für die Stadt Rom[24] im 16. Jahrhundert oder die von Anderssen für Ragusa[25] im selben Jahrhundert gesammelten Zahlen, daß es sich hier um Sonderfälle handelt, daß Roms Uhren im Vergleich zum übrigen Abendland etwas nachgehen, und daß Ragusa gefangen ist zwischen einer Welt, in der sich der Überfluß des Silbers immer entschiedener bemerkbar macht – dem Westen –, und dem türkischen Orient, der über Ägypten und den von der Kairoer Münze geprägten Gold-*Sultani* vom afrikanischen Gold abhängig ist.

Ein paar Bemerkungen zum Thema Wechsel

Absichtlich ausgespart haben wir bis jetzt das Papier- und das Buchgeld, kurz das »Papier«, dieses fiktive Geld, das gleichwohl unter tausend Formen umläuft und nach und nach ins europäische Wirtschaftsleben eindringt, ganz verstohlen im 15., immer noch heimlich im 16., recht beharrlich aber schon im 17. Jahrhundert, als es zum unentbehrlichen Stellvertreter von Gold und Silber avanciert, den großen, am Spielen verhinderten Akteuren, und offen triumphierend schließlich im 18. Jahrhundert.

Unverkennbar entsteht dem Metallgeld in der unaufhaltsam wachsenden Masse dieser Papiere ein notwendiger Beistand, weil dessen Ausbreitungsbereich wegen der relativ schwachen Edelmetallproduktion beschränkt ist.

Dieses Geld, in welcher Form auch immer, kopiert das Rechnungsgeld. In der Tat sind die ersten Banknoten eine Materialisierung des Rechnungsgeldes, nicht mehr und nicht weniger, und die Hartgeldvorräte die Zügel, die das Ganze an die relative Stabilität des Metalls anbinden. Andere Papiere – so die Renten auf den Staat, die spanischen *juros*, die *giuri* oder *monti* der italienischen Städte, die französischen Renten auf das Hôtel de Ville von Paris, die Renten auf die Stadt Antwerpen, die *funds* des englischen Schatzamts und so fort, von den in Form von Schuldscheinen[26] in Umlauf gesetzten Schuldanerkennungen oder den privaten Renten im banalsten Sinn des

Wortes noch ganz zu schweigen – sind gleichfalls Mittel des Geldverkehrs, die zum Teil von den Münzvorräten unabhängig sind, keineswegs aber von Münzverschlechterungen, geschweige denn von einer Abwertung des Rechnungsgeldes... Man sehe sich nur einmal an, zu welchen Vorsichtsmaßnahmen die Bürger in ihren Verträgen[27] oder die Deponenten gegenüber den Banken greifen, und wäre es nur auf der Bank von San Giorgio[28] in Genua, die immerhin zwei *cartularii* (Urkundenbücher) führt, eines in Gold-, eines in Silberwährung, und nach 1625 sogar ein drittes in spanischen *reales de a ocho*, einer vom 16. bis zum 18. Jahrhundert sogar weltweit – von Amerika bis China – anerkannten europäischen Standardwährung. Und alle diese Papiere waren Zahlungsmittel? Gewiß. Um sich davon zu überzeugen, braucht man nur einmal anhand der *asientos* (Verträge) der genuesischen Banker mit dem spanischen Hof (einer außergewöhnlichen Dokumentation)[29] das einträgliche Geschäft mit An- und Verkauf der *juros de resguardo*, der vom König für seine Anleihen gegebenen »Garantie«, zu verfolgen. Im übrigen erkannten die Beobachter Rolle und Bedeutung dieses Phantomgeldes schon sehr bald, erst recht natürlich spätere Zeugen wie der erstaunliche Portugiese Isaac de Pinto[30], der im Hinblick auf die steigende Anleihefreudigkeit der kriegführenden europäischen Staaten 1764 schrieb: »Die Anleihen, die diese Mächte auf ihren Kredit aufnehmen, bedeuten einen Geldzuwachs, der nicht existiert: einen Zuwachs, der, durch den Kredit geschaffen, durch ihn und die öffentliche Meinung einen zugleich realen und künstlichen, einen wahren, ihm nach allgemeiner Übereinkunft zugeschriebenen Wert erlangt und der in Umlauf bleibt, solange der Kredit gewährt wird, ja, zum Teil dieselben Funktionen ausübt wie echte Münzen, so sehr das Ganze auch an ein unmögliches Hirngespinst erinnern mag.«

Wir haben weder die Zeit noch die Pflicht, diese komplizierten und wichtigen Kreisläufe, die die allgemeine Wirtschaft, die Vermögen, die Zinsraten und die Preise mit einbeziehen, genauer zu untersuchen. Ein Beispiel indessen wollen wir herausgreifen: die Wechsel, denn sie liefern den Schlüssel zu wichtigen Zusammenhängen, deren Erhellung uns vor allem in die von den verschiedenen Seiten aufeinander abgestimmte, einheitliche Geschichte Europas einführen soll.

Ausdrücklich sei allerdings vorausgeschickt, daß es hier weder darum geht, die komplexen Mechanismen der Wechsel noch einmal auseinanderzunehmen, noch darum, herauszufinden, was sich dahinter verbirgt: Darlehen und Wucher zugleich. Uns ist es hier lediglich um eine bestimmte Verwendung des Wechsels zu tun, das heißt um die Ausnutzung des Währungsgefälles, aus dem sich ganz legal ein Vorteil ziehen läßt – falls man nicht dabei verliert, versteht sich –, oder anders gesagt um einen Trick, Geld zu Zinsen auszuleihen, was an sich illegal ist. Sich die Umstände zunutze machen heißt aber nicht, sie schaffen. Die Grundgegebenheit oder Grundlage für das ganze Spiel liefert das unentwegte Aufeinanderprallen der verschiedenen Rechnungsmünzen, oder rückübersetzt, die fortwährende Konfrontation der unterschiedlichen Wirtschafts- und Währungsbedingungen, die ihren Niederschlag gestern wie heute in den Wechselkursen finden. Die Wirklichkeit, das sind im Grunde die Wechselkurse, ein bisher geradezu sträflich vernachlässigtes Forschungsgebiet, das aber womöglich, wenn man es systematisch verfolgte, Licht in das durch die zahllosen Kommentare nahezu absichtlich, wie man meinen könnte, vernebelte Wechselproblem bringen könnte.

Doch fassen wir uns kurz. Begnügen wir uns mit einem eindeutigen, wohlbekannten Beispiel: der Amsterdamer Börse zwischen 1609 und 1750, die wir bei zwei verschiedenen Operationen beobachten wollen.

Sehen wir uns zunächst verschiedene Karten (Abb. 7) mit den in Amsterdam notierten Wechselkursen einiger großer Handelsplätze an. Die erste stellt den für das Jahr 1609 berechneten Grundindex 100 in Florin, der holländischen Rechnungsmünze, auf, die drei anderen den Mittelwert über einen Zeitraum von jeweils zehn Jahren von 1640 bis 1649, 1700 bis 1709 und 1740 bis 1749. So können wir die Kursentwicklung der ausländischen Währung zum Florin im Lauf der Zeit verfolgen.[31] Daß die ausländische Münze in Amsterdam mit ihrem Eigenwert notiert wird, ist wohl selbstverständlich; das Gegenteil würde erstaunen. Tatsächlich registriert der Wechselkurs jede solche Wertminderung sofort: ganz eindeutig etwa im Fall von Paris oder Lissabon. Die Kurven des Wechselkurses scheinen sich demnach im Prinzip weitgehend den Schwankungen des Eigenwerts anzunähern. Es läßt sich sogar vorhersehen, daß sich der Wechselkurs, sollte es zufällig zu einer Nichtübereinstimmung der beiden Kurven kommen, als zuverlässiger erwiese, weil er dem wirklichen Marktwert und nicht einem von der Regierung festgesetzten Kurs folgt. In den meisten Fällen liefert er also notfalls ein Mittel zur Überprüfung und Berichtigung der Abwertungskurven einer Währung, und darauf werden wir anhand eines bestimmten Beispiels gleich noch einmal zurückkommen.

Vorher jedoch möchten wir diese Übereinstimmung in kurzen Worten verdeutlichen. Dazu unsere zweite Graphik (Abb. 8), die den Wechsel von Danzig auf Amsterdam herausgreift. Der Wert des Grosz, der Währungseinheit, die Danzig bis 1663 mit Polen teilte, wird in Florin und deren Teilwerten angegeben. Die Vergleichseinheit, der Florin, wiewohl nur durch eine Gerade, die Gerade 100, dargestellt, steht im Grunde für drei Geraden: für den Florin als Rechnungswährung, für den Florin in Gramm Silber und für den Florin in Gramm Gold. Der Grosz seinerseits ist durch drei Kurven dargestellt, die 1. seinen Wechselkurs, 2. seinen Goldwert und 3. seinen Silberwert *in bezug auf den Florin* angeben. Das Ergebnis springt in die Augen. Nach der starken Abwertung von 1620, durch die der Kurs des Grosz an der Amsterdamer Börse ebenso ungehemmt fällt wie in Danzig sein Gegenwert in Gold oder in Silber, pendelt sich wieder eine normale Situation ein, gekennzeichnet durch eine nur leicht abfallende Linie. Danach − und das ist der springende Punkt − hält sich die Wechselkurve eng an die Gold- und Silberwerte (die Ökonomen würden sagen: zwischen den Gold- und den Silberpunkten), augenscheinlich mit der erkennbaren Tendenz, den Schwankungen der Silberkurve zu folgen.

Nun könnten wir dasselbe Spiel noch einmal mit einer anderen Währung und einem anderen Börsenplatz durchspielen, aber wir wollen uns auf die Amsterdamer Börse beschränken. Die Kurven von Paris oder London zeigen ähnlich einfache Reaktionen; allerdings orientiert sich London eher an der Goldkurve. Die Kurve von Venedig dagegen stellt uns vor ein interessantes Problem: Dieser Handelsplatz hält durch ein beträchtliches Agio auf das Bankgeld, in dem alle Wechselgeschäfte der Stadt abgewickelt werden müssen (20 Prozent auf das Kurantgeld), »seine« Währung im internationalen Wechselgeschäft künstlich auf einem höheren Niveau, als es den Realitäten in Venedig selbst oder den lokalen Schwankungen der Lira, in Gramm Gold oder Silber übersetzt, entspräche.[32]

Für den Augenblick wollen wir uns damit begnügen, noch einmal, wie angekündigt, auf unser Beispiel zurückzukommen, das nach den voraufgegangenen Erklärungen, mögen sie auch etwas rasch ausgefallen sein, hoffentlich klar sein dürfte. Es geht, wie sich der Leser erinnern wird, um die außergewöhnliche Zeit der französischen Krise in den neunziger Jahren des 16. Jahrhunderts, eine doppelte Krise, die gleichzeitig die Preise und die Währung erfaßt. Was die Preise betrifft, so besitzen wir eine Reihe von Kurven, die ihren steilen Anstieg bezeugen. Aber bei den Währungen? Dem Anschein nach gilt der Ecu in der Zeit zwischen den beiden Erlassen von 1577 und 1602, in der er, wie bereits angemerkt, anstelle der Livre tournois als Rechnungswährung verwendet wird, zwar unveränderlich 60 Sols; die Rechnungswährung – Ecu oder Livre – behält also ihren ursprünglichen Wert. Allerdings genügt ein Blick auf die ansteigende Kurve des Nominalwerts nach 1587, um sofort festzustellen, daß das nicht stimmen kann. Es ist undenkbar, daß einem solch rasanten Preisanstieg nicht ein Anziehen der Silber- und Goldpreise entsprochen haben sollte; Gold und Silber sind ja ebenfalls Waren. Tatsächlich überholt der Ecu als Goldstück den Ecu als Rechnungswährung nach 1587 auf dem freien Markt, wo er zu 65, ja während der Belagerung von Paris zu 70 und 80 Sols und zur Zeit der Liga in Aix-en-Provence sogar um bis zu 100 Sols gehandelt wird. Diese ungewöhnliche Diskrepanz hält sich allerdings nicht lang. Der Ecu fällt auf 65, ja 64 und 63 Sols zurück, wie aus der vor dem Erlaß von 1602 zur Ermittlung der »Abwertungs«rate durchgeführten Untersuchung hervorgeht. Das sind also die Realitäten des französischen Marktes; je nach der Stärke der Unruhen in den verschiedenen Regionen ist er unterschiedlich betroffen, aber gleichwohl reagiert er landesweit darauf.

Wie verläuft nun während dieser Zeit die Kurve der Wechselkurse? Sie registriert diese heimliche Abwertung, und das ist nur natürlich, denn der Kaufmann, der einen auf Lyon ausgestellten, in Rechnungs-écus lautenden, in Frankreich zahlbaren Wechsel akzeptiert, weiß sehr wohl, daß ihm bei der Auszahlung in Sorten der reale Ecu zum Marktwert und nicht zum offiziellen Kurs berechnet wird. Der Wechsel, den er akzeptiert, muß also diesem Handelswert entsprechen; kurzum, der Sturz des Ecu auf den Wechseln braucht uns nicht zu wundern. Wie tief ist nun dieser Sturz? Schauen wir uns einmal die Graphik an, die Frank Spooner[33] anhand von Wechseln erstellte, die auf der Lyoner Messe auf Venedig, Genua, Sevilla und Antwerpen ausgestellt wurden. Sie zeigt eine Abwertung des Ecu um rund 14 Prozent an. Das ist eine merklich geringere Abwertung, als sie in Paris während der Belagerung verzeichnet wurde, denn hier betrug der Einbruch bis zu 30, ja 40 Prozent. Das bedeutet, der Wechsel registriert die Realität auf der Ebene des nationalen Wirtschaftslebens, das sich offensichtlich nicht hinter den Mauern einer belagerten Stadt abspielt. Aber ob nun 14 oder 40 Prozent, die Aufwertung des Silberpreises hat teil an den steigenden Warenpreisen: 500 Prozent auf der »Nominal«ebene. Wenn man also, um genau zu sein, mit Hilfe der vom Wechsel gegebenen Hinweise die Aufwertung der Preise in Gramm Silber berichtigen würde, müßte der obere Silberpunkt reduziert werden, allerdings höchstens um 40 Prozent. Damit würde er noch immer, aber das braucht wohl nicht eigens betont zu werden, aus der Reihe der anderen Punkte tanzen, die sich zur selben Zeit in verschiedenen anderen Ländern, also unabhängig von den politischen Schwierigkeiten Frankreichs, abzeichnen.

So beschließen wir unsere Betrachtungen mit einem erneuten Lob auf die Rechnungsmünze, jenen Irrealis, der dank seiner Beziehung zu den effektiven Gold- und Silbermünzen und über diese zu den Dingen doch auch wieder ganz real ist. Die Rechnungsmünze war weder ein »Schutzschirm«[34] noch ein veraltetes oder kurioses Zahlungsmittel[35]. Ursache und Wirkung, Ursache oder Wirkung – was spielt das schon für eine Rolle! Ihr Einfluß erstreckt sich nicht nur auf die Preise oder die Edelmetalle, sondern auch auf das Niveau der nationalen oder regionalen Wirtschaften, in die unser Europa aufgeteilt war. Mit einem Wort, die Rechnungsmünze ist genau besehen sogar ein recht wichtiger Zeuge.

Abwertungen und ihre Auswirkungen auf kurze Sicht

Eine klare Darstellung ist lobenswert und nützlich, präzisieren wir daher die Grenzen unseres Engagements.

Nachdem wir in dieser Vorrede die Geldsysteme und ihre Rechnungsmünzen beschrieben haben, die wir, im Gegensatz zu einigen Historikern, für wichtig halten, gilt es nun die Grenzen ihrer Bedeutung abzustecken, die Untersuchungen und Kalkulationen bis zum äußersten zu treiben. Ist die Münze von ausschlaggebender Bedeutung oder nicht? Auf diese nur scheinbar einfache Frage gibt es mehrere Antworten, die sich aus mehr als einem Grund zum Teil sogar widersprechen. So dürfen wir vor allem nie vergessen, daß alles zusammenhängt – Rechnungsmünzen, Kurantmünzen, Preise, Wirtschaften, Sozialstrukturen, historische Epochen... Nicht eine Kontrolle, eine Untersuchung, eine Operation tut also not, hundert

Erwägungen sind anzustellen und alle möglichen Bedenken zu berücksichtigen.

Um nur ein Beispiel herauszugreifen: Die Abwertungen der Rechnungsmünze waren in Wirklichkeit nie so simpel, wie wir sie in unseren ersten Erläuterungen dargestellt haben. Es gibt eine Abwertung mit einer *indirekten Aufwertung* entweder der Goldstücke oder der Silberstücke oder beider zugleich und, wie es den Anschein hat, mit unterschiedlichen Folgen.

Zweifellos hat jede Wirtschaft oder besser: jedes politische System und jedes Währungssystem, seine eigene Methode der Abwertung, seine eigenen Gepflogenheiten, Schwächen oder Zwänge. So wertet Venedig zum Beispiel seine Goldmünzen ständig leicht auf; dadurch lockt es das Gold an und entwickelt sich zu einer regelrechten Goldmünzanstalt. Es schmilzt die Münzen ein und prägt daraus fast vollendete Stücke, die Zechinen *(zecchini)*, die es dann in Umlauf bringt. Fragt man nach den Folgen dieser wiederholten Goldaufwertungen, muß man zwischen den dauerhaften Auswirkungen – die wir uns vorgenommen hatten und auf die wir noch einmal zurückkommen werden – und den kurzfristigen unterscheiden.

Im zweiten Fall können uns die langen Monatskurven von Chioggia oder Udine als Anhaltspunkt dienen. Gehen wir wieder einmal davon aus, daß die beiden Städte für das autoritäre Vorgehen der tonangebenden Stadt sensibel (nicht übertrieben sensibel) sind. Halten wir uns noch einmal vor Augen: Den Preis der Goldmünzen anheben bedeutet, sie anlocken; umgekehrt wird aber auch der Abfluß von Silbermünzen in die Wege geleitet; außerdem werden die Rechnungsmünzen in ihrem Verhältnis zum Gold abgewertet, wie wir heute sagen würden. Betrachten wir nun unsere Kurven vor diesem Hintergrund, zeigt sich, daß sie auf gut hundert solch eigenmächtiger Anstöße im großen und ganzen gleich reagieren: Eine Aufwertung der Goldmünzen beruhigt jedesmal den einsetzenden Preisanstieg, ja, sie flacht die zyklisch wiederkehrenden Teuerungen manchmal in geradezu spektakulärer Weise ab. Umgekehrt beschleunigt jede Abwertung der Goldmünzen und jede relative oder absolute Aufwertung der Silbersorten in der Regel den Preisanstieg. Das ließe sich allerdings andernorts besser beobachten als in Venedig, das relativ selten mit Silber manipuliert. Eine genaue Untersuchung dieses Gegenstands wäre zu begrüßen. Dabei ginge es weniger um die langfristige Auswirkung der Währungsabwertungen auf das Spiel der Preise – für die der Nachweis nicht mehr zu erbringen ist – als vielmehr um die unterschiedliche – kurzfristige – Reaktion der Preise auf die Gold- oder Silberabwertung.

II
Der säkulare Trend

Doch nun ist es an der Zeit, die Preise selber zu betrachten. Akzeptieren wir dabei von allem Anfang an, daß all die vielfältigen Preisbewegungen in ihrem Auf und Ab stets mächtigen Tiefenströmungen folgen, von ihnen hochgehoben, getragen und wieder hinuntergezogen werden wie (um François Simiands vielzitiertes Bild aufzugreifen) die Wogen von den Gezeiten. Wie bei den Gezeiten von Ebbe und Flut und glatter See, so kann man bei den Preisen von einem ansteigenden, abfallenden oder stagnierenden säkularen Trend sprechen. Jedesmal müssen wir, um sie zu beobachten, unsere zeitlichen Maßstäbe austauschen und an die Stelle der kleinsten die größten setzen, um den langanhaltenden Trend zu verfolgen, denn nur so lassen sich die Realitäten der langen Dauer beobachten, für die die Frage des Maßstabs vorrangig ist und sein muß.

Nehmen wir als Beispiel die Rechnungsbücher von Chioggia, einem Städtchen am Übergang vom Adriatischen Meer zum Golf von Venedig. In diesen Büchern wurden die im *Fondaco* verkauften Mengen von 1500 bis 1797 samt einem Dutzend Preisnotierungen Tag für Tag verzeichnet. Wenn wir für einen Tag lediglich eine Zahl (als Mittelwert oder Median) herausgreifen, eliminieren wir die kleinen Wellen im Tagesablauf; greifen wir die Notierungen vom Samstag oder das Mittel der sechs Werktage heraus, dann verschwinden die Schwankungen der Woche, und so fort, ob wir nun einen Monat, ein Jahr oder 5, 10, 20, 50 Jahre nehmen. So können wir zwischen 10 oder 20 verschiedenen (und doch ähnlichen) Verfahren wählen, um die ganz kurzen, die etwas längeren, die relativ langen und die sehr langen Bewegungen auszulöschen und auf diese Weise schließlich den zugrundeliegenden Trend zu erkennen. Dieses Ziel verfolgen die Fünf- oder Zehnjahresdurchschnitte, die gleitenden Mittelwerte offener Skalen, die Methode der kleinsten Quadrate, die Methode der gleitenden Durchschnitte usf... – falls man sich nicht einfach damit begnügt, auf der Kurve mit den vielen Punkten einen Faden zu spannen und *nach Augenschein* zu verschieben, um die allgemeine Tendenz festzustellen! Das Resultat soll, wie uns ein bekannter Mathematiker lächelnd versicherte, nicht wesentlich von den Ergebnissen der Methode der kleinsten Quadrate, des kompliziertesten mathematischen Verfahrens zur Eliminierung kurzer Bewegungen, abweichen... Offensichtlich haben alle Methoden ihre Vorzüge und Verfechter, wobei die einfachsten nicht notwendig die ungenauesten zu sein brauchen.

So viel zu den Methoden. Doch worauf wollen wir sie anwenden? Auf alle Preise gleichermaßen, indem wir allgemeine Indizes errechnen? Diese sind in manchen Fällen besser als ihr Ruf – mit dieser Methode arbeiteten kürzlich Earl J. Hamilton bei seinen spanischen Preisen oder N.W. Posthumus bei den Preisen von Amsterdam und Leyden. Oder sollen wir sie auf bestimmte Preise anwenden, die wir der Reihe nach untersuchen, die wichtigsten gesondert und mit besonderer Aufmerksamkeit, die weniger wichtigen zu Gruppen zusammengefaßt? Entscheiden wir uns für die letztgenannte Möglichkeit und ernennen wir das Getreide zu unserem Hauptinformanten, denn von ihm erwarten wir die zuverlässigste Auskunft, das heißt, wir werden den Trend über die Jahrhunderte hin vor allem anhand des Getreides verfolgen. Anschließend wollen wir dann auch die anderen Preise zum Vergleich heranziehen; wichtigster Zeuge aber bleiben die Getreidepreise, einmal weil sie die gesichertsten sind (über kein anderes Produkt besitzen wir auch nur annähernd so viele Angaben), und zum anderen, weil sie den Hauptausgabeposten der europäischen Völker darstellen. Im Falle von Japan oder China würden wir den Reis zum Hauptzeugen aufrufen.

Wie der Leser bemerken wird, haben wir bei unseren Graphiken vielfach Zehnjahresmittel und Gramm Silber, also korrigierte Preise, verwendet. Und zwar aus verschiedenen Gründen, guten und weniger guten, vor allem aber, um für unser gewaltiges Unterfangen einen gemeinsamen Nenner zu finden. Das Silber erschien uns dafür insofern geeignet, als es, wenn auch nur in sehr groben Zügen, einen Vergleich von Land zu Land zuläßt. Umgekehrt erschien es uns angezeigt, die gleitenden Mittel- oder Durchschnittswerte auszuklammern, weil sie sich schlecht mit Schnitten vertragen, wie sie fast alle langen Reihen darstellen. Wenn es aber zur Aufhellung beizutragen schien, haben wir gleichwohl angegeben, zu welchen Ergebnissen diese und andere Methoden führen. Zunächst aber haben wir bei

Schwierigkeiten, welcher Art auch immer, in der Regel erst einmal auf unbearbeitete, weil am wenigsten ungenaue Kurven zurückgegriffen, was sich auch stets bezahlt machte.

Doch all diese Vorsichtsmaßnahmen und Entscheidungen verstehen sich von der Zielsetzung unseres ersten Schrittes her von selbst: den zeitlichen Ablauf der säkularen Bewegungen im Raum relativ präzise festzulegen. Zwar sind diese Bewegungen in einer Reihe von Fällen bereits so gut herausgearbeitet worden, daß sie sich in das Gesamtbild, also in die über Europa gewonnenen Erkenntnisse, einfügen lassen. Eine systematische vergleichende Untersuchung aber steht noch aus, obwohl diese Kurven mit ihrem Auf und Ab nur zu häufig den Lauf der Geschichte verändert, dieses oder jenes Wirtschafts- oder Gesellschaftssystem begünstigt oder zerbrochen, alte Kräfte im Gleichgewicht erhalten haben oder nicht. Die Abweichungen von der Gesamtentwicklung, eine Verzögerung oder ein Vorauseilen da oder dort sind stets besonders aufschlußreich. Deshalb ist es wichtig, auf sie hinzuweisen, auch wenn sie sich nicht restlos erklären lassen. Schließlich soll über den säkularen Trend ja die europäische Wirtschaft verständlich werden. Und deshalb gilt es alle Zeugen zu laden, alle Preise zu befragen, denn jeder hat seine eigene Aussage zu machen.

Das Getreide

Als ersten Zeugen rufen wir also das Getreide auf, vor allem den Weizen. Wir werden ihn lange verhören, sehr lange − wie alle Beobachter vor uns, seit es eine Geschichte der Preise gibt. Der Weizen ist der große Posten in den Rechnungsbüchern der europäischen Wirtschaften vor 1750 und ihre getreue Bilanz. Selbst England ist um die Mitte des 18. Jahrhunderts noch überwiegend ländlich. Allgegenwärtig und auch überall aufgespürt, bietet uns der Weizen lange Preisreihen, auf denen wir unsere Kalkulationen, auch die gewagtesten, aufbauen können. Natürlich steht er nicht allein auf weiter Flur: In seinem Gefolge treten noch andere Brotgetreide auf: Roggen und Gerste. In Frankreich spricht man gewöhnlich sogar von »les bledz« (*blé* = Weizen, Getreide, Korn) und in Spanien von »los panes«… In der Tat wird der Weizen auch vielfach mit diesen anderen Kornarten gemischt und die Mischung unter den verschiedensten Bezeichnungen auf allen Märkten verkauft. Je nach Region ißt Europa mehr oder weniger weißes Brot, und die Brotqualität ist allein schon bezeichnend für ein Land. Wo Schwarzbrot gegessen wird, handelt es sich fast mit Sicherheit um arme Länder. Ob ein verwöhnter Venezianer des Jahres 1579 das Roggenbrot, das er in den galizischen Herbergen nicht ohne Mühe aufgetrieben hätte, überhaupt als Brot bezeichnet hätte, sei dahingestellt. Polen exportiert zwar von Danzig und Elbing auf der Weichsel Weizen; seine Bauern aber essen Roggen und trinken – wenn man so sagen darf – Gerste. Selbst die Adligen haben hier nicht immer Weißbrot auf dem Tisch. Und sogar im privilegierten Danzig wird einer Erhebung aus dem 18. Jahrhundert zufolge viermal soviel Roggen verzehrt wie Weizen. Zur gleichen Zeit kaufen die Marseiller Bäcker den guten Weizen der provenzalischen Ebenen und Hügel, deren Bauern statt ihres eigenen Erzeugnisses den viel schlechteren, von Marseiller Segelschiffen aus der Levante oder der Berberei importierten »Weizen vom Meer« konsumieren. Und das trotz der Transportkosten in beide Richtungen. Im übrigen reist auch der Roggen von Land zu Land. Genau wie der Weizen wird er vor allem von den Ländern des Nordens in großen Mengen ausgeführt.

Letztlich jedoch gibt der Weizen oder vielmehr, was uns hier interessiert, der Weizen*preis* den Ton im Konzert der Getreidepreise an, die in Zeiten der Teuerung weit stärker schwanken als der Weizenpreis selbst. Zu Recht schrieb Jean Meuvret unlängst: »Die Getreidekonjunktur wurde von der Weizenkonjunktur beherrscht«, was von den Kurven des Pariser Marktberichts (1520–1698), den wir teilweise ebenfalls auswerten wollen, bestätigt wird. Noch kategorischer äußerte sich Pierre Goubert in seinem jüngsten Buch über das Beauvaisis des 17. Jahrhunderts: »Im Grunde müßte sich eine Preisstatistik nur an das Hauptnahrungsmittel des Volkes im 17. Jahrhundert, den Weizen, halten, um eine Vorstellung von den größeren wirtschaftlichen Fluktuationen zu vermitteln; einen besseren und zuverlässigeren Indikator gibt es nicht.« Schon 1695 hatte Boisguillebert vermerkt: »… der Weizen liefert den Maßstab … für alle Preise.« Noch im Frankreich des 18. Jahrhunderts – einem sehr brotliebenden Land freilich – verschlangen die Ausgaben für Brot die Hälfte des Haushaltsgeldes der Armen, und arm war der größte Teil der Bevölkerung (Ernest Labrousse).

Der Weizen bestimmt nicht allein die Konjunktur; er ist die Konjunktur, er ist die Struktur; nicht umsonst spricht man vom Kampf ums tägliche Brot. Unter diesen Umständen ist es nicht weiter erstaunlich, daß er, wiewohl als Schwergut für den Transport nicht geschaffen, wegen der Nachfrage der reichen und übervölkerten Länder des Westens oder auf Befehl der Militärintendanturen, die stets vorrangig bedient werden wollen, doch durch ganz Europa reist. Allerdings müssen Städte und Regierungen vielfach schon lange vorher alle Hebel in Bewegung setzen und die Großkaufleute manchmal geradezu verzweifelt anflehen, damit sich der schwergewichtige, teure Reisende auch endlich auf den Weg macht. (So ließen sich die Ximenes, Fernhändler aus Lissabon, bei der großen italienischen Krise des Jahres 1591 lange bitten.) Außerdem verlangen die Beteiligten eine Bezahlung in Gold oder Silber. Bezahlt Venedig seine Weizenkäufe in Apulien nicht schon seit dem 13. Jahrhundert in Goldbarren? Und im 16. und 17. Jahrhundert bringen die elenden, winzigen Schiffe aus der Bretagne, die den Weizen aus Nordeuropa bis nach Lissabon oder Sevilla verfrachten, mit Billigung der lokalen Behörden weißes Metall oder roten Goldstaub aus Mina zurück.

Unter diesen Umständen ist es kein Wunder, daß die Weizenkurven, wie Hamiltons lange, für Spanien zusammengestellte Reihen, meistens sensibel und dramatisch wie ein Seismograph reagieren. Ihre hektische Bewegung aber läßt uns nicht klar sehen. Wir müssen sie dämpfen, denn so charakteristisch ihre Ausschläge für den Weizenhandel zweifellos sind: wenn wir die langen, oder vielmehr die sehr langen, jahrhundertelangen Bewegungen im Untergrund des materiellen Lebens in Europa erfassen wollen, müssen wir sie ausklammern.

Dem Beispiel Georg Wiebes und Wilhelm Abels folgend, haben wir für unsere Untersuchung die Zehnjahresmittel gewählt; (wir konnten uns dabei vielfach auf bereits vorhandene Berechnungen stützen). Sie müßten uns, wie uns bei einem ersten Versuch erschien, von den zyklischen Schwankungen innerhalb dieses Zeitraums, der größten Crux bei unseren Eintragungen, schlecht und recht befreien. Was die Wahl der Preisreihen betrifft, waren uns offensichtlich die Hände gebunden; so viele sehr lange Serien gibt es nicht. Dafür stecken sie den gesamten europäischen Raum recht gut ab. Berechnet wurden die Preise in Gramm Silber und als Maß willkürlich der Hektoliter Weizen gewählt.

Auf der großen Graphik (Abb. 18) bilden diese Kurven ein auf den ersten Blick recht unübersichtliches Bündel. Deshalb haben wir ein vereinfachtes graphisches Verfahren angewandt, die höchsten und die tiefsten beziehungsweise die obersten und die untersten Punkte des

Bündels jeweils mit einem durchgehenden Strich verbunden. Die dergestalt umschriebene Fläche, einem zunächst breiten, im 18. Jahrhundert stark verengten Flußbett vergleichbar, gibt den einzelnen Kurven ihre Bedeutung. Ja, man kann sogar Bruchstücke von Kurven eintragen, denn auch sie können dadurch verständlicher gemacht und ausgewertet werden. So liegt der von Fernand Braudel wiederentdeckte wertvolle venezianische Pseudomarktbericht für die Jahre von 1575 bis 1602 an der oberen Grenze unserer Graphik, was in diesen Krisenjahren auch nicht anders zu erwarten war. Dennoch ist die Bestätigung von Interesse. Ähnlich gelagert wäre die ziemlich angreifbare Kurve, die sich aus den vor langer Zeit von Ph. Mantellier für Orléans gesammelten Daten zusammenstellen läßt, oder auch die etwas wackelige, von A. Mankov für Moskau aufgestellte Reihe.

Vor allem aber ist dieser Prüfstand für die langen und relativ soliden Kurven unserer ersten Graphik von Wert. Er macht deutlich, wie sich jede einzelne Kurve auf ihre eigene Art und Weise entweder näher an der Ober- oder an der Untergrenze dahinschlängelt oder eher der Mittellinie folgt, die wir ebenso wie bei der Gold-Silber-Relation (Abb. 5) zwischen beide eingezogen haben, ohne ihr hier allerdings eine andere Funktion als die einer Hilfslinie zu geben, die nur der optischen Orientierung dient. So können wir auf Anhieb feststellen, ohne einen Irrtum befürchten zu müssen, daß sich die Kurve von Lemberg zumindest bis zur Mitte des 17. Jahrhunderts beständig an der Untergrenze bewegt, und zwar länger als die anderen polnischen Kurven; daß Exeter sonderbar und lang dem mittleren Trend unserer Kurven folgt, nach 1690 aber zur Obergrenze aufsteigt (ein wichtiges Indiz, das den mit den englischen Verhältnissen nach der »glorreichen« Revolution von 1688 vertrauten Historiker allerdings kaum überrascht); und daß die italienischen und spanischen Kurven bis zur Mitte des 17. Jahrhunderts den anderen gefährlich überlegen sind. Diese Beobachtungen wollen wir im folgenden anhand von Karten als unentbehrlichem Hilfsmittel weiter vertiefen.

Mit Sicherheit verfügen wir damit über ein Aufspür- und Kontrollgerät, das sich durch geduldige Berechnungen perfektionieren und verfeinern ließe, aber es gibt uns auch, so wie es ist, eine erste Antwort auf unsere Fragen – gelegentlich freilich eine reichlich unerwartete. So, wenn wir in unser vereinfachtes Diagramm zum Beispiel die »amerikanischen« Getreidepreise eintragen. Zu unserem Erstaunen sehen wir, daß sie, zumindest bis zur Hungersnot von 1764, keineswegs so wettbewerbsstark sind, wie gemeinhin behauptet wird. Muß man also die Lage bei Beginn der Weizeneinfuhr aus Amerika in das Europa des 18. Jahrhunderts erneut analysieren oder die Währungen und Preisreihen genauer untersuchen?

Unser Diagramm wirft aber noch ein anderes Problem auf: die unübersehbare Annäherung der beiden Linien zu Beginn des 18. Jahrhunderts. Sie zeigt, bis zu welchem Punkt die Preise begannen, sich in ganz Europa einander anzugleichen. Bedeutet aber diese Nivellierung nicht, wenn das Zeugnis des Weizens ganz allgemein gilt – was ziemlich wahrscheinlich ist –, eine natürliche Panne für einen bestimmten europäischen Handelskapitalismus, der vom Preisgefälle lebte, das seinerseits auf Unterschiede der Wirtschafts- und Gesellschaftsstruktur und historische Unterschiede zurückging? Hat dieser Handelskapitalismus nicht selbst dazu beigetragen, dieses Gefälle durch eine allzu starke Ausbeutung einzuebnen, ein System kommunizierender Röhren zu schaffen und so den Ast abzusägen, auf dem er saß? Hat er sich nicht selbst dazu verurteilt, sich anderswo nach günstigeren Bedingungen umzusehen oder sich zu erneuern? Mag sein, daß wir jetzt die Interpretation etwas weit treiben. Aber der Abstand schrumpft; betrug er von 1440 bis 1449 zwischen Lemberg und Valencia 6:43 g, so liegt er im Jahr 1750 bei 38:75. Und diese Zahlen sprechen eine zu deutliche Sprache, um noch einen Zweifel an der allgemeinen Richtung dieser Entwicklung zu lassen.

Und noch eine letzte Bemerkung: Wenn wir uns nicht täuschen, bedeutet dieses Gleichgewicht der Preise auch eine bessere Zirkulation, in erster Linie natürlich der Waren, aber sicher auch der Münzsorten. Und hat diese nicht – ohne daß wir ihr deswegen zuschreiben wollen, was auf das Konto wichtiger Strukturänderungen im 18. Jahrhundert geht – dazu beigetragen, daß die verheerenden Hungersnöte nach ca. 1750 fast erträglichen »verdeckten« Hungersnöten Platz machten, zumindest in einem bestimmten privilegierten Teil Europas?

Doch dieses Phänomen der Annäherung der Preise betrifft lediglich die letzten Jahre des untersuchten Zeitabschnitts. Zwischen dem 15. und dem 18. Jahrhundert treten im Gegenteil die grundlegenden Unterschiede in Europa zutage, die Einteilung in Regionen, seine Ungleichheit, seine Vielfalt.[36] In diesem Zeitraum ist es deutlich aufgefächert und noch weit entfernt von dem engen, kleinen Europa mit dem schnellen Kreislauf und den vielfältigen, kaum behinderten Reise- und Migrationsmöglichkeiten, das wir vom Vorabend der Französischen Revolution kennen oder zu kennen glauben. Und in dieses in Zonen aufgeteilte Europa, das wir im folgenden kartographisch erfassen und untersuchen, sollen uns die Getreidepreise einführen.

Versuch einer kartographischen Erfassung der Preise

Wir haben uns für einen Film von sieben Karten mit einem zeitlichen Abstand von jeweils einem halben Jahrhundert (Abb. 19) entschieden – oder richtiger, notgedrungen damit begnügt, denn eine kürzere Abfolge der Bilder hätte zuviel Raum beansprucht und uns außerdem zu lange von unserem eigentlichen Ziel, der säkularen Bewegung, abgehalten. So jedoch verlieren wir unsere Problemstellung nicht so leicht aus den Augen, zumal auch der langfristige Trend keineswegs einheitlich ist, weil auch er notwendig dem Wirtschaftsgefälle in Europa Rechnung trägt.

Wie die üblichen, in der Tageszeitung abgedruckten meteorologischen Karten unterscheiden auch unsere Karten »Tief- und Hochdruckzonen« oder Zonen mit hohen und mit niedrigen Preisen. Allerdings besteht ein an sich beträchtlicher Unterschied: Während Zyklone und Antizyklone mittels einer feststehenden, leicht zu definierenden Linie, nämlich 1000 Millibar, bestimmt werden, und zwar jeweils nur für kurze Dauer (den Tag der Meteorologen), ist die Grenze zwischen hohen und niedrigen Preisen beweglich. Folgt unsere Mittellinie nicht der allgemeinen Preisbewegung? Außerdem zielen unsere Karten über die erfaßten Zehnjahresräume hinaus auf die langfristige Bewegung ab. Um einen Vergleich von Land zu Land zu ermöglichen, haben wir diese Zehnjahresmittel in Gramm Silber übersetzt.

Die erste Karte (1440–1449), mit etwas mageren Angaben, weist starke Preisunterschiede auf: Zwischen Lemberg und Valencia besteht ein Verhältnis von 1:7. Valencia repräsentiert die höchsten Getreidepreise; Nordeuropa und das atlantische Küstengebiet die Zone der mittleren Preise und Osteuropa (Polen und an seinem Rand Österreich mit den Kurven von Wien und Kloster Neuburg) die Zone der niedrigsten Preise. Dazu noch eine Anmerkung: Die Preise von Brügge und Utrecht sind womöglich etwas zu hoch angesetzt, die Preise von Straßburg wohl mit Sicherheit: Beim Vergleich mit den voraufgehenden und folgenden Kurven dürfte das Preisniveau hier um ein Drittel oder sogar um die Hälfte niedriger liegen. Dazu fehlen uns aber einschlägige Untersuchungen.

Zweite Karte: 1490–1499. Die Zeugen, nun schon zahlreicher vertreten, signalisieren einen allgemeinen Preisrückgang; allerdings berührt er die alten Ungleichheiten nicht. Die Spitze hält nach wie vor die Mittelmeerregion (Valencia, Barcelona, Udine, Neapel), die man vielleicht nach Norden bis nach Grenoble ausdehnen muß. Die atlantische Küstenregion kennt (mit Ausnahme von Utrecht und vielleicht Brügge) diese hohen Preise nicht; hier liegen sie rund 35 Prozent niedriger, etwas ausgeprägter in England (Exeter) und noch deutlicher in Straßburg und im Klosterstift Neuburg, die den Tiefstand von Europa Nummer 2 bezeichnen. Was Europa Nummer 3 betrifft, Osteuropa, so bleibt es bei seinen niedrigen Preisen (5,47 Gramm in Krakau, 4,77 in Lemberg, das heißt, die Preise sind hier siebeneinhalbmal niedriger als in Barcelona, das mit 35,26 die Spitze hält). Kurz, um zu rekapitulieren: Wenn wir Europa Nummer 1 (das mittelmeerische) mit 100 ansetzen, sind das atlantische und nördliche (Nummer 2) auf 77 und Polen, Bezugspunkt für Osteuropa, auf 16 anzusetzen. Natürlich sind das nur grobe Schätzungen.

Die dritte Karte (1540–1549) erfaßt den Zeitraum vor dem Einsetzen der großen Silberströme aus Amerika und zeigt hohe Preise im Mittelmeerraum und in den umliegenden Regionen, außer in Altkastilien (aber diese Kornkammer gehört ohnedies nicht mehr zu den echten Mittelmeeranrainern, in denen die Preise seit der voraufgehenden Karte beträchtlich gestiegen sind). Diese Woge der Preissteigerung überrollt Italien (Neapel, Siena, Florenz, Rom, Udine) und Südfrankreich bis hinauf nach Grenoble und Valence. Die Spitze des »Antizyklons« jedoch bleibt in Barcelona, aber nicht etwa weil sich die Stadt zu dieser Zeit besonders ausgezeichnet hätte. In Wirklichkeit werden Barcelona und Katalonien durch diese Teuerung sogar aus der aktiven Beteiligung am Mittelmeerhandel ausgeschaltet.

Nicht weniger charakteristisch ist der Bereich gemäßigter Preise, der sich (mit der dreifachen Ausnahme von Utrecht, Brügge und Paris) von Wien und den österreichischen Ländern über Deutschland und Frankreich bis nach England erstreckt, wo er mit 18,17 seinen Tiefstand erreichen würde, wenn die Stadt Wien nicht mit 13,98 noch um nahezu 23 Prozent darunterläge.

Und das dritte Europa? Falls man den Zahlen trauen darf, die wir aus nicht immer ganz klaren Angaben errechnet haben, sind in dieser Region die Preise mit Sicherheit nach oben geklettert, zweifellos aus den von Stanislaw Hoszowski[37] angeführten Gründen: gestiegene

Nachfrage des Westens nach Getreideprodukten und Schiffsverkehr auf der Weichsel. Diese Erklärung leuchtet ein. In Warschau liegt das Preisniveau bei 10,67 g. Krakau fällt mit 18,12 deutlich aus dem Rahmen; dort muß man besondere Verhältnisse in Rechnung stellen und berücksichtigen, daß Kleinpolen relativ dicht besiedelt war.

50 Jahre später, im letzten Jahrzehnt des 16. Jahrhunderts, erkennt man auf der Karte den Einfluß der größten bis dahin bekannten Silberverbreitung; allerdings ging die Herrschaft des weißen Metalls in Sevilla schon bald darauf (E. Hamiltons Berechnungen zufolge gleich nach 1600, Huguette und Pierre Chaunus Berechnungen zufolge erst nach 1610) zu Ende, und damit befinden wir uns auch wohlgemerkt schon mehr oder weniger an der Schwelle »der Wende zum Gold«. Diese Wende stellte das Währungssystem ganz Europas auf eine harte Probe und beschwor allenthalben Kriege, Hungersnöte, soziale Spannungen und wirtschaftliches Chaos herauf.

Der Antizyklon der hohen Preise hält sich hartnäckig über dem Mittelmeer, seit alters ein Meer des Reichtums und der Teuerung in Europa. Die Spitze hat sich mittlerweile nach Andalusien verlagert. Die Gründe liegen auf der Hand: In Sevilla zahlt man für Weizen und Brot die höchsten Preise. Gleichwohl greift der Preisanstieg um sich, verschärft sich in Italien, in Südfrankreich und auf der gesamten Iberischen Halbinsel, mit einer leichten Verzögerung in Neukastilien und deutlich verspätet in Altkastilien. Aber die Teuerungswoge hat auch ganz Frankreich überrollt; die Lebenshaltungskosten bleiben lediglich in Limoges, Poitiers, Buis-les-Baronnies niedrig. Die Teuerung erfaßt die Umgebung von Paris, in der Stadt selbst klettert der Preise auf 149,76 (aber Paris ist in den Jahren 1590–1591 belagert); wie bereits angedeutet, handelt es sich hier nur um einen Nebengipfel der Teuerung.

Diesem Europa des teuren und raren Brots steht ein einziges Europa gegenüber (nicht mehr zwei): der ausgedehnte Bereich relativ niedriger Preise von Krakau (27 g) oder Wien (40 g) bis Exeter, England (67 g). Die einzigen Ausnahmen mit hohem Preisniveau in dieser Zone: Utrecht und Arnheim, aber auch hier bringt der Krieg alles aus dem Lot. Stellen wir wieder unsere Gesamtkalkulationen an und setzen den Süden mit 100 gleich, so käme der Norden nur auf 76 und Polen auf 25.

Das hervorstechendste Merkmal der Preiskurven Ende des 16. Jahrhunderts ist offensichtlich die Annäherung des polnischen Getreidepreises[38] an das allgemeine europäische Preisniveau. Auf den ersten Blick mag man das dem Schiffsverkehr auf Weichsel und Ostsee zuschreiben. Aber wie dem auch sei, jedenfalls stieg der Export über den Danziger Hafen im Laufe des 16. Jahrhunderts (wie dann wieder zu Beginn des 17. Jahrhunderts) ständig an und saugte die Produktion der nordpolnischen Gebiete immer mehr auf, näherte dort aber gleichzeitig auch die Preise immer mehr den westeuropäischen Verhältnissen an. Allerdings schlug das baltische Getreide nach 1591 auch und für lange Zeit den Weg in den Mittelmeerraum selbst ein.

Die fünfte Karte (1650–1659) legt auf den ersten Blick ein reichlich verworrenes Zeugnis über das Europa nach dem Dreißigjährigen Krieg ab: Einerseits ist unzweifelhaft ein allgemeiner Preisrückgang festzustellen, andererseits aber zeigen sich auch große geographische Verschiebungen.

Die Spitze der südliche Zone bildet Neapel; verschiedene wichtige Daten fehlen allerdings – das ganze mittelmeerische Spanien ist nicht zum Rendezvous erschienen. Die Notierungen in Südfrankreich und Italien sind gefallen. Die niedrigste (Udine) wirft im Vergleich zum übrigen Italien einige Probleme auf.

Die entscheidenden Änderungen innerhalb Europas aber haben sich nicht hier im Mittelmeerraum vollzogen, wo die Preise nach wie vor hoch bleiben, sondern im Norden; dort ist unsere frühere Niedrigpreiszone in zwei verschiedene Bereiche zerbrochen: Während sich anschließend an die vom Mittelmeerraum ausgehenden hohen Preise ein Korridor niedriger – natürlich nur relativ niedriger – Preise von Wien bis zur Bretagne hinzieht, schließt sich im Norden – und das ist völlig neu – nun von Utrecht bis England eine weitere Zone hoher Preise an. Um der Aussage der Karte eine vorläufige Deutung zu geben: Europa zerfällt in zwei maritime Hochpreiszonen, die sich merklich gleichen. Dazwischen liegt ein Gürtel niedriger, überwiegend »kontinentaler« Preise. Kurz: Die Preise in den *seit alters reichen* südlichen Ländern Europas sind spürbar gefallen; die in den *neureichen* nördlichen Ländern im Verhältnis gestiegen. Ist die Erklärung bei den letztgenannten und ihren neuerdings privilegierten Wirtschaften zu suchen, oder ist der baltische Handel, ein komplexes System, das auch nicht unentwegt billiges Getreide aus dem Boden stampfen kann, aus den Fugen geraten?

Im übrigen fällt auch Deutschland aus dem Rahmen. Die Niedrigpreisfurche, die Europa von Ost nach West durchzieht, sinkt in Deutschland viel tiefer ab als im benachbarten Frankreich. Im Grunde haben wir es mit zwei Niedrigpreiszonen zu tun: den niedrigen Preisen in Frankreich und den sehr niedrigen Preisen in Deutschland, die, wenn wir uns nicht sehr täuschen, auch das nächste Ausscheren der deutschen Gebiete zumindest teilweise erklären können: Macht dieses extrem niedrige Preisniveau nach dem Dreißigjährigen Krieg nicht verständlich, daß die Preiskurve in Deutschland bald darauf steigt, obwohl die Preise im übrigen Europa immer noch fallen oder vielmehr stagnieren?

Auf der sechsten Karte (1690–1699) hat das westliche Mittelmeer, wenn wir es mit dem Sonderfall Genua nicht allzu genau nehmen, seinen Vorrang eingebüßt. Frankreich, allen voran Paris, hat nun ein höheres Preisniveau. Das gleiche gilt für die Niederlande. England ist nach der Revolution von 1688 in die Reihe der Getreideländer mit hohen Preisen aufgerückt. Im Herzen Europas und im Osten (Lemberg 44,31, Lublin 40,13) dagegen ist das Getreide trotz einer seit 1650 unverkennbaren Tendenz zur Hausse nach wie vor billig. In Warschau wird der Weizen zu 25,24 g pro Hektoliter (Angabe zweifelhaft) verkauft.

Noch immer sind also drei Regionen, Norden, Mitte, Süden, zu unterscheiden. Die hohen Preisniveaus im Süden haben mancherorts Einbrüche zu verzeichnen, Depressionen, die sich behaupten (Siena, Neu-Kastilien, Udine). Die »kontinentalen« Preise halten sich von Lemberg bis zur Bretagne, mit einer gewissen Verzögerung in Deutschland und einem nicht einzuholenden Vorsprung von Paris. Und die Neureichen im Norden essen im 17. Jahrhundert samt und sonders teures Brot.

Wie auf der letzten Karte (1740–1749) zu erkennen, spielt sich das neue Gleichgewicht immer besser ein. Diese Karte bestätigt die Tendenzen der vorausgehenden: eine große Achse von Wien zur Ostsee und zur Bretagne mit niedrigeren Preisen, höhere Preise im Norden, und im Mittelmeerraum stabilere mittlere Preise. Doch all diese Unterschiede schwächen sich um die Mitte des Jahrhunderts ab; eine energische Tendenz zum Ausgleich scheint sich durchzusetzen. Zutreffender wäre wohl zu sagen, daß Süden, Mitte, Osten und Westen mehr oder weniger ineinander übergehen und daß sie ihre leicht überdurchschnittlichen Preise den etwas höheren im Norden entgegensetzen.

Der säkulare Trend: Ebbe, Flut und glatte See

Die voraufgegangenen Erklärungen, scheinbar lang und doch zu kurz und ungenügend, haben uns immerhin mit den Getreidepreisen und den Ursachen für das innereuropäische Preisgefälle vertraut gemacht. Nun ist es an der Zeit, zu unserem eigentlichen Problem zu kommen: Wie zeichnet sich der säkulare Trend in Europa ab, und vor allem, wie können wir ihn präzise erfassen?

Das ist ein wichtiges, allerdings keineswegs einfaches Problem. Wie befürchtet, kommt uns hier die eben aufgezeigte Verschiedenartigkeit des europäischen Wirtschaftsraums dauernd auf hinterhältige Weise in die Quere. Sich aber einfach über diese Ungleichartigkeit hinwegzusetzen, wozu Earl J. Hamilton und M.J. Elsas neigen, wenn sie den von ihnen behandelten Einzelfall (Spanien oder Deutschland) zu verallgemeinern und auf Europa auszuweiten versuchen, geht auch nicht an. Wir werden noch darauf zurückkommen. In der Tat haben alle Historiker ihre Preisuntersuchungen an einem ganz bestimmten Fall vorgenommen und dabei von Fall zu Fall nur allzuoft ganz spezielle Ursachen entdeckt. Sammelt man diese Zeugnisse, dann stellt man bald fest, daß es unmöglich ist, die einzelnen Erklärungen auf ganz Europa auszudehnen oder anders ausgedrückt, daß man differenzieren und Nuancen beachten muß.

Das heißt, die von allen Historikern bestätigte zeitliche Abfolge der vier langdauernden Bewegungen können wir nur in Ansätzen übernehmen: Regression oder besser: Stagnation im 15. Jahrhundert; Anstieg im 16. und zu Beginn des 17. Jahrhunderts; anschließend Regression bis um 1720–1750 und schließlich Aufschwung im 18. Jahrhundert. So weit, so gut. Aber schon wenn man die verschiedenen Bewegungen genauer zu datieren versucht, beginnt man zu zögern, vor allem weil wir andere Daten für die verschiedenen Auf- oder Abschwungphasen erhalten, je nachdem, ob wir unseren Kurven Nominalpreise oder Gramm Silber zugrunde legen. Welche Angabe aber ist vorzuziehen? Und warum kommt es überhaupt zu diesen Abweichungen? Beim Versuch, diese Fragen zu beantworten, gelangt man über *Hypothesen* oder *Annäherungen* nicht hinaus, zumal die einschlägigen Kurven oft mit Vorsicht zu genießen sind. Zumindest aber hoffen wir durch die Nutzung beider Möglichkeiten, der Nominalpreis- und der in Gramm Silber übersetzten Preiskurven, das Problem in seiner ganzen Komplexität herauszuarbeiten und Fall um Fall präzise zu verifizieren, um dann die Hypothesen oder allgemeinen Erklärungen als begründet zu akzeptieren oder als unbegründet zurückzuweisen.

Wann beginnt das 16. Jahrhundert? Oder anders gesagt: Zu welchem Zeitpunkt setzt diese gewaltige Hausse des 16. Jahrhunderts ein, die man als *Preisrevolution* bezeichnet hat und auch heute noch bezeichnet und die die stürmische und schwierige Stagnation des 15. Jahrhunderts dauerhaft beendete? Das Jahr 1500 jedenfalls brachte die Wende nicht. Und wenn man Preisanstieg und 16. Jahrhundert gleichsetzt, dann hat dieses je nach Ort viele Geburtsdaten.

Bei den Nominalpreisen geht der Preisrevolution des 16. Jahrhunderts offensichtlich eine *Vorrevolution* voraus, so wie der Reformation eine Vorreformation und der Renaissance eine Vorrenaissance vorausging: ein langsamer, von lebhaften zyklischen Bewegungen vielfach durchbrochener, gelegentlich sogar bis zur Richtungsumkehrung erschütterter, gleichwohl aber unverkennbarer langanhaltender Preisanstieg (von bestenfalls 50 Prozent zwischen 1450 und 1500, also von 1 Prozent jährlich). Diese Vorrevolution kündigt sich je nach Ort und Wirtschaft verschieden an, aber auch je nach dem Gang der Uhren, die uns die Ortszeit vermitteln; sie schlagen zu unterschiedlichen Zeiten: *Paris 1460* (?); Exeter 1462; München und Augsburg 1463–1464; Utrecht 1464; Straßburg 1464; Gent und Brügge 1464; *Frankreich* (nach d'Avenels Kurven) *1465*; Frankfurt 1470; Limoges 1468; Ragusa 1482; Rom 1485; Lemberg (Rauh-Hafer) 1485; Spanien (Valencia) um 1500. Die mit Skepsis zu behandelnden Jahreszahlen haben wir hervorgehoben; aber auch die anderen sind nur mehr oder weniger gesichert, denn für das 15. Jahrhundert verfügen wir für unsere Stichproben nur über einen besonders unvollkommenen Raster. Trotzdem können wir wohl zu behaupten wagen, daß diese Vorrevolution im Alltag ganz Europa nahezu gleichzeitig erfaßt hat, ausgenommen mit Sicherheit Spanien und vermutlich Portugal, für das jedoch leider keinerlei verwertbare Angaben vorliegen.

In Spanien zeigen die Nominalpreise trotz zyklischer Schwankungen eine Tendenz zur Stagnation, zur Waagerechten, und zwar sowohl in Navarra als auch in Valencia. In Valencia tritt die Hausse wie gesagt erst nach 1500 ein, was auch für Sevilla gelten dürfte, wo André E. Sayou – allerdings nicht auf Zahlenangaben gestützt – die Anfänge des Aufschwungs des 16. Jahrhunderts um die Jahre 1506–1510 ansetzt. So stellt die Iberische Halbinsel einen Sonderfall der europäischen Wirtschaft dar, während wir alle dank Hamiltons ausgezeichneter Arbeiten dazu neigten, die europäische Konjunktur nach dem Vorbild der spanischen zu entwerfen. Wenn wir nun diesem ersten Zeugnis der Nominalpreise das der Preise in Gramm Silber gegenüberstellen, dann schrumpft der Bereich der Vorrevolution augenblicklich. Der Preisanstieg in Gramm Silber verläuft eigentlich nur in Limoges, Grenoble, Straßburg, Frankfurt, Würzburg und München parallel zu den Nominalpreisen. In Lemberg verzögert er sich um 10 Jahre, in Exeter um 28; in Udine um 30, in Brügge und Gent um rund 37 Jahre. In Spanien (Valencia) ziehen die Preise in Silber und die Nominalpreise gleichzeitig an, aber erst um 1500.

Das sind die Fakten. Ihre Erklärung kann weder einfach sein noch als gesichert gelten. Als erstes aber wäre sicherlich die Nominalpreisbewegung mit dem Ausmaß der zugrundeliegenden Abwertungen zu vergleichen.

Nun ist aber Spanien nach unserer Kenntnis das einzige Land, das keine Vorrevolution der Preise kennt, und hier fällt auf, daß das Rechnungsgeld gegenüber dem Silber nicht abgewertet wird. Weiter fällt auf, daß Spanien – besser: die ganze Iberische Halbinsel – damals ein Verteilerzentrum für afrikanisches Gold ist, daß das Gold abfließt und dafür dank günstiger Kurse Silber hereinströmt. Auf die von Vittorino Magalhães Godinho[39] in einer umfangreichen Abhandlung aufgezeigten unterschiedlichen Gegebenheiten des Bimetallismus in Spanien auf der einen und Deutschland auf der anderen Seite haben wir den Leser schon weiter oben durch eine Graphik aufmerksam gemacht. Blickt die iberische Welt im 15. Jahrhundert, also vor den großen Entdeckungen, nicht nach wie vor auf den Islam und Afrika, auf seine Goldwährungen und Sklaven, seinen Handel einschließlich des Sahara-Handels? Reicht Afrika damals nicht bis zu den Pyrenäen? Und bremst das Gold nicht wieder einmal die Preisbewegung, ist das nicht der Grund, warum sich die Wirtschaften auf der Iberischen Halbinsel nicht phasengleich mit den übrigen europäischen Räumen entwickeln? Eine definitive Antwort auf diese Fragen gibt es nicht; aber wie man sie auch beantworten mag, die abweichende Entwicklung in Spanien – die Stagnation seiner Nominal- und Edelmetallpreise bis 1500 – jedenfalls erfordert, daß man alle diese Gründe in Betracht zieht.

In den anderen Ländern kam es in der Regel immer dann zu einem parallelen Auftrieb der Nominal- und Edelmetallpreise, wenn

die Differenz zwischen Preisanstieg und Abwertung des Rechnungsgeldes positiv war. So geschah es in Straßburg, wo die Preise bei einer
schwachen Abwertung von 9 Prozent um 28 Prozent stiegen; ebenso
in Udine mit einem Verhältnis von 40 : 18.

Doch diese Beobachtungen werfen nur ein weiteres Problem auf:
Warum war die Abwertung an manchen Orten stärker als an anderen?
Man wäre geneigt zu antworten – und das deutsche Beispiel scheint
diese Antwort ebenfalls nahezulegen –, daß die Abwertung umgekehrt proportional zum Vorrat an Silber war. Der Aufschwung der
Silberbergwerke in den Alpen und in Mitteleuropa, schon bald mit
den Augsburger Finanziers verknüpft, würde auf den ersten Blick sowohl die geringe Entwertung als auch den gleichzeitigen Anstieg der
beiden Preisreihen in Deutschland erklären. Die Frage ist nur, ob 10
Tonnen Silber dafür ausreichen. Außerdem weicht Deutschland noch
in einem anderen Punkt vom allgemeinen Schema ab: Der Preisanstieg ist hier viel stärker als anderswo; er geht fast schon in die folgende Hausse des 16. Jahrhunderts über. Das Wort Vorrevolution ist hier
wohl nicht mehr am Platz. Aber muß man nicht auch die tiefe deutsche Krise zwischen 1350 und 1450 mitberücksichtigen? Die »Wü-
stungen«, die Abwanderungen aus den Dörfern, wirkten sich verheerend aus. Die Situation in Deutschland scheint noch schlimmer
gewesen zu sein als in Frankreich oder England, obwohl beide Länder
von einer nicht abreißenden Serie von Kriegen, dem sogenannten
Hundertjährigen Krieg, geschüttelt wurden. (Der Krieg, sagt Gaston
Imbert, ist ein Luxus, und er hat damit vielleicht so unrecht nicht.)
Vielleicht aber mußte nach diesem unvergleichlich tiefen Sturz
Deutschlands Wiederaufstieg einen ganz anderen Umfang annehmen
und die Preise schneller in die Höhe treiben? Unnötig zu sagen, daß
wir diese Erklärungen unter Vorbehalt offerieren, als Hypothesen, die
erst noch im einzelnen zu verifizieren oder andernfalls eben zu verwerfen
sind.

Bleibt noch die bedeutsamste Abweichung zu erklären: die Unbeweglichkeit, der Stillstand der Silberbilanz beim Ansteigen der niederländischen (und über diese auch der englischen) und vielleicht auch
der italienischen, jedenfalls aber der auf der bescheidenen Turmuhr
von Udine angezeigten venezianischen Preiskurven. Alles in allem
sind die beiden Motoren der europäischen Wirtschaft (Flandern und
Italien) knapp an Silber. Beweis dafür sind die in Venedig, noch
häufiger aber in Flandern vorgenommenen Abwertungen. In beiden

Gebieten ist das weiße Metall, wenn man so will, begehrt und über-
bewertet und strömt dennoch fortgesetzt außer Landes (nach Spanien
beispielsweise, wie der Brief eines venezianischen Kaufmanns aus
dem Jahr 1467 und ausführlicher noch spätere Dokumente belegen,
die von großen Silbersendungen aus Venedig sprechen; sie wurden
im Jahr 1505 mit einem schönen Gewinn in Spanien oder auch der
Berberei gegen Gold getauscht …). Genügt also die Abwertung in
Flandern oder in Udine, um den Preisanstieg, ausgedrückt in Gramm
Silber, aufzuheben? Das alles soll aber nur im Vorübergehen erwähnt
werden, eher um eine nützliche Untersuchung anzuregen als hier
eine plausible Erklärung zu entwerfen, die doch einer genaueren Dokumentation bedürfte.

Dennoch erweist sich im Licht dieser Betrachtungen als zweifelsfrei – und das gibt Pierre Vilar recht –, daß eine vielfältige Preisbewegung, fraglos weit unten, gleichwohl aber offensichtlich unverkennbar (und von den Nominalkurven ja auch registriert), ein großes
Erwachen Europas schon vor dem Eintreffen der ersten Schätze aus
Amerika anzeigt. Die gleiche Entwicklung hat Ingrid Hammarström
für Schweden konstatiert, und dieser Befund gibt Anlaß zu neuen,
notwendigen Überlegungen.

Offensichtlich haben wir nicht genug Beweismaterial, um die angesprochenen Probleme zu lösen. Für Italien sind unsere Unterlagen
(Udine und Chioggia ausgenommen) gleich Null. Zu Recht aber hat
Earl Hamilton darauf hingewiesen, daß in Florenz noch umfangrei-
ches, bis heute nur nicht ausgewertetes Material schlummert. Bisher
haben die Historiker ihre Forschungen, freilich nicht ohne Grund,
auf das Florenz unter Lorenzo de'Medici konzentriert; die materielle
Wirklichkeit dieses unvergleichlichen Glücksfalls aber wird durch das
Licht des auf die privilegierte Stadt gerichteten Scheinwerfers nicht
erhellt. Und die Wirtschaftshistoriker nehmen leider im Grunde nur
das triste Florenz des 16. Jahrhunderts unter Cosimo I. zur Kenntnis.
So beraubt uns unsere Ignoranz eines Zeugnisses, das für Europas Geschick insgesamt wertvoll wäre.

Wann endet das »lange 16. Jahrhundert«? Wieder zögern wir, wenn wir
nun das Ende dieses langen 16. Jahrhunderts angeben sollen. Wenn
sich auch die Ebbe lange vorher angekündigt hat, setzt sie doch nur
zögernd und, genau wie die Flut, je nach Region zu unterschiedlichen Zeiten ein.

Unterscheiden wir auch hier wieder unsere beiden Eintragungen: die Preise in Gramm Silber und die Nominalpreise. Auch diesmal sprechen sie nicht dieselbe Sprache.

Den metallistischen Preisen zufolge handelt es sich bei diesem langen 16. Jahrhundert um ein singulär kurzes (vgl. Abb. 18). Die frühesten Anzeichen für eine säkulare Trendwende finden sich in Spanien anläßlich der einschneidenden politischen Wende in den achtziger Jahren des 16. Jahrhunderts. Die Annexion Portugals (1580) kostet ihren Preis, und bald darauf ist die »Rechnung« für die Unüberwindliche Armada (1588) zu bezahlen. Zwischen 1589 und 1592 zeichnet sich eine kurze, aber heftige, fürs erste schwer deutbare finanzielle Krise ab.[40] Wenige Jahre später scheint ganz Frankreich (Paris, Grenoble, Limoges, Valence, Romans...), seinerseits unter Druck geraten, in die Knie zu gehen: Hat es nicht auf irgendeine Weise die Rechnung für die Katholische Liga und die von ihr landesweit verursachte katastrophale Abwertung der Nominal- und Edelmetallpreise zu begleichen? Auch in Italien verdüstert sich in diesem letzten Jahrzehnt des 16. Jahrhunderts der Himmel, vor allem in Siena, Florenz und Udine.

Kurz, nach unserer Tabelle erreicht die Preiskurve, in Gramm Silber umgerechnet, um 1580 bis 1589 in Andalusien; um 1590 bis 1599 in Udine, Siena, Aix, Paris, Grenoble; um 1600 bis 1609 in Neapel und Neu-Kastilien; um 1620 bis 1629 in Genua (?) ihren höchsten Punkt.

Abgesehen von diesem letzten, umstrittenen Fall scheinen Spanien und Italien ohne viele Ausnahmen und ohne große Verzögerung von einer konzertierten Preisbewegung erfaßt worden zu sein, die einen frühen Umschwung einleitete. Offensichtlich ist diese seit langem privilegierte Region Europas dem Rückschlag des Pendels, dem verlangsamten Edelmetallzustrom aus Amerika, nicht gewachsen. Die Lebensführung der Reichen hätte vermutlich noch massivere Zuströme erfordert. Und auch Frankreich dürfte zumindest teilweise vom Rückgang der Edelmetallzufuhr mit betroffen worden sein. Zwar zeichnet sich nach den heftigen, kurzen Preisbewegungen am Ende des Jahrhunderts und dem jähen Preissturz da oder dort eine leichte Erholung ab. Sie dauert bis zum Beginn des 17. Jahrhunderts an und schiebt so den wahren Preisverfall hinaus, gleichwohl aber scheint der Bruch am Ende des Jahrhunderts einschneidend.

So ist die Situation im Süden. Im Norden, in Deutschland, den

Niederlanden, England, kündigt sich der Umschwung (nach wie vor in Gramm Silber gemessen) erst mehrere Jahrzehnte später an. In Deutschland scheinen die Jahre nach der Kipper- und Wipperzeit zwischen 1630 bis 1639 die Wende zu bringen; in Wien wie in England und in den Niederlanden die Jahre zwischen 1640 und 1649. Über Polen und sogar das bis 1663 von den Geldmanipulationen des Königreichs abhängige Danzig ist keine Klarheit zu gewinnen; die Preise delirieren.

Kurz, wir haben es mit einem recht deutlichen Kontrast zu tun: Wenn wir von unserem ersten Resultat, den Preisen in Silber, ausgehen, vollzieht sich die säkulare Trendwende im Süden zwischen 1590 und 1600, im Norden dagegen erst zwischen 1630 und 1650. Diese Diskrepanz läßt sich, um das schon kurz vorwegzunehmen, von nun an tatsächlich teilweise im Rahmen der vorhandenen Menge an Edelmetall erklären, und das werden wir bei unseren Schlußbetrachtungen auch versuchen, wenn wir die Beweise in Händen haben.

Für den Augenblick jedoch wollen wir uns damit begnügen, diesem ersten Resultat die Untersuchung der Nominalpreise gegenüberzustellen. Diese hat auch diesmal wieder einige Überraschungen in petto.

Anscheinend vollzieht sich die säkulare Trendwende diesmal in drei aufeinanderfolgenden Bewegungen. Um die zwanziger Jahre erleben die deutschen Preise eine Baisse (Leipzig, Würzburg, München, Augsburg 1621; Wien 1622; Frankfurt und Straßburg erst 1636/1637).

Um die Mitte des 17. Jahrhunderts folgt die zweite Bewegung, die zweite Folge übereinstimmender Preisreihen: Siena 1649; Exeter 1647/1648; Ragusa 1648; Neapel und Udine 1649; Aix 1655; Amsterdam, Arnheim, Utrecht 1651/1652; Danzig (Roggen) 1660/1664?; Beauvais 1661/1662; Paris 1662.

Und die dritte und letzte Bewegung, Kastilien 1678, fällt ganz aus dem Rahmen; darauf werden wir gleich noch einmal zurückkommen.

Nur in England und Holland folgen die Nominalpreise den Preisen in Gramm Silber. Diese Übereinstimmung, diese Deckung ist aber nichts weiter als ein einfacher arithmetischer Tatbestand, eine Folge des fast unveränderten Feingehalts des Pfund Sterling. In Deutschland dagegen dauert es lange, ein oder zwei Jahrzehnte, bis die Nominal- die Edelmetallpreise eingeholt haben. In Italien zieht sich dieser Vorgang schrecklich lang hin: 50 Jahre, in Frankreich noch länger (allerdings läßt sich hier über die Meßwerte streiten); in Kastilien dauert er sogar über ein Dreivierteljahrhundert... In all diesen Ländern wurden die Nominalpreise also durch eine Reihe von Inflationen hochgehalten, die in Spanien die wohlbekannte Form einer Kupfermünzeninflation annahmen. Im übrigen traten Störungen dieser Art (von den Handelsstädten, vor allem im Mittelmeerraum, gefürchtet wie die Pest) mehr oder weniger überall in Kontinentaleuropa auf. In Kastilien zog sich die Kupferinflation bis zu den Sanierungsmaßnahmen Karls II. im Jahr 1679 hin; sie ließen die Nominalpreise dann auf der Stelle wie ein Kartenhaus zusammenstürzen. Bis dahin aber, bis zur Wiederherstellung der Ordnung, erleichterte die Vorherrschaft des Kupfers den Abfluß des Silbers aus Spanien in die europäischen Kreisläufe. Bis 1685 war Sevilla (danach Cádiz) das Silberzentrum der Alten Welt. Diesen Silberabfluß darf man im übrigen nicht aus dem Auge verlieren. Er ist sogar noch wichtiger, als ihn Jacob van Klaveren[41] einschätzte, denn er machte Spanien zum Spielball der europäischen Wirtschaft.

Es erübrigt sich, die Auswirkungen dieser klassischen Kupferinflation, die von sämtlichen Zeitgenossen und anschließend von sämtlichen Historikern bezeugt ist, noch einmal zu beschreiben. Uns geht es hier einzig um die Wende der säkularen Tendenz. Und wieder einmal zeigt sich, daß die europäischen Wirtschaften diese Wende nicht in kurzer Zeit bewältigen... Das schwierige, übellaunige 17. Jahrhundert setzt sich also mit großer Verspätung in Bewegung, und das vielgliedrige Europa zieht erst nach einer ganzen Reihe von Verrenkungen gleich. Ruggiero Romanos These, die heftige Krise des Jahres 1619 habe alles ausgelöst, klingt überraschend und interessant, aber nicht überzeugend... Kann man an so weittragende Salven glauben?

Wann setzt die Wende des 18. Jahrhunderts ein? Nun bleibt noch ein letzter Wendepunkt zu untersuchen: von der Stagnation des 17. Jahrhunderts zum Aufschwung des 18. Jahrhunderts. Auch diesmal wieder kündigt sich das temperamentvolle neue Jahrhundert entgegen unseren Erwartungen nicht durch einen Schnellstart an. Wie das 16. Jahrhundert beginnt es zögerlich und mit vielfältigen Verspätungen.

Nach den Preisreihen in Gramm Silber kann man zwei Gruppen unterscheiden.

Den Anfang machen die deutschen Länder: Zwischen 1650 und

1659 Würzburg, 1650 bis 1659 Wien (zumindest mit einem ersten Anlauf); 1680 bis 1689 Frankfurt am Main, Leipzig, Berlin. Kurz, hier hat das 17. Jahrhundert nicht lange gedauert, nicht länger als ein paar Jahrzehnte, die nur zum Teil von den Verheerungen und dem Elend des Dreißigjährigen Kriegs (1618–1648) erfüllt waren.

Dann folgt etwa zwischen 1720 und 1750 ein bestimmter Teil Europas, der sich recht und schlecht aus dem Dreißigjährigen Krieg heraus- und am Rande gehalten hat. In dieser großen Gruppe fällt der Vorsprung von Italien (Siena, Neapel, Udine 1720–1729), Kastilien (1720–1729) und Frankreich (Aix, Grenoble, Straßburg, Paris, Beauvais 1720–1729) ins Auge. Im Laufe des folgenden Jahrzehnts (1730–1739) schließen dann Danzig, Arnheim, Amsterdam und Brügge auf. Und schließlich folgt zwischen 1740 und 1749 England (Exeter, Westminster und London) – wie Spanien im Jahr 1500 – als Schlußlicht.

Bei den Nominalpreisen sind drei Bewegungen zu unterscheiden. Die Spitze halten die deutschen Preise, Frankfurt, Speyer, Leipzig (1657); Wien (1659); München, Augsburg, Würzburg (1671); Wels (1673); Weyer (1674); Straßburg (1655). Die Mitte des Trupps bilden Frankreich (zumindest ein Teil davon): Aix (1673), Grenoble (1689), Buis-les-Baronnies (1690); Mailand (1684–1688); Amsterdam (1688), Leyden (1690); Udine (1689); Genua (1690). Und die letzte Gruppe Siena (1721–1727), Kastilien (1721), Danzig (1735–1739), England (Exeter 1731, London 1734).

Alles in allem haben wir diesmal nur eine einzige, aber auffällige Abweichung: Deutschland. Darauf hat schon Wilhelm Abel hingewiesen, allerdings ohne besonderen Nachdruck. Und in der Tat fehlen uns noch gründliche Nachforschungen. So wird man natürlich sofort den Dreißigjährigen Krieg als Erklärung heranziehen. Erklärt er aber dieses beschleunigte Wiederflottwerden wirklich restlos? Offensichtlich handelt es sich hier wieder einmal um den besonderen Fall von Deutschland, das sich von einem senkrechten Sturz auf die Nullebene des materiellen Lebens rasch wieder erholt. Ganz auf der Linie dieser Erklärung liegt die Frage, ob Deutschland mit seiner anscheinend am Boden zerstörten Wirtschaft, seinen niedrigen Preisen, vor allem aber mit seinem Bevölkerungsrückgang nicht womöglich weniger schwergewichtig war als alle anderen und deshalb auch leichter wieder auf die Beine kam. Erwacht nicht auch um diese Zeit, etwa zwischen 1680 und 1690, erkennbar an tausend Anzeichen, das koloniale Amerika und erlebt den Aufschwung des brasilianischen Goldes und dann erneut den Aufstieg des mexikanischen Silbers?

Dieser Vergleich zwischen der deutschen und der amerikanischen Wirtschaft legt zumindest eine Deutung nahe. Hat der Aufschwung des 18. Jahrhunderts anfangs in Randzonen eingesetzt und dann fortschreitend ganz Europa erfaßt? Und hat sich der säkulare Umschwung nicht schon im 16. Jahrhundert alles in allem zunächst in Deutschland und Frankreich manifestiert, bevor er Italien und die Niederlande, die Schlüsselregionen des Frühkapitalismus, nach oben trug?

Erste Schlußfolgerungen. Natürlich wäre es unverzeihlich, nach diesen kurzen Untersuchungen bereits zwingende Schlüsse zu ziehen. Die angesprochenen Probleme lassen sich vorerst noch nicht lösen. Nur verschiedene Aspekte oder Begriffe, Konzepte können wir vorerst formulieren.

Zum Glück sind sich die Historiker wenigstens über die großen Bewegungen des säkularen Trends einig. Die genaue Datierung der Wendezeiten, also der Umkehr der säkularen Bewegung, ist freilich nach wie vor umstritten. Wichtig ist, daß die Wende jedesmal bedeutende Zeiträume beansprucht, bis sie sich in ganz Europa auswirkt. Diese Zeiträume lassen sich zwischen 1460 und 1510, 1590 und 1650, 1650 und 1750 ansetzen. Vielleicht würden wir mit anderen Methoden als mit Zehnjahresdurchnitten bessere Abgrenzungen erzielen, jedenfalls aber andere, die Diskussion und Forschung durchaus weiterbringen könnten.

Der bereits angesprochene wichtigste Aspekt des Problems aber bliebe erhalten: Europa bewältigt den Umschwung nie in einem einzigen Jahr, in einem einzigen Anlauf, weil ihm jedesmal seine Strukturen, seine grundlegende Vielfalt, sein angeborener Mangel an »Korrelation« in die Quere kommen. Außerdem blieben auch die Widersprüche zwischen Nominal- und Metallmaßen bestehen. Durch eine einfache Gegenüberstellung lösen sie sich nicht in Wohlgefallen auf. Oder anders gesagt, die Preise lassen sich nicht in einer quantitativen oder sogar in einer qualitativen Geldtheorie einsperren, was Volkswirtschaftler und Historiker im voraus wußten. Es kommen noch eine ganze Menge anderer Faktoren ins Spiel. Einen Teil davon ahnen wir bereits. Schwierige Probleme, die wir uns im folgenden vornehmen wollen.[42]

Andere Preise

Das Getreide hat die großen Probleme des säkularen Trends schon in groben Zügen umrissen. Nun gilt es festzustellen, worin die anderen Preise diese erste Zeugenaussage bestätigen oder abschwächen. Die Befragung dieser anderen, in der Folge vorzuladenden Personen soll zügig vorangetrieben und, wo es möglich ist, auf die Aussage des Getreides bezogen werden.

Auf diese Weise, das heißt vornehmlich von Übereinstimmungen und Abweichungen ausgehend, sollen Preisskalen aufgestellt werden, deren größere oder kleinere Abstände, sofern sie lange genug Geltung behalten, bezeichnend für die europäischen Wirtschaften sind, ja zu ihren maßgeblichen Strukturmerkmalen zählen und damit auch einen Großteil zur Erklärung beitragen. In der Tat sind die Aussagen der Preise bei Gegenüberstellungen oft am aufschlußreichsten.

Zwei wichtige Nahrungsmittelpreise: Wein und Fleisch

Der Wein spielt ebenso wie das Getreide eine große Rolle. Zwischen dem 15. und dem 18. Jahrhundert deutet alles auf eine beträchtliche Zunahme des Wein- und Alkoholkonsums hin.[43] Die Städter haben sich den Freuden des Alkohols bereits im 11. Jahrhundert hingegeben (zu Beginn des Jahrhunderts in Spanien und Italien; gegen Ende des Jahrhunderts in Frankreich) und dem Wein schamlos zugesprochen, ohne besonders auf die Qualität zu achten. Im 18. Jahrhundert kommen dann auch die Landbewohner auf den Geschmack. Lange Zeit nüchtern oder mit dem Trester zufrieden, beginnen die Bauern in Frankreich nach dem Lawschen System, dieser Revolution mit den hundert Gesichtern, immer mehr Wein zu trinken.

Bei den beiden großen Wirtschaftsaufschwüngen im 16. und 18. Jahrhundert steigt auch der Konsum alkoholischer Getränke vom Wein bis zum Cidre, vom Bier bis zum Branntwein und zu den Kornschnäpsen. Die Folge: Mit der wachsenden Zahl der Weinschenken und anderer Ausschänke (deren kuriose Geschichte ja bekannt ist) werden die Weinpreise äußerst beweglich und hinken deshalb den Preisschwankungen insgesamt nie lange hinterher, ja, oft sind sie sogar die Schrittmacher.

Aber so einig Europa in seiner Einstellung zum Wein ist, der Rebe gegenüber ist es mindestens dreigeteilt (Abb. 2).

Der Süden, der Mittelmeerraum, baut schon seit Jahrtausenden Wein an. Nördlich der mittelmeerischen Klimazone (das heißt ungefähr nördlich der Ölbaumgrenze) bürgert sich der Rebstock erst zur Zeit des Römischen Reiches ein, erobert dann aber Schritt für Schritt das Innere des Kontinents. Dabei paßt er sich den weniger günstigen Klimabedingungen an und bringt durch die Züchtung von neuen Rebsorten im Bordelais, in Burgund, in der Champagne, im Piemont und am Rhein schließlich beste europäische Qualitätsweine hervor, freilich nicht ohne Schwierigkeiten, die sich mit der Annäherung an die nördliche Weinbaugrenze erhöhen, etwa auf den Hängen der *Montagne* von Laon oder der *Montagne* von Reims. Als die Trauben im Jahr 1579 in Reims wieder einmal zu spät reiften und es »während der Weinlese zu einem starken Frost kam, waren die Beeren, die noch an den Stöcken hingen, so hart gefroren, daß mehrere Winzer die Lese in Säcken einfuhren«.[45] Wozu für die steinharten Früchte die traditionellen Kiepen nehmen?

Diese nördliche Weinbaugrenze verläuft annähernd von der Loiremündung in Frankreich quer über den Kontinent zum Rhein bei Mainz und folgt dann, mit reichlichem Abstand, der Donau nach Osten bis zur Krim: Dort florierte der Weinbau trotz des kalten Nordwinds schon im Altertum, und die Russen legten im 18. Jahrhundert wieder Weinberge an.

Nördlich dieser Linie erstreckt sich das riesige dritte Europa, das Europa ohne Rebe, aber nicht ohne Geschmack am Wein und manchmal, wie in den Niederlanden, in England und in Deutschland, aus langer Erfahrung mit einer feinen Zunge für die Qualität des Weins. Gegen Osten zu verliert sich dieser verfeinerte Geschmack jedoch zunehmend, noch nicht so sehr in Polen, wo die französischen Weine mindestens seit 1700 verschiedentlich Anlaß zu fortlaufenden Notierungen geben, wohl aber in Sankt Petersburg, wo im 18. Jahrhundert nach Lust und Laune gepanscht wird, schon vor dem Eintreffen und nicht minder nach dem Entladen der Fässer und Flaschen.

Drei Zonen also: Im Mittelmeerraum ist die Rebe allgegenwärtig und allesbeherrschend. So ist in Gibraltar im August die ganze Stadt entvölkert, weil die Bürger zur Zeit der Weinlese in ihren Weinbergen nächtigen. Und just diesen Zeitpunkt suchen sich algerische Seeräuber, in Kenntnis dieser Sitten und Gebräuche, im Jahr 1540 für einen Überfall aus... Nur ein kleines Bild, das gleichwohl die

Bedeutung der Rebe kurz und bündig verdeutlicht und verrät, vor welche Wahl sich diese Länder immer wieder gestellt sehen: Getreide oder Rebe; Brot oder Wein. Die venezianischen Inseln wie Korfu zum Beispiel haben sich seit dem 15. Jahrhundert für Rosinen und Malvasierwein entschieden, und das bringt sie immer wieder an den Rand der Hungersnot. Wie oft erwarten sie die Ankunft der Proviantschiffe in angstvoller Spannung! Auch in Katalonien entspinnt sich ununterbrochen ein Dialog zwischen Getreide- und Weinpreis, was, wie uns Pierre Vilar vorgeführt hat, nicht ohne Folgen für die Kulturen bleibt... Dasselbe gilt für die Provence.

Das zweite Europa sieht sich ebenfalls vor die Wahl zwischen Rebe und Getreide gestellt, aber auch vor die Wahl zwischen Rebe und Industrie. »Wenn Ihr«, empfiehlt Colbert seinen für die Förderung der Industrie zuständigen Beamten, »zwei Städte mit gleichermaßen geeigneten Territorien für die beabsichtige Industrieansiedlung findet, dann wählt, wenn eine davon in einem Weinbaugebiet liegt, stets die andere, denn der Wein ist ein sehr großes Hindernis für die Arbeit (in der Industrie).«[45]

In Nordeuropa, wo kein Weinbau betrieben wird, muß man unterscheiden zwischen Regionen, die seit alters Weinkunden des Südens sind und solchen Gebieten, wo der Wein, relativ spät eingeführt, noch als großtuerischer Luxus gilt. Denken wir an den polnischen Adligen, der Wein trank, um nicht mit seinen biertrinkenden Bauern verwechselt zu werden... Luxus, gewiß, würde Werner Sombart sagen, aber als anspruchsvolle Ware auch ein Förderer kapitalistischen Aufschwungs. Tatsächlich laufen schon sehr früh regelrechte Weinflotten aus, um Wein aus dem Bordelais oder dem Rochelais nach Norden zu transportieren, und stoßen bald danach auf der Suche nach dem edlen Naß sogar in iberische Häfen, bis nach Madeira, zu den Azoren und in italienische Häfen vor. In der Geschichte des Portweins, des Sherry, wie des Madeira, des Malaga und des Marsala spielt der Durst der Engländer wahrhaftig keine geringe Rolle: Zypern exportiert seit dem 15. Jahrhundert weißen und roten »Malvasier« nach England.

Und welche Rolle spielen die Weinfässer als Frachtgut für den Großhandel auf dem Atlantik, und zwar nicht nur zwischen dem Süden und dem Norden, sondern auch zwischen Europa und Amerika? Offensichtlich eine ausgleichende. »Der Wein«, schreibt ein junger Historiker mit Blick auf den Atlantikhandel, »dürfte für den Handel des 16. Jahrhunderts wohl, unter Berücksichtigung der Größenverhältnisse, in etwa dieselbe Rolle gespielt haben wie später, Ende des 19. und Anfang des 20. Jahrhunderts, die Kohle für den Seeverkehr: Er ist die ideale Reserve, auf die man immer zurückgreifen kann, um die Fracht zu regulieren.« Doch der Wein begnügt sich nicht mit den Seewegen. Eine lebhafte Flußschiffahrt befördert die Burgunderweine auf Yonne und Seine, ebenso wie die Weine der Pariser Region bis Rouen und weiter nach Westen den Flußweg nehmen. Und wo erforderlich, wird natürlich auch der Landweg genutzt. So brechen von Deutschland Jahr für Jahr nach der Weinlese ganze Konvois von großen Wagen *(carretoni)* nach Süden auf, um südlich der Alpen in Verona, Brescia oder Istrien jungen, noch »trüben« Wein einzukaufen – mit Venedigs Segen, das seinerseits die feurigeren Weine der Romagna und Apuliens bevorzugt.

Überall in diesem reblosen Europa geben die neuen Weine, woher sie auch kommen, Anlaß zu frohen Gelagen und zu Exzessen. Kann man das Trinken als Realität des Südens, die Trunksucht, das Saufen, als Spezialität des Nordens bezeichnen? Nicht umsonst mokiert sich Montaigne wohl über die Deutschen, die ihr Glas in einem Zug leeren. In Krakau trifft der neue Wein aus Mähren oder Ungarn alljährlich um den September herum ein. Da er nicht ohne Herkunftsangabe verkauft werden darf, sind die Wirtshausfassaden auf Anordnung des Handelsgerichts mit grünen Zweigen oder einem Strohwisch geschmückt, je nachdem, ob mährischer oder ungarischer Wein ausgeschenkt wird. Natürlich gibt es beim Wein wie beim Getreide Unterschiede. Wein ist nicht gleich Wein, und gewöhnlich sind die Qualitätsunterschiede nicht zu verkennen, wo immer der Wein auch auftaucht. In Winchester unterscheidet man seit dem 15. Jahrhundert zwischen dem *chapel wine* (Meßwein) erster und dem *chapel wine* zweiter Qualität, in Eton seit dem Ende des 16. Jahrhunderts zwischen *sack* und *claret*. Orléans, lange Zeit Zentrum eines Weinbaugebietes von hoher Qualität (das jedoch mit dem 18. Jahrhundert an Niveau verliert), bietet zwei Weinqualitäten an, die eine seit dem 16. Jahrhundert doppelt, ja manchmal dreimal so teuer wie die andere. In Amiens, einem großen Weinhandelszentrum, weist der Marktbericht zwischen 1565 und 1667 5–8 verschiedene Sorten aus; in Amsterdam kennen wir für das Jahr 1669 die Preise von elf französischen und spanischen Weinen.

Die Preisreihen, die wir für das Elsaß besitzen, zeigen, daß der

Käufer nach der Herkunft unterscheidet. Weniger einfach ist es zweifellos für den Historiker, sich unter den in den Marktberichten aufgeführten verschiedenen Qualitäten zurechtzufinden. In Udine werden stets der Wein *di sopra* und der Wein *di sotto* nebeneinander genannt, mit Sicherheit Lagebezeichnungen, und immer ist der *di sopra* teurer; allerdings spricht Staniero, ein Gelehrter aus dem 18. Jahrhundert, noch von einer dritten Kategorie in Udine, die alle anderen übertreffen soll.

Klar sind die Kategorien in Neapel, wo man von alters her zwischen dem *griechischen* und dem *lateinischen* Wein unterscheidet. Beide werden nach Rom exportiert und stellen einen sehr wichtigen Handelsposten dar. Hier sind die Unterschiede klar. Weniger klar sind sie dagegen in Krakau, wo wir uns wieder in einem umfangreichen Weinangebot verlieren, ohne auf unseren Kurven den oben erwähnten ungarischen oder mährischen Wein wiederzufinden, dafür aber den Malvasier und den Kornschnaps, eine bis dato unbekannte Größe, sowie den Essig (den armen Bruder des Weins, aber auch des Biers, denn es gibt auch einen Malzessig), der sich zum Rendezvous der Preise unfehlbar ebenfalls einstellt. Doch beenden wir das Kapitel über die verschiedenen Weinsorten mit drei Beispielen: In Danzig ist der Weinkonsum so deutlich erkennbar, daß wir die Kurven wiedergegeben haben (Abb. 22 und 23); in Lemberg scheint eine starke, wenn auch wenig klare Konkurrenz zwischen dem Malvasier, dem Wein (ohne weitere Bezeichnung) und dem Kornschnaps zu herrschen; in Warschau ist das Angebot vielseitiger: Dort geben sich ungarischer Wein, Malvasier, französischer Wein und nach 1700 auch Korn- und sogar Zimtschnaps ein Stelldichein.

Im übrigen drängt sich die Frage auf, ob dieses Getue mit den Sorten nicht eine Eigenheit der Länder des Nordens, des dritten Europa, ist. Im Mittelmeerraum – zum Beispiel in Alt- und Neu-Kastilien oder in Valencia – ist der Wein sehr häufig der *vino de la tierra*, der an Ort und Stelle erzeugt wird. Um seinen Preis zu registrieren, brauchen wir nur eine einzige Kurve.

Außerdem tun sich die Länder des Nordens durch ihren stärkeren Alkoholkonsum hervor, durch ihre Vorliebe für den Branntwein und mehr noch für den Kornschnaps. Im »Großen Jahrhundert« schwelgt Europa, das den Destillierapparat wiedererfunden oder vielmehr allgemein verbreitet hat, im Alkoholgenuß. Im 18. Jahrhundert steigen Produktion und Konsum massiv an. Seit dieser Zeit sind Krieg und

Soldatsein ohne Alkohol unvorstellbar. Den Anfang macht der Norden. Die erste Hauptstadt des Branntweins ist Amsterdam als Markt für Kornschnaps und Weinbrand, und gerade die Holländer bringen auch den Winzern des Westens das Brennen bei...

Und es gibt noch ein weiteres, persönlicheres Charakteristikum der Länder des Nordens: das Bier. Früher oder später findet das alte Getränk mit der regelmäßigen Verwendung von Hopfendolden seine moderne Geschmacksrichtung. Natürlich deckt sich die nördliche Grenze des Weins nicht mit der südlichen des Biers. Das Bier hat seine Vorposten sogar sehr weit nach Süden vorgeschoben. Paris hat schon sehr früh Brauereien und steht damit nicht allein da.

Offensichtlich ist auch Bier nicht gleich Bier. In Augsburg wird zwischen »Hellem« und »Dunklem« unterschieden; in Wien kennt man, obwohl man dort eigentlich Weißwein trinkt, sechs verschiedene Sorten, deren Preise im übrigen oft annähernd gleich sind; in Warschau fünf Sorten; in Lemberg zwei; in Krakau sechs. In München unterscheidet man Märzenbier, das als das bessere gilt und (von Ausnahmen abgesehen, die die Regel bestätigen) teurer ist, vom Winterbier.

Was sollen wir uns nun von den Aussagen von Wein und Bier, von ihren Zahlenangaben, merken? Vor allem, daß sie die großen Preisbewegungen, die wir anhand des Getreides festgestellt haben, bestätigen, Vornehmlich im 16. Jahrhundert ist das Anziehen der Weinpreise, bei den großen wie bei den mittleren, bei den einheimischen wie bei den importierten, nicht zu übersehen. Alle machen die »Revolution« des Jahrhunderts mit und verzeichnen danach den Rückgang des 17. Jahrhunderts. Das gleiche gilt für das Bier. Das beweisen die Preiskurven im Elsaß, in Katalonien und in Danzig (Abb. 22), denen wir einige Angaben über Winchester, Lemberg und Amsterdam (Abb. 23) hinzugefügt haben.

Erste Frage: Bewegen sich die Weinpreise schneller oder langsamer als die Getreidepreise? Darauf gibt es, entsprechend den drei Europas, mindestens drei Antworten. Nehmen wir nun, um sie in ein graphisches Bild zu übersetzen (Abb. 23), 1 Hektoliter Getreide und 1 Hektoliter Wein, rechnen bei beiden die Preise in Gramm Silber um und verfolgen sie in bestimmten, für unsere Stichproben ausgewählten Städten.

Die ersten Antworten geben uns zwei spanische Kurven, eine von

Valencia, die andere von Neu-Kastilien, also beide aus der mediterranen Klimazone Europas, aus dem Europa Nummer 1 unseres Schemas. In Valencia kostet der Wein bei gleichen Maßen anfangs rund 66 Prozent vom Getreide. Er startet also an zweiter Stelle, folgt seinem Nachbarn mit nahezu der gleichen Geschwindigkeit und holt so auch seinen Rückstand nicht auf. In Neu-Kastilien liegt der Getreidepreis anfangs ebenfalls über dem des Weins, zieht im 16. Jahrhundert aber schneller an und vergrößert so seinen Vorsprung. Leider entschlüpfen uns aber in der Folgezeit, zu Beginn des 17. Jahrhunderts, beide, denn ein einheitliches Maß beim Wein stellt uns vor unlösbare Probleme. Nun genügen natürlich zwei Zeugnisse noch nicht, um eine Regel aufzustellen. Immerhin aber könnte uns dieses doppelte Beispiel eine Vorstellung von den Preisbewegungen in Ländern mit überwiegendem Weinbau vermitteln.[46]

In Grenoble fällt unser Versuch weniger eindeutig aus. Den Marktberichten zufolge trinkt die Stadt den Wein der benachbarten Weinberge. Auch hier ist das Getreide teurer als der Wein, aber sein Vorsprung ist gering. Außerdem verteuert sich der Wein seit dem letzten Jahrzehnt des 16. Jahrhunderts schneller als das Getreide, setzt sich sogar an die Spitze. Von seinem Konkurrenten wird er aber bald darauf wieder eingeholt; dieser muß ihm allerdings erneut den ersten Platz abtreten. Alles in allem kann man wohl sagen, daß beide Wettläufer ungefähr gleichauf liegen, mit einem leichten Vorsprung des Getreides.

In den Ländern des Nordens ist es genau umgekehrt. Am Winchester College kostet der Hektoliter »Meßwein« anfangs sechsmal soviel wie der Hektoliter Getreide. Offensichtlich ist sein Preis vor den Abwertungen in den Jahren von 1542 bis 1551 schneller gestiegen als der des Getreides. Danach scheint der Getreidepreis ebenso schnell zu steigen. In den Jahren von 1655 bis 1659 kostet der sogenannte Meßwein (aber ist es der gleiche wie vorher?) zehnmal soviel wie der Hektoliter Getreide und setzt dann seinen Lauf so überstürzt fort, daß sich das Verhältnis um 1710 auf das Zwölf- und 1750 auf das Zwanzigfache vergrößert. Dasselbe oder doch fast dasselbe trifft auf Amsterdam, einen Markt des Überflusses, zu. Um 1630 liegt der Wein aus Bordeaux, der hier als Luxuswein auftritt, um das Siebenfache über dem Getreide; in der zweiten Hälfte des 18. Jahrhunderts verschiebt sich das Verhältnis zu 1 : 10 und spitzt sich im Laufe des langen Spanischen Erbfolgekrieges noch mehr zu.

Diese Zahlen bedürfen keines Kommentars. Oder vielmehr, sie legen selbst einen Kommentar nahe: Der offenkundig unterdurchschnittliche Weinkonsum in den Ländern des Nordens zeigt, daß der Wein hier ein Luxus ist und nichts mit dem Krug Wein zu tun hat, den sich im Süden jeder Bauer aus seinem Faß abzapfen oder jeder Städter in der nächsten Kneipe kaufen kann. Um den Unterschied in der Sprache der Zahlen zu verdeutlichen, haben wir auf derselben Graphik für Lemberg = Osten die Bierkurve eingetragen, also die Kurve für das Alltagsgetränk des Nordens. Anfangs sind der Hektoliter Bier und der Hektoliter Getreide preisgleich, doch dann verschiebt sich das Gleichgewicht zugunsten des Getreides, und zwar zunehmend, obwohl das Bier nach 1620 seinen Preis hält. Mitte des 18. Jahrhunderts beträgt der Bierpreis nur noch knapp ein Viertel des Getreidepreises. Was letztlich nichts anderes heißt, als daß dem Norden wie dem Süden das Trinken – das Alltagsgetränk, ob Wein oder Bier – weniger wichtig ist als das Essen. Etwas ganz Ähnliches besagt auch das kleine Beispiel von Beauvais im 17. Jahrhundert, das zu dieser Zeit von Weinbergen umgeben ist: Unter den eingetragenen Kurven folgt der Wein in etwa dem Trend der Getreideschwankungen.

Doch das sind langfristige Entwicklungen. Kurzfristig sehen die Dinge weniger einfach aus. Die Preise nehmen sich allerlei Kapricen und Entgleisungen heraus, abzulesen etwa im Fall von Beauvais an der oft gegenläufigen Preisentwicklung von Getreide und Wein; je nach dem Ausgang der Ernte und Lese steigen die Getreide- und fallen die Weinpreise und umgekehrt; einig sind sich die beiden Kurven nur, wenn Ernte und Lese schlecht ausfallen. Doch für den Augenblick wollen wir uns mit dieser komplizierten kurzfristigen Realität nicht weiter befassen. René Baehrel zufolge soll die gegenläufige Preisentwicklung bei Wein und Getreide in der Provence auch langfristig die Regel sein. Aber was versteht unser Informant unter langfristig? Bewegungen von etwa 30 Jahren (also so etwas wie einen halben Kondratieff); aber nicht den säkularen Trend.

Die Fleischpreise. Von 1400 bis 1750 war Europa ein großer Brotesser und überwiegend vegetarisch. Gerade diese Kost »nach chinesischer Art« verhinderte, daß der Kontinent vor der allmählichen Ausbreitung der wissenschaftlich betriebenen Landwirtschaft im 19. Jahrhundert unter dem Gewicht seiner unaufhörlich wachsenden Bevölkerung zusammenbrach. Immerhin verdreifachte sich diese beinahe (zumindest verdoppelte sie sich mit einem relativen Stillstand zwischen 1650 und 1750) von rund 50–60 Millionen um 1400 auf ca. 140–150 Millionen um 1750.

Bis zur Mitte des 19. Jahrhunderts verwies der Brotkonsum den Fleischverzehr mehr und mehr in den Hintergrund. Doch dann, aber auch erst dann, schlägt die Nachfrage um, und die Fleischpreise steigen: Das Beefsteak tritt seinen Siegeszug an. Hatte Europa vor 1750 eine Vorliebe für Weißbrot, so hat heute das Fleisch seine Stelle eingenommen. Das Brot hingegen spielt für die Ernährung keine Sonderrolle mehr, nicht zuletzt weil Trockengemüse, Kartoffeln und die ganze Palette der Frischgemüse im 19. Jahrhundert einen Platz auf der Speisekarte erobert haben.

Weniger bekannt ist gemeinhin, daß die Situation, die wir im Jahr 1750 antreffen – viel Brot, recht wenig Fleisch – und die sich im großen und ganzen noch ein Jahrhundert lang bis etwa 1850 hinzieht und zuspitzt, auf die dem Mittelalter zeitlich näheren Jahrhunderte nicht zutrifft. Diese bieten vielmehr – und zwar um so mehr, je weiter wir zurückgehen – das Bild reichgedeckter Tafeln, die sich (nicht nur bei den Fürsten) unter den Fleischgerichten biegen.

Wilhelm Abel, der in diesem Punkt den 1871 veröffentlichten Artikel von Gustav Schmoller[47] bestätigt, belegt (1937) diese lange – wie uns scheint, unwiderlegliche, wenn auch unter Historikern wenig bekannte – Entwicklung vom 15. bis zum 18. Jahrhundert anhand vieler Einzelheiten. Ihm zufolge sackte der Fleischverbrauch der Städte in Deutschland von durchschnittlich 100 Kilo und mehr pro Jahr und Person (einer Art biologischem Maximum) im 15. Jahrhundert auf einen Pro-Kopf-Verbrauch von maximal 14 Kilo im 19. Jahrhundert ab. Und was auf Deutschland zutrifft, ereignet sich etwas früher oder später in ganz Europa. Demnach dürfte die Entwicklung also von einer Landwirtschaftsform mit einem auf wenige Kulturen beschränkten Feldbau und weiten Räumen für die Viehhaltung zu einem immer eroberungslustigeren Ackerbau übergegangen sein, der in seiner Einbildung, seiner »Besessenheit«, einer von Tag zu Tag zahlreicher werdenden Bevölkerung die Nahrung liefern zu müssen, die Weideflächen immer mehr beschnitt. So schrumpften die Regionen, in denen die Viehzucht das mühselige Dasein entlastete und etwas annehmlicher machte, zusehends zusammen: »Außer denen, die gleich bei den Weiden und dem Gemeinland wohnen, gern gut leben und eine ruhige Kugel schieben wollen«, schrieb Loisel, ein Jurist und Nationalökonom des 17. Jahrhunderts, über das Pays de Bray, »gibt es kaum noch Dörfler, die sich damit begnügen, ein paar Tiere zu halten.« Früher oder später (um die beliebte Formel zu verwenden) öffnet sich aber die Preisschere überall – oben die Getreide-, unten die Fleischpreise.

Tausend Zeugnisse signalisieren diesen Rückgang der Viehzucht und der Nachfrage nach Fleisch und tierischen Produkten mit seinen vielfältigen Folgen, die sich im einzelnen leicht belegen ließen: etwa mit dem erstaunlichen Lederbedarf der westlichen Welt, der viele Transporte aus Ägypten, vom Balkan oder auch aus der Neuen Welt erklärt; oder mit dem Rückgriff seit dem 15. Jahrhundert auf Herden aus Ungarn, vom Balkan, aus Polen, der Bauern wie Grundherren in diesen europäischen Randgebieten veranlaßt, eine echte Viehwirtschaft aufzubauen.

Doch uns ist es hier um Zahlen, um Preise (für Rind-, Kalb-, Schweine-, Hammelfleisch, Speck, Schinken, Milch, Butter, Eier, Geflügel und Wild) zu tun und darum, wie sich das von Gustav Schmoller aufgeworfene große Problem in ihrem Licht ausnimmt; auch hier bestätigen wieder die Ausnahmen nur die Regel.

Wenn wir also das Problem sofort in Zahlen ausdrücken, dann zeigen unsere Rindfleischkurven für Andalusien, Würzburg oder Sandwich (Abb. 24) oder (Abb. 26) die nicht veröffentlichte (nach Hospitalarchiven zusammengestellte) Hammelfleischkurve für Paris, daß die Fleischpreise den Weizen- und anderen Getreidepreisen im großen und ganzen folgen. Früher oder später folgt das Fleisch, weniger gefragt als das Getreide, der Bewegung des Getreides, aber mit einer signifikanten Verzögerung. So hält der Hammel im Paris des 16. Jahrhunderts im Preisbündel die Mitte zwischen den besonders schnell und den besonders langsam ansteigenden Preisen. Über dem Hammel aber liegt, was sich auch für Würzburg und England nachweisen ließe, stets das Getreide. Ebenso kommen wir, wenn wir Fleisch- und Getreidepreise auf Gramm Silber zurückführen und vergleichen, zu einem ganz und gar eindeutigen Ergebnis: Die Waage neigt sich jedesmal auf die Seite des Ackerbaus und der nahrhaften Körner...

Dafür finden sich zahlreiche Belege. In Straßburg steigt der durchschnittliche Roggenpreis von 100 im 15. Jahrhundert auf 350 im 17. Jahrhundert, der Fleischpreis dagegen lediglich auf 250. In Duisburg schnellen die Bargeldpreise für Roggen von 1485/1520 bis 1590/1628

um 300 Prozent, für Rindfleisch dagegen nur um 212–242 Prozent
hoch. In Sachsen liegen die Vergleichszahlen für den Zeitraum zwischen dem 15. und der zweiten Hälfte des 16. Jahrhunderts bei 350
beziehungsweise 250 Prozent.

Zweifellos handelt es sich hier nicht um eine geradlinig verlaufende
Entwicklung ohne Einbrüche. In Beauvais hält der Fleischpreis im 17.
Jahrhundert während des leichten dreißigjährigen, um 1630 endenden Preisanstiegs die Spitze und pendelt sich anschließend etwa in
der Mitte zwischen den Schwankungen des Getreidepreises ein. In
Deutschland hat der Bevölkerungsrückgang nach den schweren Jahren
des Dreißigjährigen Kriegs eine Zeitlang eine Gegenströmung zur Folge: Die Getreidepreise lassen hier den Fleischpreisen den Vortritt. Vergleicht man den Zeitraum zwischen 1619 und 1624 (ausgenommen das
aus dem Rahmen fallende Jahr 1622) mit dem von 1669 bis 1673 anhand von Würzburg, Augsburg und München und setzt man als Ausgangspunkt der Bargeldpreise 100 an, so fallen die Roggenpreise auf
25, während sich die Fleischpreise in München und Augsburg bei 85
und in Würzburg bei 60 halten. Eine solche Preisgestaltung stellt die
Ausnahme dar, dauert aber lange genug, um Schlachthöfen und Viehmärkten einen spürbaren Auftrieb zu geben. »Die Märkte werden
heutzutage so reichlich beliefert«, heißt es in einem fliegenden Blatt
aus dem Jahr 1658 in Frankfurt, »daß man nach Lust und Laune wählen
kann, was den Gaumen am meisten erfreut.«

Natürlich würde eine wirklich brauchbare Geschichte des Fleisches
und der tierischen Produkte, zumal wenn sie ganz Europa einbeziehen sollte, das nach und nach in den Sog derselben Entwicklung gerät
– derselben und doch wunderbar unterschiedlichen Entwicklung –,
weit mehr Seiten beanspruchen. Damit würde man sich auf das Gebiet einer Geschichte der Ernährung vorwagen, die bis jetzt nur auf
kuriose Details ausgebeutet wurde, aber ohne daß jemals etwas klassifiziert, gemessen oder verglichen worden wäre. Noch hat diese
Sparte kaum begonnen, sich von der »kleinen Geschichte« abzunabeln. Wie setzten sich die Mahlzeiten zusammen; wie viele Kalorien
hatten sie, wie hoch war ihr Marktpreis? Solche Fragen sind noch
nicht einmal angeschnitten. In einer noch nicht abgeschlossenen Untersuchung kommt Witold Kula zu dem Schluß, daß für den polnischen Bauern des 18. Jahrhunderts der billigste Kalorienlieferant noch
immer der Kornschnaps war – eine Rehabilitierung des Alkohols,
begleitet von einem Lächeln, das aber nur scheinbar scherzhaft ge-

meint ist. Zur Erhellung dieser »echten«, noch in den Kinderschuhen steckenden Geschichte der Ernährung könnte die Geschichte der Preise sicher nur auf Umwegen beitragen. Dennoch überschneiden sich viele Probleme oder anders gesagt, als Bezugspunkt für andere, etwa soziologische oder biologische Aspekte der Ernährungsgeschichte ist die Geschichte der Preise unentbehrlich. Schließlich sind die Warenpreise, die Frage, was auf den Tisch kommen soll, die drückendsten Probleme, die sich den Menschen Tag für Tag neu stellen.

Die Preise von Nicht-Nahrungsmitteln

Bei diesen Preisen muß man aus vielerlei Gründen die Hoffnung aufgeben, eine zusammenhängende Untersuchung fortzusetzen. Vor allem sind die vorhandenen Angaben, von wenigen Ausnahmen abgesehen, recht ungenau. Kalk zum Beispiel wird »karrenweise« verkauft. Aber wie groß ist ein solcher Karren? Bei Holz sind offenkundig verschiedene Raummaße und Gewichte im Schwang. Und was die Textilien betrifft, so herrscht auf diesem Gebiet ein wahrhaft unbeschreibliches Durcheinander. Es gibt zahllose Qualitäten; wie wir bei den venezianischen Erhebungen gesehen haben, werden die Preise stark von Färbereiprodukten beeinflußt; die Stücke sind, selbst bei bekannten Tucharten, von gleichbleibender Beschaffenheit, von unterschiedlicher Größe (grobes Wollzeug z. B. wird in Polen in Ballen von 32–37 Ellen verkauft), und selbst wenn wir bei Woll- oder Seidenstoffen bestimmte Qualitäten an ihren Warenzeichen (»ein Löwe«, »zwei Löwen« usw.), die sich bekanntlich auf ganz bestimmte Eigenschaften beziehen, erkennen können, finden wir sie doch nicht in ganz Europa, geschweige denn in dem ganzen von uns untersuchten Zeitraum, zumal die Textilbranche ihre Techniken unter dem Einfluß der Mode und der Kundschaft recht schnell ändert.

Bei Stahl, Gußeisen, Eisen, Kupfer und anderen Metallen dürfen wir nicht außer acht lassen, daß die Schwerindustrie die Bühne noch nicht betreten hat und daß wir nur sehr unzureichende Preisreihen kennen.

Kurz: Da jedes Kapitel den Erfordernissen der allgemeinen Geschichte gerecht werden muß, wenden wir uns den verschiedenen Sektoren voller Bedenken zu. Jedenfalls aber werden wir uns bemühen, von Fall zu Fall eine Vorstellung vom Stand der Dokumentation zu vermitteln. Hier geht es uns insbesondere um die langen Preisreihen und das Schicksal einiger Produkte, bei denen wir über halbwegs gesicherte Angaben verfügen. Überall wo sich die Möglichkeit bietet, wollen wir sie etwas weiter verfolgen.

Wohnen

Unter diese Überschrift gehört ein ganzes Bündel von Preisen. Ein Haus bauen, in Besitz nehmen, möblieren, heizen, beleuchten heißt ganz verschiedene Waren verwenden. Über all diese Produkte wurden zahlreiche, aber unzusammenhängende Preisreihen veröffentlicht, die selten den ganzen Zeitraum unserer Untersuchung umfassen. In fast allen Fällen, bei Latten, Schindeln, Kalk, Brettern und Bohlen, sind wir voller Zweifel hinsichtlich des Gewichts, der Maße, zum Teil auch ihrer Zusammensetzung und vor allem hinsichtlich ihrer Herkunft. Haben wir es mit einem lokalen Erzeugnis oder mit Importen zu tun, auf die noch hohe Transportkosten aufgeschlagen wurden? Daher rühren auch unerklärliche Unstimmigkeiten. Während sich in Polen zwischen 1550 und 1750 der Preis für »Dachsparren« in Warschau verzehnfacht, steigt er in Krakau nur auf das Fünffache; bei den »Latten« dagegen verhält es sich genau umgekehrt: Ihr Preis klettert in Warschau auf das Zwanzigfache, in Krakau auf das Dreißigfache. Was soll man daraus schließen? Nichts, vor allem nicht, daß bei der Aufstellung der einen oder anderen Kurve schlecht gearbeitet wurde. Weitaus wahrscheinlicher ist, daß die Begriffe »Latte« und »Dachsparren« erst einmal genau definiert werden müßten.

Die Ziegel

Diesem Beispiel schließen sich noch einige andere an. Das einzige Produkt (zusammen mit dem Brennholz), von dem wir die Kurven wiedergeben, ohne von ihrer Exaktheit wirklich überzeugt zu sein oder andere davon überzeugen zu wollen, sind die Ziegel. Sie werden im Hundert oder Tausend abgesetzt, und die Preise lassen sich vom einen Ende Europas zum anderen vergleichen. Mehr oder weniger verbreitet – es gibt auch ein Europa des Steins –, sind die Ziegel doch überall präsent, im roten Siena ebenso wie in Venedig, London, Amsterdam, Danzig oder in Paris auf der Place des Vosges und, allgemeiner, im Louis-treize (das man genausogut nach Heinrich IV. benennen könnte), der Stein und Ziegel nach Art der Niederlande kombiniert. Ein Element der Ungleichheit aber kann bei diesem schweren Material doch zum Tragen kommen. Noch heute heißt in der Nähe einer Ziegelei leben Ziegel billig bekommen. Und möglicherweise genügt dieser eine Faktor bereits, um einige Absonderlichkeiten der Kurven, die wir als die gesichertsten in Gramm Silber übersetzt und untersucht haben (Abb. 27), zu erklären.

Insgesamt haben wir fünf Kurven ausgewählt: für Lemberg, Krakau, Würzburg, England und Valencia. Außerdem fügen wir in die Graphik die allgemeine Getreidekurve in Gramm Silber ein; der Leser sollte ihr allerdings nur begrenztes Vertrauen schenken. Wir haben sie, wie gesagt, auch nur als eine Art Anhaltspunkt gedacht, damit man sich in etwa orientieren kann.

Der Leser wird bemerken, daß der Hektoliter Getreide, von einigen Ausnahmen abgesehen, mehr gekostet haben dürfte als das Tausend Ziegel; diese Feststellung könnten wir mit zahllosen unnützen Belegen untermauern. Außerdem dürften die Ziegel, wieder im großen und ganzen, der allgemeinen Preisbewegung gefolgt sein, nur nicht so schnell wie das Getreide. Stagnation, Anstieg, Stagnation... Auch hierfür könnten wir weitere Quellen und Vergleiche angeben; wir müßten nur für jede Kurve die entsprechende lokale Getreidekurve oder, wo vorhanden, den allgemeinen Preisindex anführen. Begnügen wir uns indessen mit dem Hinweis, daß der Ziegelpreis zum Beispiel in England zwischen 1450 und 1750 nur von 100 auf 350 steigt, der allgemeine Preisindex dagegen auf 600 klettert. Einen ähnlichen Verlauf beobachten wir bei den polnischen Kurven, wo die beiden Preiseinbrüche der Abwertung von 1663 folgen. Das Preisgefälle zwischen den beiden polnischen Städten könnte allerdings nur eine vergleichende Untersuchung von Lemberg und Krakau erklären. Aber ist die Frage so wichtig?

Weisen wir noch kurz darauf hin, daß die polnischen Preise zwischen 1440 und 1444 im großen und ganzen von einem relativ niedrigen Stand ausgehen: 25,7 g in Lemberg gegenüber 77,8 in England und 87,81 in Valencia. Die drei aus Westeuropa liegen wesentlich höher. Erst im 18. Jahrhundert nähern sie sich einander an, wenn man einmal von dem Preissturz in Krakau absieht. Natürlich darf man sich von dieser Graphik nicht allzuviel versprechen. Immerhin spielen bei den Ziegelpreisen verschiedene Faktoren herein: die Preise für einen weitverbreiteten natürlichen Rohstoff, die Löhne und schließlich die Kosten für das Brennmaterial, gewöhnlich Holz, gelegentlich (in den Niederlanden und in England) aber auch Kohle. Könnte im übrigen dieser letzte Posten möglicherweise auch die relativ niedrigen Ziegelpreise in England und in Holland und vielleicht sogar die Verwendung von Ziegeln in Holland als Straßenpflaster erklären?

Das Holz

Auch von den Holzpreisen wird man sich nicht allzuviel erwarten dürfen, obwohl Holz für den Bau von Häusern oder Schiffen und für die Heizung von Wohnungen von ungeheurer Bedeutung ist und in Form von Holzkohle auch eine wichtige Rolle für die Metallurgie spielt. Mit einem Wort, die Bedeutung des Holzes reicht weit über den Rahmen der häuslichen Bedürfnisse und Preise hinaus.

Ja, man hat sogar von einem Zeitalter des Holzes als der Hauptenergiequelle des Menschen sprechen und behaupten können, daß es erst im 18. oder sogar erst im 19. Jahrhundert zu Ende ging. In England allerdings könnte sich diese Energiequelle schon seit dem 16. Jahrhundert so sehr erschöpft haben, daß sich das Land genötigt sah, die Steinkohlegewinnung zu fördern. Das jedenfalls scheint die bekannte These von John U. Nef nahezulegen.[48]

Holz – das ist gleichzeitig aber auch die Grenze des Ackerlands: Weicht der Wald zurück, dann dringt der Feldbau vor. Dieser Kampf zwischen »Brot und Holz« zieht sich durch die Jahrhunderte bis in unsere Zeit und setzt sich noch unter unseren Augen fort. Das sind unzweifelhaft wichtige Fragen, auf die wir leider nur recht mittelmäßige Antworten wissen.

Die Brennholzkurven (Abb. 28) von Lemberg, Neu-Kastilien, Würzburg und Eton sind nach ihrer jeweiligen Höhe (in Gramm Silber) angeordnet. Sie sagt aber weniger über das Verhältnis der verschiedenen Preise zueinander aus als über das Verhältnis Preis-Maßeinheit. Zwar ist überall von »Fuhren« und »Karren« die Rede, aber man darf sie natürlich nicht miteinander vergleichen. Wir können nur die Bewegungen der einzelnen Kurven miteinander vergleichen, aber auch dieser Vergleich wird unsere Neugierde wecken.

Würzburg und Lemberg bieten einen ähnlichen Verlauf, auch wenn die deutsche Kurve die große Baisse des 17. Jahrhunderts früher (ab 1620–1624) registriert als Lemberg (1650–1654). Ein erstaunliches Detail ist das Wiederanziehen der polnischen Preise nach 1660 »nach deutschem Vorbild«: Erneut drängt sich hier die Frage nach einer von niedrigen Preisniveaus ausgehenden kontinentalen Konjunktur auf. Die (unvollständige) Kurve von Neu-Kastilien verzeichnet eine Baisse, die an die lange Konjunktur des Westens denken läßt. Die Eton-Kurve steigt über das Jahr 1600 hinaus an und verläuft dann ab 1650 horizontal. Die englischen Holzkohle-Kurven steigen bis zur Mitte des 17. Jahrhunderts steiler an als die Holz-Kurven; bekanntlich verzögert sich die Umkehr der Haupttendenz in England. Die Kurve von Beauvais tritt mit dem Beginn des 17. Jahrhunderts einen steilen Anstieg über 30 Jahre an, steiler als das Getreide, und anschließend, parallel zur gesamteuropäischen Tendenz, den Abstieg. Das interessanteste Detail an der Beauvais-Kurve aber ist zweifellos die Tendenz zur Aufforstung bestimmter Waldgebiete im 17. Jahrhundert. Von einem gleichbleibenden Waldbestand (mehr oder weniger innerhalb der heutigen Grenzen) im 16. Jahrhundert spricht auch Charles Devèze[49] in seiner ausführlichen Arbeit über die französischen Wälder des Pariser Beckens. Und Hans Helmuth Wächter nennt als Wende in Ostpreußen die Jahre von 1620 bis 1625 (Abb. 16): Von diesem Zeitpunkt an tritt der Getreideanbau, bis dahin auf dem Vormarsch, den Rückzug an, gibt die Randgebiete wieder auf und beschränkt sich auf die besseren Böden. Mit steigenden Erträgen läßt er den Wald wieder in Frieden. Doch mit unseren Preisen und Preiskurven werden wir zumindest beim gegenwärtigen Wissensstand das Problem nicht lösen.

Kleidung

Mit den Textilien betreten wir einen weiten, schwer zu erforschenden, unmöglich gänzlich zu ergründenden Bereich, und das ist um so bedauerlicher, als die Textilindustrie in dem von uns behandelten Zeitraum fraglos die Großindustrie ist, der Motor, der das »unausgeglichene« Wirtschaftswachstum der verschiedenen Regionen ankurbelt und die Industrielle Revolution, die dann bekanntlich über die Umstände ihres ersten Aufschwungs hinauswächst, in einer Region etwas früher, in der anderen etwas später, in Gang setzt.

Schon vor dem 15. Jahrhundert hat jede Region in Europa ihre Textilindustrien, die entweder nur den lokalen Bedarf decken oder gelegentlich sogar in weit entfernte Gebiete exportieren. Das hat in Europa starke geographische Konzentrationen der Textilindustrie zur

Folge, die sich vom 15. bis zum 18. Jahrhundert behaupten, wenn auch mit Verlagerungen und nicht immer leicht zu präzisierenden Umbildungen. Denn im allgemeinen ist nichts mehr im Fluß als eine Textilindustrie, zumal in diesen Zeiten, in denen sie mehr noch als von den Werkstätten und den Rohstoffen von den Arbeitern in Stadt und Land abhängt. Doch dieses große Problem der Ansiedlung und der relativen Bedeutung der Zonen betrifft uns nicht – oder richtiger, erst wenn die Preisgeschichte eines Tages etwas zu seiner Erhellung wird beitragen können, und das ist vorläufig noch nicht der Fall. Wir wollen uns vornehmen, das verworrene Knäuel etwas zu entwirren, ein paar abgerissene Fäden wieder anzuknüpfen, aber das wird nur teilweise gelingen. Dazu werden wir drei Wege einschlagen: Zunächst werden wir die Rohstoffe behandeln; dann einige besser bekannte Fertigprodukte; und schließlich wollen wir eine Umrißkarte zeichnen, die sich, wenn man wollte, durch ausgedehnte Untersuchungen weiter ausfüllen ließe.

Rohstoffe, das sind Wolle, Baumwolle, Leinen oder Hanf. Unsere Graphik (Abb. 30) gibt die Preisstaffelung dieser Stoffe in Gramm Silber (als Äquivalent der Nominalpreise) pro Kilogramm an: ganz oben die Wolle und die verschiedenen Wollsorten; ein ganzes Stück darunter die Baumwolle; sie wird im 17. Jahrhundert vom Leinen eingeholt; und schließlich auf der untersten Stufe der Hanf und eine bestimmte Leinenqualität, das *Pater-noster*-Leinen, wie man in Amsterdam sagt. Natürlich ist die Auswahl zu klein; sie umfaßt nur die vom internationalen Handel angebotenen Waren mit Ausnahme der Seide und klammert außerdem die bäuerlichen Produkte für den Eigenbedarf und den dörflichen Handel aus, die zum größeren Teil am Rande des monetären Lebens angesiedelt sind und sich damit unserem Quellenstudium entziehen.

Im großen und ganzen folgen unsere Preisreihen der säkularen Tendenz. Man beachte die Notierung des Rigaer Hanfs auf dem Amsterdamer Markt: Auf den ersten Blick ist die Kurve recht charakteristisch für die Konjunktur im kontinentalen Europa – bis auf den vorzeitigen, anscheinend bereits nach 1682 einsetzenden Wiederanstieg. Das Frankfurter Leinen seinerseits folgt dem Aufschwung des 16. Jahrhunderts und das (sonderbarerweise teurere) Augsburger Leinen dem Trend des 16. und 17. Jahrhunderts; nach 1750 allerdings weicht seine Kurve zumindest dem Anschein nach davon ab. Den Aufschwung des 18. Jahrhunderts spiegeln im Westen der Hanf aus Riga, das *Pater-noster*-Leinen in Amsterdam, die Baumwolle aus Smyrna und die Wolle aus Segovia (die Königin der Wollsorten); einen starken Vorsprung verzeichnet, wie schon erwähnt, der Rigaer Hanf.

Bei den Preisunterschieden der Rohstoffe ist die spanische Wolle unbestritten an der Spitze; nur die feine Danziger Wolle reicht an sie heran, aber schon die gewöhnliche Wolle dieser Stadt wird viel niedriger veranschlagt. Die englischen Wollpreise liegen laut John Houghton noch unter der einfachen Danziger Wolle; allerdings ist dabei zu berücksichtigen, daß die Wolle in England mehr oder weniger am Herstellungsort verkauft und somit nicht durch hohe Transportkosten belastet wird. Aus demselben Grund geben auch einige Preise von Amiens, in unsere Graphik eingefügt, eine eher klägliche Figur ab.

In Abb. 31 handelt es sich nicht nur, wie es den Anschein hat, um zwei Kurven für Fertigprodukte, sondern um insgesamt fünf miteinander verknüpfte Kurven. Doch sollten wir nicht allzu viel auf sie geben. Immerhin werden nach der Umrechnung aller Längenmaße in Meter und aller Preise in Gramm Silber die großen Preisunterschiede zwischen den englischen Tuchen, Qualitätserzeugnissen hoher Güte, und den Barchenten, Stoffen mit Leinenkette und Baumwollschuß von geringeren Gestehungskosten, deutlich. Leider verläßt uns das rote englische Tuch, das im 15. Jahrhundert in Frankfurt eine Baisse, im 16. Jahrhundert eine Hausse erlebt (freilich eine eher bescheidene von 55 Prozent zwischen 1515 und 1604), zu Beginn des 18. Jahrhunderts. Ob das in Lemberg verkaufte *Lunski*-Tuch aus London dann dasselbe ist wie das aus Frankfurt, wissen wir auch nicht. Jedenfalls aber zeigen beide Kurven eindeutig die gleiche Tendenz. Im 17. Jahrhundert scheinen sie in England mehr oder weniger der schönen Kurve des groben Wollzeugs oder *Kersey*, wie man hier sagt, zu folgen, die vom Gipfel der Jahre zwischen 1605 und 1609 tief abstürzt und mit dem Jahr 1719 gleichmäßig gerade weiterverläuft.

Die Barchentkurve in Frankfurt steigt nach 1519 an. Die Frage ist nur, wieweit man der gestrichelten Linie vertrauen kann: Bis zur Mitte des 16. Jahrhunderts verzeichnet sie einen starken Anstieg, der sich danach, falls überhaupt, nur schwach fortsetzt. Die englische *Kersey*-Kurve ergibt im 18. Jahrhundert eine Horizontale. Die beiden Zeugnisse einander gegenüberzustellen bringt, wie wir zugeben müssen, leider wenig Solides. Dürfen wir dann daraus wenigstens den Schluß ziehen, daß die Textilpreise weniger schnell als die Getreidepreise gestiegen, aber schneller gefallen sind? Ich fürchte, schon diese Annahme ist zu gewagt.

Was in unserer Graphik vor allem fehlt, ist unschwer zu erraten: ein guter, zwingender Beleg für die Preisbewegung der besseren, der Luxusstoffe, der bis jetzt noch aussteht und auf den wir womöglich noch lange warten müssen.

Dafür kennen wir das häufig gegenläufige Spiel der Nahrungsmittel- und Textilpreise (auf *kurze Sicht*), Ursache, aber zugleich auch Folge von Krisen und Verzerrungen. Leider aber beschränken sich unsere Beobachtungen hier auf eine andere Kategorie, auf den kurzen Zeitraum. Die lange Dauer entzieht sich uns.

Im übrigen ist zu fragen, ob sich die Textilien gegenüber den übrigen Preisschwankungen *einheitlich* verhalten? Doch auch hier wieder erlauben uns unsere Kenntnisse keine zwingenden Schlüsse; jedenfalls aber deutet nichts auf ein einheitliches Verhalten hin. Schon vor langer Zeit hat Gunnar Mickwitz auf die unterschiedlichen Preise auf dem Rigaer Markt im 16. Jahrhundert für die teuren ausländischen Stoffe und die Billigfabrikate der einheimischen Bauern hingewiesen. Und Felipe Ruíz Martin unterscheidet in seinen noch unveröffentlichen Untersuchungen für das 16. Jahrhundert zu Recht zwischen Segovia und seinen für den Export über Sevilla in die Neue Welt bestimmten Qualitätserzeugnissen auf der einen und Cuenca in La Mancha mit seinen für den einheimischen Markt gefertigten Produkten auf der anderen Seite. Was nicht heißen soll, daß diese mittleren oder mittelmäßigen Erzeugnisse nicht auch manchmal in einem sehr weiten Umkreis verkauft werden, wie die Bauernstoffe aus Aragón, die berühmten *cordelates*. Dennoch besteht ein großer Unterschied zwischen dem Handelskreis der einfachen und dem der luxuriösen oder halbluxuriösen Stoffe, den wir soweit ganz gut kennen. In der Tat ist es in diesem Fall die untere Ebene der einfachen Produkte, zu der wir kaum einen Zugang finden, der einfachen Produkte wie der groben blauen Kattunstoffe aus Aleppo und Umgebung, die laut einem Dokument aus dem Jahr 1687 über Marseille nach Frankreich eingeführt und dort von den Armen im Süden zu Kleidung verarbeitet werden.[51] Wie haben wir uns nun diese Stoffe vorzustellen? Wie die blauen Haushaltsschürzen, die wir noch aus unserer Kindheit kennen? Oder wie die blauen Arbeiteroveralls von heute? Jedenfalls ist in dieser Welt der billigen Stoffe die Wolle noch ein Luxus. Läßt Shakespeare Fallstaff nicht voller Verachtung von den Leuten in *dowlas* oder *buckram*[52] sprechen? Und im 18. Jahrhundert begrüßt Moheau, daß in Frankreich auf dem Land allmählich grobe Wollstoffe in Gebrauch kommen, die bis dato nur sehr sparsam verwendet wurden. Ja, ist nicht der entscheidende Aufschwung der Textilindustrie im 18. und mehr noch im 19. Jahrhundert, ihr wirklich revolutionärer Aufschwung, vor allem dem steigenden Massenkonsum zu verdanken?

Man darf wohl mit ziemlicher Sicherheit annehmen, daß diese proletarischen Gewebe auf die Preisschwankungen anders reagieren als die teuren. Fischen wir aus der Kontroverse Baehrel-Meuvret einige Informationen über die entsprechenden Preiskurven zwischen 1625 und 1660 in Mailand heraus: Während die Preise für Qualitätsware in dieser Zeit eindeutig eine Baisse erleben, kann die mindere Qualität ihre Preise mehr oder weniger halten: In schlechten und noch mehr in Krisenzeiten verschieben sich die Einkäufe; sie beschränken sich auf das Nötige und das Mögliche, kurz die schlechtere Qualität. So kommt es, daß sich die schlechten Stoffe in Mailand behaupten, die schönen dagegen billiger werden. Doch wieder einmal sind wir der kurzen Zeitspanne auf den Leim gegangen.

Allerdings dürfte diese Regel auch auf lange Sicht zutreffen und trotz der Komplexität der Entwicklungen gültige Schlüsse auf die lange Dauer zulassen. Davon ist Witold Kula auch weitgehend überzeugt,[59] wie er in einem seiner besten Artikel schreibt und damit bestimmte Vermutungen von Ernest Labrousse aufgreift. In der Tat wird der Luxus in Polen und sicher auch anderswo mit der Zeit erschwinglicher und im Vergleich weniger teuer, aber das Lebensnotwendige und das Unentbehrliche teurer oder richtiger, nicht billiger. Weiten wir das auf ganz Europa aus, wo sich der Luxus im 18. Jahrhundert ausbreitet und weite Kreise der Bourgeoisie erobert.

Wie man sieht, gibt es unter den Preiskurven für Textilien nur wenig gesicherte Zahlen, die die säkulare Bewegung erhellen könnten. Dafür harren noch ungeahnte Dokumentenmassen der Auswertung. Vielleicht können unsere Angaben ergänzt und präzisiert werden. Vielleicht kann man zusätzlich zum Problem der Preise auch das fast vollständig übergangene, mit Sicherheit verkannte Problem der Produktionszahlen aufgreifen. Aber darauf werden wir noch einmal zurückkommen. Und sollte man nicht anhand einiger bekannter Artikel die Preise einmal quer durch ganz Europa verfolgen und dabei notgedrungen wieder einmal auf die Frage der Entfernungen und Transportkosten stoßen? Bei dem in Polen und auf dem Balkan verkauften groben Wollzeug scheinen bestimmte Ortsbestimmungen möglich zu sein. Das ist zwar keine sehr handfeste Methode, und dennoch würde sich die Mühe lohnen, einmal eingehende Untersuchungen in dieser Richtung anzustellen: Immerhin könnte man auf diese Weise die Handelsströme aufzeigen, die Identität von Textilien feststellen und so zur Lösung des Problems der wichtigsten europäischen Industriepreise vor 1750 beitragen.

Das Europa vor der Schwerindustrie

Wenn es vor 1750 bereits unzweifelhaft eine Textilindustrie gibt, so weil sie auf eine starke Nachfrage stößt. Sich zu kleiden ist ebenso notwendig wie sich eine Unterkunft zu beschaffen und fast so unumgänglich wie sich zu ernähren. Der Schwerindustrie dagegen räumt Europa zwischen dem 15. und dem 18. Jahrhundert nur einen eingeschränkten Platz ein. Genau besehen ist sie erst nach dem Auftritt von Kohle, Gießereikoks und der Massenproduktion von Eisen, Gußeisen und Stahl denkbar, die ihrerseits wiederum ohne Dampfmaschine, Eisenbahnschienen, Eisenschiffbau und zahllose Werkzeugmaschinen nicht recht vorstellbar ist.

Im Jahr 1750 jedenfalls ist es noch nicht soweit. Geben wir uns hinsichtlich der Bergwerke, Eisenhämmer oder Gießereien keinen allzu großen Illusionen hin. Zwar warten sie schon vor der Epoche des Georg Agricola mit großartigen technischen Einrichtungen auf (mit Pumpen zur Entwässerung der Bergwerksstollen, Hebemaschinen, Hammerwerken zum Zermahlen des Erzes, mit Hämmern, die von einem Räderwerk hydraulisch gehoben werden), aber all diese Maschinen sind hauptsächlich aus Holz hergestellt, und die Übertragung erfolgt nicht nur durch Ketten, sondern ebenso durch Seile, zum Beispiel in den Salzbergwerken von Wieliczka bei Krakau durch geflochtene Lindenfasern (die vom Salz nicht angegriffen werden).

Stets jedoch haben Bergwerke, Hammerwerke oder Gießereien Kapitalkonzentrationen, große Investitionen sowie eine beachtliche Konzentration von Arbeitskräften mit sich gebracht – für die damalige Zeit lauter spektakuläre Erscheinungen, die nur unter günstigen Konjunkturen oder staatlicher Förderung im Schutz ganz entschieden verteidigter Monopole gedeihen konnten. Bekannt sind die gewaltigen Unternehmen und Erfolge eines Jakob Fugger in den Kupferbergwerken von Tirol und Ungarn. Nicht weniger bekannt ist die von Elisabeth I. im Jahr 1563 durch eine Patens littera[54] ins Leben gerufene Copper Company (Kupfergesellschaft) in England. Und an die internationale Geschichte des Mansfelder Kupfers oder, besser noch, an die abenteuerliche Geschichte des schwedischen Kupfers im 17. Jahrhundert braucht wohl auch nicht erinnert zu werden. Wir würden das Standardwerk John. U. Nefs referieren, der den Ursprüngen der »ersten industriellen Revolution« so leidenschaftlich nachspürte – Ursprüngen, die er in England, den Niederlanden und Schweden, also in den früh privilegierten Ländern, vermutete.

Doch diese Erfolge sind wohlgemerkt auf Europa beschränkt und zum Teil, wie die Ausbeutung der Bergwerke in Mitteleuropa, von kurzer Dauer.[55] Jedenfalls sind die meisten Hammerwerke, Gießereien und Bergwerke, von außergewöhnlichen Erfolgen abgesehen, kleine Unternehmen, so die französischen Hammerwerke, deren genaue Zahl zu erfassen man sich seit dem 16. Jahrhundert vergeblich bemühte. Mehr als auf die verschiedenen Eisensorten setzt die Industrie damals jedoch, angespornt durch den in den Augen der Zeitgenossen sagenhaften Aufschwung der Artillerie, auf Kupfer und Zinn. Allerdings werden die Kanonen ebenso wie die Kirchenglocken mindestens bis zum 18. Jahrhundert handwerklich gegossen, und erst dann wird das in einem einzigen Guß gegossene massive Bronzerohr ausgebohrt.

Diesem kurz angedeuteten Schema folgen mehr oder weniger auch unsere Zahlen. Sie sind recht aufschlußreich für das Preisgefälle in Europa und die Bewegung der Industriepreise, die sich von der Konjunktur ebenfalls mitziehen lassen, wenn auch viel schleppender als die Nahrungsmittelpreise.

Das Eisen

Für die Eisenpreise (Abb. 6) verfügen wir über drei Kurven; die ausgezeichnete vierte Preisreihe für Amiens ist leider viel zu kurz.[56] Alle diese Reihen schwanken (mit Ausnahme von Lemberg) mehr oder weniger im Rhythmus der großen Wogen des Trends: in Würzburg der Höhepunkt in den Jahren zwischen 1613 und 1619, dann 1680 Wiederanziehen (eine lange Konjunktur mit Vorsprung); in Amiens allem Anschein nach Übereinstimmung mit dem westlichen Trend; in Amsterdam (schwedisches Eisen), dessen Kurve erst 1609 beginnt, eher Stillstand bis 1750, dann ein eindeutiger, wenn auch verspäteter Aufschwung; in Lemberg sehr langsamer Aufstieg seit 1666, danach eine leicht schwankende Horizontale und schließlich nach 1718 jäher Anstieg, der die Preise an die des internationalen Marktes annähert, sogar mit einer Tendenz, sie noch zu überholen. Jedenfalls aber ist die Annäherung der Preise mit dem 18. Jahrhundert hier ebenso zu beobachten wie beim Getreide.

Das Zinn

Trotz der unzulänglichen Daten ist Zinn (Abb. 6) ein anschauliches, klassisches Beispiel. Bis zum Ende des 17. Jahrhunderts beherrscht die englische Produktion (aus Cornwall und Devonshire) den Markt in ganz Europa und im gesamten Mittelmeerraum, ja, sie gelangt durch den blühenden Levantehandel bis nach Kleinasien. Nach 1695 allerdings sichern sich die Holländer vertraglich das Zinnmonopol des Königreichs Siam, und da das orientalische Metall von besserer Qualität ist als das englische, überschwemmt es bald den Westen; seit 1722 wird es in Amsterdam regelmäßig notiert. In Gramm Silber und Doppelzentner Metall umgerechnet, lassen sich die Kurven nach Preisen anordnen: oben angeführt von Danzig, gefolgt vom orientalischen Zinn und 50 Prozent darunter vom englischen. Man wird bemerken, daß die Preise wegen der Konkurrenz und des kleinen Abnehmerkreises (der sich vor den letzten Jahren des 17. Jahrhunderts kaum erweitert) keine besondere Neigung zeigen, anzuziehen: Zwischen 1480 und 1740 steigen sie (in England) lediglich aufs Doppelte.

Aber ist das Zeugnis des Zinns für uns auch nicht eher aus anderen Gründen interessant? Etwa weil uns sein Verhalten über Industriepreise informiert? Schließlich stehen uns im Fall Englands Angaben über Produktion und Produktionskosten zur Verfügung. Und wenn das Zinn auch auf dem europäischen Markt nicht so schnell aufschlägt, die Produktionskosten − Eisen, Seilwerk, Ernährung der Arbeiter − sprechen auf die Preissteigerung (vornehmlich die der Nahrungsmittel) sensibler an, und das wirkt sich bremsend aus. Seit 1450 wieder im Aufwind, steigt die englische Produktion etwa bis zum Jahr 1520 und fällt von da an bis 1667; danach wird sie wieder flott, verliert aber nach 1690 an Schwung und steigt danach nur noch langsam an. Immerhin aber verdreifacht sie sich zwischen 1480 und 1750, während sich die Preise im gleichen Zeitraum nur verdoppeln.

Das Kupfer

Aufschlußreicher für uns ist das Kupfer, der Rivale des Eisens im Alltag und das dritte Münzmetall. Ihm haben wir eine besondere graphische Behandlung vorbehalten (Abb. 6). Auch hier wieder dient uns die Silber-Einheit als Basis für den Vergleich von Silber mit seinem Äquivalent erstens in Gold (das ist die klassische Bimetall-Ratio) und zweitens in Kupfer. In die erste Graphik haben wir eine zweite, gepunktete Kurvenlinie eingezeichnet, die den Kupferpreis zwischen 1500 und 1750 an verschiedenen Handelsplätzen in Gramm Silber angibt. Wenn man bedenkt, daß jeder Anstieg der Kupfer/Silber-Kurve in unserem System eine Abwertung des Kupfers bedeutet, zeigt die Würzburger Kurve nach 1460 eine beschleunigte Abwertung dieses Metalls. Fragt sich nun, ob diese frühzeitige Inflation für Deutschland spezifisch ist oder nicht, und wenn ja, ob sie auch die Ursache für den Preisanstieg in der zweiten Hälfte des 15. Jahrhunderts ist. Dieses Problem bleibt ungelöst. Mit dem Beginn des 16. Jahrhunderts zieht das Kupfer dann, immer noch in Würzburg, unvermittelt an, und wenn die Kurven von England oder Amsterdam nicht trügen, folgt eine Tendenz zur Ausgeglichenheit, zur geraden Linie, zur Horizontalen. Das Kupfer legt sich die Kapricen eines Münzmetalls zu.

Preise, Indizes und Löhne:
Das Für und Wider der Berechnungen
von E. H. Phelps Brown

Geschichtsträchtiger als die voraufgegangenen Fragen, erweist sich unser letztes Problem auch als schwieriger. Löhne sind Preise besonderer Art; sie sind der Preis für die Mühe, die Arbeit der Menschen und werden im allgemeinen recht knickerig gehandhabt. Während unseres gesamten Zeitraums verhalten sie sich eher starr, das heißt, sie bewegen sich nur zögernd nach oben oder nach unten. Wenn wir nun ihr Verhältnis zu den übrigen Preisen verfolgen, dann stehen uns verschiedene Möglichkeiten zur Verfügung. Wir können Nominallöhne und Nominalpreise einander gegenüberstellen, indem wir die Nominallöhne in sogenannte *Real*löhne oder (wie Wilhelm Abel, der diese Methode aber nicht als einziger anwendet) in Getreideeinheiten umwandeln, oder wir können mit den Methoden und Indizes von E.H. Phelps Brown und Sheila Hopkins arbeiten.

Keine dieser Methoden ist wirklich überzeugend, aber auch wenn man sie nacheinander anwendet, gleichen sie ihre jeweiligen Mängel nicht aus, sondern signalisieren nur hartnäckig dieselben Unzulänglichkeiten. Im Jahr 1510 verdient ein Winzer aus der Umgebung von Paris für die Pflege eines Weingartens von einem Morgen 10 Livres tournois. Was aber ist diese Summe in der Flut der Preise wert; was kann er dafür kaufen? Er wird damit zurechtkommen, versichert Charles Verlinden scherzhaft, aber etwas voreilig[57]. Er wird von Fall zu Fall eben das billigere Produkt und nicht das teurere nehmen und auf diese Weise seinen Lohn den steigenden Lebenshaltungskosten ungefähr anpassen. Zweifellos, denn andernfalls, so fährt unser Autor fort, würde der Lohnarbeiter nämlich von dieser Erde verschwinden. Das ist im übrigen auch regelmäßig der Fall, ja sogar so regelmäßig, daß man nicht einfach darüber hinweggehen kann: Wirtschaftskrisen und demographische Krisen gehen stets Hand in Hand; »der Tod gleicht die Buchhaltung aus«. Wenn der Lohnarbeiter aber überlebt, wie kommt er dann zurecht? Wie hält er es mit seinem Appetit und seinen Einkäufen; welche Überlegungen stellt er an; wo schränkt er sich ein, und wo kann er die Zügel schießen lassen, kurz: Was läßt er sich einfallen, damit er angesichts der Lebenshaltungskosten mit seinem Lohn auskommt, der manchmal Schritt hält, manchmal aber auch hinterherhinkt?

Auch heute sind die Lebenshaltungskosten noch eine Größe, die sich nur schlecht herausfiltern und messen läßt. Die Zeitgenossen gehen deshalb trotz aller zur Verfügung stehenden Statistiken das Problem nur zögernd an. Um wieviel schwerer hat es da der Historiker, der so wenige Quellen hat!

Die Löhne aus den Dokumenten herauszuklauben ist wesentlich schwerer als die Erforschung der sonstigen Preise. Die Zahlen verdienen keineswegs immer unser Vertrauen, zumal der Lohn, wie es die Gesellschaftsordnung und die materielle Notwendigkeit wollen, noch halb der Tauschwirtschaft verhaftet und nicht einfach in Mark und Pfennig anzugeben ist. Tatsächlich werden nur wenige Löhne hundertprozentig in Geld ausgezahlt. Und selbst in dieser Rubrik dürften wir bestenfalls eine sehr kleine Zahl realer Fälle erfassen, im allgemeinen wohl aus dem Baugewerbe. Unternehmer, Maurer, Hilfsarbeiter zählen zu den Privilegierten, wenn sie alle Tage arbeiten können;

aber da ist alljährlich der Winter; auch die wiederkehrenden Krisen verschonen das Gewerbe nicht. Alles in allem sind also auch hier Zweifel angebracht.

In vielen Fällen dürfte es empfehlenswerter sein, wie die Autoren der umfassenden Untersuchung von Chioggia vorzugehen und sich an die Aufstellung von Dienstleistungen zu halten, etwa an das Mahlgeld einer bestimmten Getreidemenge oder die Kosten für den Transport einer bestimmten Getreidemenge von Chioggia zum großen Fondaco unter analogen Bedingungen, also an die indirekten Hinweise auf den Preis der Arbeit. Allerdings sind diese Dienstleistungen nur ausnahmsweise bekannt, und dort, wo ihr Zeugnis vorliegt, ist Vorsicht geboten. Wir sind also je nach Region, Zeit und den Zufällen der Archivierung mehr oder weniger gut informiert. Im allgemeinen kennen wir nicht einmal die Zahl der Arbeitstage. Deshalb legen E.H. Phelps Brown und Sheila Hopkins ihren Berechnungen wohl auch den einzelnen Arbeitstag als Einheit zugrunde – eine glänzende Idee, allerdings nur für die industrielle Welt von heute. Und dabei ist nicht einmal unsere moderne Welt überall so geordnet, und die Zahl der wöchentlichen Arbeitsstunden ist auch heute noch in Krisenzeiten nicht gesichert, das heißt, es kommt häufig durch Arbeitslosigkeit zur Kürzung der Löhne. Außerdem warf der Übergang vom Leben unter dem Ancien régime zum Rhythmus der Maschinen bekanntlich ein schweres Anpassungsproblem auf, gerade weil die Vorstellung von regelmäßiger Arbeit bis dahin unbekannt oder doch fast unbekannt war. Zur Arbeitslosigkeit und zu den Festtagen kamen konjunkturbedingte Arbeitslosigkeit und die Eigenwilligkeit des Arbeiters. Wenn er also, was denkbar wäre, in Zeiten der Rezession mehr arbeitete als in Zeiten steigender Preise, dann können wir unsere vereinfachten Berechnungen ganz vergessen. Tatsächlich fühlen wir uns nach einem Blick in verschiedene Rechnungsbücher aus dieser Zeit recht verwirrt. Ömer Lüfti Barka, der mit seinen Studenten die Baukosten der Süleyman Moschee in Istanbul minuziös verfolgt, deckt ein verblüffendes Kommen und Gehen und Wiederkommen von Arbeitern auf. Die Lücken sind einzig durch dauernde Neueinstellungen zu füllen und durch den Versuch, in Spitzenzeiten die Belegschaft übermäßig aufzufüllen. Am Samstag, dem Zahltag nach dem Ruhetag Freitag, ist die Zahl der anwesenden Arbeiter am größten. Aber mit dem Beginn der nächsten Woche nimmt sie ab, und neue Arbeiter müssen eingestellt werden. Wer hätte das gedacht? Die Graphiken setzen also eine »operationale« Geschichtsschreibung voraus und hinterlassen dementsprechend große Zweifel an der Möglichkeit, die Einnahmen solcher Gelegenheitsarbeiter abzuschätzen. Im übrigen fragt sich, ob solche Unterbrechungen ausnahmsweise oder häufig vorkommen, ob sie womöglich sogar die Regel darstellen. Um das beurteilen zu können, müßten wir weitere Dokumente dieser Art haben.

Diese schnell hingeschriebenen Details, die sich seitenlang um ähnliche verlängern ließen, besagen von vornherein, daß sich auf so vielen Unregelmäßigkeiten niemals exakte Kalkulationen aufbauen lassen. Nachdem das klargestellt ist, wollen wir uns einmal anschauen, wie die Historiker dieses Problem angepackt haben.

Bei unserem gegenwärtigen Kenntnisstand ist es unmöglich, anzugeben, wie sich die Lebenshaltungskosten zu einem bestimmten Zeitpunkt in der Vergangenheit in einem bestimmten Land auf Wohnung, Kleidung und Nahrung verteilt haben und wie hoch sie durchschnittlich gewesen sein mögen. Nun liegt es aber auf der Hand, daß sich der Lohn nur im Verhältnis zu den Bedürfnissen, die er befriedigen soll oder doch jedenfalls angeblich deckt, untersucht werden kann. Diese Schwierigkeit haben E.H. Phelps Brown und S. Hopkins recht eigenmächtig gelöst. Sie stellten eine Art Konsumschema auf, das für den ganzen geographischen Raum und Zeitraum der Untersuchung gelten soll (80 Prozent für Ernährung, 7,5 Prozent für Heizung und Beleuchtung, 12,5 Prozent für Kleidung) – offensichtlich eine recht gewaltsame Vereinfachung, denn die »Bedürfnisse« des Menschen sind doch, selbst auf den angeblichen Mittelwert reduziert, nach Zeit und Ort recht unterschiedlich. Andererseits gibt es ohne eine solche Gewaltsamkeit keine vereinfachten Kalkulationen. Nehmen wir also an, dieses Konsumschema treffe zu und lasse sich (eine Annahme, die noch mehr Unbehagen verursacht) in gleich große tägliche Ausgaben aufteilen. Haben wir diese Zugeständnisse gemacht, dann zeichnet sich das unserem Führer so liebe Bild eines »Warenkorbes« deutlich ab. Tag für Tag marschiert unser Verbraucher zum Markt und kauft »mehlhaltige Waren« (eine Gelegenheit, Getreide und Erbsen zu mischen), Fleisch, Fisch, Getränke, Öl für Beleuchtung, Holz für Heizung, Stoffe etc. Dieser Korb, dessen genaue Zusammensetzung sich in der Anmerkung findet[58], ist tatsächlich eine Möglichkeit, einen allgemeinen Index zu berechnen und die Entwicklung der Lebenshaltungskosten zu verfolgen. Und in diesem allgemeinen Sinn ist dieses wahrhaft einfallsreiche Verfahren nicht besser und nicht schlechter als andere.

E.H. Phelps Brown und S. Hopkins gehen also in mehreren Schritten vor. Sie beginnen mit der Berechnung der Preiskurven der verschiedenen Bestandteile des Warenkorbes. Dann ordnen sie jedem Produkt einen Koeffizienten zu und berechnen eine einzige Kurve, die des Warenkorbs selbst. Beim zweiten Schritt messen sie den Lohn an der so gewonnenen Kurve der Lebenshaltungskosten. Dazu setzen sie den Korb zum Zeitpunkt der Basisjahre 1521 bis 1530 = 100 und untersuchen dann beispielsweise, was ein bestimmter Lohn im Jahr 1571 darstellt, einen ganzen Korb, also die Zahl 100, oder einen halben, also 50. Auf diese Weise haben wir die Löhne in Konsumeinheiten berechnet. Und nun kommt der dritte Schritt, genau besehen ein doppelter, je nachdem ob man in Konsumeinheiten oder in Industriepreiseinheiten rechnet. Diese etwas schnell vorgetragenen Erklärungen mögen nicht ganz einfach zu verstehen sein, lassen sich aber anhand der Graphiken (Abb. 33) mit ein bißchen gutem Willen durchaus erfassen.

Mit Hilfe dieser Berechnungen von E.H. Phelps Brown und seiner Mitarbeiterin können wir nun Stichproben vornehmen: im Elsaß, in Wien, in Frankreich, in Valencia, Münster und Augsburg, in Südengland. So erhalten wir ein Bündel von Kurven, das in perspektivischer Darstellung eindeutig demonstriert, daß sich der Lebensstandard der Lohnarbeiter in Konsumeinheiten verschlechtert hat. Während die nominellen Löhne wenigstens der Bewegung der »Industrie«preise folgen, stürzen die Reallöhne über 50 Prozent ab, egal wo wir unsere Messungen durchführen. Mit dem 17. Jahrhundert setzt dann eine langsame Verbesserung ein. Zweifelhaft ist, ob es sich um eine wirkliche oder eher eine Scheinverbesserung handelt.

Dieser Sturz ist das Gegenstück zu dem revolutionären Preisaufschwung im 16. Jahrhundert. Und so behaupten wir, daß diese Teuerung, mag sie auch – was noch zu entscheiden ist – entweder durch den Metallzustrom aus Amerika oder durch das Bevölkerungswachstum ausgelöst worden sein, unter dem Strich durch den größeren Arbeitsaufwand, die wachsende Bedrängnis, die allgemeine Verarmung und die Knechtung der meisten Menschen veranlaßt worden ist. Solange die Historiker diese Fragen aber nicht wirklich geklärt haben, bleibt der Preis- und allgemeine Wirtschaftsaufschwung des 16. Jahrhunderts ein schlecht umrissenes Problem. Die Zeitgenossen haben jedenfalls vielfach den Eindruck eines Abschwungs. So vermerkt Herr von Gouberville im Jahr 1560 in seinem Tagebuch: »Zur Zeit meines Großvaters gab es alle Tage Fleisch zu essen, die Gerichte waren überreichlich, der Wein wurde wie Wasser getrunken. Aber heute ist alles ganz anders: Alles ist teuer... die Ernährung der wohlhabendsten Bauern weit schlechter als einst die der Knechte.« Die Historiker tun unrecht, Dokumente dieser Art zu vernachlässigen.

Doch kehren wir zu den Kurven von E.H. Phelps Brown zurück. In England geht es bis zu den Jahren 1610 bis 1614 abwärts, dann langsam und sachte, aber konstant bis 1750 aufwärts. In Wien stürzt die Kurve mit den siebziger Jahren des 16. Jahrhunderts jäh ab, um gleich wieder anzusteigen; der Abschwung bis zu den Jahren 1600 bis 1616 gleicht im großen und ganzen dem in England; danach kommt es sehr langsam zu einer ersten Besserung, die kaum über die achtziger Jahre des 17. Jahrhunderts hinaus anhält, gefolgt von einem ganz unvermittelten Niedergang und einer Erholung, aber mit Höhen und Tiefen.

Natürlich wären diese Thesen kritik-, kommentar- und ergänzungsbedürftig. Doch das hieße sich die Sache allzu leicht machen, außerdem wäre das Ergebnis unsicher. Lohnender erscheint mir der Hinweis, daß Wilhelm Abel bei der Untersuchung der Arbeit eines Holzfällers, der diesen oder jenen Göttinger Bürger mit einem Klafter Brennholz beliefert, zu recht ähnlichen Ergebnissen kommt. Nun ist Göttingen trotz des bedeutenden Ruhms seiner Universität doch nur eine Kleinstadt und die über vier Jahrhunderte verfolgte Lohnkurve etwas fragwürdig, ebenso die Methode, wie der Preis für die geleistete Arbeit auf die entsprechende Menge Roggen umgerechnet wird oder auch die willkürliche Gleichsetzung der beiden Skalen für beide Kurven. Gleichwohl nähert sich das Ergebnis dem der kompliziertesten Indizes sehr stark an: Auch in Göttingen sinkt der Lohn, gemessen an der Arbeit eines Holzfällers und am Roggenpreis, zwischen 1475 und 1580/1590 rasch und fängt sich dann wieder, allerdings reichlich langsam und mit mancherlei Zwischenfällen...

Beenden wir unsere Ausführungen mit einer letzten, zeitlich und räumlich etwas begrenzten, aber ausgezeichneten Kurve: der von Beauvais und dem Beauvaisis im 17. Jahrhundert. In seiner jüngsten Untersuchung beschäftigt sich Pierre Goubert mit einem Jahrhundert der B-Phase (1630–1730) – um einen zumindest den französischen Historikern geläufigen Begriff von François Simiand zu verwenden –, also einem Jahrhundert mit fortschreitendem Rückgang: Die im voraufgegangenen Jahrhundert steigenden Preise kommen zwischen 1630 und 1637 oder 1650 nacheinander zum Stillstand, bis nach 1662 der vollkommene Abschwung einsetzt. Diese allmählich fortschreitende, langsame Wende überrascht uns hier nicht. Im Verlauf dieses in seiner Art einzig dastehenden Jahrhunderts progressiven Preisverfalls stagnieren die Nominallöhne; nichts bringt Bewegung in diese lange, kaum merklich zunehmende Erstarrung. Und das bedeutet in guten Jahren a priori einen Vorteil für die Masse der Lohnarbeiter: Mit dem Preisverfall verbessert sich ihr Lebensstandard. Aber es gibt auch andere Jahre, dramatische Jahre der Teuerung mit extrem hoher Sterblichkeit. So kann die kurze Bewegung alles, was die lange Bewegung im Prinzip an Besserung gebracht hat, häufig wieder vernichten. Zu diesem Ergebnis kommt zumindest Pierre Goubert für das Beauvaisis. Dagegen sieht René Baehrel im Hinblick auf die Provence die Verhältnisse weniger pessimistisch. Große Illusionen aber brauchen wir uns, auch wenn wir die Debatte hier nicht entscheiden wollen, bestimmt nicht zu machen. Jedenfalls hat sich der Lebensstandard in Europa seit dem 15. Jahrhundert bis zum richtigen Aufschwung im 18. Jahrhundert unablässig verschlechtert. Haben also die Arbeiter in der Zeit vor diesem fortschreitenden Verfall, den wir hier mehr in seinem Ablauf als in seinen Ausmaßen skizziert haben, tatsächlich, wie so viele gute Historiker behaupten, in einem goldenen Zeitalter gelebt? Falls ja, dann sind mit Sicherheit Jahrhunderte einer schlimmen Verarmung gefolgt.

Damit sind wir am Ende des langen Kapitels über den säkularen Trend angelangt. Oder vielmehr, wir brechen es hier ab, ohne unsere Untersuchung ganz zu Ende geführt zu haben. Wie viele Probleme gäbe es noch zu behandeln! So beispielsweise, ob es statthaft war, die säkularen Bewegungen von den anderen kurzen Bewegungen zu unterscheiden, die sich laut Ernst Wagemann wie die Blattern von der Beulenpest unterscheiden. Beziehungsweise, wie Panurge sagen würde…

Doch lassen wir all diese unabsehbaren Diskussionen für den Augenblick in der Schwebe. Wir wollen uns lieber darüber klar werden, daß wir nicht einmal die säkulare Bewegung dingfest gemacht, daß wir nur das Getreide als Hauptzeugen und als weitere Zeugen die Münzmetalle Gold und Silber aufgerufen und unsere Untersuchung damit von vornherein auf die herkömmlichen Erklärungen eingeengt haben. Räumen wir mit René Baehrel ein, auch wenn wir im Gegensatz zu ihm das Geld in all seinen Formen nicht nur für ein der realen Wirtschaft übergestülptes Phänomen halten, daß das Metallgeld nicht alles ist und daß im Grund nur die Nominalpreise zu Recht Preise genannt werden, daß sie auf Gold und Silber zurückführen sie deformieren, zumindest aber sie reichlich einseitig erklären heißt. Gold, Silber, Getreide, Löhne, all diese lang- (oder kurz)fristig mehr oder weniger schwer zu verfolgenden Zeugnisse haben letztlich nur an ihrem Platz im Fächer der Preise einen Wert. Denn jeder Preis muß im Verhältnis zu allen anderen Preisen, im Verhältnis zu den wirtschaftlichen Realitäten – dem ständigen Fluß der Vorräte, der Aus- und Eingänge – kurzum, im Verhältnis zu den Schwankungen und Strukturen der globalen Wirtschaften, gesehen werden. Darauf jedenfalls läuft Baehrels revolutionäre These über die Basse-Provence vom 16. bis zum 18. Jahrhundert hinaus. Wie weit die auf dieser Grundlage erzielten Ergebnisse zutreffen, steht hier nicht zur Debatte; an den angestrebten Zielen aber besteht kein Zweifel. Auf diese Gesamtheiten muß die langfristige wie die kurzfristige Preisgeschichte, ja selbst eine gemischte Geschichte Bezug nehmen oder sich die Existenzberechtigung absprechen lassen.

Als nächstes bleibt nun noch das wichtige Studium der kurzen Bewegungen. Danach, aber erst danach, werden wir auf die wesentlichen Streitfragen zurückkommen, die offensichtlich Probleme betreffen, die nur in einer Gesamtschau zu verstehen sind.

III

Kurze Fluktuationen:
Zyklen und zyklische Bewegungen

Neben dem säkularen Trend gibt es noch eine Reihe kurzfristiger Schwankungen. Sie haben einen Namen, eine Personenbeschreibung und eine Karteikarte. Die längsten umfassen rund 50 Jahre und werden Kondratieff-Zyklen genannt. Ihnen hat Gaston Imbert unlängst ein ansehnliches Werk gewidmet.[59] Dann folgen in der Reihenfolge abnehmender Dauer: der Kuznets-Hyperzyklus mit gut 20 Jahren; der Labrousse- oder Interzyklus mit reichlich 15 Jahren; der Juglar-Zyklus, der zwischen zehn oder acht Jahren schwankt und selten mehr, oft weniger umfaßt; und schließlich der Kitchin-Zyklus, der mit etwas über 40 Monaten der kleinste wäre, wenn es da nicht noch den Ärmsten der Armen gäbe, die jahreszeitlich bedingte Bewegung, die saisonale Schwankung, ein Kind von noch nicht einmal einem Jahr, das jedermann zwar pflichtgemäß erwähnt, aber dann auch schon prompt beiseite schiebt.

Lassen wir uns von dem Begriff *Zyklus*, der sich auch auf die saisonalen Schwankungen anwenden läßt, nicht irreführen. Er bezeichnet lediglich eine doppelte Bewegung, Aufschwung-Abschwung und dazwischen einen Gipfel beziehungsweise eine Krise in der ursprünglichen Bedeutung des Wortes von »entscheidender Wendung«. In diesem Sinn wird Krise im folgenden verwendet, auch wenn der Begriff in allen Sprachen eine Tendenz zeigt, über diese Definition hinauszugehen. Wir verstehen hier unter Krise einen Bruch, eine Unterbrechung oder einen Augenblick.

Offensichtlich haftet der Nomenklatur all dieser Zyklen etwas Provisorisches an, was sich mit der Zeit wohl von selbst revidieren wird. Nun hat zwar jeder Zyklus unter den Ökonomen und den Historikern vielfach Anhänger und Gegner gefunden; gleichwohl aber neigen wir dazu, die Vielfalt der Deutungen in diesem Fall weniger der Streitsucht und Rechthaberei zuzuschreiben als einer fundamentalen Vielfalt der beobachteten Realitäten. Wie könnte der Zyklus auch in der amerikanischen, europäischen, in der modernen oder vorindustriellen und in der alten bäuerlichen Wirtschaft stets gleich verlaufen? Je nach Epoche dominiert der eine oder andere dieser Zyklen, der sich in einem bestimmten Zeitraum klarer abzeichnet. Überlagern sie sich, kommt es vielfach zu Interferenzerscheinungen. Außerdem gibt es Reihen unvollkommener Zyklen, deren Abfolge sich je nach Auf- und Abschwung der säkularen Bewegung ändert, aber auch je nachdem, ob sie sich in Richtung einer säkularen Bewegung oder in Richtung einer langen Bewegung gemäß Kondratieff einpendeln. Mit einem Wort, je nach den Umständen kann sich der eine oder andere Zyklus verwischen oder verstärken. Daß nicht automatisch zwei oder drei Kitchin-Zyklen in einen Juglar-Zyklus und zwei Juglar-Zyklen in einen Hyperzyklus und zwei Hyperzyklen wiederum in einen Kondratieff-Zyklus übergehen, liegt auf der Hand. Die geschichtliche Wirklichkeit funktioniert nicht wie ein Räderwerk. Das Spiel der Zyklen untereinander und mit dem säkularen Trend löst vielmehr eine Reihe von Reaktionen und Wechselwirkungen aus. Sie bringen die Bewegungen der einzelnen Zyklen durcheinander und verändern häufig deren Richtung und Dauer. Beispielsweise zeigt der Labroussesche Interzyklus zwischen 1778 und 1781 für Frankreich, wie sich zwei Zyklen von unterschiedlicher Amplitude *teilweise* so vereinigen können, daß die Hälfte des einen in die Gesamtbewegung des anderen eingegliedert wird.

Aber so unregelmäßig, ja gelegentlich verworren diese zugrundeliegenden Zyklen auch sein mögen, sie erzeugen jedenfalls einen im großen und ganzen periodisch wiederkehrenden Rhythmus, eine Art Atemzug des materiellen Lebens. Das ist ein an sich reichlich erstaunliches Phänomen, über das aber bei allen Ökonomen Konsens besteht. Deshalb wird denn auch die mathematische Buchführung in der Geschichte oder auch deren Mathematisierung nach dem Vorbild der Wirtschaftswissenschaften und mehr noch der ökonomischen Vorhersagen immer bedeutsamer.

Nun haben wir ein Experiment gemacht und die allmonatlich erstellte Preiskurve von Udine für die Jahre zwischen 1586 und 1797 kommentarlos im Rechenzentrum der Machines Bull vorgelegt, um die Kurve von den Maschinen in Tausenden von Operationen ganz unvoreingenommen auf eventuelle Periodizitäten untersuchen zu lassen. Die durch die Untersuchung zeitlicher Autokorrelationen gewonnenen Koeffizienten finden sich, mit einem nur für Spezialisten interessanten Minimum an Erklärungen, in den Anmerkungen.[60] Das Ergebnis aber ist eindeutig: Die Kurve läßt sukzessive Verwandtschaften in einem zwölfmonatigen Abstand erkennen, und das bedeutet, daß ihre Geschichte über zwei Jahrhunderte unbestreitbar von Zyklenketten und -abfolgen, von Wiederholungen durchzogen wird. Helferich hatte das bereits 1843 in einem bahnbrechenden Buch vorausgeahnt, das man heute nur allzuoft aus dem Blick verliert.

Diese Rhythmen, diese Entsprechungen, diese Wiederholungen in kurzen oder langen Abständen haben auch Lord Beveridge schon sehr früh zu denken gegeben. Bei seinen Berechnungen war er alle 15 Jahre auf analoge, erstaunlich ähnliche Phänomene gestoßen und damit im Grund auf die zyklische Wellenbewegung – was uns in Anbetracht aller Reflexionen von Philosophen und sogar Historikern über die Geschichte als einzige Wissenschaft, die sich nie wiederholt, in der Tat ein Lächeln entlockt. Pierre Goubert wunderten diese Wiederholungen, die gute wie schlechte Zeiten der Vergangenheit zurückbringen, seinerseits so sehr, daß er eine düstere Reihe zusammenstellte: die Subsistenzkrisen, die Beauvais im Abstand von 30 Jahren (1597,

1630, 1661, 1691–1693, 1725 usw.) heimsuchten. »Sollten wir das den Sonnenrhythmen zuschreiben?« fragt er, offensichtlich Bezug nehmend auf die Sonnenflecken und die 100 Jahre alten Vermutungen von Jevous, die bis vor kurzem von der akademischen Zunft verachtet wurden. Und in der Tat, warum sollte man nicht glauben, hinnehmen oder zumindest darüber diskutieren, daß die Landwirtschaft (ihrem Wesen nach im Ablauf ohnehin wellenförmiger als die Industrie) vom Klima- oder, wenn man so will, vom Sonnenrhythmus bestimmt wird?

Jedenfalls aber werden die Probleme klarer werden, wenn wir die verschiedenen Zyklen nun der Reihe nach, doch diesmal anhand präziser, in sich abgeschlossener Beispiele beschreiben. Anschließend wollen wir dann versuchen, eine Typologie der Zyklen und ihrer Begleiterscheinungen aufzustellen.

Die saisonale Bewegung

Beginnen wir mit dem unendlich kleinen Zyklus. Statistiker, Ökonomen und selbst Historiker haben die Gewohnheit, die jahreszeitlich bedingte Bewegung links liegen zu lassen: Ist dieser Zyklus nicht ohnedies vorhersehbar? Man weiß doch ungefähr, wie sich alles überall abspielt. Im Oktober, November, Dezember, so schrieb 1843 ein Volkswirtschaftler, sind die Getreidepreise, gleich wie das Jahr war, am niedrigsten; im Frühjahr steigen sie dann allmählich an; und im April, Mai, Juni und Juli erreichen sie ihren Höhepunkt.[61] Erst im 19. Jahrhundert gelangt dann im Winter eine zweite Ernte aus Argentinien, Chile und Australien, also von der Südhalbkugel mit ihren umgekehrten Jahreszeiten, auf den europäischen Markt und bereitet der saisonalen Bewegung ein Ende. Wozu aber die Untersuchung einer Bewegung fortführen, die ohnehin die Mitte des 19. Jahrhunderts nicht überschreitet? Lassen wir also diese beunruhigenden Preisschwankungen der Getreide-, aber auch der anderen Preise beiseite – zumal die jahreszeitlich bedingte Bewegung sowieso stets von der zyklischen Bewegung, die über sie hinausreicht und sie einschließt, mit fortgerissen wird.

Gleichwohl aber gibt es sie. Jede Ernte, ob von Weizen, Roggen und Mais oder von Trockengemüsen, versetzt den Preisen in Udine einen plötzlichen, heftigen, oft auch wohltätigen Stoß, der, ob rasch aufgefangen und ausgeglichen oder nicht, in den ganz kurzen Intervallen, in denen sich das tagtägliche Leben der Menschen abspielt, sehr wohl von Bedeutung ist. Wenn man sich einmal die täglichen, wöchentlichen oder monatlichen Notierungen vornimmt, wird man feststellen, daß die bescheidene Saisonbewegung plötzlich gar nicht mehr wie eine so völlig unbedeutende Persönlichkeit aussieht. Versuchen wir zum Beispiel einmal, sie in Udine zwischen 1676 und 1683 zu isolieren, als wäre sie der alleinige Herr im Haus (Abb. 13), und wir werden staunen, wie stark sie ist: ein Sturm im Wasserglas der Zeit, wenn man so will, aber gleichwohl ein Sturm, und was mehr ist, im Inneren eines zyklischen »Wirbelsturms«, der über die Saisonbewegung hinausreicht, sie aber nicht unterdrückt. Stellen wir uns einmal die Folgen für die überwältigende Mehrheit der Armen vor, die von der Hand in den Mund leben müssen und insofern dem Schock dieser phantastischen Schwankungen des Getreidepreises von 14,30 auf 32 Lire innerhalb weniger Monate in voller Wucht ausgesetzt sind.

Von daher begreift man auch, daß man die Saisonbewegung in ihrem ganzen Umfang nur erfassen kann, wenn man dazuhin gleichzeitig die Bewegung der Vorräte verfolgen kann, zum einen der Vorräte der Reichen, die sich gleich nach dem Winter über die nächsten Ernteaussichten informieren, und zum andern der Vorräte, die die Regierung zur Unterbindung exzessiver Spekulationen und zur Verhinderung von Hungersnöten anlegt.

Nun wird man sicher einwenden – und nicht ganz zu Unrecht –, daß wir ein besonders dramatisches Beispiel gewählt haben. Gewiß, es gibt auch ruhiger verlaufende Jahre. Alles hängt vom überlagernden Zyklus ab. Darauf werden wir gleich noch einmal zurückkommen.

Gibt es Kitchin-Zyklen?

Zunächst allerdings wollen wir uns in einem sehr kurzen Einschub mit dem »Kitchin«-Zyklus befassen. Taucht dieser Zyklus, so wie die Experten behaupten, ausschließlich in der zeitgenössischen und da wiederum vornehmlich in der amerikanischen Wirtschaft auf? Angeblich ist er erst vor kurzem, im 20. Jahrhundert, und noch nach dem Kartoffelkäfer aus der Neuen Welt zu uns gekommen. Erwähnt sei noch, daß er 40 Monate umfaßt, also ein Drittel des zehnjährigen Sonnenzyklus – dem man neuerdings einen gewissen Kredit einräumt –, und hauptsächlich die Bewegung der Vorräte festhält.

Sollten wir es nun bei diesen beruhigenden Versicherungen bewenden lassen und den Lästigen aus unseren Beobachtungen verbannen?

Wir haben uns anders entschieden und die uns zur Verfügung stehenden Monatskurven auf kurze Rhythmen hin untersucht, die schattenhaft oder auch etwas konkreter an den Kitchin-Zyklus erinnern könnten. Ermutigt haben uns dazu im übrigen die unzweideutigen Feststellungen von Pierre Chaunu, der Kitchin-Zyklen in den Verkehrskurven von Sevilla aus dem 16. Jahrhundert entdeckte. Die Kurven von Udine nun weisen bei den Autokorrelationstabellen ebenfalls periodische Wiederholungen auf; auch bei der direkten Beobachtung der Kurve fällt es nicht schwer, *im Verlauf bestimmter Perioden* die Abfolge kleiner, über drei oder vier Jahre reichender Zyklen zu erkennen.[62] Wenn uns nicht alles täuscht, handelt es sich dabei um Episoden, die durch andere, übergreifende Konjunkturen immer wieder ausgelöscht werden. Nach Abschluß unserer Untersuchung möchten wir uns zu der Behauptung versteigen, daß die kurze Wellenbewegung des Kitchin-Zyklus sich vornehmlich in ruhigen, weniger turbulenten Zeiten abzeichnet. Sobald sich die sogenannten intradezennalen Fluktuationen beleben und stärker werden – sie können sogar außerordentliche Heftigkeit annehmen –, verschwinden die kurzen Schwankungen unter der Einwirkung der längeren und kräftigeren Bewegungen fast vollständig. Dagegen sind auf den ruhigen Kurven von Brügge oder Chioggia im 15. oder im letzteren Fall vielleicht sogar schon seit dem Ende des 14. Jahrhunderts zweifelsfrei Schwankungen in kurzem Rhythmus sichtbar. Dasselbe ist bei der Kurve von Udine von ihren Anfängen an bis in die Mitte des 17. Jahrhunderts zu erkennen.

Wäre also trotz der Störungen auf diese fraglichen Bewegungen, diese flüchtigen Erscheinungen hinzuweisen? Für den Volkswirtschaftler sind sie mit Sicherheit interessant. Für den Historiker dagegen ist der Kitchin-Zyklus offensichtlich eine Erscheinung, die immer wieder verschwindet und sich weit weniger auswirkt als der intradezennale sogenannte Juglar-Zyklus. Seine wichtigen Schwankungen haben die Aufmerksamkeit unserer Zunft nicht ohne Grund fast ausschließlich auf sich gezogen.

Juglar-Zyklus, Labroussescher Interzyklus, Baehrelscher Vierfachzyklus und Kondratieff-Zyklus

Ihre Aufmerksamkeit wohl; aber auch ihre Zustimmung? Das ist eine andere Frage.

In der Tat fragt sich, wie man rechnen oder messen soll. Das markante, aufgrund ihrer monotonen Wiederholung »strukturierende« Element der Preiskurven sind die sogenannten intradezennalen Wellen, insbesondere wenn man über (unseres Erachtens zwar nicht unerläßliche, aber doch sehr hilfreiche) regelmäßige monatliche Notierungen verfügt. Sie umfassen jeweils zwei bis drei Kitchin-Zyklen, bleiben aber stets unter zehn Jahren.

Pierre Chaunu spricht bei den *trade cycles* von Sevilla (1500–1650) zwar von Juglar-Zyklen von elf Jahren, aber in seinem Fall handelt es sich wohlgemerkt um Handels-, nicht um Preiszyklen.[63] Wollte man – nicht um ein Maß festzulegen (falls es überhaupt *eins* gibt), sondern um eine Größenordnung zu wählen, eine Basis für weitere Überlegungen – aus den Kurven von Beauvais, der Basse-Provence, Paris, Udine und Siena die mittlere Dauer dieser Zyklen errechnen, dann käme man auf rund 7 1/2 Jahre. (Vgl. die nachfolgende Tabelle.)

Die Frage lautet also: wie rechnen, welche Einheit wählen? Die Historiker werden zögern. Wenn sie klug sind, werden sie sich mit Pierre Goubert an den Juglar-Zyklus halten und nur an ihn, und werden allenfalls bereit sein, ein- oder zweimal so lange Maße vorzuschlagen oder, was auf dasselbe hinausläuft, ganze Gruppen von Zyklen. Andere dagegen meinen nicht ohne Grund, daß Wellen sich überlagern, einander verstärken oder gegeneinanderlaufen, daß ihre Geschichte also ebenfalls kumulativ ist. Wenn wir zum Beispiel einen wenig stark ausgeprägten Zyklus mit einem langen Aufschwung und einem kurzen, wenig ausgeprägten Abschwung haben, gefolgt von einem Zyklus mit einem langen, starken Aufschwung, so wäre es verlockend, zu unserem Zentimetermaß zu greifen und an den ersten ganzen Zyklus den Aufschwung des zweiten bis zum Gipfelpunkt, der Krise, anzufügen.

Durchschnittliche Dauer intradezennaler Zyklen

		Zahl der Perioden	Mittlere Dauer (in Jahren)
AIX (Baehrel)	1588 bis 1733	18	8,06
PARIS (Meuvret)	1588 bis 1728	17	8,24
BEAUVAIS (Goubert)	1588/89 bis 1727/28	20	6,95
UDINE (Romano, Spooner, Tucci)	1588 bis 1728	19	7,36
SIENA (Parenti)	1588 bis 1727	19	7,31
		Mittlere Dauer:	7,58

Aber ein konkretes Beispiel ist mehr wert als ein konstruierter Fall. Nehmen wir also die Kurve der Pariser Getreidepreise (Abb. 12), einen wahrhaft klassischen Fall des Labrousseschen Interzyklus. Vom zyklischen Hochpunkt 420 der Jahre 1590/91 (Basis 1610–1616 = 100) steigen wir bis zum Tiefpunkt 173 der Jahre 1593/94 ab. Fügen wir diesen Jahren nun den folgenden Zyklus mit dem schwachen Hochpunkt 201 in den Jahren 1596/97 und dem Tiefpunkt 79 in den Jahren 1601/02 an, so haben wir einen kaum (nur um 1595/1597) unterbrochenen zwölfjährigen Abschwung oder *Interzyklus*. Zweifellos stellen diese zwölf Jahre unter einem materiellen Blickwinkel eine gewisse Einheit und damit auch bis zu einem gewissen Grad eine Erklärung dar, die in den Bereich der Geschichte zu übertragen fraglos von Interesse wäre. Sie ist ebenso aufschlußreich wie der Interzyklus zwischen 1778 und 1791, auf dem Ernest Labrousses Standardwerk beruht. Gestehen wir ruhig unsere Sympathie für diese Rechen- und Erklärungseinheit. Als kumulative Methode hat sie den Vorzug, die Folgen der Übereinstimmungen und Wiederholungen zu registrieren[64]; sie weitet das zyklische Feld aus, indem sie es in den größeren Rahmen aufeinanderfolgender Auf- oder Abschwünge stellt. Im übrigen sehen wir darin keinen Trick der Statistiker, sondern im Gegenteil ein wertvolles Instrument, um die Verzerrung des Zyklus unter der Einwirkung eines längeren, über den Zyklus hinausreichenden Atems zu beobachten. Ein Punkt, auf den wir noch einmal zurückkommen werden.

Offensichtlich aber kann man sogar noch über diese Ausweitung hinausgehen. Bei unserer gerade vorgenommenen Grenzziehung hätten wir an den Inter- oder »Labrousse«-Zyklus von 1590 bis 1602 auch noch den aufsteigenden Zweig des Zyklus von 1588 bis 1593 anhängen, also zwei ganze Zyklen kombinieren können, von denen der eine steil in die Höhe schnellt (1588–1593), während sich der andere (1593–1602) ausgezehrt und beinahe unbeweglich dahinschleppt. Es muß nicht eigens darauf hingewiesen werden, daß beide in diesem vorliegenden Fall ein schlechtes Gespann wären, denn dieser *Hyperzyklus* (dieser Doppelzyklus) von 14 Jahren wäre in Wirklichkeit nicht *ein* Zyklus und somit für den Historiker bei seiner Suche nach einer Einheit oder, wie man gestern gesagt hätte, nach einer Periode, ohne Interesse. Von *Nutzen* ist für uns ein Hyperzyklus nur, wenn sich zwei aufeinanderfolgende Zyklen ohne große Unterbrechung aneinanderschließen und zu ein und derselben Bewegung verschmelzen oder doch fast verschmelzen, jedenfalls aber in enger Verbindung den einfachen Atemzug des gewohnten Zyklus durch einen längeren Atemzug ersetzen. Und selbst dann ist es nur selten von Vorteil, aufeinanderfolgende Zyklen zu Paaren zusammenzufassen. So bietet die Kurve von Gaston Imbert für das Frankreich des 17. Jahrhunderts mit ihren Hyperzyklen im Vergleich zu der anders gegliederten Kurve Pierre Gouberts für das Beauvaisis keine sofort einsichtige oder die Phantasie des Historikers anregende zeitliche Abfolge.

Das gilt nicht für den doppelten Hyperzyklus oder besser, den Vierfachzyklus von René Baehrel.

René Baehrel ist ein Historiker mit einer soliden statistischen Ausbildung, der weiß, was er tut. Bekanntlich wendet er recht einfache Methoden an: nicht weiter bearbeitete Nominalpreiskurven, in die die langfristige Tendenz als Gerade eingetragen wird. Diese Behandlung – manche würden sagen: Mißhandlung – der Getreidepreiskurven ist durchaus statthaft, vereinigt aber jedesmal mehrere Zyklen, je nach deren steigender, stagnierender oder fallender Tendenz. Dadurch haben wir es mit einem Schlag mit Dreißigjahres-*Phasen* zu tun, die ziemlich regelmäßig vier gewöhnliche Zyklen zu Gruppen zusammenfassen – wohlgemerkt zu logischen Gruppen, denn sie haben dieselbe Tendenz, und ihre Schwankungen wiederholen ein und dieselbe Bewegung. Kurzum: Diese Zyklen erfassen durch große, homogene Gruppen einheitliche Zeitabschnitte des materiellen Lebens. So besteht die Phase 1594–1625 (Abschwung) im Fall der Basse-Provence aus vier Zyklen: 1594–1602; 1602–1610; 1610–1617; 1617–1625. Und ebenso die folgenden Phasen: 1625–1655 (Aufschwung); 1655–1689 (Abschwung); 1689–1725 (Aufschwung).

Auch diese Regelmäßigkeit ist kein statistischer Trick, sondern das Ergebnis einfacher Additionen. Es gibt ganze Zyklenreihen, die in dieselbe Richtung gehen. Und das ist der springende Punkt. Deshalb schließt sich René Baehrels Erklärung auch der richtungweisenden Untersuchung von Ernest Labrousse an. Die historische Deutung muß über den Zyklus hinausgehen. Dieses Ziel strebte im übrigen bereits François Simiand mit seinen A- und B-Phasen an, auf die René Baehrel in Kenntnis der Sachlage übrigens ebenso wieder gestoßen ist wie auf den Kondratieff selbst. 30 Jahre Aufschwung, anschließend 30 Jahre Abschwung – das ist der typische Kondratieff mit seinen Anschlüssen auf einer Seite (30 Jahre) beziehungsweise beiden Seiten (60 Jahre) – ein Irrtum ist ausgeschlossen. Diese Doppelbewegungen hat Kondratieff durch das ganze 19. Jahrhundert hindurch verfolgt; René Baehrel entdeckte sie, von der direkten Sachbeobachtung ausgehend, bereits zu Beginn des 16. Jahrhunderts, und zweifellos hat es sie auch schon früher gegeben. Handelt es sich bei der auf den Graphiken von Gaston Imbert eingetragenen Bewegung von 1339 bis 1389 oder von 1420 bis 1470 in Frankreich nicht um eine analoge Erscheinung?

Die zyklischen und außerzyklischen Erklärungen

So verfügen wir also über ganze Zyklenreihen und damit über die Möglichkeit, sie als ebenso viele Schnitte durch die historische Realität zu legen oder sie als Rahmen einer Erklärung oder Deutung zu benutzen. Bietet schon die Interpretation des säkularen Trends Historikern und Volkswirtschaftlern genügend Anlaß zu Streit und Wortgefechten, so können sie sich über die kurzen oder langen Zyklen endlos in die Haare geraten. Ganz zu schweigen von der Frage, ob die kleinen Zyklen die großen oder umgekehrt die großen die kleinen bestimmen, eine ähnlich unentwirrbare Frage wie die nach »Ursache und Wirkung«. Das Verlockende bei den kurzen wie den langen Zyklen ist ihre allzu große Anschmiegsamkeit an die »Ereignisse«, das heißt, ihre Fähigkeit, sich – als Ursache oder Wirkung – in die politische Geschichte oder in die kurze Spanne der Gesellschafts- oder Wirtschaftschronik einzufügen.

Dieses Spiel ist sicher nicht nur erlaubt, sondern auch geboten. In der Tat sollte heute jedwede Untersuchung politischer, sozialer oder demographischer Art (bei wirtschaftlichen versteht es sich von selbst) die Preiskurven mit ihren langen Zyklen und ganz kurzen Schwankungen einbeziehen. Wenn man zwei Bewegungen, die sich gegenseitig erhellen, übereinanderlegt, heißt das aber nicht notwendig, daß man die eine durch die andere erklären will. Allerdings ist die Erklärung einer zyklischen Bewegung durch eine lokale Konjunktur in jedem Fall von vornherein gefährlich und nur statthaft, wenn man sich zunächst über die evidente, spürbare Differenz zwischen der lokalen Preisbewegung und der gesamteuropäischen Konjunktur Klarheit verschafft hat. Wenn man zum Beispiel im Zusammenhang mit Frankreich von einem »Zyklus der Katholischen Liga« oder einem »Zyklus der Fronde« spricht, dann will man die Preisschwankungen in diesem Zeitabschnitt allein mit der französischen Konjunktur erklären. Nun spielen die lokalen Faktoren zwar unbestreitbar eine Rolle, aber doch nur eine recht bescheidene. Zum Beispiel steigen die Preise während der Fronde auch im übrigen Europa, und in Italien oder Polen sogar viel stärker als in Frankreich.

Sollte der Krieg als Sündenbock automatisch auch hier als nie versagende »Ursache« herhalten können? Zweifellos fällt er schwer ins Gewicht. Nach Gaston Imbert folgen ihm regelmäßig Inflationen, zur Zeit Azincourts ebenso wie zur Zeit Rocroys oder Fontenoys. Umgekehrt öffnet jede ernsthafte, schwere kriegerische Auseinandersetzung anschließend dem Wiederaufbau, dem »Wiederaufbauboom« Tür und Tor. So zöge der Krieg denn in der Tat die Fäden: *Bellum omnium pater*, wie schon so oft geschrieben wurde? Aber fallen wir da nicht einer (eventuell sogar doppelten oder dreifachen) Illusion zum Opfer? Erklären wir das, was wir entdecken – die zyklische Fluktuation – nicht nur durch Bekanntes? Sind wir nicht bloß zu faul, uns die Frage zu stellen, ob der Krieg stets als Akteur auftreten muß, ob er nicht auch einmal der passive Teil sein kann? Ja, gelegentlich kann das zyklische Spiel sogar ganz ohne ihn über die Bühne gehen. René Baehrels gut dokumentierte Untersuchung jedenfalls legt für den Krieg und die Preise in der Provence im 17. und 18. Jahrhundert diese These nahe.

Und schließlich ist noch anzumerken, daß sich der Preiszyklus, wenn er sich schon durch lokale Ursachen stets nur mangelhaft begründen läßt, noch viel weniger zeitlich isoliert erklären läßt, hängt er doch unmittelbar mit dem oder den vorausgehenden bzw. nachfolgenden Zyklen zusammen.

Was wir brauchen, ist also sowohl die Ausweitung der gesamten zyklischen Untersuchung auf ganz Europa als auch eine Zyklentypologie und mehr noch – wie gerade schon gesagt – eine Typologie der Zyklenreihen oder -ketten. Ein Grund mehr für die Historikerzunft, die Anstöße von Ernest Labrousse oder René Baehrel wieder aufzugreifen und weiterhin auf die in ihrer Zeit bahnbrechenden Vorstöße eines François Simiand Bezug zu nehmen.

Gesamteuropa zur Zeit der Fronde und Cromwells

So unterschiedlich Europa hinsichtlich seiner Strukturen und seiner säkularen Entwicklung ist, bei der Konjunktur ist es ziemlich einheitlich. Es sieht so aus, als hätten Ernest Labrousse, Pierre Chaunu und René Baehrel mit ihren autoritären Ansichten recht, wenn sie von *der* Konjunktur im Singular, aber von Struktur*en* im Plural sprechen. Europa ist keine Bühne, auf der vom einen Ende zum anderen alles nach der Anweisung des Regisseurs abläuft; gleichwohl breitet sich jeder Konjunkturschock – zur damaligen Zeit hauptsächlich von der landwirtschaftlichen Produktion ausgelöst – schnell aus, auch wenn er sich mit der Geschichte und den oft besonderen Strukturen der einzelnen Regionen auf unterschiedliche Weise verbindet. Deshalb erfordert die Konjunktur im Gegensatz zum säkularen Trend, bei dem eine grobe, annäherungsweise Bestimmung genügt, eine ganz genaue Untersuchung. Wie wir im Anschluß an einige andere (vornehmlich Ernest Labrousse) schon bekannt haben, hegen wir selbst eine Vorliebe für die monatlichen Notierungen. Aber schon bald, dessen sind wir uns sicher, wird es nicht mehr als absurd gelten, die wöchentlichen, ja sogar die täglichen Notierungen zu studieren. Ähnlich wie in den objektiven Wissenschaften hängt der Fortschritt der Erkenntnis auch in den Humanwissenschaften oft, wenn nicht immer, von der verbesserten Meßgenauigkeit ab. Und um die zyklischen Schwankungen europaweit erfassen zu können, brauchen wir genaue Maße, was sich anhand der Zyklen, die ganz Europa um die Mitte des 17. Jahrhunderts so zu schaffen machen, beweisen läßt. In Frankreich ist dies die Stunde der Fronde, in England die Cromwells.

Dieses großartige Beispiel haben wir allerdings – denn es gäbe andere, nicht minder großartige – nur deshalb ausgesucht, weil es den Vorzug hat, daß wir hier einige ziemlich exakte Messungen vornehmen können. Betrachten wir Europa mit seiner Preisvielfalt als aufgewühltes Meer mit Wogen und Dünungen, so verschafft uns dieses Beispiel nämlich die Gelegenheit, um die Mitte des 17. Jahrhunderts einige Wogen und Dünungen zeitlich zu messen, ihre Amplitude zu schätzen und zu vergleichen. Allein schon der folgende Kalender (Abb. 1) spricht für sich.

Außerdem haben wir noch eine Karte und eine Graphik (Abb. 17) beigefügt, die nach unserer Ansicht verschiedene Folgerungen zulassen. Sie gestatten die zweifelsfreie Behauptung, daß sich die drei zwischen 1640 und 1660 erkennbaren Fluktuationen im *gesamteuropäischen* Raum auswirken, mithin also eine Realität verkörpern, die über die lokalen Gegebenheiten und Erklärungen hinausgeht; außerdem, daß die zeitlichen Verschiebungen zwischen den lokalen Tief- und Hochpunkten dieser Schwankungen gering sind. Deshalb wäre es von größtem Interesse, diese Verschiebungen, die sich da als Verzögerungen, dort als Vorsprünge auswirken, genau zu messen. Danach müßte man entscheiden, in welche Richtung sich die zyklischen Wellen fortpflanzen, *falls es denn überhaupt eine bestimmte Richtung gibt*, und erst dann könnte man nach der Bedeutung dieser Rhythmen fragen, die das materielle, aber zweifellos auch das nichtmaterielle Leben der Menschen offensichtlich bewegt haben. Jedenfalls aber ist damit der Beweis erbracht, daß die Konjunktur in einem weitgesteckten historischen Rahmen zu sehen ist, daß sie sich im Sinne der früheren Erkenntnis von Fernand Braudel oder der neueren von Pierre Chaunu mit Sicherheit europaweit, vermutlich sogar weltweit auswirkt.

Zyklus		1						2						3								
		1. Tiefststand			1. Höchststand			2. Tiefststand			2. Höchststand			3. Tiefststand			3. Höchststand			4. Tiefststand		
		Jahr	Vierteljahr	Prozent	Jahr	Vierteljahr	Prozent	Jahr	Vierteljahr	Prozent	Jahr	Vierteljahr	Prozent	Jahr	Vierteljahr	Prozent	Jahr	Vierteljahr	Prozent	Jahr	Vierteljahr	Prozent
Beauvais		1640	1	100	1643	2	190–13	1646	2	83–20	1650	1	296–80	1650	4	185–87	1652	2	274	1657	1	100
Paris		1639	4	100	1643	2	298–80	1646	2	88–10	1649	4	285–10	1650	4	191–75	1652	3	305–34	1657	1	107–40
Rozay-en-Brie		1640	1	100	1643	4	236–11	1646	3	94–44	1649	4	347–22	1650	4	236–11	1651	4	361–11	1657	1	114–58
Siena		1640	2	100	1644	2	207–86	1645	1	181–78	1649	2	436–61	1651	4	183–71	1653	2	331–09	1660	1	118–95
Udine		1640	3	100	1643	4	233–77	1646	3	148–77	1650	2	507–50	1654	3	153–82	1656	4	265–37	1659	3	136–51
Lemberg		1641	1	100	1642	3	191–67	1643	1	122–22	1651	3	1061–11	1655	1	333–33	1657	3	916–67	1659	1	263–89

Abb. 1: Kalender der zyklischen Preisbewegungen in Europa

Die Zyklen folgen einander, aber gleichen sich nicht

Vergleiche sowohl im Raum als auch in der Zeit sind notwendig.

René Baehrels autoritäre Geraden haben ein Resultat bereits ange-deutet: die Anordnung der Zyklen hintereinander. Die einen schrei-ten in der gleichen Richtung voran – fassen wir sie also durch eine aufsteigende Gerade zusammen. Die anderen laufen in der gleichen zurück und dürfen mithin zu Recht in einer absteigenden Geraden vereint werden. Auf den Zusammenhang dieser *Perioden* mit Kondra-tieffs Beobachtungen einer weniger weit zurückliegenden Zeit haben wir bereits hingewiesen. In der Tat handelt es sich hier weder um Kalkül noch um Phantasie. Der Kondratieff ist vielmehr die Brücke oder die Tür zwischen konjunkturellen Bewegungen und säkularem Trend oder besser, zwischen Konjunktur und Struktur. Kein Wunder, daß René Baehrel mit seinem Bestreben, das Wachstum, also eine strukturelle Bewegung, zu fassen, notwendig bei einem langen kon-junkturellen Rhythmus anlangte.

Aber gibt es nur diese eine Möglichkeit, die rückläufige Funktion der Zyklen auf der Zeitachse zu verfolgen? Nein, und die Gelegen-heit ist günstig, auf das bahnbrechende Buch von Marie Kerhuel (1935) und die gewagte Untersuchung zweier Volkswirtschaftler, Ed-ward R. Dewey und Edwin F. Dakin[65], aufmerksam zu machen. Die Historiker haben sie leider bis jetzt nicht zur Kenntnis genommen. Unseren Autoren zufolge gibt es, je nachdem, ob wir es mit aufstei-genden oder mit fallenden Perioden säkularer Trends zu tun haben, sehr unterschiedliche Reihen von gemäßigten und heftigen Zyklen. So wird der Trend der Preissteigerung, der in Spanien das ganze 16. Jahrhundert hindurch anhält, von ruhigen Zyklen begleitet, während der Preisfall des 17. Jahrhunderts im Gegenteil eine Zyklenreihe mit heftiger Amplitude einleitet. Um uns eine Vorstellung von der mögli-chen Heftigkeit intradezennaler Zyklen zu machen, brauchen wir uns bloß daran zu erinnern, daß in Udine während des 17. Jahrhunderts im einen oder anderen Zyklus eine Hausse um 500 Prozent auftritt, daß manche Zyklen also eine ähnliche Steigerung aufweisen wie der Trend im Verlauf des 16. Jahrhunderts.

Auch Pierre Goubert sind diese abwechselnd ruhigen und heftigen Zyklenperioden aufgefallen. Er weiß keine Erklärung dafür, und wir können auch nur einen Vorschlag dazu machen. Vor allem müßten bei weiteren Orten lange Reihen monatlicher oder wenigstens vierteljährlicher Notierungen wie die von Udine oder Beauvais untersucht und dann miteinander verglichen werden. Denn wie aus der Graphik (Abb. 17) der Zyklen zwischen 1640 und 1659 hervorgeht, variiert die Amplitude der Zyklen je nach Ort und Zeit. Aber solange man nichts Definitives aussagen kann, darf man auch einmal eine jener hypothetischen und provisorischen Erklärungen wagen, die stets nützlich sind, vor allem, weil sich uns die einfachen und unwiderlegbaren Erklärungen entziehen. Die zyklischen Stürme sind nicht einfach die Verlängerung der säkularen Geraden. In Beauvais zum Beispiel werden die Phasen ruhiger und heftiger Zyklen keineswegs durch die Bewegung des Trends getrennt. Ebensowenig scheint eine Verbindung mit den dreißigjährigen Phasen zu bestehen; selbst Marie Kerhuels Vermutung, die heftige zyklische Bewegung könnte ein Nachspiel der Perioden nach der Trendwende – der sogenannten Wendeperioden – sein, sind nicht überzeugend, obwohl sich diese Erklärung häufig auf die beobachtete Realität stützen kann. Bleibt uns wohl nur, unsererseits eine Hypothese vorzubringen, die den bekannten Feststellungen Rechnung trägt und künftigen Forschungen einen möglichen Weg weist: nämlich anzuregen, einmal zu überprüfen, welche Rolle die zirkulierenden Münzen je nach Ort und Zeit spielen und wie sich ein Mangel an Metallvorräten auswirkt. Offensichtlich sind die Preise dort, wo die Silber- oder Goldstücke vollwichtig im Beutel klingen oder das schwarze Kupfergeld nicht schmerzlich fehlt, oft höher; dafür aber hat der zyklische Sturm bei sonst gleichen Bedingungen hier geringere Chancen: Erst die Not macht die Schwankungen zum Drama. Die Verifizierung dieser Behauptung erfordert neue, vielfältige und systematische Studien. Die vorhandenen Untersuchungen reichen nicht aus.

Die Diskussion ist also noch nicht ein für allemal abgeschlossen. In wissenschaftlichen Kontroversen gibt es ohnehin nie ein endgültiges Wort. Zwei Punkte aber wollen wir aus dem, was wir oben zu sagen versucht haben, festhalten: die Notwendigkeit, erstens den konjunkturellen Raster maximal auszuweiten, um das strukturelle Element zu erfassen; und zweitens neue, vielfältige und genaue Berechnungen anzustellen.

So verfügt England über beste Preisreihen und einschlägige Arbeiten; aber Material und Deutung sind alt. Deshalb sollten, wenn man das konjunkturelle Element der englischen Geschichte erfassen und nutzbringend allen Bewegungen der englischen Vergangenheit, aber auch allem, was sich erhalten oder doch weitgehend erhalten konfrontieren möchte, sämtliche Daten im Maße des Möglichen wieder aufgegriffen und unterhalb der Jahresgrenze auf kürzere Zeiträume untersucht werden. Das Schema, das wir bis jetzt für die englischen Konjunkturen aufstellen können, ist in der Tat nur eine Annäherung. Das ist ein Grund mehr, die gegenwärtige Initiative von Lord Beveridge, der seine alte Arbeit wieder aufgenommen hat, zu begrüßen. Die Problematik der Wissenschaften vom Menschen erfordert ja in der Tat eine endlose Neuformulierung unserer Erkenntnisse, denn sie sind doch der Schatz, den jede Generation neu ausmünzen muß.

IV
Allgemeine Schlußfolgerungen und Erklärungen

Der Augenblick ist gekommen, die Sammelmappen wieder aufzuschlagen, unsere und die der anderen, und die Diskussionen noch einmal Revue passieren zu lassen. Bemühen wir uns, jedem gerecht zu werden, und bilden wir uns nicht ein, durch unsere Meinungen oder durch Ausklammern alles lösen zu können. Die Debatte bleibt offen. Niemand weiß das genauer als die Autoren des vorliegenden Kapitels. All die Theorien und Erklärungen, die im Laufe der Preisgeschichtschreibung einander abgelöst haben, waren nur der fortgesetzte Versuch, die Schwierigkeiten mit der ewig wiederspenstigen Wirklichkeit besser in den Griff zu bekommen. Was uns betrifft, so möchten wir keine neue Theorie aufstellen, sondern das Gesagte so gut wie möglich zusammenfassen, die verschiedenen Blickpunkte einander gegenüberstellen und aufzeigen, was zu tun wäre.

Die quantitative Geldwerttheorie

In der Stunde der allgemeinen Erklärungen geraten wir, ob es uns nun gefällt oder nicht, sofort wieder mit der Quantitätstheorie ins Handgemenge, das heißt mit einem »Modell«, das Earl J. Hamilton in seinen ersten Aufsätzen über die andalusischen Preise nicht erfunden hat, sondern höchstens auf seine Richtigkeit überprüfen wollte.[66]
Wir wollen so tun, als ob uns dieses Modell befriedigte, und unsererseits versuchen, es an seinen Platz zu rücken und festzustellen, bis

zu welchem Punkt es unseren Anforderungen genügt. Worum geht es im Grunde? 1. um eine allgemeine Preisbewegung: Nehmen wir der Einfachheit halber nur den säkularen Aufschwung des langen 16. Jahrhunderts im Westen von ca. 1510 bis etwa 1635; 2. um einen Edelmetallzustrom, gemessen entweder anhand der Kurve von Earl J. Hamilton oder anhand der Schätzungen von Huguette und Pierre Chaunu, zum Teil aber auch an der Produktionskurve der Bergwerke von Potosí, die (mit der »Schumpeterschen« Einführung der Amalgamation) senkrecht hochschnellt und auf Angaben von Moreyra y Paz Soldan[67], einem Historiker aus Lima, beruht.

Vergleicht man die graphischen Darstellungen (Abb. 32 und 34), dann erkennt man, daß die Bewegungen 1 und 2 im großen und ganzen ähnlich verlaufen (als Ordinate wurde eine logarithmische Skala verwendet). Bedeutet dies, daß damit der Beweis für die Theorie erbracht wäre?

Ja und nein. Nein, sagen Luigi Einaudi[68] und Carlo M. Cipolla[69]; und nein sagte auch schon François Simiand.[70] Und zwar deshalb, weil andere Faktoren ebenfalls hereingespielt haben, so mit Sicherheit die Abwertung des Rechnungsgeldes, die sich über den gesamten betrachteten Zeitraum hinzog; so auch Investitionen, wie sie etwa nach den italienischen Kriegen nach der Unterzeichnung der Abkommen von Cateau-Cambrésis (1.–3. April 1559) zum Wiederaufbau Italiens erforderlich waren; so auch demographische Faktoren.

Außerdem bliebe nachzuweisen, ob die Abwertungen aller Größenordnungen oder die demographischen Schübe nicht ebenso sehr Wirkung wie Ursache des Preisanstiegs waren und ob die steigende Metallproduktion nicht gleichfalls – was uns einleuchten würde – eine Folge des Aufschwungs war, der die europäische Wirtschaft noch vor den Anfängen des 16. Jahrhunderts ankurbelte und beschleunigte. Das jedenfalls legt ein Artikel von Pierre Vilar nahe.[71] In der Tat können, ja sollten bei diesem Spiel der allgemeinen Schlußfolgerungen sämtliche Erklärungen wie Sanduhren umgedreht und Ursachen in Wirkungen und Wirkungen in Ursachen verwandelt werden.

Trotzdem wollen wir, nachdem wir den kurzen, nicht entscheidenden Einspruch von Carlo M. Cipolla und Luigi Einaudi erwähnt haben, die Sanduhren für den Augenblick wieder in die frühere Richtung drehen. Oder anders gesagt: Nehmen wir wieder an, ohne es freilich fest zu glauben, daß der Zustrom von Edelmetallen die einzige Ursache des Preisauftriebs gewesen sei. Bringt es uns nun in dieser schwierigen Debatte weiter, wenn wir in zwei Schritten nacheinander vorgehen?

1. Kehren wir zum Getreide zurück und berechnen wir den *Mittelwert* der europäischen Getreidepreiskurve erst in Gramm Gold, dann in Gramm Silber und postulieren erneut für einen Augenblick, daß diese Berechnungen und die zugehörigen Graphiken (Abb. 11), mit äußerster Vorsicht genossen, eine gültige Aussage über die allgemeine Preisbewegung machen. Nehmen wir im Rahmen unseres »Modells« weiter an, daß zum Silberstrom der Goldstrom kommt. Und konstatieren wir schließlich, daß dieser Zustrom unseren »metallistischen« Kurven zufolge um 1600 für Gold und um 1660 für Silber wieder versiegt. Diese »Wendepunkte« sind anfechtbar, bezeichnen indessen ohne jeden Zweifel eine Störung. 2. Ohne die großartigen Erklärungen Gustav Cassels und seiner Anhänger hier wiederkäuen zu wollen, möchten wir, nach wie vor ausschließlich für das 16. Jahrhundert, doch versuchen, dem Zustrom der neuen Edelmetalle, vornehmlich aus Amerika, aber zugleich auch den vor 1500 in Europa bereits vorhandenen Vorräten Rechnung zu tragen. Theoretisch kann der Geldbestand die Preise nur stützen oder im Gleichgewicht halten, wenn er, natürlich jeweils dem Niveau der betreffenden Wirtschaft entsprechend, regelmäßig aufgestockt wird. Bei der europäischen Wirtschaft waren es um die Mitte des 19. Jahrhunderts 3 Prozent. Eine Garantie, daß diese Theorie auch für das 16. Jahrhundert gilt, besitzen wir freilich nicht. Wenn ja, müßte man außerdem die Wachstumsrate kennen, die den Stillstand der Preise in etwa gewährleistete; vor allem aber müßte man den anfänglichen Geldbestand und die mittlere Umlaufgeschwindigkeit kennen, die ja die effektive Menge vervielfacht. Natürlich ist das Problem nicht zu lösen: Man braucht es gar nicht erst in Angriff zu nehmen, wenn man sich nur mit exakten Zahlen zufriedengeben will.

Doch nehmen wir einmal an, daß eine Größenordnung in der Geschichte stets einen brauchbaren Anhaltspunkt liefert; daß eine Beweisführung mit Zahlen in die richtige Richtung, auch wenn die Zahlen nicht zu einem präzisen Ergebnis führen, für die Argumentation unbestreitbar ein wertvolles Element darstellt, das den Vorbehalten der Vorsichtigen, wissenschaftlich gesehen, überlegen ist.

Ein an sich ausgezeichnetes Verfahren kann man dem alten, bei den Statistikern zu Recht sehr in Verruf geratenen Buch von W. Jacob, *An Historical Inquiry into the Production and Consumption of Precious Me-*

tals, (1830) entnehmen. Gehen wir davon aus, daß im Jahr 1809 in Europa ein Geldbestand (Gold und Silber) von schätzungsweise 47 426 Tonnen, in Tonnen Silber gerechnet, zirkulierte. Ziehen wir von der Gesamtsumme die Produktion der voraufgegangenen Jahre ab, dann erhalten wir, schrittweise zurückgehend, die frühere Höhe der Bestände. Vorausgesetzt, so der Autor, daß wir die Flucht der Edelmetalle aus Europa, ihren industriellen Verbrauch und ihren Verschleiß berücksichtigen. Soweit ist alles richtig. Allerdings würde eine korrekte Rechenkette auch einen wirklich exakten Ausgangspunkt erfordern, und dafür haben wir keinen Beweis. Im Gegenteil: Unter dem Strich kommt W. Jacob für die Zeit um 1500 auf einen (in Silber berechneten) Bestand von nur 4230 Tonnen des weißen Metalls. Außerdem liegen die Zahlen für die Produktion, die ja laufend abgezogen werden, weit unter den Schätzungen von Soetbeer (1895), die ihrerseits weit unter denen von W. Lexis (1897) liegen, die wiederum hinter denen von Yves Guyot (1928), Clarence Haring (1915) und vor allem von Earl J. Hamilton (1928–1934) zurückbleiben. Wenn wir die Jacobsche Ausgangszahl von 1809 für vertrauenswürdig halten und von ihr die unserem heutigen Kenntnisstand entsprechenden Zahlen für die Produktion abziehen, landen wir für den Beginn des 16. Jahrhunderts unter der Nullebene.

Zweites Verfahren: Vorausgesetzt, man darf im Anschluß an W. Lexis' Berechnung des Geldbestands im Rußland des 18. Jahrhunderts davon ausgehen, daß der Geldvorrat jeweils ungefähr der Summe der Emissionen vor 30 Jahren entspricht, dann beläuft sich die Summe der Gold- und Silberprägungen in Frankreich von 1631 bis 1660 auf 267 734 871 Livres tournois oder, in *Silber* geschätzt, auf rund 2259 Tonnen. Da Frankreich zu dieser Zeit etwa 16 Millionen Einwohner hat, ergäbe das pro Kopf die bescheidene Menge von 16,73 Livres tournois oder, wenn man das vorzieht, von 141,22 g Silber. Angenommen, die Bevölkerung ganz Europas war etwa zehnmal so groß wie die Frankreichs, die einen Mittelwert darstellen soll, dann beliefe sich der Metallvorrat im Jahr 1660 auf 22 590 Tonnen weißes Metall – eine hohe Zahl, wie uns scheinen will. Wenn man davon nun aber die Zahl der bekannten oder als wahrscheinlich geschätzten Produktionen abzieht (zwischen 1500 und 1660 trafen mindestens 181 Tonnen Gold und 16 000 Tonnen Silber in Sevilla ein), dann käme man für das Jahr 1500 wieder auf ein sehr niedriges Niveau, selbst wenn man die wertvollen Anregungen von W. Jacob, also Flucht und Verschleiß der Edelmetalle und ihre anderweitige, nichtgeldliche Verwendung, berücksichtigte. Also erneut ein Schlag ins Wasser.

Dritte Berechnung: Wir halten sie für besser als die voraufgehenden, zumindest für weniger unglücklich. Wir haben in Europa zwei Größen, eine Gold- und eine Silbermenge, deren Preise in einem bestimmten Verhältnis zueinander stehen. Dieses Verhältnis der beiden Metallwährungen, nach dem sich der Wert der beiden Größen *die Waage zu halten scheint*, ist uns bekannt. Wir wissen sogar, daß sich dieses Verhältnis entwickelt und von etwa 10 im Jahr 1500 zu rund 14 im Jahr 1660 verschoben hat. Gehen wir nun davon aus, daß die beiden Mengen nur durch den – ja in der Tat bedeutenden – Edelmetallzustrom aus Amerika zugenommen haben (den Berechnungen und Angaben Earl J. Hamiltons zufolge waren es zwischen 1500 und 1660 immerhin 181 Tonnen Gold und 16000 Tonnen Silber), lassen wir also die europäischen Produktionen, den Zustrom aus Asien und Afrika, aber auch den Export über das Baltikum und die Levante sowie die Verluste durch Verschleiß und Hortung außer acht, so können wir, wenn wir für das Jahr 1500 den Goldbestand (in Tonnen) durch x und den Silbervorrat durch y darstellen, folgende Gleichungen aufstellen: für das Jahr 1500: $10x = y$; und für das Jahr 1660: $14 (x + 181) = y + 16000$. Die Lösung dieser beiden einfachen Gleichungen ergibt: $x = 3366$ Tonnen, $y = 33660$ Tonnen.

Offensichtlich stehen aber die Prämissen dieser Rechnung auf sehr wackligen Beinen. Jedenfalls haben wir uns so sehr an die Vorstellung einer regelrechten Überschwemmung Europas durch den Gold- und Silberstrom aus Amerika gewöhnt, daß uns die unerwartet hohen Ziffern auf den ersten Blick überraschen. Bedenkt man jedoch, daß es sich hier einerseits um die Produktion von anderthalb Jahrhunderten und andererseits um einen über die Jahrhunderte angehäuften Bestand handelt, zusammengetragen schon vor den Anfängen des Geldzeitalters, dann wird man sich vielleicht nicht mehr so sehr wundern. Das jüngste Werk über die *Geschichte des Goldes* (1948) von Heinrich Quiring ist zwar keine über alle Zweifel erhabene, außerdem eher beschreibende als quantitative Untersuchung, veranschlagt aber die Gesamtproduktion des Römischen Reichs an Gold auf 1700 Tonnen und die des Mittelalters auf 500 Tonnen. Falls man die beiden Zahlen addieren darf, nähern wir uns den 3000 Tonnen Gold, die wir soeben für ganz Europa um 1500 errechnet haben. Doch das ist wohlgemerkt nur ein Zusammentreffen, keine Bestätigung. Aber so mangelhaft unsere Schätzung auch sein mag, sie geht doch in dieselbe Richtung wie die Berechnungen der Historiker, die offensichtlich dazu neigen, einander täglich zu übertrumpfen und immer noch höhere Werte anzugeben als ihre Vorgänger. Wie lange dieses Spiel noch so weitergehen mag, wissen wir nicht; die Tendenz aber scheint uns gerechtfertigt. Die Frage ist allerdings, was unter diesen Umständen aus der Quantitätstheorie des Geldes wird.

Oder einfacher gefragt: Haben wir mit diesen Betrachtungen nur die Zeit unserer Leser und unsere eigene vergeudet? Mag sein; gleichwohl plädieren wir auf unschuldig. Immerhin läßt sich aus diesen Versuchen in etwa eine Lektion herauslösen, die unsere Mühe rechtfertigt. Bis 1930 und länger noch haben unsere Vorgänger die Edelmetallgewinnung und -vorräte vor dem Zustrom aus Amerika bei weitem unterschätzt. Ihrer Meinung nach ergossen die amerikanischen Bergwerke ihre Schätze in ein an Edelmetallen armes Europa und beschworen damit schlagartig eine ungeheure Umwälzung herauf. Nun scheint aber der in der Alten Welt seit den ersten geschichtlichen Jahrhunderten angesammelte Bestand ganz im Gegenteil recht erklecklich und die Geldzirkulation ebenfalls bereits ganz beträchtlich gewesen zu sein, aber das soll nicht heißen, daß die neue amerikanische Produktion nicht als außergewöhnlicher Auftrieb empfunden worden wäre. Gleichwohl sehen das Verhältnis und die Wechselwirkung der beiden Metallmengen, der alten und der neuen, nun etwas anders aus.

Kurz, wenn der Zustrom der Edelmetalle aus der Neuen Welt, wie uns scheint, nicht einmal in der optimistischsten Hypothese die Hälfte des alten europäischen Münzbestandes ausmacht, dann verlieren die Quantitätstheorie und Irving Fishers Formel etwas von ihrem anerkannten Wert. Sie erklären den Preisaufschwung des 16. Jahrhunderts nur noch unter der einen Bedingung, daß sich gleichzeitig auch die Umlaufgeschwindigkeit der Münzen erheblich beschleunigt hätte.

Gerade darauf aber scheint alles hinzuweisen, das scheint die Voraussetzung für den gesamten Ablauf zu sein. Wenn der Pro-Kopf-Bestand um 1660 in Frankreich *grob geschätzt* bei 16–17 Livres tournois liegt, dann beläuft sich das Pro-Kopf-Einkommen mindestens auf gut 100 Livres. Der Fehlbetrag aber kann nur durch die Zirkulation der Münzen gedeckt werden, die sich, um mit dem Portugiesen Pinto zu sprechen, »kaskadenartig wie ein Wasserfall von oben nach unten ergießen« müssen, um ihre vielfältigen Aufgaben zu erfüllen. Und in der Tat spricht alles dafür, daß sich dieser Umlauf in Frankreich wie andernorts im Lauf des von uns untersuchten Zeitraums, hauptsächlich dann im 18. Jahrhundert, mit Sicherheit aber auch bereits seit dem 16. Jahrhundert, beschleunigt hat.

Sollten wir also, wenn wir unser Augenmerk auf den Koeffizienten U richten (die mittlere Umlaufgeschwindigkeit der Münzen), die alte quantitative Geldwerttheorie doch wieder flott bekommen? Natürlich müßte ein dergestalt in den Vordergrund geschobener Koeffizient als eine Art Auffangbecken zahlreiche soziale, demographische Tatsachen am Rande der Wirtschaft mit einschließen. Doch das ist nicht das eigentliche Problem. Die Frage ist vielmehr, ob sich dieser Koeffizient *hinreichend* vergrößert hat, damit Irving Fishers Gleichung weiterhin als allgemeine oder weitgehend allgemeine Erklärung der Preisrevolution des 16. Jahrhunderts dienen kann. Wir sagen *hinreichend*, denn daß sich die Umlaufgeschwindigkeit damals erhöht hat, bezweifelt niemand; fraglich ist nur, wie stark. Genau weiß das niemand. Die lebhafte Bewegung, die damals ganz Europa fortriß, hat sicherlich alle Kapitalien, alle Guthaben und alle Reserven erfaßt und wachgerüttelt, die »schlafenden« Geldmengen, um mit den Geographen zu sprechen, ebenso wie die »Kapitalkonzentrationen«, wie die Ökonomen das nennen. Beispielsweise waren die Einnahmen der Stadt Basel zu Beginn des 15. Jahrhunderts so gleichmäßig verteilt, daß, wenn es denn Reichtum gab, doch von Armut wohl kaum die Rede sein konnte. Ob aber der Historiker Rudolf Sohm dieses Spektakel, das ihn so stark beeindruckte, 100 Jahre später noch angetroffen hätte? Mit Sicherheit nicht. Ein schrecklicher Bruch fand statt und vertiefte sich dann im Laufe des 16. Jahrhunderts: Die Reichen wurden immer reicher und die Armen immer ärmer. Die Ursache würden wir gern im beschleunigten Münzkreislauf, diesem notwendigen, kaskadenartigen »Wasserfall«, erkennen. Aber es bliebe freilich noch diese Beschleunigung zu analysieren und zu erklären und die Frage zu beantworten, ob sie sich zwischen den verschiedenen Regionen Europas nicht ähnlich ausgewirkt hat wie zwischen den verschiedenen Bevölkerungsklassen. Das wäre ein attraktives Thema für eine *operationelle* Geschichte.

In der Tat hat es je nach Ort und Region zehn, hundert, tausend verschiedene Umlaufgeschwindigkeiten gegeben. In Sevilla jedenfalls, dem bedeutenden Verteilungszentrum, sind Gold und Silber aus Amerika im Besitz der internationalen Großkaufleute und des Katholischen Königs. Deshalb fließen diese »Schätze« zum Teil in den Fernhandel, der dadurch beschleunigt wird und allein aufgrund seiner Geschwindigkeit alles an sich zieht; und zum Teil fließen sie in die Kanäle der spanischen Großmachtpolitik, Kanäle, deren Schleusen (wie Richard Ehrenberg schon vor langer Zeit konstatierte) von Karl V. erstmals 1552 anläßlich der dramatischen Belagerung von Metz, dann laut Felipe Ruiz in den Jahren zwischen 1580 und 1590 von Philipp II. weit geöffnet wurden. Tatsächlich hat Spanien damals alle seine Schleusentore hochgezogen und eine gewaltige Silberzirkulation in Gang gesetzt. Dieser Zirkulation hatte es bis dahin einen Riegel vorgeschoben, um den Abfluß des weißen Metalls nach Kräften zu verhindern, und nun reißt sie ebenso schnell wie umfassend alle europäischen Bestände mit.

Von nun an wirkt sich das Eintreffen der Silberbarren aus der Neuen Welt auf das Finanz- und Handelsleben von ganz Europa aus, und zwar in viel stärkerem Ausmaß als zuvor. Die lebhaften Rhythmen können wir den außerordentlich aufschlußreichen Karten von José Gentil da Silva entnehmen. Nach dem Einlaufen einer Silberflotte aus Amerika breitet sich an den europäischen Handelsplätzen der Reihe nach »Überfluß« aus, eine Bargeld- und Wechselschwemme, denn diese beiden gehen gewöhnlich Hand in Hand. So zirkuliert das Silber von Sevilla aus zwischen den Handelsplätzen, regelt schwebende Geschäfte vom zehn- bis hundertfachen Eigenwert, läuft dann weiter zum benachbarten Handelsplatz zu einem neuen Zinstermin und zu neuen Abrechnungen. Wenn wir die Zahl der auf den Messen abgeschlossenen Geschäfte wüßten, dann könnten wir ganz allgemein einen gewaltigen Anstieg des Silberverkehrs auf diesen Märkten beobachten. Als Münze oder als Wechsel ergießt sich das Silber wie ein Springbrunnen von Individuum zu Individuum und von Handelsplatz zu Handelsplatz. Einige Beispiele genügen, um uns eine Vorstellung davon zu vermitteln. In Rom kursiert während des 16. Jahrhunderts alljährlich ebensoviel vollwichtiges klingendes Silber wie in Sevilla selbst; Venedig münzt zwischen 1575 und 1602 62 Tonnen Gold zu Zechinen aus, also 10 Tonnen mehr, als im gleichen Zeitraum in Sevilla eingehen; und in Frankreich werden von 1493 bis 1660 4133 Tonnen Silber und Gold geprägt, also ein Fünftel bis ein Viertel der in dieser Zeit in Spanien angelandeten »amerikanischen Schätze«. Doch wundern wir uns nicht allzusehr über diese hohen, vielsagenden Zahlen. In unserem Europa gleichen die Gold- und

Silbermünzen Offenbachs Gendarmen: Sie laufen unaufhörlich in der Runde und patrouillieren dabei an uns vorbei; es sind immer dieselben – oder doch fast immer.

Indessen ist bei diesem Kreislauf nicht alles pure Symmetrie und Regelmäßigkeit. Es gibt sogar von den Historikern seit langem erkannte dauerhafte Fluchtwege vom Baltikum, vom östlichen Mittelmeer, vom Kap der Guten Hoffnung aus in den Nahen und Fernen Osten. Außerdem hat das spanische Silber in der Politik wie im Handel seine Lieblingspfade. Wie unsere allgemeine Karte (Abb. 10) zeigt, bevorzugt es mit Abstand Nordeuropa; aber auch Italien, mehr als auf unserer Karte zu sehen ist, denn das in die Niederlande abwandernde weiße Metall nimmt als Ausgleich für die Wechsel und die Zahlungen in Gold gern den Umweg über Genua, Florenz und Venedig. In Antwerpen, einer Silberstadt, durch den Krieg zerrüttet (wie vor wenigen Jahren Saigon durch den Indochinakrieg und den Piasterhandel), sammelt sich eine gewaltige Geldmenge, die in die Länder des Nordens abfließt, vornehmlich auf die Seite der Rebellen in die aufständischen Niederlande.

Diese politischen Kreisläufe überlagern die wirtschaftlichen Kreisläufe des Fernhandels, die ihrerseits ebenfalls oft die Richtung nach Norden einschlagen, weil Spanien von dort Getreide, Kupfer, Zinn, Holz, Bohlen, Planken, Hanf, Leinen und Qualitätsstoffe bezieht. Jahr für Jahr treffen Waren im Wert von 1–2 Millionen Ecus aus dem Norden in Sevilla ein; das verursacht ein Handelsdefizit für Spanien und Portugal und verschlingt einen Teil ihrer Silber- und Goldvorräte. Eine ähnliche Beziehung besteht zu Italien, aber Italien seinerseits verliert phantastische Summen an die Levante. So expediert im Jahr 1595, zugegebenermaßen einem Rekordjahr, allein Venedig 551 677 Dukaten oder 14 700 Kilogramm Silber nach Syrien. Das ist der Preis für seinen Luxus, seine Scheingesundheit, für die Beibehaltung seines alten Standards als Staffage.

Der Norden seinerseits hat lediglich den Silberabfluß in den Ostseeraum auszugleichen, erduldet also einen unvergleichlich geringeren Aderlaß. Falls zutrifft, daß – worauf alles oder doch fast alles hinzudeuten scheint – die Umkehr der säkularen Bewegung gegen Ende des 16. Jahrhunderts von Sevilla ausging, scheint der Norden (seit 1604 durch den englisch-spanischen Frieden und seit 1609 durch den zwölfjährigen Waffenstillstand zwischen Philipp II. und der Union der protestantischen Stände mit Spanien im Frieden) von dem durch die Konjunktur, das ständige Ungleichgewicht der Handelsbilanz und, nicht zu vergessen, den Krieg angehäuften Geldberg bis um die Mitte des 17. Jahrhunderts profitiert zu haben.

Selbstverständlich mag diese Erklärung für die ungleiche Entwicklung der säkularen Tendenz nicht alles erklären. Könnte man sich – noch immer im Rahmen einer quantitativen Geldwerttheorie – unter Bezugnahme auf unsere Getreidepreisdiagramme in Gramm Silber nicht vorstellen, daß bestimmte Regionen (so lange Zeit der Mittelmeerraum) aufgrund ihres Erbes und ihrer alten Strukturen besser mit Edelmetallen versorgt und besser vom Geldleben durchdrungen waren als andere? So war René Baehrels Provence im 17. Jahrhundert offensichtlich besser mit klingenden vollwichtigen Münzen versorgt als Pierre Gouberts Beauvais. Und ähnliche Ungleichheiten weist auch das Diagramm auf, das Frank Spooner für das Frankreich des 16. Jahrhunderts erarbeitet hat. Hat es nicht alles in allem den Anschein – Ausnahmen bestätigen wie immer die Regel –, daß der Norden lange Zeit weniger fest in die Maschen eines engen Geldnetzes eingebunden war als der Süden? Weniger Silber und weniger Gold aber bedeuten relativ mehr Tauschhandel und elementare Wirtschaftsformen. Auf der Vertikalen ernähren sich die städtischen Wirtschaften im Norden von einem wenig oder halb entwickelten Land. Ist der Norden unter diesen Umständen nicht auf der Vertikalen wie auf der Horizontalen im Verbrauch von Münzen und Edelmetallen bescheidener als der ganze Süden *lato sensu*? Von einfacherer, auch soliderer Machart, geht er weniger verschwenderisch mit den Edelmetallen um als der Süden, zumindest zu Beginn des 17. Jahrhunderts und zumindest vor dem vollen Aufschwung des 18. Jahrhunderts, der ja die Wende zugunsten der früheren Armen bringt, die nun die neuen Reichen werden.

Das ist das Plädoyer, zu dem uns die quantitative Geldwerttheorie anregt. Ein Plädoyer ist ein Plädoyer, aber wir haben uns, um es noch einmal zu wiederholen, für nicht schuldig erklärt.

Im übrigen könnten wir dieses Plädoyer noch weiter fortsetzen, beispielsweise im Anschluß an Werner Sombart oder die brasilianischen Historiker auf die 500 oder 600 Millionen Piaster verweisen, die durch das Gold aus Minas Gerais, Mato Grosso und aus dem *sertao* von Bahia zwischen 1680 und 1720 oder 1730 auf den europäischen Markt geworfen wurden. Hat sich dieses auf die europäische und internationale Szene ausgeschüttete Metall rasch verteilt? Oder hat der

Überfluß an Gold wieder einmal, wie Frank Spooner schon bei früheren Epochen feststellte, die Ausbeutung des Silbers neu angekurbelt, im vorliegenden Fall der Silberminen in Neu-Spanien, die damals eine zweite, noch weit großartigere Blütezeit erlebten? Das Unglück will es, daß diese quantitativen Probleme noch auf ihren Hamilton warten. Für den Augenblick müssen wir uns mit Hypothesen zufriedengeben... Zwei Dinge aber können wir mit Sicherheit behaupten: daß die Geldvorräte in Europa mit dem 18. Jahrhundert beträchtlich aufgestockt wurden und daß sich der Geldumlauf in dieser Zeit beschleunigte. Nehmen wir nur einmal Frankreich, das im Jahr 1660 unseren (allerdings zu niedrig angesetzten) Berechnungen zufolge über einen Geldvorrat von 267 Millionen Livres tournois verfügte, wohingegen im Jahr 1789 laut Schätzungen der klassischen Volkswirtschaftler 2 Milliarden Livres zirkulierten – eine beträchtliche Aufstockung, selbst wenn man die Abwertung des Rechnungsgeldes und die Fragwürdigkeit globaler Ziffern in Rechnung stellt. Und diese Aufstockung wirkte sich natürlich auch auf die vielfältigen Preisbewegungen aus.

Preise, Löhne und Kapitalismus

Zweite, ebenso unumgängliche Erörterung: Kann die Preisgeschichte einen Beitrag zur Erhellung der Genese des Frühkapitalismus in Europa leisten? Diesem ebenso umfassenden wie schwierigen Problem hat sich Earl J. Hamilton in seinem grandiosen Pionierwerk wohlgemerkt gestellt.

Das Problem ist aus tausenderlei Gründen schwierig. Die Preisgeschichte ist ein Teilgebiet, dessen Erforschung, wie gesagt, vor allem dort, wo die Frage der Löhne ins Spiel kommt, besonders fragwürdig wird. Ferner ist der Kapitalismus weder eine greifbare Person noch ein einfacher Begriff. Selbst vor 1750 gibt es nicht nur *einen* Kapitalismus, sondern *mehrere* Kapitalismen, die im übrigen jeder nach Lust und Laune definiert, was die Sache nicht gerade vereinfacht. Heinrich Bechtel und Herbert Heaton haben unlängst sogar vorgeschlagen, das Wort Kapitalismus gänzlich zu verbannen. Doch würde sich der Begriff »Kapitalismus«, zur Vordertür hinausgeworfen, nicht sofort zur Hintertür wieder hereinschleichen? Unserer Ansicht nach präsentiert sich der Kapitalismus als eine zugleich soziale und wirtschaftliche, vieldeutige *Struktur* von sehr langer Dauer. So gesehen ist es gefährlich, ihn um jeden Preis durch Phänomene von kurzer oder relativ kurzer Dauer erklären zu wollen. Offensichtlich beeinflussen diese Phänomene das langsame Wachstum der Strukturen, wie sie sich auch zweifellos auf deren fortschreitenden Verfall auswirken. Aber die Entstehungsgeschichte des Kapitalismus insgesamt durch diese schnellebigen, endogenen Faktoren erklären zu wollen scheint nicht immer gerechtfertigt und auch nicht immer ausreichend. So hat Hamilton in einem früheren Beitrag[72] zu Recht hervorgehoben, welche Bedeutung die Entdeckung Amerikas und mehr noch die Eröffnung des reinen Seewegs zwischen Europa, Indien und dem Fernen Osten im Anschluß an Vasco da Gamas Entdeckungsfahrt (1497–1499) für den Aufschwung des Kapitalismus hatte. Und gleichfalls zu Recht betont er, welch stattliche Gewinnspanne das Nachhinken der Löhne hinter den Preisen in Zeiten der Inflation den Unternehmen und damit dem Kapitalismus bescherte. Natürlich hat auch diese allgemeine Regel ihre Ausnahmen, weil im Einzelfall jeweils andere historische Modalitäten hinzutreten; davon abgesehen muß man sie aber in einen noch größeren Zusammenhang einbetten und in Anlehnung an Karl Marx oder Afred Sauvy erkennen, daß der Mehrwert der menschlichen Arbeit eine variable Größe ist, je nach den gleichfalls variablen Anforderungen und Möglichkeiten der betreffenden Gesellschaften.

Kurzum, man wird sich der Theorien von Earl J. Hamilton nicht so leicht entledigen können. Wenn wir uns nicht sehr täuschen, ist der springende Punkt auch eher, über ihn hinauszugehen. Denn jede Konjunktur bleibt, mag sie noch so entscheidend, noch so heftig sein, ja sogar einen Anstoß geben, in der Geschichte einer Struktur – also auch der des Kapitalismus – doch nur ein Vorfall, ein Zufall. Eine Struktur aber geht ihrem Wesen nach über die Zufälle hinaus[73], und zwar über die von Earl J. Hamilton erörterten ebenso wie über die, die wir hier im Zusammenhang mit der Angleichung der Getreidepreise im Europa des 18. Jahrhunderts angeführt haben. Oder anders ausgedrückt: Der Kapitalismus treibt ein vielfältiges Spiel, vielfältig auf kurze, und (was sich von selbst versteht) auf lange Sicht.

Vielfältig auf kurze Sicht, was sich – um das Problem abzurunden – an einem Beispiel belegen läßt. Versetzen wir uns in das Venedig vom Ende des 16. Jahrhunderts. Dort zeigen sich die Kapitalisten immer weniger geneigt, die wachsenden Gefahren des Seeabenteuers in Kauf zu nehmen. Im ausgehenden 16. und beginnenden 17. Jahrhundert lauern auf dem Meer überall Seeräuber. Auf das 15. Jahrhundert, in dem es so gut wie keine Piraten gab, folgt das 16. Jahrhundert mit Religionskriegen (Islam gegen Christenheit, Protestanten gegen Katholiken) und das 17. Jahrhundert, in dem die Seeräuber das Landrecht ausüben. Aus welchen Quellen aber schöpft der venezianische Kapitalismus unter diesen Umständen seinen Gewinn?

Für einen in Venedig niedergelassenen Florentiner – und zu dieser Zeit beherrschen, wie wir aus einem Bericht der Cinque Savii alla Mercanzia von 1606 wissen, die Florentiner die Stadt –, für einen solchen Florentiner also heißt sein Vermögen bewahren vor allem Häuser kaufen und vermieten; ein in Venedig ansässiger Genuese dagegen will Silberbarren importieren und mit Wechseln spekulieren; und ein Venezianer alter Abstammung aus solidem Adelsgeschlecht, den die Wechselfälle der Konjunktur nicht in die Klasse des verarmten Adels hinabgestoßen haben – in die der nach ihrem Wohnviertel Santa Barna sogenannten *Barnaboti* –, muß, wie aus einigen Notariatsakten hervorgeht, seine Interessen wahren und auf die Wechsel aus Besançon setzen (zu gut deutsch: Geld zu Zinsen leihen, übrigens zu einem reichlich niedrigen Satz). Vor allem aber kauft der Venezianer Land und verbessert den Boden (die unerhörte Anhebung der venezianischen Getreideproduktion, des Getreides *nostrale*, ist sein Werk und sein Profit – im übrigen eine gute Gelegenheit, wieder einmal daran zu erinnern, daß die Landwirtschaft trotz alledem Europas größte Industrie ist). Außerdem steckt der Venezianer sein Geld auch in den Tuchhandel, wenn auch immer seltener. Denn hier werden dem Unternehmensgewinn durch die Lohnforderungern der *Arti* Grenzen gezogen, und die venezianischen Kapitalisten werden durch die konkurrenzfähige nordisch-europäische Industrie verdrängt. Ist es also erlaubt, auf diesen vielfältigen Kapitalismus, dessen Spielarten wir mit diesen Beispielen keineswegs erschöpfend aufgezeigt haben, eine einzige Regel anzuwenden?

Im übrigen stimmen wir mit Pierre Vilars Artikel in *Past and Present* überein: Der Kapitalismus ist, wie man ihn auch definieren mag, eine Struktur, sprich ein Phänomen mit äußerst langer Keimzeit und stets vielfältiger Bedeutung. Earl J. Hamiltons wie Keynes' Erklärung aber erfaßt von diesem Phänomen nur eine Bewegung, eine Konjunktur, ein vorläufiges Preis-Lohngefälle, das seiner Entwicklung zwar von Nutzen gewesen sein mag, allein aber keine ausschlaggebende Rolle gespielt haben kann. Die Geschichte des Kapitals muß entweder, wie es Pierre Vilar tat, vom Gesichtspunkt des Marxismus aus oder aber, wie wir glauben, von der Idee der Struktur her ernsthaft neu aufgerollt werden. So gesehen, stehen wir erst an der Schwelle neuer Untersuchungen, zu denen die Geschichte der Preise nur eine Tür aufstößt und nicht das Hauptportal.

Die Preisgeschichte und die »serielle« Geschichte

Die Preisgeschichte selbst steckt noch in den Kinderschuhen. Sie ist nur ein Kapitel einer fast noch vollständig aufzubauenden »seriellen«[74] Geschichte, allerdings eins der ersten. Doch so lange diese mit Zahlen operierende Geschichte nicht mehr umfaßt, sich ihrer Mittel, Ziele und Resultate nicht sicherer ist, wird die Preisgeschichte nur ein Ausschnitt bleiben, allzu eng, um den gesamten gewaltigen Bereich gezielt auszuloten.

Eine brauchbare serielle Geschichte müßte auf sinnvoll miteinander verknüpften Zahlenreihen aufbauen. Umgekehrt müßte sich das Tribunal der Geschichte daran gewöhnen, diese und oft auch neue Zeugen aufzurufen und die Preisreihen mit anderen Preisreihen zu vergleichen. Beim gegenwärtigen Stand der historischen Forschung ist ein Dialog zwischen serieller und nichtserieller Geschichte allerdings leider noch nicht möglich.

Soviel dazu. Erhebt sich also mithin die Frage, auf welche Serien oder Zahlenreihen wir uns denn nun stützen könnten, welche bereits vorhanden sind oder sich ankündigen oder doch möglich wären?

Die identischen und die benachbarten Serien. Die erste Aufgabe wäre offensichtlich: unsere eigenen Preisreihen zu ergänzen, zu vervielfältigen; große Bereiche mit mangelhafter Bestandsaufnahme (wie den Balkan oder das Moskauer Reich) zu erkunden; in anderen unsere Sondierungen zu vervielfachen und schließlich auch die nichteuropäischen Länder mit einzubeziehen, aus deren Mitte sich Europa ja schon bald aufgeschwungen hat; anschließend, wenn möglich, unsere lückenhaften Serien zu vervollständigen, so bei den Textilien (unsere einzig ernstzunehmende Möglichkeit, die *Industrie* in den Griff zu bekommen); und schließlich die Verkaufspreise für Immobilien und Liegenschaften festzustellen. Die langfristige Entwicklung auf diesem Gebiet hat Wilhelm Abel[75] verfolgt; H. Habbakuk[76] leitete vielversprechende systematische Forschungen ein; und Aldo de Maddalena[77] verfaßte einen bahnbrechenden Aufsatz zu diesem Thema.

Unter benachbarten Serien würden wir Reihen über Darlehen oder den Zinsfuß verstehen. Hier hat Earl J. Hamilton eine großangelegte Untersuchung angekündigt, die möglicherweise ganz Europa vom 15. bis zum 18. Jahrhundert umfaßt. Außerdem gehören unserer Ansicht nach die Gewinnspannen der Unternehmen hierher, die bis jetzt noch nicht systematisch untersucht wurden, und das obwohl zum Beispiel ein Bericht über die unerhörte Dividende des von Lissabon aus betriebenen Asiengeschäfts doch einen wertvollen Fingerzeig über den Gang des zu Beginn des 16. Jahrhunderts so schwunghaft angekurbelten Kapitalismus geben könnte. Oder nehmen wir als Paradebeispiel das Vermögen des deutschen Kaufmanns Lucas Rem. Für besonders aufschlußreich würden wir auch eine Untersuchung der Gewinne der genuesischen Geschäftsleute halten, die ja im 16. Jahrhundert bezichtigt wurden, durch ihre Spekulationen auf fast allen Handelsplätzen den Wechselkurs und oft sogar die Warenpreise nach Lust und Laune zu manipulieren. Die Frage ist nur, ob uns eines kommenden Tages ihre Papiere und ihre Abrechnungen zur Verfügung stehen.

Andere, natürlich schwerer zu berechnende Reihen wären die Staatshaushalte und der Lebensstandard der Massen. Ähnliches hatte kürzlich wohl H. Grote im Visier, wenn er bei seinen Berechnungen vom »niedrigsten Lohn«, dem heutigen Mindestlohn oder Lohnminimum, ausging. Es ist ein wertvoller Anhaltspunkt, daß, Pierre Goubert zufolge, der Lebensstandard in Beauvais in guten wie in schlechten Jahren für eine sechsköpfige Familie bei rund 5 Hektoliter Getreide lag. Allerdings müßten wir noch eine Vielzahl weiterer Anhaltspunkte haben. Vor allem müßten wir, mögen die Klugen auch darüber lächeln, den tagtäglichen Kalorienverbrauch berechnen, selbst wenn solche Berechnungen fürs erste oder auch definitiv auf ähnlich brotlose Künste hinauslaufen sollten, wie sie uns oben die quantitative Geldwerttheorie eingab. Trotzdem wäre es von größtem Interesse, auf diese Probleme und ganz allgemein auf die Bedeutung der mangelhaften Zahlenangaben zurückzukommen, die ungeachtet ihres schlechten Rufs neben den präzisen Zahlen mit ihrem unberechtigten absoluten Herrschaftsanspruch als Größenordnung doch eine wertvolle Hilfe bleiben!

Die unabhängigen oder parallelen Serien. In diese Rubrik gehört natürlich die Familie der demographischen Kurven. Den besten Gebrauch von diesen Kurven hat nach unserer Kenntnis Pierre Goubert in seinem schon so oft zitierten Werk durch Gegenüberstellung mit den

Konjunkturkurven gemacht. Bevölkerungskrisen und Subsistenzkrisen gehen Hand in Hand; eine hohe Sterblichkeit – das wußte man schon immer – hat Teuerung im Gefolge. Durch die präzise Demonstration aber bekommt man nun einen besseren Einblick. Zwar ist der Beweis, daß es auch in der Buchführung von Leben und Tod lange Bewegungen, ja sogar säkulare Trends gibt, noch nicht erbracht; gleichwohl aber sollte man die Hypothese von nun an immer im Gedächtnis behalten: Sie weist Nachforschungen und Überlegungen brauchbare Wege.

Zum Beispiel könnten wir die revolutionäre Hausse des 16. Jahrhunderts, wenn wir uns ebenso ausschließlich auf die demographischen Gegebenheiten beschränkten wie oben auf die quantitative Geldwerttheorie, ohne weiteres auch als reines Bevölkerungsdrama betrachten: als einen langsamen, starken biologischen Anstieg, der in Europa um die Mitte des 15. Jahrhunderts einsetzt und bis zu den jähen Abbrüchen des 17. Jahrhunderts alles mitreißt. Das erste Land, das einen Bevölkerungsrückgang verzeichnet, ist ganz sicher Spanien gegen Ende des 16. Jahrhunderts, während Frankreich und allgemein ganz Europa erst um die Mitte des 17. Jahrhunderts folgen. Wäre demnach das Bevölkerungswachstum in Rivalität zu Gold und Silber nicht ebenfalls ein *primum movens*? Wäre es nicht ebenfalls für den lebhaften Aufschwung des 16. Jahrhunderts und da und dort auch für die abgeschwächte Hausse der ersten dreißig Jahre des 17. Jahrhunderts verantwortlich zu machen? Um 1600 herum, einige Jahre davor, einige Jahre danach, wäre also das *Bevölkerungsoptimum* überschritten worden. Kurzum, die Bevölkerungszunahme hätte sich Alfred Sauvys Lieblingsschema zufolge zuerst positiv, dann negativ ausgewirkt. Eine verführerische, eine wahrscheinliche Hypothese, in Reichweite oder vielmehr in Reichweite der Verifizierung. Der Forschung steht der Weg offen.

Und der soziale Aspekt, was läßt sich dagegen über das Soziale sagen? Dieser vage Begriff umfaßt viele obskure Probleme der historischen Forschung und entzieht sich der Zählung oder widersetzt sich ihr zumindest. Die große Untersuchung der sozialen Strukturen, 1955 unter Leitung von Ernest Labrousse vom Kongreß von Rom in Gang gesetzt wie 1933 die große Untersuchung über die Preise von Lord Beveridge, befaßte sich vor allem mit dem 18. und dem 19. Jahrhundert. Doch für welches Schema soll man sich bei der mathematischen Erfassung des Sozialen entscheiden und welche Koeffizienten soll man herauslösen, um, wissenschaftlich gesprochen, ein wahres Bild von der sozialen Ordnung oder besser Hierarchie zu vermitteln? Soll man ein qualitatives Modell verwenden (die offene oder geschlossene Gesellschaft: wie Frankreich von den Anfängen bis in die neunziger Jahre des 16. Jahrhunderts eine offene Gesellschaft hatte) und von der sozialen Mobilität ausgehen? Das wäre durchaus eine Möglichkeit unter anderen, das schwere, aber nicht immer starre soziale Gefüge gleichzeitig in die kurze und in die lange Zeit einzubetten, das bedeutet: nacheinander in die soziale Konjunktur und den säkularen sozialen Trend. Wir jedenfalls halten das Verfahren für möglich und erlaubt. Jeder säkulare Rückgang scheint die Gesellschaft erstarren zu lassen, die Stockwerke abzuschließen, der inneren Zirkulation einen Riegel vorzuschieben. Trotz einiger Neuerungen ist der Blick des 17. Jahrhunderts auf dem sozialen Sektor vergangenheitsbezogen, rückwärtsgewandt.

Allerdings müßte sich die Geschichte, um den eingeschlagenen Weg weiterzuverfolgen, eine theoretische und praktische Soziologie aneignen, sie mit der nötigen Vorsicht, aber auch dem nötigen Mut in ihre eigenen Werkstätten holen. So weit freilich sind wir noch nicht, aber immerhin schon fast. In dem Augenblick aber, in dem wir es wirklich geschafft haben werden, wird sich auch eine neue Geschichte auftun.

Handel und Produktion. In gewisser Hinsicht natürlicher ist die Konfrontation von Preisreihen und Buchungsserien von Handel und Produktion. Allerdings zeichnet sich auch hier eine noch kaum eröffnete große Debatte ab, die die Vorlage langer Buchführungsserien voraussetzt. Bahnbrechend in diesem Zusammenhang sind die Untersuchungen von Nina Bang und Knud Korst über die Sundzölle von 1497 bis 1783. Wie die von ihnen ausgelöste Diskussion und die Verifizierung der Angaben ergeben hat, ist es ein wahrhaft gigantisches Werk. Nicht weniger gigantisch und vom Gesichtspunkt des Historikers aus noch wichtiger ist das Werk von Huguette und Pierre Chaunu. Es befaßt sich mit dem Handelsverkehr zwischen Europa und Amerika über Sevilla zwischen 1502 und 1650 und über Cádiz bis 1784 und beleuchtet damit einen der größten Handelskreisläufe der Welt zur Zeit seiner ersten Neuartigkeit quasi von Anfang bis Ende. Neben diesen beiden massiv dokumentierten Werken weitere anzuführen, erübrigt sich.

Das Problem ist also klar: Wie schwanken Preise und Handelsverkehr? Die Antwort ist glücklicherweise in beiden Fällen dieselbe, ob man nun den Sund betrachtet oder den iberischen Mittelatlantik.

Handelsverkehr und Preise schwanken im großen und ganzen im Gleichtakt ohne merkliche Verschiebung. Eine Zunahme des Handelsverkehrs wird stets von Preissteigerungen begleitet (um nicht zu sagen: gemacht). Preise und Handelsverkehr bewegen sich also offensichtlich zeitgleich. Anders gesagt: Sie werden von ein und demselben Atemzug belebt. Und das bringt uns endlich die Ausweitung der üblichen Preisdebatte, in die uns die boshaften, schikanösen Pseudospezialisten bis jetzt eingesperrt haben.

Aber ist denn Zirkulation gleich Produktion? Indirekt ja, würde Pierre Chaunu antworten, und in der Tat bietet sich von vornherein an, die eine als die Funktion der anderen zu betrachten und *umgekehrt*. Aber Funktion ist nicht gleich Funktion. Über die Produktion wissen wir genau besehen nur sehr wenig. So haben wir für das 16. Jahrhundert lediglich drei für unseren Geschmack zu kurze Kurven. Notfalls könnten wir allerdings noch die Kurve von Potosí, also eine Bergbaukurve, hinzunehmen, denn unsere Untersuchung beschränkt sich nicht auf Europa. Es geht uns doch um die ersten großen Anstrengungen der Alten Welt in Richtung einer Weltwirtschaft, und bei Ludwig Beutin, dem wir diese Potosí-Kurve zur Verfügung gestellt haben, ist sie jedenfalls, wie seine letzten Artikel bezeugen, auf großes Interesse gestoßen.

Doch kommen wir nun zum Beleg der Graphiken (Abb. 32). Im Verhältnis zur (wieder einmal anhand des Getreidpreises dargestellten) Preisbewegung steigen diese drei parabolischen Kurven stark an bzw. fallen ab. Damit sehen wir uns schlagartig dem klassischen Fall der Wirtschaftsdialektik gegenüber: der nicht umkehrbaren Preisbewegung auf der einen und der umkehrbaren Mengenbewegung auf der anderen Seite. Hätten wir mit unserem elementaren Verfahren das Problem vollständig erfaßt, dann wäre der Schluß so einfach wie glorreich, nämlich daß die Preisbewegung die Mengenbewegung mit einer sichtlichen Verzögerung ausgelöst oder lanciert hat. Umgekehrt jedoch hat der Preisrückgang den Textil- oder Bergbaurückgang beschleunigt, das heißt, er wird von diesen überholt. Der Beweis dafür steht allerdings noch aus. Wir müßten noch ein oder zwei neue Kurven haben, um festzustellen, ob der Verschiebung des säkularen Trends, der Hausse und der Baisse, die Verschiebung der Preisbewegungen in den europäischen Regionen entspricht. Was zum Beispiel passiert genau in Leiden? Die Antwort auf diese Frage läßt an Klarheit zu wünschen übrig.

Ebenso aufschlußreich ist, wie weit die Größe der Getreideanbaufläche in Ostpreußen, die ja auch unter die Buchführung der landwirtschaftlichen Produktion fällt, oder das Tempo der Trockenlegungsarbeiten in den Niederlanden, über die ebenfalls Buch geführt wird, mit den säkularen Preissteigerungen und -stürzen sich verändern oder nicht. Unsere Graphiken grenzen das Problem ab, beheben allerdings die Schwierigkeiten, auf die sie hinweisen, nicht.

Man erkennt jetzt sicher, worauf diese abschließenden Seiten hinauswollen. Die Preisgeschichte ist noch unvollkommen, und zwar nicht nur wegen ihrer unzulänglichen Quellen und deren mangelhafter Auswertung, sondern hauptsächlich weil sie versäumt hat, sich wirklich in die große Debatte um das Wirtschaftswachstum und vor allem um die soziale Evolution einzugliedern. René Baehrel gebührt allerdings das Verdienst, die Preise in der Provence unter dem Gesichtspunkt des Wirtschaftswachstums untersucht zu haben. Zwei Probleme werden oft verwechselt, so als wäre Wirtschaftswachstum notwendig gleich sozialem Fortschritt und umgekehrt. »Auf lange Sicht«, schreibt M. Marjolin im Hinblick auf das Europa des Gemeinsamen Marktes, »ist jede wirtschaftliche Expansion für den Menschen von Nutzen, aber der Nutzen kann lange auf sich warten lassen. In der Zwischenzeit besteht die Gefahr, daß die beschleunigte Bewegung die alten Strukturen aufbricht, die geographische Aufteilung und berufliche Gliederung verändert, die Aktivitätspole zugunsten der einen und zum Nachteil der anderen verschiebt.« Expansion, fährt er fort, könne sehr wohl soziale Krisen, ja sogar schwere soziale Krisen bedeuten…

Diese Betrachtungen, wiewohl auf die heutige Welt bezogen, dürften wohl auch auf die gesamteuropäische Geschichte seit dem Mittelalter zutreffen. Natürlich muß das Wirtschaftswachstum langfristig untersucht werden, und zu Recht gelten die Preiskurven des säkularen Trends als quasi unwiderlegliches Zeugnis nach dem Motto: Preissteigerung = Expansion = Wirtschaftswachstum. Nur ist der Preis nicht bloß ein Zeuge für die Wirtschaft. Daneben ist er auch ein Faktor, der sich positiv oder negativ auf den Lohn, also auf den Preis für die Mühe des Menschen, auswirkt. Welche Bedeutung aber kommt einer Preiskurve zu, wenn der Preis nicht als Maß der Expansion, sondern als Meßlatte für den Lebensstandard dient? Kurz: Was bedeuten die Preisbewegungen für die Gesellschaft? Das sind lauter Fragen, die wir für den hier behandelten Zeitabschnitt nicht lösen können, nicht einmal mit den besten und gesichertsten Preiskurven, die wir besitzen. Wir brauchen eine neue Aufgabenstellung, die den zyklischen Bewegungen, den als überflüssig, ja als störend beiseite geschobenen, nicht einzuordnenden Punkten, die das Grundmuster der Wirtschaftsbewegung angeblich nur verwischen, gleiche Bedeutung beimißt. Nichts umreißt das Problem besser als ein Vergleich der beiden Untersuchungen von René Baehrel über die Provence und von Pierre Goubert über das Beauvaisis. Beide kreisen um denselben Zeitabschnitt – das lange 17. Jahrhundert –, und beide teilen es in vier fast zusammenfallende Phasen auf. Damit aber haben sich die Gemeinsamkeiten der beiden Arbeiten auch schon erschöpft. Denn dieselben Phasen, die dem Beauvaisis laut Pierre Goubert Wohlstand bescheren, stürzen die Provence laut René Baehrel in eine Depression. Und umgekehrt erlebt die Provence einen Aufschwung, wenn über Beauvais eine Katastrophe hereinbricht. Wie aber ist das möglich? Das geschieht, weil René Baehrel seine A- und B-Phasen, wie er den Auf- und Abschwung im Anschluß an Simiand nennt, im Licht des Wirtschaftswachstums betrachtet, Pierre Goubert seine durch die Stärke des zyklischen Anstiegs bedingten Phasen von guten und schlechten Zeiten dagegen im Licht sozialer Krisen. Bis der Leser aber begreift, daß die Autoren unter Wohlstand, »Prosperität« jeweils etwas anderes verstehen, dauert es eine Weile, zumal sich die Preiskurven in beiden Fällen im großen und ganzen auf die gleiche Weise entwickeln, allerdings mit einigen Unterschieden, die freilich auch erklären, was die Aufmerksamkeit der Autoren in verschiedene Richtungen gelenkt hat: In der Provence sind die zyklischen Krisen schwächer, in Beauvais die Wachstumsphasen eindeutiger. Begreiflich, daß die beiden Autoren unter diesen Umständen an ihre Kurven nicht die gleichen Fragen gestellt haben und somit auch andere Antworten erhalten mußten.

Natürlich folgern wir aus den zahlreichen Schwierigkeiten, die die Preisgeschichte aufwirft, nicht, daß sie zu den wesentlichen Vorgängen keine brauchbaren Aussagen liefert, zum Beispiel für das Europa vor der Industriellen Revolution. Für diesen Zeitabschnitt bezeugt sie – und könnte es noch besser bezeugen – eine extreme Aufsplitterung der Welt in zahlreiche Einheiten, aber auch Bande, die bestimmte Gruppen zusammenhalten, und eine mit fortschreitender Zeit zunehmende Tendenz in ganz Europa zur Vereinigung, zu einem gemeinsamen wirtschaftlichen Schicksal. Schließlich weckt die Preisgeschichte immer wieder unser Erstaunen, gibt uns tausend Fragen ein, regt uns zu tausend Nachforschungen an. Und ist nicht das die eigentliche Aufgabe, das Beste an der Forschung, daß sie uns immer neue Horizonte eröffnet, immer wieder neue Aufgaben zuweist? In der Tat ist die Geschichte ja nie ein für allemal geschrieben und abgeschlossen.

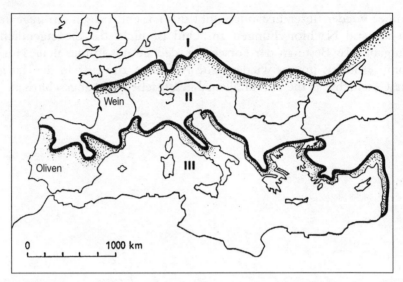

Abb. 2:   *Die drei Zonen Europas nach den heutigen Anbaugrenzen von Wein und Olive*

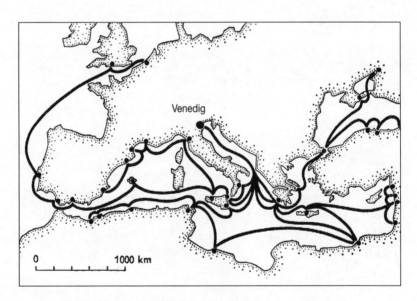

Abb. 3:   *Venezianische Seehandelswege im Jahr 1442: die Fahrten der »galere da mercato«* (Nach C. Vivanti und A. Tenenti)

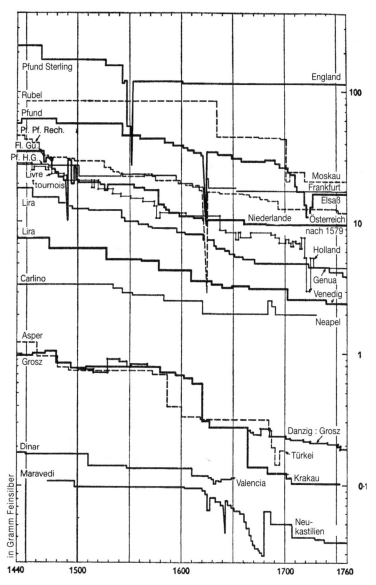

Abb. 4: *Die Rechnungsmünzen in Europa*
Angeordnet nach ihrem Feinsilbergehalt (Pf. Pf. Rech.:
Pfund Pfennig Rechengulden. Fl. Gu.: Florin; nach 1579
Guilder. Pf. H. G.: Pfund Heller Gulden. Für den Rubel
und den Asper sind Näherungswerte angegeben.)

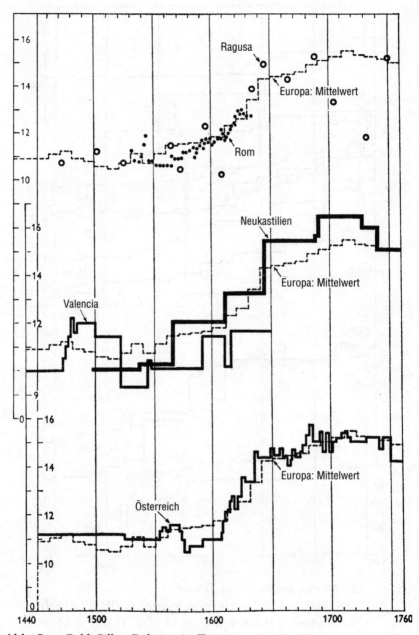

Abb. 5: *Gold-Silber-Relation in Europa*
(Arithmetischer Maßstab) Gold = 1

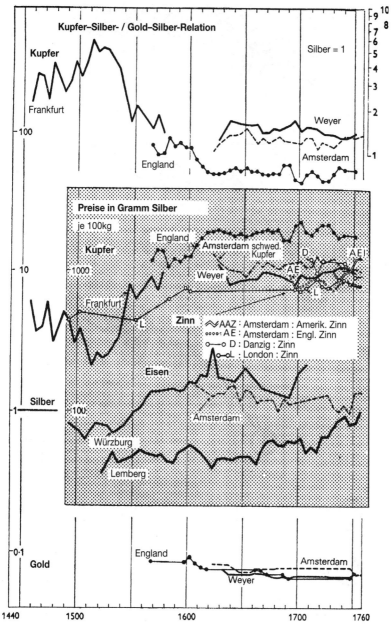

Abb. 6: *Metallpreise*
Fünfjahresdurchschnitte

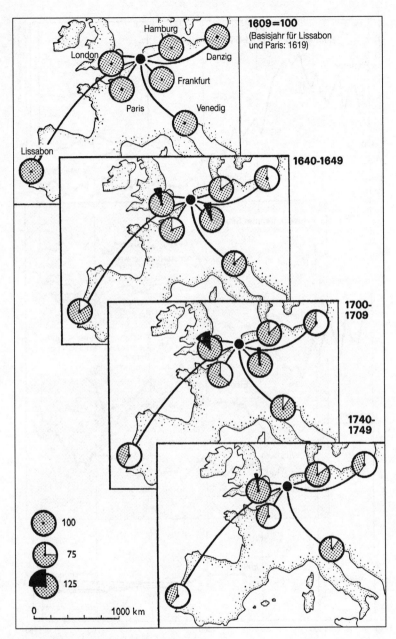

Abb. 7: *Wechselkurse in Amsterdam*
(Nach N. W. Posthumus)

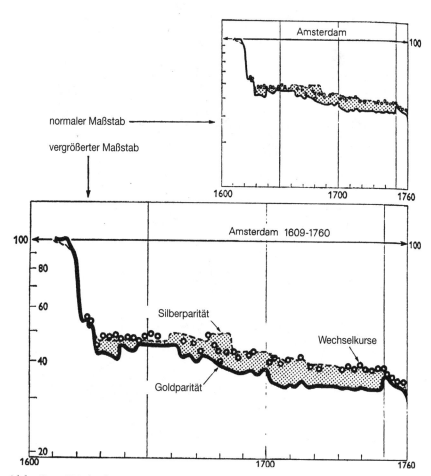

Abb. 8: *Wechsel von Danzig auf Amsterdam*
Amsterdam 1609–1760 (Der Index 100 gilt sowohl für den Florin als Rechnungswährung als auch für den Florin in Gramm Silber und Gramm Gold.)

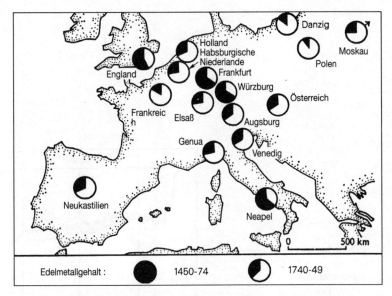

Abb. 9: *Abwertung der Rechungsmünzen in Silber, 1450–1750*

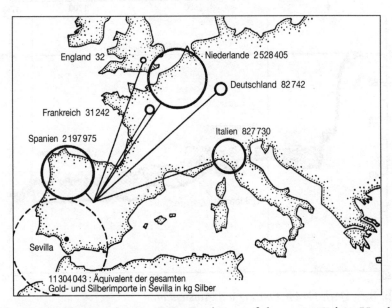

Abb. 10: *Zahlungen der Genueser Bankiers auf den europäischen Handels-plätzen im Auftrag Spaniens*
In Kilogramm Silber, 1580–1626 (Nach A. Castillo)

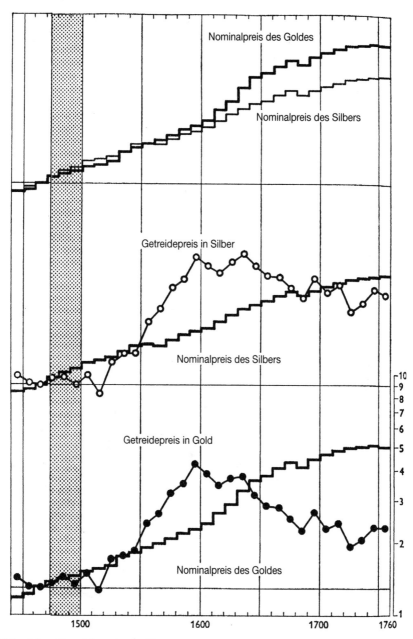

Abb. 11: *Getreidepreise in Europa*
Zehnjahresdurchschnitte 1450–1474 = 100

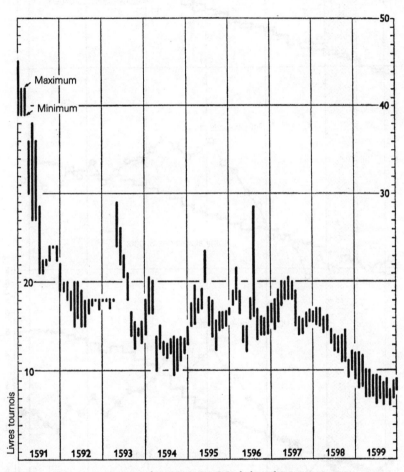

Abb. 12: *Ein Auszug aus den Pariser »Marktberichten« von*
1591–1599, der das Gefälle zwischen den Höchst- und den
Niedrigstpreisen des Weizens zeigt.
In Livres tournois zu Beginn eines jeden Monats in den
Pariser Hallen (Nach M. Baulant und J. Meuvret)

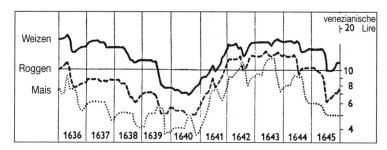

Abb. 13: *Udine: Saisonale Getreidepreisbewegung, 1636–1645*

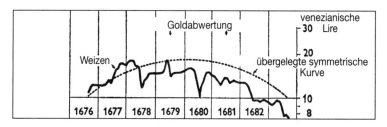

Abb. 14: *Udine: ein Weizenpreiszyklus, 1676–1683*

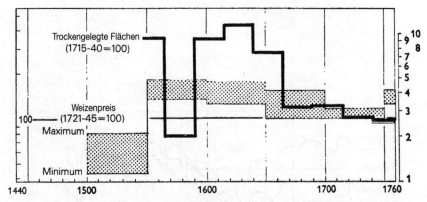

Abb. 15: *Trockengelegte Flächen und Weizenpreise in den Niederlanden*
Die gerasterten Flächen veranschaulichen das Weizenpreis-
gefälle. (Nach B. H. Slicher van Bath)

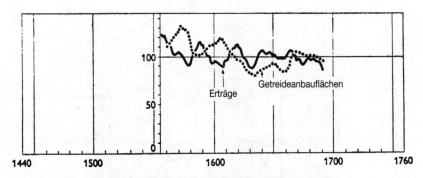

Abb. 16: *Bewegungen der Getreideerzeugung in Ostpreußen*
Gleitende elfjährige Durchschnitte. 1150–1696 = 100
(Nach H. H. Wächter)

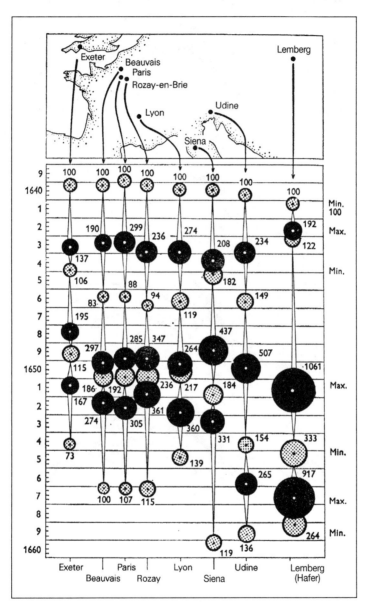

Abb. 17: *Getreidekrise in Europa: 1639–1660*
    Basis: vom letzten Vietel des Jahres 1630 bis zum ersten
    Viertel des Jahres 1641 = 100

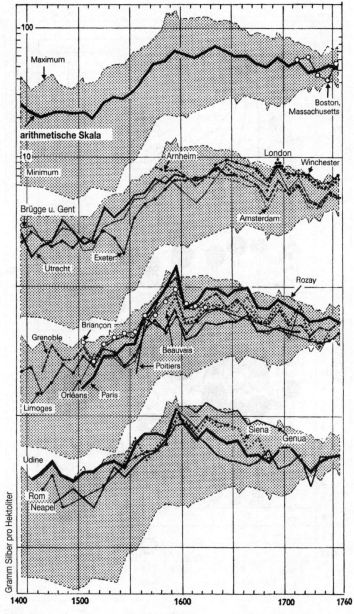

Abb. 18: *Getreidepreise in Gramm Silber pro Hektoliter.* Zehnjahresdurchschnitte. Die gerasterten Flächen zeigen das Preisgefälle zwischen den höchsten und niedrigsten Preisen an.

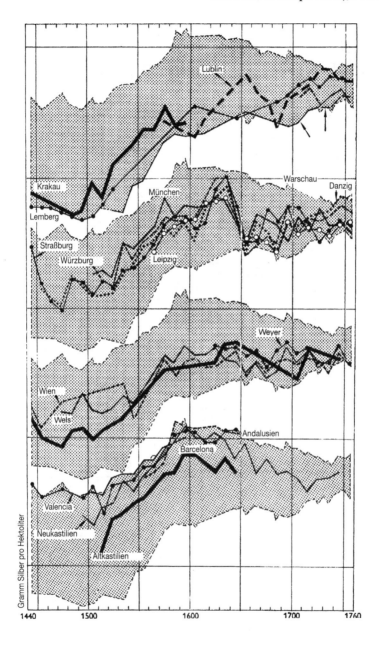

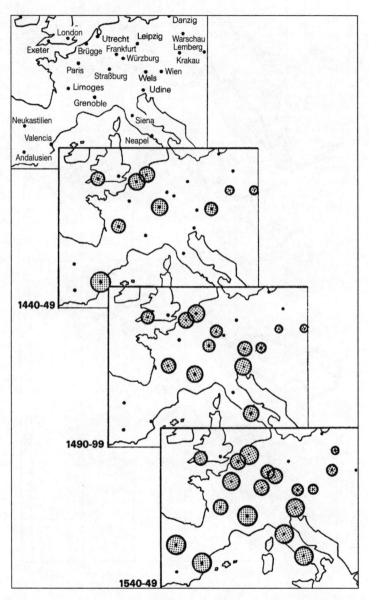

Abb. 19: *Geographie der Getreidepreise in Gramm Silber pro Hektoliter*
Zehnjahresdurchschnitte

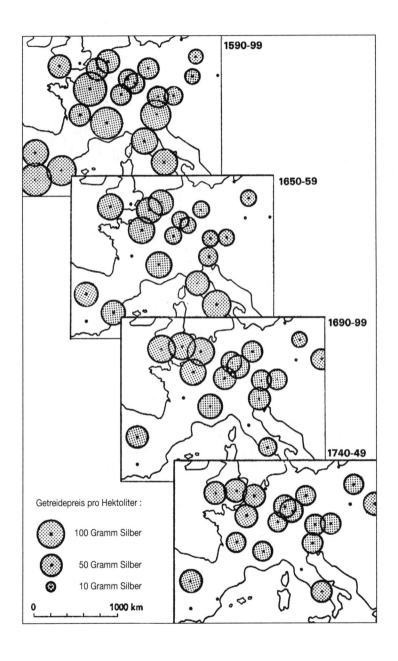

1590-99

1650-59

1690-99

1740-49

Getreidepreis pro Hektoliter :

100 Gramm Silber

50 Gramm Silber

10 Gramm Silber

0   1000 km

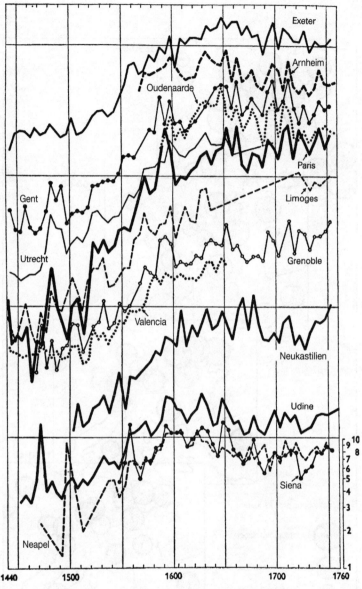

Abb. 20: *Getreidepreise in der jeweiligen Landeswährung*
Fünfjahresdurchschnitte
Das arithmetische Mittel basiert auf insgesamt 59 europä-
ischen Getreidepreisreihen.

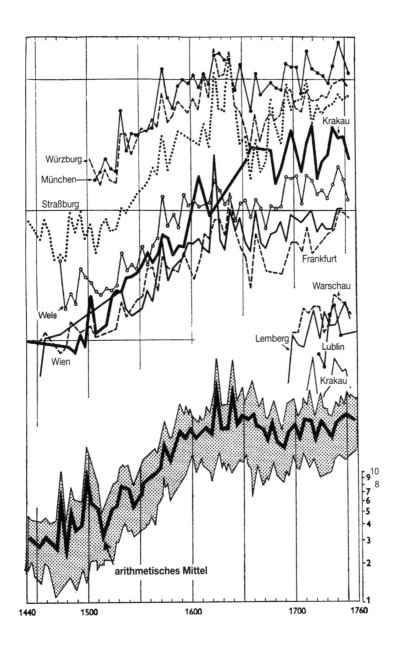

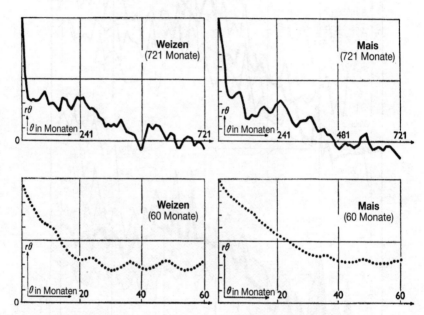

Abb. 21: *Getreidepreiskorrelogramme in Udine, 1586–1796*

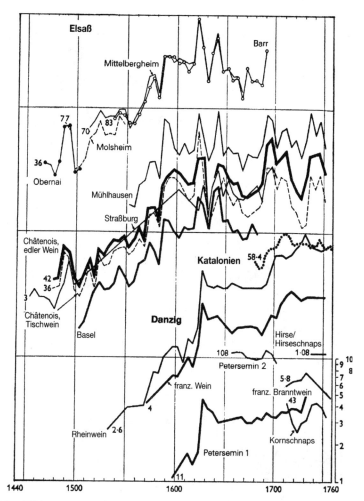

Abb. 22: *Weinpreise in der jeweiligen Landeswährung im Elsaß, in Katalonien und in Danzig*
Fünfjahresdurchschnitte. Die Zahlen geben die Ausgangspreise der einzelnen Reihen an. Elsaß: in Pfennig pro Maß (Basel: in Schilling pro Saum). Katalonien: Barcelona, gleitender dreizehnjähriger Durchschnitt in katalanischen Schilling pro Carrega. Danzig: in Zloty, Hirse/Hirseschnaps pro Sztof, Kornschnaps pro Om, Branntwein pro Viertel; in Grosz, französische Weine, Rheinweine, Weine aus Petersemin 1 pro Sztof, aus Petersemin 2 pro Om.

145

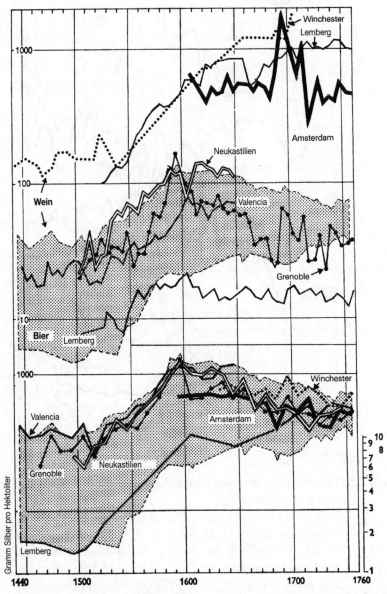

Abb. 23: *Wein-, Bier- und Weizenpreise in Gramm Silber pro Hektoliter*
Fünfjahresdurchschnitte. Die gerasterten Flächen geben die
Weizenpreisschwankungen an.

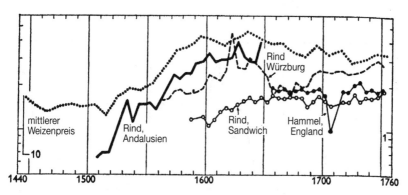

Abb. 24: *Fleischpreise in Gramm Silber pro Kilogramm*
Fünfjahresdurchschnitte

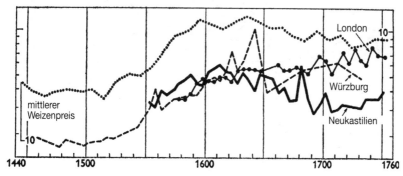

Abb. 25: *Talgkerzenpreise in Gramm Silber pro Kilogramm*
Fünfjahresdurchschnitte

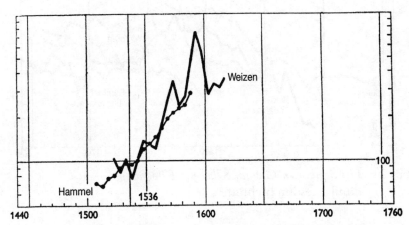

Abb. 26: *Hammel und Weizen: Index der Nominalpreise in Paris*
Fünfjahresdurchschnitte 1536 = 100 (nach M. Baulant)

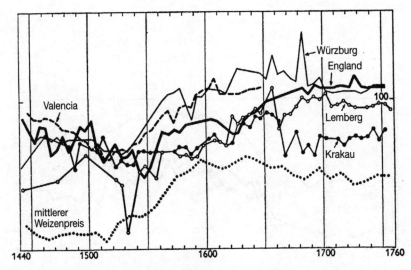

Abb. 27: *Ziegelpreise in Gramm Silber pro 1000 Stück*
Fünfjahresdurchschnitte

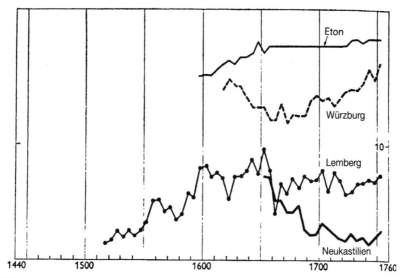

Abb. 28: *Brennholzpreise in Gramm Silber pro Ladung*
Fünfjahresdurchschnitte

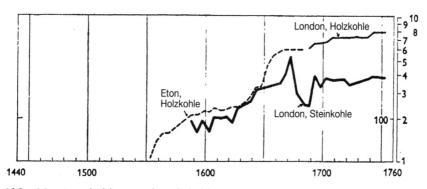

Abb. 29: *Steinkohlen- und Holzkohlenpreise in England in Gramm Silber*
Fünfjahresdurchschnitte

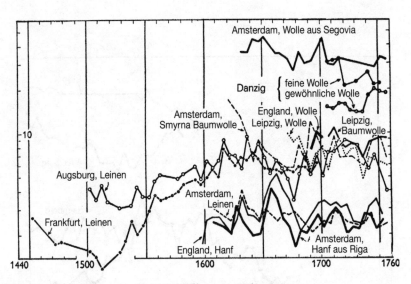

Abb. 30: *Textilpreise in Gramm Silber pro Kilogramm*
Fünfjahresdurchschnitte

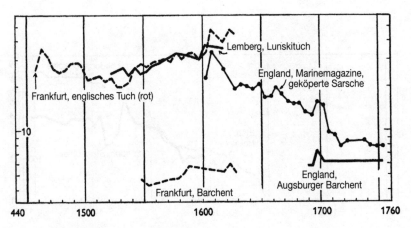

Abb. 31: *Stoffpreise in Gramm Silber pro Meter*
Fünfjahresdurchschnitte

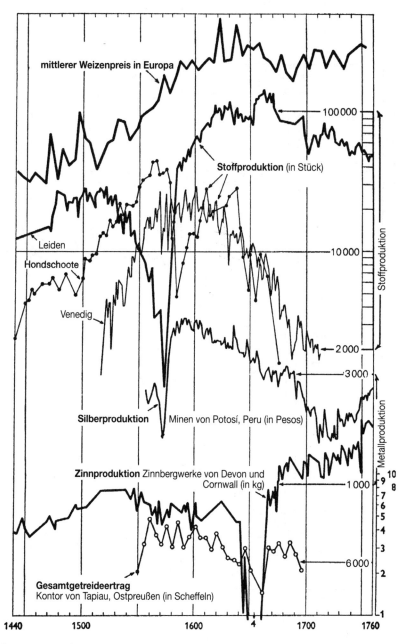

Abb. 32: *Preisbewegungen und industrielle Produktion*

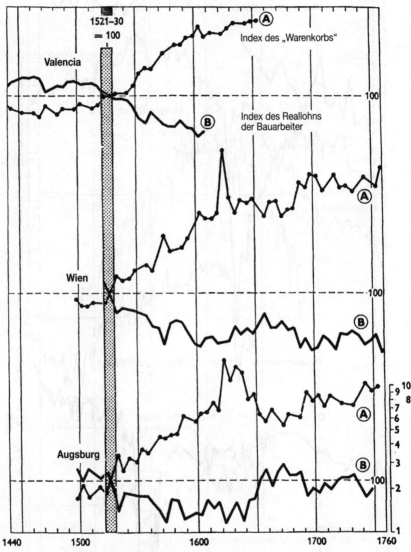

Abb. 33: *Bauarbeiterlöhne und Lebenshaltungskosten*
Fünfjahresdurchschnitte
(Nach E. H. Phelps Brown und Sheila Hopkins)

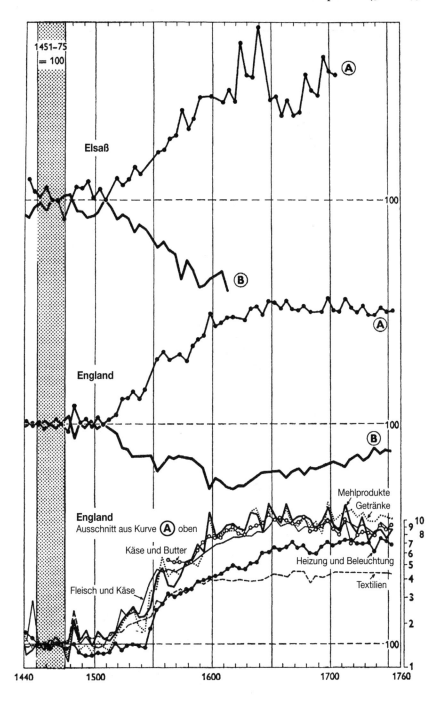

1451–75
= 100

Elsaß

Ⓐ

100

Ⓑ

Ⓐ

England

100

Ⓑ

Mehlprodukte
Getränke

England
Ausschnitt aus Kurve Ⓐ oben

Käse und Butter

Heizung und Beleuchtung

Fleisch und Käse

Textilien

10
9
8
7
6
5
4
3
2
100
1

1440   1500   1600   1700   1760

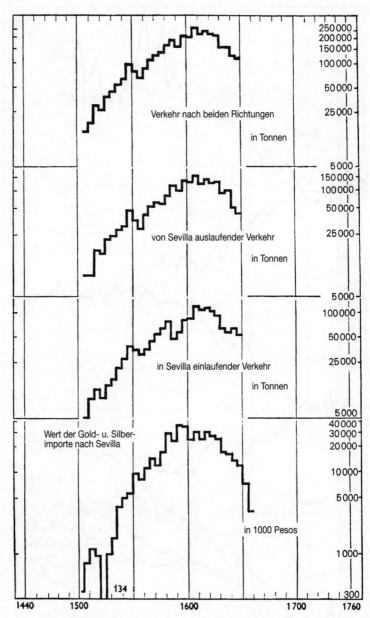

Abb. 34: *Sevilla, Verkehrsaufkommen des Hafens*
Amerikahandel (nach H. und P. Chaunu);
Gold- und Silberimporte (nach E. J. Hamilton)

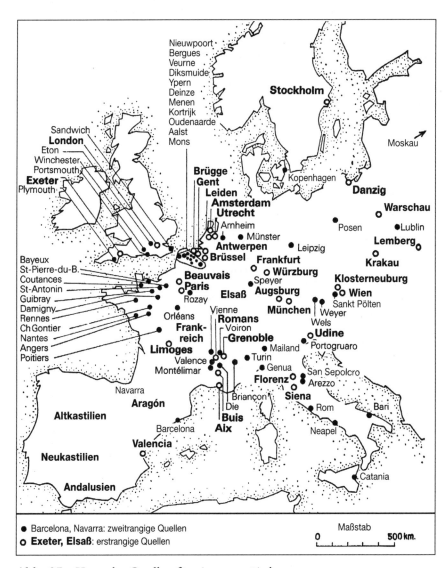

Abb. 35: *Karte der Quellen für eine europäische*
Preisgeschichte von 1450 bis 1750
(Die Einstufung der verschiedenen Reihen
stellt nur eine grobe Annäherung dar.)

Anmerkungen

[1] A. Chabert: »Encore la révolution des prix au XVIe siècle«, in: *Annales E.S.C.*, 1957.

[2] S. Hoszowski: »L'Europe centrale devant la révolution des prix«, in: *Annales E.S.C.*, 1961.

[3] D. Felix: »Profit inflation and industrial growth: the historic record and contemporary analogies«, in: *Quarterly Journal of Economics*, 1956.

[4] G. Parenti: *Prime ricerche sulla rivoluzione dei prezzi in Firenze*, Florenz 1939.

[5] P. Goubert: *Beauvais et le Beauvaisis de 1600 à 1730: contribution à l'histoire sociale de la France du XVIIe siècle*, Paris 1960.

[6] N. de Wailly: *Mémoire sur les variations de la livre tournois depuis le règne de Saint Louis jusqu'à l'établissement de la monnaie décimale*, Paris 1857.

[7] C.B. Winsten, Oxford University.

[8] G. Guilbaud, Université de Paris.

[9] R. Romano, F. Spooner, U. Tucci, auszugsweise veröffentlicht in: *Memorie storiche Forogiuliese*, 1960–1961.

[10] J.A. van Houtte: »Bruges et Anvers, marchés ›nationaux‹ ou ›internationaux‹ du XVIe au XVIe siècle«, in: *Revue du Nord*, 1952.

[11] E. Wagemann: *Die Zahl als Detektiv*, München 1952.

[12] F. Braudel: »Histoire et sciences sociales: la longue durée«, in *Annales. E.S.C.*, 1958 [dt.: »Geschichte und Sozialwissenschaften. Die lange Dauer«, in: F. Braudel: Schriften zur Geschichte 1. Gesellschaften und Zeitstrukturen, Stuttgart 1992, S. 49–87].

[13] Sieur de Malestroit: »Mémoires sur le faict des monnoyes proposez et leus par le maistre des comptes de Malestroit... le 16e jour de may 1567«, in: *Paradoxes inédits*, hrsg. v. Luigi Einaudi, Turin 1937.

[14] C.M. Cipolla: *Mouvements monétaires dans l'Etat de Milan (1580–1700)*, 1952, S. 15 ff.

[15] W. Lexis: »Beiträge zur Statistik der Edelmetalle«, in: *Jahrbücher für Nationalökonomie und Statistik*, 1879, S. 368. Und Auskünfte von G. Spassky, Konservator am Leningrader Eremitage-Museum (Abteilung russische Münzen).

[16] 1576 durch die französischen Katholiken gegen die Hugenotten; die 1588 daraus hervorgegangene Liga der Sechzehner kämpft mit spanischer Hilfe gegen Heinrich III. und Heinrich IV. [A.d.Ü.].

[17] Von der er seinen Namen hat, denn auf der Rückseite trug die Zechine die Aufschrift: Sit tibi, Christe, datus quem tu regis iste *ducatus* (dir, Christus, sei das Herzogtum geweiht, das du regierst) [A.d.Ü.].

[18] G. Coniglio: »Annona e calmieri a Napoli durante la dominazione spagnuola«, in: *Archivio storico per le provincie napoletane*, 1940.

[19] Bemerkenswert übrigens, daß die wichtigsten Rechnungsmünzen häufig von Rivalen oder Helfern unter oder über ihrem Wert begleitet werden: So wird in England vielfach auch in Schilling gerechnet, das heißt in Zwanzigsteln vom Pfund; in Spanien in Rechnungsdukaten zu 375 Maravedis; in Venedig in Dukaten, die ebenfalls ein Vielfaches der Lira sind.

[20] F.J. Fisher: »Commercial Trends and Policies in the sixteenth Century«, in: *Economic History Review*, 1940.

[21] R. Romano: »Une économie coloniale: le Chili au XVIIIe siècle«, in: *Annales E.S.C.*, 1960.

[22] F. Spooner: *L'économie mondiale et les frappes monétaires en France 1493–1680*, 1960.

[23] F. Braudel/F. Spooner: »Les métaux monétaires et l'économie mondiale du XVIe siècle«, in: *Xe Congrès international de Rome*, 1955, Relazioni, IV, S. 233 ff.

[24] J. Delumeau: *Vie économique et sociale de Rome dans la seconde moitié du XVIe siècle*, 2 Bde., Paris 1957–1959, S. 667–668.

[25] Walter Anderssen: »Materialien zum ragusanischen Maß- und Geldwesen«, in: *Vierteljahrschrift für Sozial- und Wirtschaftsgeschichte*, 1935.

[26] P. Goubert: *Beauvais...* (Anm. 2), S. 141.

[27] Bernard Schnapper: *Les rentes au XVIe siècle*, Paris 1957.

[28] F. Braudel: *La Méditerranée et le monde méditerranéen à l'époque de Philippe II*, 1. Aufl. 1949, S. 407 [dt. Ausgabe: *Das Mittelmeer und die mediterrane Welt in der Epoche Philipps II.*, 3 Bde., Frankfurt/M. 1990].

[29] Mit deren Zusammenstellung ich einen jungen spanischen Historiker beauftragt habe, der sich bereits an die Arbeit gemacht hat (F. B.).

[30] I. de Pinto: *Essai sur le luxe*, 1764.

[31] Für die Spezialisten sei angemerkt, daß man in Amsterdam über das *agio* auf das Bankgeld genau Buch führte.

[32] Mit diesem Problem wird sich Frank Spooner demnächst in einem Artikel in aller Ausführlichkeit auseinandersetzen.

[33] F. Spooner, (Anm. 22), S. 308.

[34] Das Wort ist von Marc Bloch übernommen.

[35] Wir denken hier an die Definition von James Stewart: »... die Rechnungsmünze leistet für die Bewertung der Dinge dieselben Dienste wie die Grade, Minuten und Sekunden für die Winkel und die Maßstäbe der geographischen Karten.« *The Works*, 6 Bde., II, S. 271.

[36] Seine »Nicht-Korrelation«, wie man vielleicht sagen könnte. Vgl. dazu den ausgezeichneten Aufsatz von Walter Achilles »Getreidepreise und Getreidehandelsbezeichnungen europäischer Räume im 16. und 17. Jahrhundert«, in: *Zeitschrift für Agrargeschichte und Agrarsoziologie*, 1959.

[37] S. Hoszowski: »L'Europe ...« (Anm. 2).

[38] Richtiger des nordpolnischen. Siehe hierzu die Vorbehalte von Walter Achilles (Anm. 36).

[39] V.M. Godinho: *Prix et monnaies au Portugal*, 1955.

[40] P. Chaunu: *Séville et l'Atlantique (1540–1650)*, VIII, 2, 1, S. 781.

[41] J. van Klaveren: *Europäische Wirtschaftsgeschichte Spaniens im 16. und 17. Jahrhundert*, 1960.

[42] Unsere Behauptung, daß sich die Historiker in den wesentlichen Punkten über den säkularen *Trend* einig sind, bedarf einer Einschränkung. Ein kleiner Streit entzweit sie doch, denn die Meinungen über den auf die langanhaltende Hausse des 16. Jahrhunderts angewendeten Begriff »Preisrevolution« gehen auseinander. – Der Begriff, weder von Earl Hamilton noch von Fernand Braudel geprägt, geht mindestens bis zum großen Georg Wiebe (1895) zurück. Einigen Historikern erscheint er für die Verhältnisse im 16. Jahrhundert allerdings übertrieben. Was soll das für eine Revolution sein, »die hundert Jahre dauert«?, so wird gefragt (Pierre Goubert: *Beauvais ...* [Anm. 5], S. 499, Anm. 17). »Da haben wir aber«, rief der Spezialist für das 16. Jahrhundert, Gaston Zeller, 1948 aus, »noch ganz andere Dinge erlebt!« Wir, wohlverstanden, die Menschen des 20. Jahrhunderts, und das stimmt. Aber die Menschen des 16. Jahrhunderts, ein Martin de

Azpilcueta (1556), ein Sieur de Malestroit (1566), ein Jean Bodin (1568), hatten, als ihnen die Stunde der Überraschung und des Bewußtwerdens schlug, nicht das Privileg, mit dem 20. Jahrhundert ein noch verblüffenderes Spektakel als das ihrer eigenen Zeit vor Augen zu haben... Sündigen wir also nicht allzusehr durch Anachronismus. Ebenfalls Anstoß an dem dramatischen Ausdruck nahm Carlo M. Cipolla (»La prétendue révolution des prix et l'expérience italienne« [Die angebliche Preisrevolution und die italienische Erfahrung], in: *Annales E.S.C.*, 1955). Doch die von ihm durchgeführten Vergleiche der Prozentsätze erscheinen uns wenig überzeugend. Interessant an seiner Polemik ist indessen, daß er den zweiten Preisaufschwung in Italien erst auf den Beginn der zweiten Hälfte des 16. Jahrhunderts ansetzt und auf den »Boom« des Wiederaufbaus nach dem Frieden von Cateau-Cambrésis (1.–3. April 1559) zurückführt. Fragt sich dann freilich, warum wir anderswo dasselbe Anziehen der Preise konstatieren.

Schon mehr leuchten uns die (im übrigen bereits von Georg Wiebe formulierten) Überlegungen von Pierre Chaunu ein, der den Preisauftrieb für weniger stark hält, als es auf den ersten Blick erscheint und beispielsweise von Einaudi (*Paradoxes* ... [Anm. 13], S. 23: Progression der Nominalpreise in Frankreich zwischen 1471 und 1472 und erneut zwischen 1590 und 1598 um 627,5 Prozent) eingeschätzt wurde, und zwar weil dieses Anziehen der Preise, so Pierrre Chaunu, zum Teil ihren Tiefstand, beziehungsweise ihren Niedergang von 1350 bis 1450, wieder ausgleicht. (Laut Georg Wiebe ist der frühere Preisverfall erst um 1520 wieder ausgeglichen.) Zweifellos verhält es sich so, aber ist das bei Verschiebungen des Preisgefüges nach oben nicht stets der Fall? Warum also sollte man ausgerechnet beim Preisaufschwung des 18. Jahrhunderts den Preisabschwung des 17. Jahrhunderts abziehen?

Vom Nullpunkt aus gemessen jedenfalls, wie es in der Regel geschieht, war die Preissteigerung im 16. Jahrhundert beträchtlich. Unserer Meinung nach aber hat nicht nur ihr außergewöhnlicher Anstieg so viele Historiker bewogen, sie als *revolutionär* zu bezeichnen. Selbst wenn sie auf halber Höhe haltgemacht hätte, würde sie uns immer noch als »Revolution« erscheinen (natürlich nicht in der ursprünglichen Bedeutung des Wortes, sondern in der gewandelten, heute üblichen), als dramatische Wirklichkeit mit einem gewaltigen Widerhall, als dauerhafte Veränderung, die zwischen sich und der Vergangenheit eine tiefe Kluft aufreißt, eine von denen, wie sie die große Geschichte abstecken. Lesen wir Bodin, Malestroit, Martin de Azpilcueta, hören wir, gesammelt von Hoszowski, den Widerhall der Fassungslosigkeit, die Polen angesichts der ununterbrochenen Preissteigerung befällt, und wir werden zugeben, daß die Menschen des 16. Jahrhunderts die ersten waren, die über manchmal äußerst heftige Unregelmäßigkeiten früherer Krisen hinaus ein neues, außergewöhnliches Phänomen erlebten, ein Phänomen, das außerhalb aller bekannten und üblichen Ursachen die Preise und Löhne in einer kontinuierlichen Bewegung in noch nie dagewesene Höhen trug. Und das bewußte Erleben dieses Phänomens ist die Revolution des 16. Jahrhunderts, nicht mehr und nicht weniger.

[43] Erinnern wir uns daran, daß Branntwein und Kornschnäpse im 16. Jahrhundert ihr Debüt als *Handelsware* gaben.

[44] Jean Pussot: *Journalier*, 1857, S. 12.

[45] P. Clément: *Lettres, instructions et mémoires de Colbert*, 1861–1882, II, S. 624–625.

[46] Die Ursache dafür, daß der Wein, wie im übrigen auch das Öl, in Andalusien schneller steigt als das Getreide, ist im amerikanischen Markt zu suchen.

[47] G. Schmoller: »Die historische Entwicklung des Fleischconsums...«, in: *Zeitschrift für die Gesamte Staatswissenschaft*, 1871.

[48] J.U. Nef: »A Comparison of Industrial Growth in France and England from 1540 to 1640«, in: *Journal of Political Economy*, 1936.

[49] Ch. Devèze: *La Vie de la forêt française au XVIe siècle*, 1961.

[50] H.H. Wächter: Ostpreußische Domänenvorwerke im 16. und 17. Jahrhundert, 1958.

[51] Archives Nationales, Paris, A.E.B. III, S. 235.

[52] *Dowlas* = ein grober Leinenstoff, *buckram* = Steifleinen [A.d.Ü.].

[53] W. Kula: »Histoire et économie: la longue durée«, in: *Annales E.S.C.*, 1960.

[54] Patens littera: Urkunde von öffentlichem Interesse, die mit angehängtem Siegel offen versandt wurde [A.d.Ü.].

[55] Sie halten der Regel der abnehmenden Erträge und dem Druck der nach der Mitte des 16. Jahrhunderts aufblühenden amerikanischen Silberbergwerke nicht lange stand. Ja, selbst die Kupferproduktion des fernen Japan im 17. Jahrhundert bleibt nicht ohne Wirkung auf sie.

[56] P. Goubert: *Beauvais...* (Anm. 5). Man beachte die kurzfristig oft gegenläufige Entwicklung der Getreide- und Eisenpreise in Amiens. Aber ist nicht der Bauer der beste Kunde, so für die Pflugscharen?

[57] Ch. Verlinden / J. Craeybeckx / E. Scholliers: »Mouvement des prix et des salaires en Belgique au XVIe siècle«, in: *Annales E.S.C., 1955*.

[58] Die Haushaltsausgaben einer Familie wurden folgendermaßen aufgeteilt:

Mehlhaltige Waren	20 %
Fleisch und Fisch	25 %
Butter, Käse	12,5 %
Getränke (Bier, Most, Tee)	22,5 %
Heizung, Beleuchtung	7,5 %
Kleidung	12,5 %
	100 %

Aus: E.H. Phelps Brown / S. Hopkins: »Seven Centuries of the Prices of consumables, compared with builders' wagerates«, in: *Economica 1956*.

[59] G. Imbert: *Des mouvements de longue durée Kondratieff*, 1959.

[60] Die Autokorrelationen der monatlichen Weizen- und Maispreise in Udine (1586–1797) nehmen rapide ab, beim Mais jedoch weniger rapide (knapp 0,5 nach zwei Jahren) als beim Weizen (knapp 0,5 nach einem Jahr). Dennoch ist die zyklische Bewegung beim Weizen deutlicher zu erkennen. Nach einer Zeit relativer Stabilität (rund 21 Jahren) fallen die Autokorrelationen der beiden Reihen dann erneut. Die Ähnlichkeit mit dem Hyperzyklus kann nicht gänzlich als rein zufällig abgetan werden. Dennoch sind die Koeffizienten zu niedrig, um präzise Schlüsse zuzulassen.

Zeitabschnitt in Monaten	Autokorrelation Weizen	Mais	Zeitabschnitt in Monaten	Autokorrelation Weizen	Mais
1	0,96	0,97	361	0,12	0,20
13	0,53	0,70	373	0,13	0,20
25	0,33	0,48	385	0,11	0,14
37	0,32	0,38	397	0,17	0,10
49	0,33	0,35	409	0,13	0,11
61	0,32	0,36	421	0,08	0,11
73	0,33	0,39	433	0,06	0,07
85	0,36	0,40	445	0,05	0,07
97	0,39	0,32	457	0,04	0,03
109	0,29	0,19	469	−0,01	−0,03
121	0,30	0,18	481	−0,08	−0,06
133	0,30	0,21	493	0,05	−0,03
145	0,27	0,20	505	0,13	−0,01
157	0,24	0,21	517	0,10	−0,03
169	0,34	0,26	529	0,13	−0,03
181	0,33	0,29	541	0,12	−0,05
193	0,28	0,27	553	0,08	−0,04
205	0,25	0,24	565	0,04	−0,01
217	0,30	0,24	577	0,01	0,05
229	0,34	0,29	589	0,06	0,07
241	0,33	0,31	601	0,05	−0,01
253	0,34	0,33	613	−0,05	−0,06
265	0,29	0,31	625	−0,06	−0,06
277	0,26	0,27	637	−0,01	−0,04
289	0,26	0,20	649	0,02	−0,04
301	0,24	0,15	661	0,04	−0,04
313	0,20	0,13	673	0,03	−0,03
325	0,18	0,16	685	−0,03	−0,03
337	0,12	0,17	697	−0,002	−0,06
349	0,13	0,18	709	−0,01	−0,09
			721	−0,06	−0,12

[61] W. Roscher: *Über Kornhandel und Theuerungspolitik*, 1852. In Udine sind die Preise allerdings im Juli/August am niedrigsten. Aber Roscher ging von Deutschland aus, wo die Ernte erst später eingebracht wird.

[62] Eine empirische Beobachtung läßt auf der Kurve von Udine trotz stark gestörter Zwischenräume einen kurzen Rhythmus mit einer mittleren Dauer von knapp 39 Monaten erkennen.

[63] Der Gegenssatz zwischen Preis- und Handelsfluktuationen müßte, wenn er stimmt, ziemlich groß sein.

[64] Nicht ohne Grund schreibt Ernest Labrousse: »Der Zusammenbruch von 1789 ist ohne die lange Zeit des Unbehagens, die ihm voraufging, nicht zu verstehen.« In: *La crise de l'économie française à la fin de l'Ancien Régime et au début de la Révolution*, 1944, S. XXII–XXIII.

[65] M. Kerhuel: *Les Mouvements de longue durée des prix*, 1935; E.R. Dewey / E.F. Dakin; *Cycles: the science of prediction*, New York 1950.

[66] E.J. Hamilton: »American Treasure and Andalusian Prices, 1503–1660«, in: *Journal of Economic and Business History*, 1928.

[67] M. Moreyra y Paz Soldan: *En torno a dos valiosos documentos sobre Potosí*, Lima 1953.

[68] Luigi Einaudi, Schiedsrichter in der Kontroverse Malestroit-Bodin, schickte beide Kontrahenten Rücken an Rücken nach Hause. Gestützt auf die Zahlen von Paul Raveau kam er für die Zeit von 1471/72 bis 1590/98 zu dem Schluß, daß die Preise in diesem Zeitraum von über 100 Jahren von 100 auf 627,5 (Nominalwert) stiegen. Von dieser Inflation gehen seiner Ansicht nach 35,47% auf das Konto der Abwertung der Livre tournois (also 222,6% der Preissteigerung); für den Rest, 64,53% (also 404,9% des Preisauftriebs) macht er andere Ursachen verantwortlich, unter anderem auch den Metallzustrom aus Amerika, der die Preisrevolution seiner Meinung nach zu 299,6% verursacht hat. Das heißt Abwertung und amerikanisches Metall einmal ausgeklammert, bleiben noch 105,5% der Preissteigerung durch andere Ursachen zu erklären. Daß solche Berechnungen niemand für exakt halten kann, nicht einmal der Autor selbst, versteht sich von selbst. Dennoch glauben wir, daß diese klugen Hypothesen (nehmen wir einmal an, sagt Luigi Einaudi, daß sich zunächst nur die Abwertung der Livre tournois ausgewirkt hat, dann nur die Masse der aus Amerika einströmenden Metalle, etc.) ein guter Ausgangspunkt für weitere Überlegungen sein könnte.

[69] C.M. Cipolla: »La prétendue ›révolution des prix‹: réflexion sur l'expérience italienne«, in: *Annales E.S.C.*, 1955.

[70] F. Simiand: »*Recherches anciennes et nouvelles sur le mouvement général des prix du XVIe au XIXe siècle*, 1932.

[71] P. Vilar: »Remarques sur l'histoire des Prix«, in: *Annales E.S.C.*, 1961.

[72] E.J. Hamilton: »American Treasure and the rise of capitalism (1500–1700)«, in: *Economica*, 1929.

[73] Hierin schließen wir uns Pierre Vilar (Anm. 71) an.

[74] Der Begriff stammt von Pierre Chaunu: »Dynamique conjoncturelle et histoire sérielle«, in: *Industrie*, Brüssel, 6. Juni 1960.

[75] W. Abel: »Bevölkerungsrückgang und Landwirtschaft im ausgehenden Mittelalter im Lichte der Preis- und Lohnbewegung«, in: *Schmollers Jahrbuch*, 1934.

[76] H. Habbakuk: »The long term rate of interest and the price of land in the 17th century«, in: *Economic History Review*, 1952–1953.

[77] A. de Maddalena, »I bilanci dal 1600 al 1647 di una azienda fondiaria lombarda. Testimonianza di una crisi economica«, in: *Rivista internazionale di scienze economiche e commerciali*, 1955.

Die Ablehnung der Reformation in Frankreich*

Diese kurze Studie ist ein ungewöhnliches Plädoyer mit allen Vorteilen, zum Beispiel dem eines neuen Gesichtspunkts, aber auch seinen Nachteilen. Ein Plädoyer eröffnet eine Debatte und will sie nicht beenden. Gerät es deshalb aber nicht zu leicht einseitig?

Bevor ich also mit ihm beginne, scheint es mir sinnvoll, einige Vorsichtsmaßnahmen zu treffen und die Problematik, um die es gehen wird, näher zu beschreiben. – Sämtliche Realia und Entwicklungen, die »das Religiöse« ausmachen, wurzeln tief im Gebiet der Kultur und folgen zunächst den vereinfachenden Regeln eines besonderen Universums, nämlich dem der Zivilisationen und Kulturen. Dieses Universum ist einmalig genug, um, wenn schon nicht seine eigenen *Gesetze*, was zu schön wäre, so doch wenigstens seine *tendenziellen Regeln* zu besitzen. Tatsächlich bewegen sich diese Zivilisationen und Kulturen wie die menschliche Geschichte überhaupt in kurzen und langen, manchmal sehr langen Zeiträumen. Ich werde mich auf den folgenden Seiten auf die lange Dauer konzentrieren und die kurzfristige Perspektive, die schon häufig bearbeitet wurde, beiseite lassen. Dies zwingt uns allerdings, die Ereignisse, Episoden, Umstände und dramatischen Momente zu übergehen, von denen ich mich übrigens nur ungern trenne.

Die Berechtigung der langfristigen historischen Perspektive bedarf keiner Erläuterung: Die Reformation begann nicht erst mit dem Thesenanschlag Martin Luthers am 31. Oktober 1517 an der Tür der Schloßkirche zu Wittenberg, so wichtig er auch gewesen sein mag, und sie endete in Frankreich auch weder mit dem Erlaß des Edikts von Nantes (1598) noch mit seinem Widerruf (1685). Die Zeichen kräftiger vorreformatorischer Strömungen waren schon lange vor 1517 zu erkennen. (Den Begriff *Vorreformation* schätze ich übrigens nicht sehr. Mir erscheint er sich selbst gegenüber irreführend, weil die Vorreformation doch sowohl in die protestantische Reformation wie

* »En France: Le refus de la Réforme« (Manuskript). Aus dem Französischen übersetzt von Jochen Grube. Eine englische Übersetzung erschien 1982 in: Hugh Lloyd-Jones (Hrsg.): *History and Imagination. Essays in Honor of H. R. Trevor-Roper*, New York 1982, S. 72–80 (»The Rejection of the Reformation in France«).

auch in die katholische Gegenreformation mündete.) In einem Buch, das aus Zeitgründen unvollendet blieb, schlägt Lucien Febvre vor, *Vorreformation* durch *unruhige Zeiten* (»temps inquièts«) zu ersetzen, deren erste sichtbare Anfänge er um 1450 datiert. Ich schätze diesen Begriff sehr und habe ihn schon oft verwendet. Spielten aber Unruhe und Angst in jener zweiten Hälfte des 15. Jahrhunderts tatsächlich eine derartige Rolle, als Westeuropa nach den Strudeln, Krisen und Katastrophen des Hundertjährigen Krieges einen langen Wirtschaftsaufschwung und eine echte biologische Renaissance erlebte sowie eine dadurch neu erwachte unleugbare Lebenslust entwickelte, so als ob die allgemeine religiöse Flut wie ein Hochwasser im Frühling über den Okzident hinweggeschwappt wäre?

Die Reformation als machtvolles Phänomen in *statu nascendi* gab es bereits mehr als ein halbes Jahrhundert vor Luther. Wenn wir in diesem Zusammenhang allein Frankreich betrachten, können wir dann behaupten, daß sich dort das Schicksal der Reformation im Jahr 1598, 1685 oder gar erst 1735 entschied, als der letzte, wegen seines protestantischen Glaubens verurteilte Sträfling freigelassen wurde? Oder 1787, als Ludwig XVI. den Protestanten die bürgerlichen Rechte zuerkannte, die sie zuvor nie besessen hatten, oder gar im Jahr 1980, als man die Zahl der französischen Protestanten auf zwei Millionen Personen schätzte?

Wenn wir die Geschichte unter der kurzfristigen Perspektive betrachten, so zeigt sich, daß Zivilisationen, deren Appetit stets grenzenlos ist, sämtliche »Güter«, die ihre Nachbarzivilisationen anbieten oder die in ihre Reichweite gelangen, ständig und eines nach dem anderen fast vollständig vereinnahmen. Langfristig gesehen werden diese »Güter« allmählich adaptiert. Es kommt selten oder sogar äußerst selten vor, daß das, was an Kulturellem über die Grenzen gelangt, endgültig akzeptiert oder kategorisch abgelehnt wird. Wenn eine Kultur jedoch etwas überzeugt annimmt oder leidenschaftlich ablehnt, so bedeutet dies für sie, sich bis in ihr Innerstes zu erklären. Das eroberte Gallien akzeptierte Rom und wurde dadurch für die kommenden Jahrhunderte umgewandelt. Das moderne Frankreich aber hat die Reformation nicht gewollt und damit sein Wesen definiert und bekräftigt. Ja, aber aus welchen Gründen und unter welchen Umständen?

Da eine derartige Ablehnung von ganz innen heraus kommt, wird uns die Freilegung ihrer Gründe nur gelingen, wenn wir die übliche historische Darstellung, die sich ja nur mit der glitzernden Oberfläche

der Geschichte befaßt, nach einer vermutlich langen Operation beiseite schieben. Vielleicht gelingt es uns aber doch, relativ rasch voran-
zukommen, wenn wir unser Skalpell und unsere Sonden nur geschickt genug ansetzen, zumal uns die *Uchronie** helfen und uns
unterstützen kann. Wahrscheinlich handelt es sich bei dieser Geschichtsauffassung um eine schlechte Angewohnheit, die Geschichte
entgegen ihrem tatsächlichen Verlauf zu beschreiben und den Sinn
großer Ereignisse zu verändern, um sich so vorzustellen, was sich hätte ereignen können. Aber diese Spielerei ist, obgleich trügerisch, so
doch nicht sinnlos, denn sie bedeutet auf ihre Weise ein Abwägen der
Ereignisse, Episoden und handelnden Personen, die sich entweder
selbst für die Entwicklung des Gewesenen verantwortlich hielten
oder die man dafür hält. Die Frage unter diesem Blickwinkel lautet,
ob sie sich hätten anders verhalten können oder nicht.

In diesem Sinn setzte der dramatische Akt von Wittenberg am 31.
Oktober 1517 trotz seiner Explosivkraft den unendlichen Prozeß der
Reformation nur insoweit in Gang, als Papst Leo X. den Augustiner-
mönch Martin Luther aus der Kirche ausstieß. Dabei ist die Vorstellung gar nicht zu weit hergeholt, daß er mit ihm auch einen Kompromiß hätte suchen können: Die Tradition der Kirche hätte dem
nicht entgegengestanden, denn sie fühlte sich ja selbst vom ständigen
Bedürfnis nach *aggiornamento* getrieben, also dem drängenden Wunsch
nach einer *reformatio ecclesiae*, die sich unaufhörlich selbst erneuerte.
Diesem Bedürfnis nach Erneuerung, Übereinkunft und schöpferischer Vorstellungskraft konnte die Kirche entweder zustimmen oder
nicht – den heiligen Franz von Assisi und die Bettelorden hat sie sehr
wohl bejaht. Die heutigen Historiker, die die damaligen Leidenschaften nicht mehr umtreiben, erkennen nach den Worten von Jean Delumeau, daß »die feindlichen Brüder in ihrer Einstellung, ihren Methoden und selbst in ihren Glaubenssätzen manchmal weniger
trennte, als sie es sich selbst vorzustellen vermochten«. Obwohl die
Revolte des Protestantismus den »ungenähten Rock« der Kirche [vgl.
Johannes 19, V. 23 – A.d.Ü.] zerriß, hat sie das Reich Christi, des

---

* Unter *Uchronie* ist eine Geschichtsauffassung zu verstehen, die die Geschichte nicht
  ihrem tatsächlichen Verlauf entsprechend darstellen will, sondern so, wie sie hätte verlaufen können oder sollen. Begriff und Konzept der *Uchronie* stammen von Charles
  Rémusat, der sie 1876 in die Debatte brachte. Sie ist, wie ein französisches Lexikon
  feststellt, »häufig nur Dichtung« [A.d.Ü.].

Mensch gewordenen Gottes, nicht in Frage gestellt. Wurde der Kern der christlichen Botschaft damit nicht bewahrt? Zum tatsächlichen Bruch Luthers mit Rom kam es auch nach zahlreichen offiziösen Verhandlungen übrigens nicht im Jahr 1520, sondern erst im April 1521 auf dem Reichstag zu Worms, als Luther vor dem damals noch jungen Kaiser Karl V. erschien. Dieser junge Mann fühlte sich aber schon damals wie auch in Zukunft stets als ein der Tradition verpflichteter Herrscher, der das respektierte, was vor ihm gedacht und vollbracht worden war. Wie also hätte er sich von etwas grundlegend Neuem, von einer sicheren und bereits erkennbaren Zukunft verführen lassen sollen?

In Frankreich sollte die Stunde der Wahrheit noch auf sich warten lassen. Der erste revolutionäre Schock der Reformation ereignete sich außerhalb seiner Grenzen, und seine Wellen drangen nur langsam in das weit ausgedehnte französische Königreich ein. Erst um die Jahre 1534/35, also lange nach dem »Skandal« von Wittenberg, kam ganz Frankreich mit den neuen Ideen in Berührung. Eine sorgfältige Kartographie zeigt dies ohne jeden Zweifel: Lutherisches Gedankengut drang vor allem entlang den großen französischen Verkehrsadern, das heißt entlang der Seine und durch das Rhônetal, vor, denn nach Osten hin bildeten die Picardie, die Champagne, das damals noch nicht französische Lothringen und Burgund einen mächtigen, traditionalistisch-feindseligen und nur schwer zu überwindenden Schutzschild. Vielleicht gelangte der Protestantismus auch über die Seewege der Nordsee und des Ärmelkanals hinter die Schutzzone der östlichen Provinzen nach Frankreich? Auf jeden Fall gab es zwischen 1534 und 1535 dort keine Stadt, keinen Marktflecken und keine Straße mehr, die der Protestantismus nicht schon passiert hätte. Natürlich hat er nicht alles erobert, aber alles war von ihm im Vorbeiziehen berührt oder beleuchtet worden.

In diesen Jahren hatten sich die beiden Lager in Frankreich noch nicht klar herauskristallisiert. In dem riesigen Königreich, wo das frühere träge Leben in seinen gewohnten Bahnen weiterlief oder vorherrschte, lebte jeder in einem diffusen *Zwielicht* oder *Halblicht* (»le demi jour«) bzw. – prosaischer – in der *Dämmerung* (»entre chien et loup«). Die gesamte gebildete Schicht verhielt sich abwartend, aufmerksam und zögernd. Franz I., den wir gerne im zu strahlenden Licht der Renaissance sehen, bietet das lebende und in gewisser Weise fürchterliche Beispiel dieser zögernden Unsicherheit. An seinem

Hofe lebte seine anbetungs- und bewunderungswürdige Schwester Margarete von Angoulême, die schon seit 1526 mit Humanisten und Reformatoren in Kontakt stand. Um sie herum entwickelten sich Pläne und »Neuigkeiten«, standen Tür und Wege offen... Es bedeutete deshalb ein Drama für sich, als sie 1527 mit dem König von Navarra vermählt wurde und daraufhin den französischen Hof verließ, der damit an Einfluß verlor. Aber der König konnte nicht frei handeln; er stand weder mit dem Herzen noch mit dem Kopf vollständig auf der Seite des Neuen. Als er 1526 aus seiner spanischen Gefangenschaft entlassen wird, muß er seine beiden Söhne als Geiseln am spanischen Hof zurücklassen. Erst der »Damenfrieden« von 1529 befreit ihn von dem Druck, der von dieser Seite auf ihm lastete. Und wie hätte er auch voranschreiten, einen alten und »reaktionären« Berater wie Kanzler Duprat, der 1535 starb, ungehört beiseite schieben, die boshaft-wachsame Feindseligkeit der Sorbonne unbeachtet lassen, gegen den monarchischen Machtapparat angehen und vergessen können, daß ihm das Konkordat von 1516 die Kirche von Frankreich ausgeliefert hatte, die ihm dies mit gleicher Münze heimzahlte und den Allerchristlichsten König in einen Gefangenen oder Beinahe-Gefangenen der Kirche verwandelte?

Dennoch zeigt der Protestantismus in dieser Epoche noch nicht die unversöhnlichen Züge eines Calvin, der sich erst nach 1538 zum unangefochtenen Herrn von Genf aufschwang. Um 1530 waren viele andere und versöhnlichere Reformatoren wie der großzügige Zwingli und der ebenso »liebenswürdige« wie fromme Philipp Melanchthon in Frankreich besser bekannt... Darüber hinaus trug Heinrich VIII. von England 1532 Franz I. eine »insgesamt protestantische« Allianz an, die den reformierten Reichsfürsten des Schmalkaldischen Bundes zu Hilfe eilen sollte. Franz I. aber zögerte, wie Michelet sagt, »zwischen links und rechts«, blieb unverbindlich und engagierte sich nicht... Vielleicht auch, weil die bereits nur scheinbare Entscheidung für die Reformation den sofortigen Verlust oder wenigstens die Gegnerschaft Italiens bedeutet hätte? Sollte er auf Pläne, Träume und »Luftschlösser« verzichten? Aber diese Vorstellungen zählten, so daß ein Zeitgenosse des Königs notierte: »Der einfache Mann auf der Straße begreift die Gründe des königlichen Verhaltens nicht. Für mich steht fest, daß er sich für die neue Lehre nicht schlecht eignet. Wenn er sie versteckt, so deshalb, weil er es wegen der Geistlichkeit in seinem Königreich nicht anders kann. Warten Sie nur, bis er die Teile von

Italien bekommen hat, die er will, dann werden Sie sehen, was von seiner Freundschaft mit dem Papst und den Papisten dann noch übrigbleibt.«

Hat dieser Zeitgenosse recht? Starrte Franz I. in diesem Punkt genau wie seine Vorgänger nach Italien? Das mag zutreffen, aber die fixe Idee seines Lebens war der Kampf gegen den Kaiser, gegen *Cesare*, wie die Gesandten der italienischen Städte am französischen Hof sagten. Oder wenn wir es unter dem Aspekt der *Uchronie* betrachten: Welche langfristigen und sogar die Interessen des Kaisers berührenden Konsequenzen hätte es gehabt, wenn sich der französische Monarch der Reformation angeschlossen oder ihr Zugeständnisse gemacht hätte? Wenn es möglich wäre, gelebte Vergangenheit wie in einem Labor beliebig neu erstehen zu lassen, so könnte man mit dieser Erfahrung trefflich über das Thema nachdenken, was aus einem Frankreich geworden wäre, das sich ohne Kriege beinahe freundschaftlich und entsprechend der Laune des Königs zum Protestantismus bekehrt hätte! Nach einer derartigen Kehrtwendung Frankreichs wäre nicht allein seine Geschichte, sondern auch die Geschichte Europas völlig anders verlaufen.

Dennoch hege ich meine Zweifel, ob die französische Monarchie vor und während der Religionskriege Schiedsinstanz oder Herrin der Situation gewesen ist. Selbst in den Jahren, die ich hier betrachte und die, insgesamt gesehen, kaum Probleme boten, hätte der König mehr Willensstärke beweisen müssen, als er besaß, um das Anlaufen der Unterdrückungsmaschinerie noch zu verhindern. Das Räderwerk der Gewalt begann sich schon zu drehen, denn am Morgen des 18. Oktober 1534 klebten in Paris, Orléans, Blois und Amboise Plakate, die den König auf der Schwelle seiner Schlafzimmertür zeigten. Sie klagten »die prunkvolle und hochfahrend päpstliche Messe« in heftiger Form an und wetterten gegen »die ganze Zeit, die man mit Glockengeläut, Mummenschanz und anderen schönen Arten der Hexerei verbringt«. »Kann man«, so der aufhetzende Text weiter, »an die Transsubstantiation glauben, als ob Jesus Christus in den Zufälligkeiten von Brot und Wein verborgen oder von ihnen umschlossen wäre?« Damit hatte die Gewalt also schon vor Calvin die geschichtliche Bühne betreten... Wie sollte sich die wankelmütige Politik eines Franz I. hier heraushalten und verhindern, daß sie verändert oder bereits in ihren Ansätzen gestoppt würde, während Haß und Gewalt im christlichen Europa tobten und in den apokalyptischen Wirren des Täuferreichs von Münster (1534–1535) gipfelten?

Nach der Plakataffäre folgte die Unterdrückung. Die Scheiterhaufen brannten, und die bedrohten Protestanten flohen vorsichtshalber aus ihrem Vaterland. Zu den Flüchtenden zählte auch Marot, der schon zweimal, 1521 und 1532, eingekerkert worden war und sich zunächst nach Navarra und dann nach Ferrara flüchtete, wo er den ebenfalls flüchtigen Calvin traf.

War damit alles vorüber? Mitnichten, denn 1535 erschien in Basel die lateinische Ausgabe des *Unterrichts in der christlichen Religion* (»Institutio Christianae Religionis«) Calvins, die in ihrem Vorwort eine Dankesadresse an den König von Frankreich enthielt. Dennoch begann im Jahre 1562 das Drama der langdauernden Religionskriege. Besäße ich die Begabung und Geschicklichkeit eines Claude Manceron, die Biographien zeitgenössischer Personen kontrapunktisch darzustellen, so würde ich mit einem Bild Franz' I. beginnen, das ihn nach der Plakataffäre als Teilnehmer an einer Bußprozession im Januar 1535 zeigt. Auf dem zweiten Foto wären Calvin und Marot bei ihrem Zusammentreffen in Ferrara zu sehen...

Ich will diese, wie man sich allzuleicht vorstellen kann, prachtvolle Geschichte in lebenden Bildern in einer langen Reihe von Heinrich IV., Ludwig XIII., Ludwig XIV. und sogar Ludwig XVI. nicht weiterverfolgen... Gerade diese Geschichten werden regelmäßig erzählt, wobei der Erzähler wechseln mag, aber das Erzählte als Leitfaden bleibt. Ich sage nicht, daß diese Mikro-Geschichte unwichtig ist. Sie bringt uns, solange wir uns damit beschäftigen, vieles bei, denn sie gibt Aufschluß über neue Fakten und richtet unseren Blick auf bisher nicht überlieferte Präzisierungen. Aber die großen Fragen zum Schicksal der Reformation in Frankreich werden in dieser Perspektive nicht richtig gestellt oder nicht präzise genug entwickelt. Was also geschah jenseits der Politik des Königs?

Niemand wird heutzutage mehr dem flüchtigen Urteil von Friedrich Engels beipflichten, der die Reformation etwa als »bürgerliche Revolution«, also als Revolution einer zweiten Gesellschaftsschicht und damit irgendwie als Folge des Einsetzens neuer kapitalistischer Strukturen nach 1450 und 1500, betrachtete. Diese Interpretation wurde zwar problemlos zerpflückt, aber das heißt nicht, daß die Sozial- und Wirtschaftsgeschichte nicht an dem vielgestaltigen Schicksal der Reformation mitgewirkt hätte.

In Frankreich fiel die lange Zeit der Religionskriege (1562–1598) im großen und ganzen in eine Periode relativer wirtschaftlicher Gesundheit. Sie erlaubte es dem Land, diese nicht abreißenden Kriege zu finanzieren und ihre Zerstörungen sowie ihre offensichtlichen Ausgaben zu ertragen. In Frankreich tummelten sich in dieser Zeit wie im Deutschen Reich zur Zeit des Dreißigjährigen Krieges sämtliche Söldner Europas, die hauptsächlich aus den Schweizer Kantonen und aus Deutschland stammten. Der Augsburger Religionsfriede von 1555 hatte als eine Art vorgezogenes Edikt von Nantes den inneren Frieden in deutschen Landen wiederhergestellt, während der Waffenstillstand, der 1568 über die ferne ungarische Grenze geschlossen und in der Folge erneuert worden war, nur einen sporadischen Krieg am Leben erhielt. Die Feindseligkeiten brachen dort erst wieder im Jahr 1593 aus und endeten im Jahr 1606... Diese Daten sind wichtig, denn sie erhärten, warum so viele arbeitslose deutsche Söldner, die regelmäßig über Lothringen und die Champagne ins Land kamen, in den französischen Religionskriegen ständig mitkämpften, zumindest bis 1593, als die Konjunktur kippte und die schlechten Jahre begannen; andererseits bereitete die Rekrutierung von Söldnern in Deutschland zunehmend Schwierigkeiten.

Dies sind wichtige Tatsachen, und sie sind sicher wichtiger als die Bedeutung, die den spanischen Subsidienzahlungen beigemessen wird. Ich sagte es schon und wiederhole es wahrscheinlich vergeblich: Zur Bartholomäusnacht am 24. August 1572 kam es nicht wegen des Feindes im Süden Frankreichs; ebenso verkauften sich die Ligisten später nicht wegen der uns bekannten Subsidien an Spanien, sondern folgten ihren eigenen Leidenschaften. Diese Erklärung, die uns die Dokumente von Simancas beweisen, welche die Franzosen nach allem im nachhinein eigentlich mit Stolz erfüllen müßten, vermag die Truppe der meisten traditionalistischen Historiker allerdings weder zu erreichen noch gar zu überzeugen!

Ein anderer Aspekt der europäischen Konjunktur, und wahrscheinlich sogar der wichtigste, ist in den Folgen des Vertrags von Câteau-Cambrésis (1595) zu sehen, durch den Heinrich II. auf seine Eroberungen in Italien verzichtete, um seine ganze Kraft gegen die Reformierten im eigenen Lande einzusetzen. Damals war, wie der Historiker Lucien Romier schreibt, der wahre »katholische König« nicht Philipp II. von Spanien, sondern der französische König. Sein Verzicht auf Italien zog die bittersten Proteste der in Piemont stehenden französischen Truppen und ihrer Offiziere nach sich. Offensichtlich war die französische Monarchie von ihrer früheren Position des Zweifelns und der Bedrängnis abgerückt und zeigte mit Heinrich II. wieder deutlich die katholische Flagge. Der wichtigste Umstand bei der Rückkehr zum Frieden aber war die Demobilisierung des Adels zugunsten der königlichen Armee. Für ihn hatte bisher als Regel gegolten, den Winter auf den eigenen Gütern in Frankreich zu verbringen und in der schönen Jahreszeit in Italien Krieg zu führen. Diese Demobilisierung bedeutete eine ziemlich einschneidende soziale Krise, so daß der in seiner militärischen Bedeutung zurückgestutzte – wir könnten auch sagen »arbeitslose« – niedere Adel seine Offiziere der protestantischen Revolte zur Verfügung stellte.

Bezüglich des Bürgertums läßt sich nur schwer an seinen revolutionären Aufstieg glauben, der angeblich den ersten kapitalistischen Aufschwung einleitete. Für den niederen Klerus läßt sich indes festhalten, daß er sich zu Beginn des 16. Jahrhunderts den neuen Ideen gegenüber ebenso aufgeschlossen zeigte wie die französische Geistlichkeit im Jahr 1789 gegenüber der sich anbahnenden Französischen Revolution. Gegen Ende des 16. Jahrhunderts wollten dieselben Pfarrer von der Reformation nichts mehr wissen, so in Paris zwischen 1588 und 1594. In ihrem letzten Buch *La Révolution des Curés* schildert Arlette Lebigre sehr anschaulich den heftigen Widerstand der Geistlichen gegen den König und die Hugenotten.

Noch bezeichnender aber ist die Haltung der glanzvollen intellektuellen Elite, die – in Wahrheit weder adlig noch bürgerlich – Frankreich während des gesamten 16. Jahrhunderts sozial und politisch beherrscht und in sämtlichen Bereichen die Toleranz und Skepsis eines Michel de Montaigne bewiesen hat. Sie erneuerte das Erziehungswesen von Grund auf und verdrängte die Kirche zugunsten weltlicher Lehrer. Diese Männer, die ein 1977 erschienenes Buch von George Huppert *(Les Bourgeois Gentilshommes)* beschreibt, sind die geistigen Söhne und Erben der humanistischen Strömungen, und sie sympathisierten ausnahmslos mit der neuen Heilslehre. Dennoch hielten sie sich in ihrer großen Mehrheit vom Protestantismus fern, je mehr er als Synonym für Bürgerkrieg, für die Zerstörung des Staates und der Kirche als Institution, das heißt also für die Zerstörung der unentbehrlichen öffentlichen Ordnung, stand. Calvin warf ihnen zwar Opportunismus vor, und die Jesuiten bezeichneten sie als falsche Katholiken, aber sie bildeten die aktive politische Klasse: Sie leisteten ihren Beitrag zum Ende der Religionskriege und bekämpften jene Rotten

»psalmensingender geistlicher Bürokraten, die im Namen Gottes bereit waren, zu sengen und zu töten«, wie George Huppert schreibt. Als sich die Reaktion während des »Grand Siècle« ausbreitete, blieben sie ihrem Ideal immer noch treu, obwohl sie nun – freiwillig oder nicht – von der politischen Macht ausgeschlossen worden waren.

Kurz gesagt wirkten am Rande und unterhalb der Ereignisse starke gesellschaftliche Kräfte. Aus ihnen speisten sich die französischen Religionskriege, aber sie bewirkten auch deren Ende und schließlich auch das Scheitern der Reformation in Frankreich.

Warum aber lehnte Frankreich und lehnten letztendlich auch seine Intellektuellen den Protestantismus ab? Dieses Problem müssen wir offenbar als Ganzes betrachten.

Um die Mitte des 15. Jahrhunderts durchzog ganz Europa eine säkulare Strömung, die die Gleichgültigkeit und Ignoranz in christlichen Dingen aufdeckte und die Rückkehr zur Religion anmahnte. Diese Bewegung war überall und wahrscheinlich auch in allen gesellschaftlichen Schichten präsent. Ich kann mir sogar vorstellen, daß der Anstieg des weitverbreiteten »Aberglaubens«, der in der Entfesselung von Hexenwahn und Hexenverfolgung enden sollte, von derselben Strömung herrührte. Als Treffpunkt und Ort der Begegnung in Europa wurde Frankreich von dieser ungeheuren Umwandlung unmittelbar betroffen. Paris war ganz unbestritten eine der Hochburgen des Humanismus, und Frankreich hat Latinisten, Gräzisten und Hebraisten hervorgebracht, die die Gefilde des antiken Rom, Griechenlands und Judäas wiederentdeckten. Dies aber bedeutete das Wiederaufleben einer heidnischen mitten in einer christlichen Zivilisation, die, ganz gleich, was man auch sagen mag, im Gegensatz zu ihr und zu dem Christentum stand, das die Kirchenväter errichtet hatten und das sich im Lauf der Jahrhunderte herausbildete. Diesem Christentum stand nun noch eine andere christliche Religion gegenüber, die wieder direkt aus ihren neutestamentarischen Quellen schöpfte. Sie zu neuem Leben zu erwecken bedeutete, sich in den Schatten des lebendigen Beispiels Christi zu stellen. Wenn die Reformation in Deutschland nicht so gewalttätig ausgebrochen wäre, hätte sich die geistlich-religiöse »Reform« in Frankreich vielleicht anders und weniger heftig artikuliert. Nichts hindert uns, einen Augenblick lang über die Konsequenzen und Auswirkungen der Evangelisation von Lefèvre d'Etaples (1455–1536) nachzudenken. Am lautesten aber tönte die Reformation in Deutschland und wurde von dort aus fast vollständig bis in die Niederlande eines Erasmus von Rotterdam oder in die Schweiz Zwinglis getragen... Frankreich steht hier erst an zweiter Stelle. Obwohl es mit der Reformation in Berührung kommt und von ihr sogar erschüttert wird, erobert sie Frankreich doch nicht tatsächlich.

Vielleicht wird Frankreich gerade durch seine riesige Ausdehnung und seine Schwerfälligkeit und Trägheit, die es in seinen traditionellen Gewohnheiten beweist, vor der Reformation geschützt. Jedenfalls zeigt sich schon im ersten Religionskrieg von 1562 bis 1563 deutlich, daß die Hugenotten zwar eine aktive und blühende Minderheit, aber eben doch nur eine Minderheit bilden; sie zählen einfach zu wenig Anhänger. Die französische Bevölkerung bleibt in ihrer Mehrheit Rom und der alten Religion treu. Es ist charakteristisch, daß es den Protestanten nicht gelingt, Paris oder die Person des Königs für sich einzunehmen. Das letzte Wort verbleibt stets bei der katholischen Mehrheit des Landes, die sich wie alle Mehrheiten nur schwer in Bewegung setzen und mitreißen läßt. Diese »Mehrzahl« entschied meiner Meinung nach über den Ausgang der endlosen religiösen Konflikte. Ohne die Bedeutung der entschlossensten Führer der katholischen Partei und auch der Männer des ersten »Triumvirats«, François de Guise, Montmorency und des Marschalls von Saint-André, und der Guisen insgesamt leugnen zu wollen, neige ich mit anderen Worten dennoch dazu, ihr Handeln auf ein Minimum zu reduzieren. »Die Guisen«, schrieb der im übrigen großartige Historiker Lucien Romier, »verkörperten die Hochmut schlechthin, und die Kirche verdankte es nicht zuletzt ihrer Intelligenz, ihrem praktischen Wissen und ihrem leidenschaftlichen Glauben an das gute Recht der Kirche, daß *Frankreich dem Katholizismus nicht verlorenging*.«

Der letzte Halbsatz, den ich hervorheben will, scheint mir indes nicht gerade überzeugend, denn wenn Prozesse gewonnen werden, dann oft nur, weil sie schon im voraus gewonnen sind. Gerade diese leuchtenden, überzeugten und dramatischen Charaktere, die sich auf der politischen Bühne ganz nach vorn ins Rampenlicht schieben, werden vom größeren Teil der französischen Bevölkerung gestützt. Die Ermordung des Herzogs von Guise in Blois am 23. Dezember 1588 auf Befehl Heinrichs III., die, weil alles Recht vom König ausgeht, also in Wahrheit eine Hinrichtung ist, hallt durch ganz Frankreich, weil es sich bei dem Opfer um eine in diesem tragischen Jahr sehr bekannte und prominente Persönlichkeit handelt. Ein unbekannter Tagebuchschreiber aus Bar-sur-Seine in der Champagne entsetzt sich über den Ausbruch der politisch-religiösen Feindseligkeiten, die damals wie ein Feuer in ganz Frankreich ausbrechen, mit den Worten: »Von nun an erhoben sich die Söhne gegen ihre Väter, die Brüder, Onkel und Neffen gegeneinander... Dieses Unglück war so ansteckend, daß es sogar unter den Frauen um sich griff, die Mutter sich gegen die Tochter stellte, die Schwestern einander bekämpften und manchmal an den Haaren packten...« – Dieser Text allein erhellt nicht alles, aber er wirft ein Licht auf das Handeln von vielen, und diese »vielen« beeinflussen den Lauf der Geschichte.

Das Heil der Kirche liegt auch dem Paris der »Heiligen Liga« am Herzen, dem Paris der Barrikaden und fanatischen Prediger... Es ist richtig, daß die Liga in Paris den Kampf zu verlieren scheint, ja sogar den Anschein erweckt, als sei sie besiegt, denn als Heinrich IV. am 22. März 1594 in Paris einzieht, verlassen es die allzu kompromittierten Ligisten in Begleitung spanischer Soldaten durch die Porte Saint-Denis im Norden der Stadt. Sie gehen ins Exil, und wir finden in spanischen Dokumenten sehr viele von ihnen in Brüssel und in anderen niederländischen Städten wieder. Und doch haben sie, trotz ihrer Flucht, in gewisser Weise gewonnen, denn das wichtigste war die katholische Sache, und die triumphiert. Heinrich IV., der Hugenotte, mußte konvertieren: »Paris ist eine Messe wert«, meinte er. Eigentlich hätte er aber sagen müssen: »Frankreich ist eine Messe wert«, denn diese Messe ist ihm von den »vielen« Franzosen abgetrotzt worden. Der Katholizismus triumphiert auch im beispiellosen Ansteigen jener glühenden Leidenschaften, die die erste Hälfte des 17. Jahrhunderts, des »Grand Siècle«, prägen werden.

In der Folgezeit ließ die Wachsamkeit der französischen Monarchie keinen Augenblick mehr nach. Die Einnahme von La Rochelle im Jahr 1628 und der Friede von Alais (1629) enthoben den Staat in bezug auf die Protestanten endgültig aller Sorgen, denen man unterstellt hatte, daß sie in ihren Hochburgen Enklaven wie die »Vereinigten Provinzen« in den Niederlanden errichten wollten. Mit dem Widerruf des Edikts von Nantes im Jahr 1685 hat Frankreich seine Protestanten schließlich genauso außer Landes getrieben wie Spanien unter Philipp II. seine Morisken (1610–1614). Dafür müssen wir Ludwig XIV. jedoch weitgehend entlasten, denn er durfte angesichts der massiven Rückkehr seiner protestantischen Untertanen zum Katholizismus in gutem Glauben handeln. Statt seiner klagen wir aber das katholische mehrheitliche Frankreich an, das nicht abgerüstet hatte. Es ist aufschlußreich, daß die monarchische Regierung nach der Aufhebung des Edikts von Nantes relativ ruhige Jahre erlebte, während die ersten zwanzig Regierungsjahre Ludwigs XIV. innenpolitisch ziemlich stürmisch verlaufen waren. Das Land dankte dem König also für diesen Akt der Intoleranz, der uns irritiert, und der – rückblickend – uns Historiker und die Menschen von heute schon immer irritiert hat.

Aber dieser Wunsch Frankreichs, aus der römisch-katholischen Kirche nicht auszubrechen, führt uns nun seinerseits zu einer Frage, vielleicht sogar zur Frage aller Fragen... und zu einem Problem, das nicht nur aus der »Situation« Frankreichs resultiert. Der Katholizismus, der sich aus den Konflikten des 16. und 17. Jahrhunderts herauskristallisierte, herrschte ja nicht nur in Frankreich, sondern auch in Italien, Süddeutschland, den niederrheinischen Gebieten des Deutschen Reichs, in Portugal und Spanien. Wenn wir seine Herrschaftsgebiete sorgfältig in eine Karte übertragen, erkennen wir, daß – insgesamt gesehen – der ehemalige Okzident, um nicht zu sagen das alte Europa, Rom treu geblieben ist. Die Grenzen des europäischen Katholizismus verliefen im großen und ganzen nun wieder an Rhein und Donau, und an diesen beiden Flüssen endete – wohlgemerkt – auch das ehemalige Römische Reich. Damit beziehen wir aber etwas ein, das man als phantastische Akkumulation von Geschichte oder als eine aus der Vergangenheit quasi ferngesteuerte Geschichte *(télé-histoire)* bezeichnen könnte. Schon einmal existierte in Europa eine kulturell und materiell privilegierte Zone, von der der sehr viel spätere europäische Katholizismus profitierte. Verglichen mit diesem zusammenhängenden Universum befand sich das neue Europa jenseits von Rhein und Donau jedoch in einer niedrigeren, untergeordneten Position und im Vergleich zu Rom in einer Art »Kolonial«-Situation. Die Reformation bedeutet also zweierlei, zum einen den Bruch mit der römischen Kirche und zum anderen den Bruch mit der Vorherrschaft Südeuropas: Ein seit langem bevorzugtes Land mußte seinen Platz an der Spitze der europäischen »Weltwirtschaft« an ein neues Land abtreten. Das Zentrum dieser Wirtschaftswelt hat lange Zeit in Venedig gelegen; zu Beginn des 16. Jahrhunderts verlagert es sich zunächst nach Antwerpen und dann, nach einigem Zögern, am Ende des 16. Jahrhunderts endgültig nach Amsterdam. Das Glück kehrte sich um...

In diesem Punkt glaube ich, wie ich schon oft ausgeführt habe, nicht an die verdrehte Erklärung Max Webers, denn es gibt kaum etwas Natürlicheres als diesen Übergang der Macht von einem ehemals reichen Land zu einem Land, das erst seit kurzem zu Reichtum gekommen ist. Der nordeuropäische Kapitalismus übernahm die wichtigsten Praktiken und Instrumente des mediterranen Kapitalismus, der den Weg dieser Wirtschaftsform als erster beschritten hatte. Der Protestantismus hat den Kapitalismus nicht erfunden; der Norden war Nachfolger und nicht eigentlich Schöpfer.

Aber kehren wir nach Frankreich zurück. Es liegt an der Nahtstelle zwischen Nord- und Südeuropa und hat zwischen beiden stets eine etwas zwiespältige Position bezogen. Da es jedoch jahrhundertelang in dem sehr alten Netz des romanischen Kulturbewußtseins gefangen war, verblieb es auch weiterhin dort. Vielleicht war es ihm auch unmöglich, daraus tatsächlich zu entrinnen.

Der Zufall verschlug mich zweimal, 1925 und 1940 bis 1942, nach Mainz am Rhein, also an jene Linie, die die Gegenreformation mit Hilfe der Jesuiten seit dem Ende des 16. Jahrhunderts mit Macht wieder besetzt hält. Stumme Zeugen dieser Wiedereroberung sind die Barock-Kirchen mit ihren Kuppeln und geschwungenen Bögen. Sie wurden zwar spät, häufig erst im 18. Jahrhundert erbaut, aber legen sie nicht, wie ich früher dachte und noch heute denke, Zeugnis von der religiösen Unbeweglichkeit und Treue des fernen Frankreich ab? Sie sind und sie waren ein Schutz.

II

MENSCHEN

Karl V.

Die Notwendigkeit des Zufalls*

Ein langes Leben voller Ruhm

Karl von Österreich, später Kaiser Karl V., wurde in der Nacht vom 24. auf den 25. Februar 1500 im Stadtschloß von Gent geboren. Dieses Gebäude, der Prinzenhof, steht heute nicht mehr. Seine Eltern waren Philipp der Schöne – der wiederum der Sohn Maximilians von Österreich und Marias von Burgund war – und Johanna die Wahnsinnige, eine der Töchter der Katholischen Könige Ferdinand und Isabella. »Die höchst erwünschte und schätzenswerte Geburt des hohen Kindes«, wie es in einem Libell aus Valenciennes hieß, war Anlaß zu großen Festlichkeiten, die am Tag seiner Taufe, am 7. März, ihren Höhepunkt erreichten: Karl war das zweite Kind, doch der erste männliche Erbe der niederländischen Fürsten.

Es war der Beginn eines ganz außerordentlichen Lebens. Es endete etwas mehr als ein halbes Jahrhundert später – ein erfülltes halbes Jahrhundert später. Am 21. September 1558 starb der ehemalige Kaiser in einer bescheidenen Wohnung, die er sich neben dem Konvent San Gerónimo de Yuste in der Estremadura hatte einrichten lassen. Zu Anfang des vorangegangenen Jahres war er in diesen Alterssitz gezogen. Nach einem Leben voller Ruhm, und nach einem langen Leben. Lang, mit den Maßstäben jenes Jahrhunderts betrachtet, in dem man schon normalerweise nicht lange lebte. Ein Krieger wie Karl V., vor der Zeit verbraucht durch die Strapazen eines Daseins in Feldlagern, hatte gewiß ein noch kürzeres Leben zu erwarten. Ein Leben, voller Ruhm, das noch heute so beeindruckend ist, wie es dies für seine Freunde und Feinde war. Sein Leben ist ein erstaunliches Zeugnis für die erste Hälfte des 16. Jahrhunderts. Diese Zeit wurde von ihm beherrscht, kraft seines Erbes und seiner Kraft zur Erneuerung, durch seine Träume und Taten, seine Reue und Widersprüchlichkeit: Synonyme für die Leidenschaft zu leben.

---

* »Charles V., témoin de son temps 1500–1558«. Überarbeitete Fassung der Übersetzung aus dem Französischen von Joachim Kalka (limitierte Sonderausgabe Stuttgart 1990).

Die kleine Rolle des Zufalls

Die blinde Macht des Zufalls, nur diese allein, hat – so heißt es – dieses erstaunliche dynastische und politische Schicksal gelenkt. 1506 verschied sein Vater unerwartet in Burgos, Karl wurde sechsjährig zum Herren der Niederlande. Dort regierte er fortan unter der Vormundschaft seiner Tante, Margarete von Österreich. Seine Volljährigkeit wurde am 2. Januar 1515 im Ständesaal des Brüsseler Hofes verkündet. Wenig später, im Januar 1516, starb Ferdinand der Katholische. Er hinterließ seinem Enkel die spanischen Königreiche, das von Aragon, dessen direkter Erbe er war, sowie das von Kastilien, welches er regierte, seit er seine Tochter Johanna, die zu Johanna der Wahnsinnigen geworden war, von der Herrschaft ausgeschlossen hatte.

Die riesige Erbschaft umfaßte unter anderem die Königreiche von Neapel, Sizilien, Sardinien, mehrere Besitztümer an der nordafrikanischen Küste und das, was Kastilien bereits von Amerika besaß – und dies waren, vor den großen Eroberungen von Hernán Cortez, Francisco Pizarro und Almagro, die ›kastilischen Indien‹ sowie verschiedene Stützpunkte auf den Antillen und am Isthmus von Panama. Karl von Gent wird am 23. März 1516 zu Brüssel in der Kirche der heiligen Gudula zum König von Spanien proklamiert. Als solcher heißt er seitdem Carlos Primero.

Es vergehen kaum drei Jahre, und Maximilian, der deutsche Kaiser (oder genauer: der Römische König, denn der Papst hat ihn nie gekrönt) stirbt ebenfalls, am 12. Januar 1519. An Karl, jetzt Karl von Spanien, gehen die österreichischen Erblande. Beinahe sofort kündigt er seine Kandidatur für den Kaiserthron an: Am 28. Juni desselben Jahres wird Karl gegen Franz I. von Frankreich gewählt. Die Nachricht erreicht den jungen Kaiser in Barcelona in der Nacht vom 6. auf den 7. Juli. Bedenkt man die Verkehrsgeschwindigkeiten dieser Epoche, kann man sagen: Sie ist zu ihm geflogen.

Bei all diesen Ereignissen spielt der Zufall eine große Rolle. Das Schicksal Karls beruht auf einer Reihe günstiger Umstände. Es ist schließlich ein außerordentlicher Zufall, daß der einzige Sohn der Katholischen Könige, Don Juan, obwohl mit Margarete von Österreich verheiratet, 1497 ohne Nachkommen stirbt; es ist ebenso ein Zufall, daß der Erbe der Kronen von Kastilien, Aragon und Portugal, Don Miguel, anerkannt von den Cortes von Kastilien und Aragon, auch er ein Enkel der Katholischen Könige, am Johannistag des Jahres

1500 stirbt, also nur wenige Monate nach Karls Geburt. Zufall, daß sich zum vorzeitigen Tod Philipps des Schönen die geistige Verwirrung seiner Frau fügt, die, in Tordesillas unter Verwahr, dort erst 1555 sterben wird. Am Hofe Ferdinands des Katholischen denkt man sogar ernsthaft daran, die spanischen Königreiche Karls Bruder Ferdinand zu geben; er trägt nicht nur denselben Namen wie der Herr von Aragon, sondern ist auch im Lande erzogen worden. Schließlich hätte die Kaiserwahl vom Juni 1519 auch ganz anders ausgehen können, wäre Franz I. nicht so anmaßend aufgetreten, hätten die Fugger und das internationale Kapital nicht auf die österreichische Partei gesetzt.

Doch läßt sich kaum sagen, daß Karl V. nicht mehr als die Summe dieser Zufälle gewesen wäre.

Denn erstens hatten die Katholischen Könige auf dem Schachbrett der europäischen Politik die Partie der dynastischen Heiraten mit Methode, ja, mit Besessenheit gespielt. Ihre fünf Kinder (ein Sohn und vier Töchter) schlossen sechs wichtige Ehen, zwei mit den jeweiligen Erben Portugals, zwei mit aufeinanderfolgenden englischen Thronerben, zwei mit dem Hause Burgund. All das geschah zum einen, um die Einheit der Iberischen Halbinsel zu fördern, und zum anderen, um Frankreich einzuschließen, den gefährlichen Nachbarn der Niederlande und Italiens, der seit dem September 1494, nachdem Karl VIII. die Alpen überschritten hatte, die europäische Hegemonie anstrebte, die Universalmonarchie, wie es bald hieß... Das war das keineswegs leichtfertig betriebene Spiel, das Karl V. entstehen ließ, das Spiel, das die Würde von Königen und Fürsten, die Macht so vieler Staaten in einer Person vereinte: Mehr als siebzig Titel sind notwendig, will man alle seine Herrscherfunktionen aufzählen. Ehen, Erbschaften, dynastische Rechte dominierten die ganze europäische Politik. Ohne seine Familie, ohne die unzähligen Rechte, die sie aufgehäuft hatte und zu wahren wußte, wäre Karl V. undenkbar gewesen. Karls Ansprüche auf Burgund, die er 1526 erhob, gehörten zur politischen Praxis der Zeit – er weigerte sich, die Rechte aufzugeben, die er von Karl dem Kühnen und von seinen Vorfahren her besaß, die im Kartäuserkloster von Champmol, in der Nähe von Dijon, begraben liegen. In diesen Rechtsanspruch legte Karl eine sentimentale Hartnäckigkeit.

Zweitens: Ende des 15. Jahrhunderts entstanden die modernen Monarchien – das Aragon von Johann II., dann von Ferdinand dem Katholischen, das Kastilien Isabellas, das Frankreich Ludwigs XI., das

England der Tudors... Doch das 16. Jahrhundert steht im Zeichen der großen Imperien. Mit Bezug auf einen bestimmten Ort, eine bestimmte Konjunktur reden die Ökonomen gerne davon, daß die wirtschaftlichen und politischen Bedingungen sich die ihnen angemessenen Dimensionen suchen. Die im 16. Jahrhundert entbundene Energie sprengt den Rahmen der kleinen politischen Einheiten: Sie sind zum Untergang, wenigstens aber zur Bedeutungslosigkeit verurteilt. Nehmen wir den exemplarischen Fall des Königreichs Neapel Ende des 15. Jahrhunderts und in den ersten, dramatischen Jahren des 16. Jahrhunderts. Zu klein, um zu überleben, ist es zur Beute der Türken oder der Franzosen oder der Spanier bestimmt und fällt schließlich an Aragon, welches sich auf das mit ihm verbundene Kastilien stützt, welches wiederum nicht zögert, nach dem Bündnis mit Frankreich die Bastardlinie der Aragonesen, die in Neapel regiert, zu verjagen...

Das erste dieser neuen Großreiche befindet sich übrigens außerhalb der Christenheit. Es ist das Reich der Osmanen, das seit der Eroberung von Konstantinopel im Jahre 1453 nicht aufgehört hat sich auszudehnen; es hat sich Syriens bemächtigt (1516), Ägyptens (1517), Belgrads (1521), Rhodos' (1522), Ungarns (1526–1541). Es gibt eine Studie von Ranke mit dem bedeutsamen Titel »Die Osmanen und die spanische Monarchie« (1837); er kennzeichnet den Parallelismus des Wachstums der beiden politischen Monster, des einen im Osten, des anderen im Westen des Mittelmeers: auf der einen Seite die Osmanen, auf der anderen die Habsburger. 1519 bleibt offen, wer versuchen wird, versuchen könnte, ganz Europa zu beherrschen. Doch ist gewiß, daß auf die eine oder andere Weise dieser Versuch gemacht werden wird, gemacht werden muß. Es ist nicht allein das so umfangreiche und vielgestaltige Erbe, das Karl V. auf diesen Weg treibt – und auch nicht ihn allein. Der Ruf zur Bildung eines Imperiums offenbart auch das Diktum des Jahrhunderts, das Diktum einer Epoche, in der große Politik gemacht wird, eben weil man sich diesen gefährlichen Luxus leisten kann.

Ein Imperium ohne festen Plan

Die Politik Karls V. läßt sich nicht auf einige wenige schlichte Linien reduzieren. Er selbst ist seinem Ursprung wie seiner Handlungsweise nach ein sehr komplexer Charakter.

In den Niederlanden erzogen, an jenem singulären Kreuzweg europäischer Einflüsse, wird er 1517 plötzlich nach Spanien versetzt, wo er sich erst nach und nach eingewöhnt, und nach langen Aufenthalten in Italien, in Deutschland ist er zwangsläufig ein Mensch, dessen Neigungen und Geschmack zwiespältig, oft widersprüchlich sind. Die Zeitgenossen haben es allzu eilig, ihn zu beurteilen und die gängigen Vorurteile zu wiederholen, deren Wahrheitsgehalt sehr zweifelhaft bleibt. Er ist so jung, als er zum ersten Mal auf der politischen Bühne erscheint, daß es nur angemessen wäre, ein wenig abzuwarten und keine abschließenden Urteile zu fällen. Jedermann hält sich indessen an seine ersten Ängstlichkeiten, Langsamkeiten, Unbeholfenheiten, sein trügerisch unreifes Wesen. »Wäre nicht seine Liebe zur Jagd«, erklärt gar sein Großvater Maximilian, »möchte ich meinen, Karl sei ein Bastard.« Ein spanischer Bauer, der ihn mit offenem Mund erblickt (er hat den hervorstehenden Unterkiefer der Habsburger und kann den Mund nur schwer schließen), ruft ihm zu: »Gebt acht, Hoheit, die Fliegen sind hierzulande frech!«

Es heißt über Karl, er sei völlig abhängig von seinen Räten. Sicherlich, er kann zuhören, er weiß die Argumente anderer zu wägen und hat das Glück, hervorragende Ratgeber an seiner Seite zu haben. Von dieser Einsicht ist es nur ein mit Leichtigkeit vollzogener Schritt bis zu der Meinung, man habe in seinen Entschlüssen nur den Schatten zu sehen, den diese großen Männer werfen – ein Adrian von Utrecht, der sein Erzieher war und Leo X. 1522 auf den Petersthron folgte, ein Chièvres, welcher ihm ebenfalls als Lehrer diente, ein Mercurino de Gattinara als Großkanzler. Weder urteile noch handle Karl selbst, wird unterstellt. Und doch kennen wir frühe Beweise seiner Entschlossenheit, etwa im Hinblick auf seine ältere Schwester Eleonore im Jahre 1517, oder auch 1521, als er auf französisch – in seiner Muttersprache – eine pathetische Antwort an den Reichstag zu Worms vorbereitet, der am Vortag in seiner Gegenwart Luther angehört hat. Dieses entscheidende Dokument verfaßt er allein.

Auch sind seine ersten Ratgeber alte Männer: der 1459 geborene Adrian stirbt 1523; Chièvres, 1458 geboren, stirbt 1521; der Piemontese Gattinara, 1465 geboren, stirbt 1530. Karl überlebt sie, immer noch von Räten umringt – dem Herzog von Alba, Nicolas Perrenot de Granvelle und seinem Sohn, dem Bischof von Arras, Francisco de los Cobos: Wie hätte er allein die ungeheuren Verwaltungsaufgaben bewältigen sollen, welche die Regierung so vieler Staaten stellt? Aber diese Mitarbeiter hält er, vor allem in seinen späteren Jahren, auf Distanz; er beurteilt sie streng, er unterstützt sie nur in dem Maße, wie sie ihm dienen. Francisco de los Cobos, der, seit 1520 in unmittelbarer Nähe des Kaisers, das erstaunliche Glück hat, dort bis zu seinem Tode 1547 verbleiben zu können, ist ein Arbeitstier und vermag darüber hinaus die kaum zum Ausdruck gebrachten Absichten seines Herrn zu erraten und sie im voraus zu erfüllen.

Ist es nicht so, daß die Interessen des Kaisers mindestens ebensosehr von den politischen Ereignissen vorgezeichnet sind wie von den Absichten seiner Ratgeber? Damit will ich nicht sagen, daß der Kaiser keine eigenen Anschauungen, keine festen Verhaltensweisen hat: seine Jagd nach Ruhm, seine Sorge, den Pflichten zu genügen, das leidenschaltliche Engagement für seine Familie, seine Ansprüche an sie – er will, daß sie gehorcht, dient, sich gelegentlich aufopfert, so wie er es auch tut. Aber im Innern seiner bewegten, stets schwierigen Existenz wird Karl in den Wirbel der großen Geschichtsereignisse gezogen, die ihn ständig zu Augenblickslösungen verdammen, notwendigen, unausweichlichen. Wir sehen ihn in seiner Ratlosigkeit, entmutigt durch den Mangel an Geld; wir sehen ihn, wie er einen langen Erlaß diktiert (den wir noch besitzen), Ende Februar oder Anfang März 1525, während ihn die Nachricht vom Sieg seines Heeres über Franz I. bei Pavia (24. Februar) noch nicht erreicht hat! Versuchen wir also nicht, ihn im voraus in ein Konzept zu sperren, das ein für alle Mal festgelegt wäre. Er muß so oft seine Pläne ändern!

Die Kontroverse unter Historikern, wie nun die imperialen Pläne Karls V. mit letzter Genauigkeit zu definieren seien, hat daher etwas Vergebliches. Für die einen haben sie nichts mit dem Glauben zu tun und laufen auf ein simples politisches Hegemonialstreben hinaus, wie es den Ratschlägen, Lektionen und Standpunkten des Großkanzlers Mercurino de Gattinara entspricht (eine Politik, die sich immer auf Italien bezieht, den Schlüssel zur Herrschaft über den Kontinent). Für die anderen sind sie religiös inspiriert, entwachsen der starken Tradition der Katholischen Könige und dem Drang Spaniens, gegen die Ungläubigen zu ziehen, von Nordafrika bis zur Levante.

Einerseits hieße das, Peter Rassow oder Karl Brandt, den großen Biographen des Kaisers, zu folgen; andererseits würde man auf Ramón Menéndez Pidal hören, die Verkörperung der spanischen Gelehrsamkeit. Sicherlich ist die Kreuzzugsidee in Spanien häufig mit Leidenschaft formuliert worden, wenn auch nicht stets mit Unschuld.

»Ich bin der Maure, gegen den der König von Aragon rüstet«, sagte Ludwig XII. gern von Ferdinand dem Katholischen. Kann man die Parolen dieser Propagandafeldzüge von einst für bare Münze nehmen? Nein, denn mit gleichem Recht könnte man heute die Politik allein nach den öffentlichen Erklärungen der Verantwortlichen definieren. Tatsächlich läßt die Politik des Kaisers, wie jede Politik, verschiedene Interpretationen zu, die gegeneinander auszuspielen ganz sinnlos wäre – ebenso wie der Anspruch, sie versöhnen zu wollen, oder eine Parteinahme. Sie können alle wahr oder falsch sein, nacheinander, manchmal auch gleichzeitig.

Im Jahre 1520, bei den Cortes von Santiago, formuliert Bischof Ruiz de la Mota die Ziele des spanischen Monarchen angesichts der Rolle, die er als Kaiser übernehmen muß. Vor diesem ›Parlament‹, vor dem Kaiser und den aus ganz Spanien zusammengerufenen Abgeordneten spricht der Bischof im Namen seines Souveräns und erklärt, dieser nehme die goldene Krone nur an, »*para desviar grandes malos de nuestra religión cristiana*«, »um großes Übel von unserer christlichen Religion abzuwenden« und die Ungläubigen zu bekämpfen. Das heißt den traditionellen Rat Spaniens an seinen König noch einmal zu wiederholen. Doch später spricht ihm Gattinara, der Piemontese, ganz anders zu: »*Non solum regna ac dominia hereditaria servare, sed etiam maiora consequi ipsumque imperium augere*«, »sich nicht damit zufriedenzugeben, die ererbten Reiche und Herrschaften zu bewahren, sondern noch mehr zu erwerben und das Reich zu vergrößern«, sei die Aufgabe des Monarchen. Gattinara rückt den imperialen Gedanken in den Vordergrund, wie in dem Memorandum von 1522, wo er von Karl als dem »größten Fürsten aller Christenheit« redet, der »Monarch des Erdkreises müßt werden«.

Doch geht es im einen wie im anderen Falle an, diese Verlautbarungen wörtlich zu nehmen? Die Rede des Bischofs hat ein klares Ziel: Subsidien zu bekommen – und wir können nicht sicher sein, daß sie die wirklichen Gedanken des Herrschers ausdrückt. Und der erste der zitierten Sätze Gattinaras findet sich in seinen Memoiren, der zweite in einem nur für den Kaiser bestimmten Bericht. Auch hier haben wir keinen Dialog vor uns. Karl V. hört zu und antwortet nicht.

Doch spricht er selbst, er selbst von sich selbst, in der stolzen Rede, die er am 17. April 1536 in Rom hält. Er kommt aus Tunis, das die Spanier gerade von den Korsaren zurückerobert haben: »*Algunos dicen que yo quiero ser Monarca del Mundo y mi pensamiento y obras muestran que es lo contrario... mi intención no es de hacer la guerra contra los cristianos, sino contra los infieles y que la Italia y la Cristiandad estén en paz y que posea cada uno lo suyo.*« – »Manche sagen, ich wolle Herrscher der Welt werden, und doch zeigen mein Denken und meine Taten, daß das Gegenteil der Fall ist... Ich habe nicht die Absicht, gegen die Christen Krieg zu führen, sondern gegen die Ungläubigen, und Italien und die Christenheit seien im Frieden, und jeder besitze das Seinige.« Das Zitat ist spanisch wie die ganze lange Rede, welche der Kaiser vor Papst Paul III., dem Heiligen Collegium und seiner großen Gefolgschaft hält. Auf spanisch, denn kann er sich anständigerweise bei einem massiven Angriff auf den französischen König des Französischen bedienen? Da er aber schlecht Italienisch spricht, sieht er sich auf sein Kastilisch zurückgeworfen, das er mit Vergnügen und Geschick zu gebrauchen weiß. Doch ist es besonders sinnvoll, aus der langen Ansprache diese Passage herauszulösen, mit welcher wir Menéndez Pidal gefolgt sind und die isoliert eine solch hervorgehobene Bedeutung gewinnt?

Tatsächlich hat soeben Franz I. Savoyen und das Piemont besetzt. Jetzt bedroht er Mailand, die begehrte, so schwer zu erlangende Beute. Das Problem für Karl V. liegt darin, daß er die Niedertracht Franz' I. demonstrieren muß, des wieder einmal wortbrüchigen, von unermeßlichem Ehrgeiz Besessenen. Er hofft, Italien und den Papst friedlich im Rücken zu haben, während er in die Provence vordringen will. Seine Invasion dort wird ein rasches Ende finden: Es ist einfacher, Tunis und seinen Hafen La Goletta in der Ebene einzunehmen als das in die Hügel gebaute Marseille, das von starker Artillerie verteidigt wird. Doch ein solches Ende seiner Expedition sieht Karl V. nicht voraus; beim Aufbruch erklärt er: »Wäre ich der König von Frankreich, würde ich mich sogleich ausliefern, mit gebundenen Händen, den Strick um den Hals...« Dies sind äußerst starke Worte von eben jener Art, wie sie ihm weder das unruhige Europa verzeihen wird noch das Allerchristlichste Frankreich noch der Großtürke.

Man sieht deutlich, in welchem Zusammenhang die vehemente Rede von Rom steht. Doch liegt darin bei aller List auch Aufrichtigkeit und echtes Gefühl. Trotzdem hindert uns einiges, daran zu glauben, Karl V. sei tatsächlich auf den Wahn eines Kreuzzugs hereingefallen. Diesem Mann, der 1529 vor Wien gegen die Türken kämpft, 1535 Tunis erobert, der in der unglücklichen Kampagne gegen Algier (1541) so viel aufs Spiel setzt – ihm ist zweifellos der Kreuzzugsgedanke nicht fremd, doch liefert er sich ihm nicht aus. Falls es sein muß, kann er ihn fallenlassen, was immer er auch sagen mag, sagen muß. Tatsächlich ist seit jeher der Kreuzzug die christliche Politik par excellence: Wer sich in diese Tradition einreiht, beherrscht auch die Christenheit, er nimmt darin den ersten Platz ein oder glaubt, ihn einzunehmen.

Menéndez Pidal hat daraus geschlossen, dies sei die Sprache eines Mannes, den Spanien ergriffen, den Spanien *seiner* Sprache, seinen Interessen und Leidenschaften, seinem Gesetz unterworfen hat. Dieser Schluß ist sicherlich übertrieben. Karls erster Aufenthalt in Spanien (1517–1520) ist eher eine Probe, denn er lernt die Unzufriedenheit seiner neuen Untertanen kennen. Kaum hat er sie verlassen, im Mai 1520, da erheben sich die kastilischen Städte. Eine zweifelhafte, rasche, schnell erstickte Revolte (Schlacht von Villalar, 23. April 1521), aber der Beweis einer Feindschaft zwischen dem Souverän und seinem Volk.

Diese anfängliche Uneinigkeit löst sich nach dem zweiten Aufenthalt Karls in Spanien (1522–1529) allmählich auf. Die Hispanisierung des habsburgischen Reiches schreitet zwar langsam, doch unaufhaltsam voran – dank der Stärke Kastiliens, dem die immensen Reichtümer Amerikas zufließen. Mit den Schätzen der Neuen Welt beschleunigt sich das gesamte europäische Leben, die Preise steigen und mit ihnen die enormen Kosten der Kriegführung. Im ganzen Riesenreich Karls V. gibt es nur einen ›Schatz‹, eine blühende Wirtschaft, die sich von Sevilla bis Madrid erstreckt und sich dann über die ganze Welt verzweigt. Die Haushalte aller anderen Staaten Karls sind verschuldet, liegen weit zurück; Kastilien allein wird das Herz des Imperiums. Doch werden sich die Folgen dieser Beschränkung erst nach 1552 gänzlich offenbaren. Mehr als Karl treffen sie Philipp II., dessen Riesenreich sich eher zum Atlantik hin orientieren wird. Mit dem Übergang vom Vater zum Sohn wird eine neue Zeit beginnen, ein neues Reich, eine andere Gestalt, eine andere politische Ideologie.

Der Traum vom kaiserlichen Frankreich

Karl ist auf der weiten Bühne Europas nicht allein; zu Beginn seines politischen Lebens spielt Frankreich noch die Hauptrolle. Es hat sie eingenommen, um ›Universalmonarchie‹ zu werden, und deshalb will es sich Italiens bemächtigen, der wichtigsten Region des Kontinents,

denn Italien ist reich, und dort, in Rom, lebt der Papst. Der entscheidende Schritt ist dabei im September 1494 der Einmarsch Karls VIII.
in Italien. Ihre Zerstückelung und politische Schwäche verstricken
die Halbinsel in eine lange Qual von Kriegen, welche man die Italienischen nennt, die aber in Wirklichkeit die europäische Herrschaft
zum Thema haben.

Karl VIII. zieht nach Neapel, ohne auf größere Schwierigkeiten zu
treffen. In Rom erwartet ihn zitternd Alexander VI. In Neapel triumphiert er als König von Frankreich, Sizilien und Jerusalem, geschmückt mit den imperialen Insignien – in der linken den Reichs-
apfel, auf dem Kopf eine reichverzierte Krone in der Art eines Kaisers.

Hier, so gehen die Gerüchte in Italien, zeichnet sich eine fürchterliche französische Politik ab: Mit einem Schlag umspannt sie das
ganze Mittelmeer bis Rhodos, wo die Johanniter beunruhigt sind,
und weiter bis Jerusalem und Konstantinopel. Träume, Hirngespinste
möglicherweise, aber sie lassen vermuten, daß der junge König nach
der Kaiserkrone trachtet, nach dem ersten Rang der Christenheit.
Maximilian betreibt mit Eifer die Anklage, selbst nachdem Karls VIII.
Pläne gescheitert sind, selbst nach dessen Tod, als Ludwig XII. ihm
auf den Thron von Frankreich folgt. Und Ferdinand der Katholische
wiederholt 1510 in einem Brief an seinen Vizekönig in Neapel, daß
Ludwig XII. die Universalherrschaft erstrebe, andere tyrannisieren
und sich ohne das geringste Recht die Länder anderer Fürsten aneignen wolle. Es folgen die Niederlagen, die Rückzüge der letzten Jahre
Ludwigs XII. Doch die Schlacht von Marignano (13.–14. September
1515) weckt mit einem Schlag durch die erneut dominierende Stellung Frankreichs das alte Mißtrauen. Franz I. hat von neuem Mailand
besetzt, was die Verbindungen Italiens nach Deutschland – wo man
sich wenig darum kümmert –, aber auch nach Frankreich unterbricht.
Im folgenden Jahr wird die Vormachtstellung Frankreichs durch das in
Bologna unterzeichnete Konkordat mit Papst Leo X. bestätigt. Denn
in diesem Tanz um die europäische Herrschaft ist die Begegnung mit
dem Statthalter Christi, seine Unterwerfung, eine der Möglichkeiten,
die Hauptrolle zu übernehmen – wie in jenen fernen Zeiten des
Kampfes zwischen Kaiser und Papst.

Es ist möglich, sich im Nachhinein ein französisches Kaiserreich
vorzustellen, das beiderseits der Alpen liegt, mit dem Zentrum Lyon,
wo die großen Zeiten mit dem Regierungsantritt Ludwigs XI. begonnen haben. Frankreich verfügt über mehr Menschen, Arbeitskraft

und Reichtum denn je. Ein wenig ländlich und zurückgeblieben, sagen wir: unterentwickelt, bietet es sich den italienischen Geschäftsleuten als verführerisches Tätigkeitsfeld dar, den Milanesen, Luccanern, Genuesen, Florentinern vor allem. Sie bringen dem großen Nachbarland ihre Erfahrung, ihr Kapital, ihre Handwerksprodukte, dazu den Pfeffer und die Gewürze der Levante... Der Ökonom der Gegenwart kann nur davon träumen, was die italienische Initiative hätte entstehen lassen können.

Dieser imperiale Aufstieg Frankreichs, bereits begonnen, aber nicht vollendet, wird von Karl V. und von Europa – ich betone: und von Europa – abgeschmettert, indem das Haus Habsburg die Bühne betritt. Die Kaiserwahl vom Juni 1519, bei der Karl gewinnt, ist in gewisser Weise ein Triumph des internationalen Finanzkapitals, angeführt von den Fuggern und Welsern aus Augsburg, in deren Kielwasser auch manche Florentiner und Genuesen segeln. Sie ist der Beweis, daß der internationale Kapitalismus, von Italien abgesehen, nun seine Zentren in Augsburg und Antwerpen hat: in Augsburg, wo die Handelsherren die Silberbergwerke Mitteleuropas und der Alpen kontrollieren, und in Antwerpen, wo die ganze Macht der Niederlande zusammenläuft, damals einer der wichtigsten Schnittpunkte des Verkehrs und zugleich eine Machtbasis für Karl. Doch mindert diese erste Niederlage den Stolz und das Selbstvertrauen der Franzosen nicht. Sie prahlen und drohen so laut, machen mit ihren Truppen und ihrem Geld einen solchen Lärm, daß nach der Begegnung (auf dem Feld der Diplomatie) der allzu vorsichtige Heinrich VIII. und sein Ratgeber Thomas Wolsey sich im Namen der *balance of power* für den entscheiden, den sie für den Schwächeren halten, nämlich Karl V. Noch ein Zeichen: Selbst Papst Leo X. bezieht gegen die Franzosen Stellung.

Der 1521 begonnene Krieg bringt den Söldnerheeren Frankreichs eine Reihe von Niederlagen und Rückschlägen. Die kaiserlichen Armeen werden besser geführt, sind besser bewaffnet (man könnte mit etwas Übertreibung von einem massiven Einsatz der Arkebuse sprechen). Die habsburgische Diplomatie, die Frankreich mit ihren Netzen und Schlingen umgibt, arbeitet langsam, doch wird ihre Langsamkeit durch ihre Effizienz aufgewogen: Sie weiß Voraussagen zu treffen, Überläufer zu nutzen, sie bildet auf ihre Art einen erstaunlichen Nachrichtendienst. Man sehe nur, wie sie sich die verzweifelte Lage des Konnetabels von Bourbon zunutze macht. Und militärisch entscheidet sich der ganze Konflikt mit einem Blitzschlag am 24. Februar 1525 auf dem Schlachtfeld von Pavia in weniger als einer Stunde. Mailand ist verloren, der König von Frankreich gefangen. Man kennt die politischen Folgen der Katastrophe – der französische König unterzeichnet, um seine Freiheit wiederzuerlangen, den katastrophalen Friedensschluß von Madrid (14. Januar 1526), gibt den Anspruch auf Italien auf, tritt Burgund ab, verspricht, Elisabeth, die ältere Schwester Karls V., zu ehelichen, die Witwe des Königs von Portugal, dieselbe Frau, die für einen Augenblick dem Konnetabel von Bourbon versprochen war. Der stets bewachte Gefangene sieht am 17. Februar seine zukünftige Gattin, sie fällt vor ihm auf die Knie, er hebt sie auf und küßt sie auf den Mund, wie es die französische Höflichkeit will...

Die weiteren Folgen sind nicht weniger bekannt. Der in Freiheit gesetzte Franz I. bricht sein Versprechen, löst die Klauseln des Vertrages nicht ein, tritt Burgund nicht ab, nimmt den Kampf wieder auf, und diesmal wirkt das europäische Gleichgewicht zugunsten des Besiegten: Die Liga von Cognac (22. Mai 1526) bringt ihm die Hilfe von England, des Papstes, Francesco II. Sforzas (in Mailand wiedereingesetzt), von Florenz, Venedig. »Ich will von Eurem König kein Geld«, schreibt Karl V. wütend an die Gesandten Franz' I., »ich will, daß der Allerchristlichste König sein Wort hält.« Doch er hält er nicht. 1527 bestraft Karl V. mit dem Sacco di Roma Papst Clemens VII. aufs fürchterlichste. 1528 erscheint Lautrecs französische Armee, nachdem sie ganz Italien durchquert hat, vor Neapel, doch sie ist vom Typhus dezimiert, und durch Andrea Doria, der zur kaiserlichen Seite übergeht, wird die Seeblockade der Stadt beendet. Die Katastrophe ist noch einmal so vollständig wie vor Pavia. Ohne die Hilfe der genuesischen Flotte kann sich die französische Marine gegen die Galeeren des Kaisers nicht halten. Einige Jahre später wird sie sich auf osmanische Einheiten stützen müssen, um eine hoffnungslose Unterlegenheit zu verhindern.

Frankreichs Niederlage und Rettung

Dieser zweite Bankrott französischer Größe führt zum Frieden von Cambrai, dem sogenannten Damenfrieden (3. August 1929). Trotz des guten Willens der zwei Frauen, die ihn aushandeln (Louise von

Savoyen, die Mutter Franz' I., und Margarete von Österreich, die Tante Karls V., die in seinem Namen die Niederlande regiert), kommt er nur unter Schwierigkeiten zustande. Konzentrieren wir uns auf das Wesentliche: Franz I. zieht sich aus Italien zurück und läßt seine Verbündeten im Stich, insbesondere Venedig. Karl V. gibt den Anspruch auf Burgund auf und damit den Traum, ein Kontinentalreich zu schaffen, welches das Herz Europas einschließt. Hingegen gehört ihm nun Italien, doch er zeigt sich als maßvoller Sieger. Am 12. August 1529 geht er in Genua an Land. Im Februar 1530 krönt ihn Clemens VII. in Bologna zum Kaiser. Kaum fünfzehn Jahre nach dem Konkordat zwischen Leo X. und Franz I. – damals noch jung und unbesiegt – erscheint die Lage völlig gewendet. Gewiß nehmen Franz I. und Karl V. noch zweimal ihren Streit auf (1526–1538 und 1543–1545); die Geschichtsbücher zählen also vier Kriege zwischen dem Kaiser und dem König, bevor letzterer 1547 stirbt. Doch im Grunde ist nach den ersten beiden Waffengängen die Entscheidung gefallen, und vielleicht darf man dabei den Triumph des Kaisers nicht übertreiben: 1529 ist ein Gleichgewicht erreicht, das keiner der beiden Souveräne mehr gefährden kann.

Es ist bekannt, daß Frankreich nicht erlangen wird, was die Historiker eine Vormachtstellung nennen und die Zeitgenossen in ihren Streitigkeiten die ›Universalmonarchie‹. Franz I. ist ›Kaiser in seinem Königreich‹, wie seine Berater behaupten, aber außerhalb ist er es nicht. So bleibt Frankreichs Größe für über ein Jahrhundert vertagt, bis auf die Zeit Ludwigs XIV. Andererseits kann Karl V. das gewaltige Hindernis Frankreich nicht überwinden: Dieses Territorium – ungeheuer groß nach den Verkehrsgeschwindigkeiten jener Zeit – spaltet seine Besitztümer in zwei Teile und zerstört ihren Zusammenhalt. Wenn Karl V. seine Macht an Familienmitglieder delegiert – die Niederlande an seine Tante Margarete bis zu ihrem Tod im Jahre 1530, dann an seine Schwester Maria von Ungarn (die Witwe Ludwigs, des Königs von Ungarn, der in der Schlacht von Mohacs gegen die Türken am 29. August 1526 fällt), wenn er die ganzen Rechte an den habsburgischen Erblanden seinem Bruder Ferdinand überträgt und ihn zum Römischen König ernennen läßt (1530), also seinem Repräsentanten in Deutschland, dann deshalb, weil er nur unter großen Schwierigkeiten von einem seiner Länder in ein anderes reisen kann. Seine Reisen sind wahre Expeditionen, und das um so mehr, als er jedesmal Frankreich umgehen muß. Als er am 25. Oktober 1555 in

Gent abdankt, zieht er die Summe seiner zahlreichen Ortswechsel: »Neunmal nach Deutschland, sechsmal nach Spanien, siebenmal nach Italien, zehnmal in die Niederlande, viermal nach Frankreich, im Krieg wie im Frieden, zweimal nach Afrika…« Tatsächlich reist er nur ein einziges Mal im Frieden durch Frankreich, und zwar vom Dezember 1539 bis zum Januar 1540, während einer kurzen Phase gemeinsamer Interessen unter der Verantwortung von Anne de Montmorency. Gerade eben Zeit genug, um von den Pyrenäen bis zur niederländischen Grenze ein trotz seiner Schönheit und pompöser Empfänge feindseliges Land zu durchqueren. Sein Ziel ist Gent, wo er die aufständischen Bürger niederwirft – Bürger, die auch Frankreich verraten hat. Zu keiner anderen Zeit kann sich Karl V. der französischen Verkehrswege bedienen. Zweimal (1524, 1536) greift er die Provence an, diesen natürlichen Weg ins Languedoc und nach Spanien, aber er kann sie nicht gewinnen, ebensowenig wie Burgund, das er vertraglich im Jahre 1526 zugesprochen bekommt und dann vier Jahre später für immer verliert.

Selbstverständlich hat auch Frankreich das Gefühl, belagert zu sein, eingekreist. Doch das Land ist so groß, daß es durch einen Krieg nicht wirklich verwundet werden kann; es wird immer nur am Rande und kurzfristig von diesen Ereignissen berührt. Mit einer Ausnahme: Der Kaiser marschiert 1544 von den Niederlanden aus auf Paris und bleibt erst an der Marne bei Meaux stehen. Seine Armee stößt dann allerdings auf solche Widerstände, daß er es vorzieht, rasch mit Franz I. den Frieden von Crépy-en-Laonnois zu improvisieren. Doch in Wahrheit isoliert Frankreich die Länder, durch welche es von allen Seiten bedroht wird, und niemand weiß, was unangenehmer ist: Frankreich in Mailand, der Freigrafschaft Burgund, eine Blockade der Niederlande – oder die ständige Drohung, von allen Seiten umlagert zu sein. Beide Situationen haben ihr Unangenehmes.

Jedenfalls findet sich Frankreich halb geschlagen, halb gerettet. Zerstört sind die Träume, die seine Herren – weniger Frankreich selbst – gesponnen haben. Und gleichzeitig ist das Land gerettet – die Gelehrten meinen rückblickend, Frankreich habe durch die Inbesitznahme (1536) von Savoyen und Piemont (letzteres freilich wieder aufgegeben, aber erst 1559) doch etwas ganz Wichtiges aus den Rauchschwaden der Italienischen Kriege gerettet. Vor allem aber darf man annehmen, daß es sich wohl als zäher und standfester erwiesen hat, als seine Gegner glaubten. Zwar hätte Rabelais gerne die bei der Schlacht von

Pavia Davongelaufenen in »kupierte Hündlein« verwandelt gesehen. Doch ist das ein politischer Kampfruf. Deutlich hingegen ist, daß die Sprache Franz' I. zu einem auf die eigene Macht bedachten Nationalstaat gehört, zu einem Staat, dem Machiavelli, lange nach dem Tod dieses Königs, seinen Rat anbieten wird. Karl V. aber lebt in einer anderen, altmodischen und traditionellen Welt.

Außerdem sorgt das Gleichgewicht der europäischen Mächte dafür, daß sich die Balance wieder gegen den Kaiser kehrt, der zu großes Übergewicht gewonnen hat. Der türkische Angriff, von dem noch die Rede sein wird, ist ein solches Element des Gleichgewichts, das sich immer wieder einzupendeln versucht. Auch ohne die sogenannte Allianz von Halbmond und Lilien (1535) wäre diese enorme Macht allein – oder mit anderen Verbündeten als Frankreich – in das politische Spiel eingetreten, in welchem das Schicksal des Abendlands entschieden wird. Die Folgen dieses Spiels erstrecken sich vom Mittelmeer auf die ganze Welt, denn langsam nehmen jenseits von Europa die anderen Kontinente als Hintergrund imperialer Politik Gestalt an. Diese Politik weitet sich nunmehr auf die ganze Welt aus.

Das Mittelmeer – mehr als halb verloren

Die große Politik – oder besser: die große Geschichte – läßt Spanien jenen Teil des Maghreb wieder verlieren, der unmittelbar auf der anderen Seite der Straße von Gibraltar liegt. Es sind der Wettstreit um Amerika, die Italienischen Kriege, es sind jene großen Kämpfe um das Ansehen in Europa, die Spanien noch stärker von seiner traditionellen Bestimmung abbringen als Frankreich.

Gewiß haben sich die Spanier an einigen Punkten der afrikanischen Küste festgesetzt: Melilla (1497), Mers el Kebir (1506), Oran (1509), Algier (1510 bis 1516), der Peñon von Algier, eine kleine Felseninsel, die bis 1529 gehalten wird (sie schützt den Hafen und schließt ihn gegen den Nordwestwind ab, der vor allem im Winter das Mittelmeer heimsucht), Bône und Tripolis an der Barbareskenküste (1510). Um mehr zu erreichen, wäre eine bedeutende Galeerenflotte mit Transportschiffen im Mittelmeer notwendig. Von 1528 an löst sich dieses Problem, zum Teil durch den Seitenwechsel von Andrea Doria, doch entsteht etwa zur gleichen Zeit die Bedrohung durch die türkische Flotte. Schon 1480 haben Einnahme und Plünderung von Otranto die Stärke der Türken bewiesen, nach so vielen früheren Schlachten gegen Venedig. Doch der entscheidende Erfolg der Osmanen besteht darin, daß Algier sich von Spanien befreit (1516), sich mit den Schiffen der Brüder Barbarossa in eine Hauptstadt der Korsaren verwandelt und fast sofort zum Mittelpunkt der mediterranen Piraterie wird. Die Stärke auf See löst auch die Serie der türkischen Erfolge zu Lande aus (Syrien 1516; Ägypten 1517; Belgrad 1521; Rhodos 1522; Mohacs 1526). Das ganze östliche Mittelmeer wird unterworfen, der türkischen Politik eingegliedert, die Kräfte der Region werden mobilisiert, ob es sich um die Inselgriechen handelt, diese ewigen Seeleute, um die Wälder von Nikomedia oder um das Schwarze Meer, um das Korn der Donauländer... Hinzu kommt die brutale Aushebung von Männern als Ruderer oder Soldaten durch die türkische Regierung.

Die Schnittstellen zwischen den beiden Welten des Mittelmeers, zwischen Osten und Westen, Dscherba und Tripolis, Sizilien und Griechenland werden so zwangsläufig zum Schauplatz der ersten Konflikte. Für den Islam liegen die schwächsten, exponiertesten Stellen an den afrikanischen Küsten: Hierhin führt Karl V. 1535 seine siegreiche Expedition gegen Tunis. Er setzt in der Stadt einen wenig später entthronten Fürsten ein, behält aber das kleine Fort von La Goletta in der Hand: Bis 1574 lösen sich hier die spanischen Garnisonen ab und sterben vor Hunger und Langeweile. Dieser leichte Sieg, dem Jan Vermeyen auf seinen Gobelins eine heroische und festliche Atmosphäre verleiht, hat eine wichtige Folge: Der Kaiser findet Gefallen an Kriegszügen auf See, an Überfällen, bei denen die Armada nie die Verbindung zur Armee verliert. Die Soldaten entfernen sich nach der Landung also nicht von den Schiffen, sondern bleiben am Ort – anders als bei den Feldzügen, denen in die Provence zum Beispiel, im Jahre 1524 oder auch 1536. Bei der Bekehrung des Kaisers zum Seekrieg hat Andrea Doria sicherlich die entscheidende Rolle gespielt.

Doch die Eroberung von Tunis führt auch zu großen Illusionen. Tatsächlich kann niemand im Mittelmeer gegen die Flotte des Sultans allein etwas ausrichten. Dazu braucht es die gesamte Christenheit. Und hierbei fehlen jedesmal die Flotte des Allerchristlichsten Herrschers sowie, wenn immer eine Chance sich bietet, die riesige venezianische Flotte. Die Republik von San Marco ist zu diesem Zeitpunkt noch die reichste Stadt der Christenheit, auch wenn das Mittelmeer nicht mehr der einzige Weg zum Orient und zu den fernen Gewürzen ist. Seit der Umschiffung des Kaps der Guten Hoffnung und den direkten Verbindungen strömen in Lissabon, Sevilla und Antwerpen die neuen Reichtümer zusammen. Aber die Levantehäfen sind noch nicht geschlossen, das gewaltige osmanische Reich prosperiert. Gleichzeitig zieht Venedig Waren, Profite und neue Kräfte aus diesen Ländern, wo die Preise niedrig sind und wo es auch noch einen Teil der eigenen Handelswaren absetzen kann. Venedig träumt davon, nicht mehr gegen diesen ungeheuren Gegner antreten und sich damit selbst der Handelsvorteile berauben zu müssen.

Aber dieser Gegner hat seine Leidenschaften, seinen Zorn, seine Pläne. Im Jahr 1536 stürzt er sich plötzlich auf Venedig. Und die Stadt muß sich trotz aller Vorbehalte auf die Seestreitkräfte Karls V. stützen. Zwei Jahre hält die Heilige Liga die osmanische Flotte in Schach, welche von Barbarossa, befördert zum Kapudan Pascha, General der sultanischen Meere, kommandiert wird. Die kaiserliche Diplomatie versucht, ihrer Gewohnheit entsprechend, den Korsaren zu bestechen, ihn in Versuchung zu führen: Unendliche Verhandlungen beginnen, deren nie edierte Papiere die Archive verstopfen. Wer führt wen hinters Licht? Betrügt einer den anderen, was wahrscheinlich ist? Auf jeden Fall treffen am 27. September 1538, im Golf von Arta am Rand der albanischen Küste bei Prevesa, die beiden großen Flotten aufeinander.

Eine Begegnung von großer Bedeutung, welcher von der Geschichtsschreibung nur selten der gebührende Rang zugewiesen wird, obwohl ihre Folgen das ganze Mittelmeer betreffen. Das Gefecht endet jedenfalls zweideutig. Hat der Genuese Andrea Doria bei Prevesa den Venezianern gegenüber etwas verschwiegen, einem alten Groll folgend, den Venezianer und Genuesen füreinander im Blut haben? Hat er sich während der Unterhandlungen verlocken lassen, bei denen Barbarossa als Preis für seinen Verrat Tunis forderte? Jedenfalls wird die christliche Streitmacht nur zum Teil eingesetzt. Barbarossa wird nicht umzingelt, man überläßt sogar das Schlachtfeld dem Ungläubigen. Sicher, Castelnuovo, an der Einfahrt zum Golf von Cattaro, wird entsetzt, aber man läßt die Garnison ohne ausreichende Vorräte. Sie muß sich im folgenden Jahr Barbarossa ergeben, und die Geschichte endet wie bei der kurzfristigen spanischen Besetzung von Koron am Ufer der Peloponnes von 1533 bis 1534.

Gibt es Gründe, die Bedeutung dieser Ereignisse zu vergrößern? Ja und nein. Nein, wenn es um die Fakten für sich genommen geht –

sie sind Petitessen. Doch die Folgen sind gravierend. Venedig ist von den Lasten der Kriegsaufwendungen geschwächt, unzufrieden angesichts immer neuer Ausflüchte von seiten der Verbündeten, kaum von der Entschlossenheit des Kaisers überzeugt, der für den Winter nach der Seeschlacht bei Prevesa versprochen hat, selbst mit seiner Flotte gegen die Ungläubigen zu fahren. Kurz, Venedig schließt unter französischer Vermittlung am 20. November 1540 einen Frieden, der dem Stadtstaat schwere Lasten auferlegt. Durch diesen Abfall erhält Prevesa den Glanz eines überraschenden türkischen Sieges. Ohne Venedig ist Karl V. nicht mehr Herr des Mittelmeers. Er ist nun der Unterlegene, und die Folgen machen sich mehr als ein Vierteljahrhundert lang bemerkbar, bis zur Revanche der Christen bei Lepanto am 7. Oktober 1571. Fünfundzwanzig Jahre kann der Türke tun, was ihm beliebt – oder doch beinahe. Er schafft die Gesetze, er verheert die christlichen Küsten, organisiert Beutezüge riesigen Ausmaßes, nährt sich von der Kraft, den Reichtümern, den Menschen der Christenheit.

Für den Schwächeren gibt es nur eine Möglichkeit: während der Schlechtwetterzeit zu handeln. Von Oktober bis März ist das Meer die Beute schwerer Stürme. Die türkischen Flotten haben nach Istanbul abgedreht und sind ins Winterquartier gefahren. Also nutzt man einige Schönwettertage während der schlechten Jahreszeit für eine kleine Expedition über kurze Distanzen. So kommt der Zug gegen Algier zustande. Die christliche Flotte sammelt sich bei den Balearen. Sie taucht vor der Einfahrt des Oued el Harrach auf, am 23. Oktober 1541, und wirft ihre Truppen an Land. Die Stadt scheint hinter ihren zerrütteten Mauern preisgegeben. Da geschieht, was ihr wie ein Wunder erscheint: Ein Unwetter überrascht die Flotte und zwingt sie, sich nach Osten hinter das Kap Matifu zurückzuziehen. Die Armee erreicht wieder die Küste und schifft sich schlecht und recht auf den Einheiten ein, welche die Katastrophe überstanden haben. Die Flotte hält in Bijaya an und erreicht dann wieder die Balearen. Am 1. Dezember 1541 ist sie in Cartagena und entgeht unmittelbar vor dem Hafen gerade noch einem Sturm.

Diese Niederlage, die erste große Niederlage für Karl V., läßt die Dreistigkeit und Kraft des Gegners nur wachsen. Die Liste seiner Siege und Beutezüge würde Seite um Seite füllen. An einem einzigen Ereignis, das größtes Aufsehen erregt, mag man indessen die schlimme Lage der christlichen Staaten des Mittelmeers erkennen, die, untereinander zerstritten, den Übergriffen des Islam ausgeliefert sind. Als der Krieg zwischen Franz I. und Karl V. wieder beginnt – ihr letzter Krieg (1542–1544), der auf die Ermordung zweier Gesandter im Dienste Frankreichs folgt, nämlich des Genuesen Cesare Fregoso und des Spaniers Antonio Rincón, die im Juli 1541 ein paar Meilen von Pavia entfernt hingerichtet werden –, da unterstützt die türkische Flotte (wenn auch vergeblich) die Franzosen bei der Belagerung von Nizza; dann überwintert sie in Toulon, das vorher von seinen Bewohnern geräumt worden ist. »Unglücklich sind wir«, schreibt ein französischer Dichter, »die wir in einem solchen Zeitalter leben!«

Deutschland im Moment kaiserlicher Macht

Die Auseinandersetzung Karls V. mit Deutschland durchzieht seine gesamte Regierungszeit ohne Unterbrechung. Erst kurz vor seinem Tod verzichtet der alte Kaiser, als letzte Handlung, auf die Kaiserwürde. Diese Auseinandersetzung wird meist mit leiser Stimme geführt, so als hätte der Kaiser anderes und Besseres zu tun. Doch nachdem das Gespräch drei-, viermal ins Stocken gekommen ist, wird die Auseinandersetzung lauter, und dann hört man nichts anderes mehr: Sie durchdringt den Tumult der Welt und beherrscht ihn. Ein Eklat folgt dem anderen: 1521 die Begegnung mit Luther; 1530 der erstaunliche Reichstag von Augsburg (der leider nicht das menschliche Feuer des Zweiten Vatikanums hat, und doch –), am 24./25. April 1547 die entscheidende Schlacht bei Mühlberg – es gibt ein Deutschland vor, eines nach Mühlberg; und schließlich am 25. September 1555 der Friede von Augsburg, ein wahres Edikt von Nantes *avant la lettre*...

Die Begegnung mit Luther

Für einen Romancier gäbe es keine dramatischere Szene als den Auftritt Luthers vor dem Reichstag zu Worms am 18. April 1521. Karl V., das dürfen wir nicht vergessen, steht eben erst am Anfang seiner Herrscherlaufbahn. Er ist einundzwanzig. Im vorigen Jahr ist er im Dom von Aachen zum Kaiser gekrönt worden. Luther ist am 16. April in Worms unter dem freien Geleit eingetroffen, das ihm der Kaiser gewährt hat. Am nächsten Tag tritt er vor den Reichstag, fordert aber einen Tag Bedenkzeit. So fällt die große Auseinandersetzung auf den folgenden Tag, an dem der Mönch eine lange Rede zunächst auf lateinisch, dann auf deutsch hält. Sie läßt sich hier nicht zusammenfassen. Was zählt, ist die endgültige Antwort auf die Frage, ob er widerrufen wolle, ja oder nein? Sie heißt »Nein« – »Es sei denn, daß ich durch Zeugnisse der Schrift oder klare Vernunftgründe überwunden werde – denn ich glaube weder dem Papst noch den Konzilen allein, weil es am Tage ist, daß sie zu mehreren Malen geirrt und sich selbst widersprochen haben –, so bin ich überwunden durch die Stellen der Heiligen Schrift, die ich angeführt habe, und gefangen in meinem Gewissen an dem Wort Gottes. Deshalb kann ich und will ich nichts widerrufen, weil wider das Gewissen zu handeln beschwerlich, nicht ratsam und gefährlich ist! Amen.« Dies sind, wohlverstanden, nicht seine genauen Worte. Vielleicht hat er auch gesagt – das ist der Text, der gewöhnlich zitiert wird –: »Hier stehe ich, ich kann nicht anders. Gott helfe mir, Amen.«

Eine grandiose Szene, denken und sagen Luthers Anhänger. Seine Gegner sind für den Augenblick wenig beeindruckt. »Sehr mittelmäßiger Auftritt«, notiert der venezianische Gesandte Contarini. »Der wird mich nicht zum Ketzer machen«, bemerkt Karl V., doch was hat er von der lateinischen und deutschen Ansprache verstanden? Er beherrscht keine der beiden Sprachen. Trotzdem setzt der junge Kaiser in der Nacht vom 18. auf den 19. April selbst eine lange französische Deklaration auf, die dann ins Deutsche übersetzt werden wird: »Ich bin entschlossen, an allem treu festzuhalten, was das Konzil von Konstanz festgelegt hat. Es ist offenbar, daß ein in seinem Irrtum alleinstehender Bruder, wenn er der Meinung der ganzen Christenheit widerspricht, im Unrecht ist, sonst hätte sich die Christenheit während tausend und mehr Jahren geirrt. Auch bin ich entschlossen, meine Reiche und Besitztümer einzusetzen, meine Freunde, meinen Leib, mein Blut, mein Leben, meine Seele. Denn es wäre eine Schande für mich und für euch, Angehörige der edlen deutschen Nation, wenn einzig zu eurer Zeit und durch eure Nachlässigkeit eine Ketzerei, ein Schimpf, den man der christlichen Religion antut, in die Herzen der Menschen Einlaß fände...«

Am 26. Mai wird Luther bei einer Sitzung, da sich der Reichstag schon auf wenige Mitglieder reduziert hat, in Acht und Bann getan. Von den Rittern des sächsischen Kurfürsten entführt, bleibt er bis zum 1. März des folgenden Jahres auf der Wartburg verborgen. Doch schon vor der Verurteilung hat der Krieg mit Franz I. in Navarra und in Geldern begonnen. Der Kaiser kehrt in die Niederlande zurück. Deutschland bleibt seinen Launen und Leidenschaften überlassen, seiner ohnmächtigen Unordnung. Zuerst die Politik, zuerst der Krieg. Der Rest zählt nicht, kann für den Kaiser nicht zählen.

Der Reichstag von Augsburg

Beinahe zehn Jahre später tritt der Reichstag in Augsburg, der Stadt der Fugger, wieder zusammen und konferiert von Juni bis November 1530. Karl ist der Herrscher Italiens, nicht mehr in den Kampf mit Frankreich verwickelt, seiner selbst sicher. Wird er, wie so weise wie hitzige Geister hoffen, den durch Luthers Revolte ausgelösten Religionskonflikt schlichten? Den Konflikt, der alle Wechselfälle der deutschen Geschichte seitdem durchzogen hat, und vor allem den kurzen, brutalen Bauernaufstand, gegen den Luther am Ende Flammen gespieen hat, er, der Freund, der Gefangene der protestantischen Fürsten.

Für viele der zeitgenössischen Beobachter und der Verantwortlichen erscheint Annäherung, ein Kompromiß, noch durchaus möglich. Gattinara ist entschiedener Parteigänger der Aussöhnung, doch er stirbt am 4. Mai, noch ehe der Reichstag zusammengetreten ist. Glücklicherweise gibt es andere Freunde Erasmus', Vertreter des konfessionellen Ausgleichs, so Alfonso de Valdés, einen der kaiserlichen Sekretäre. Auf protestantischer Seite macht Melanchthon selbst Zugeständnis um Zugeständnis, bezüglich der bischöflichen Hierarchie, der sieben Sakramente, der Ohrenbeichte... Sein einziger Wunsch ist die Beibehaltung der Kommunion in beiderlei Gestalt, Brot und Wein. Von weitem, in Freiburg, schaut Erasmus beunruhigt zu, handelt kaum. Auf der Veste Coburg, wo er gleichermaßen entfernt die Auseinandersetzungen verfolgt, empört sich Luther: besser der Krieg als diese Zugeständnisse in Fesseln... Immerhin sind sich im September die Gegner über 21 von 28 Artikeln einig, doch stehen noch sieben zur Diskussion. Ach, wenn nur nicht die Frage der Kirchengüter wäre, die man eingezogen hat und die nun erstattet werden sollen! »Die lutherischen Fürsten sagen, daß sie nicht sehen, auf welchem Wege auch immer sie sie guten Gewissens zurückgeben sollen«, schreibt ein Korrespondent der Gonzaga nach Mantua. Und die einen wie die anderen berufen sich auf ihr Gewissen und die Evangelien. »Wider das Evangelium«, sagt eines Tages der Herzog von Sachsen, »will ich denn doch nicht sein.« »Noch schon gar nicht ich«, erwidert der Kaiser.

Am Ende kommt bei diesen langen Diskussionen nichts heraus. Papst Clemens VII. hat sie ungehalten verfolgt, obwohl er in Bologna bei der Kaiserkrönung versprochen hatte – kaum ernsthaft –, ein Konzil einzuberufen. Als die Protestanten Augsburg verlassen, ist noch nichts entschieden. Die zurückgebliebenen Katholiken erklären, daß die Dinge noch bis zum 15. April 1531 auf dem alten Stand bleiben werden; dann wird die bischöfliche Hierarchie wieder eingesetzt. Aber das sind nur Worte. 1532 wird die deutsche Grenze von den Türken bedroht, zumindest scheint es so. Ein neuer Reichstag tritt zusammen, um die notwendigen Maßnahmen gegen die Ungläubigen zu beschließen, und die protestantischen Fürsten lassen sich am 25. Juli 1532 ihre Unterstützung mit dem Recht bezahlen, in ihrem eigenen Herrschaftsbereich in religiösen Angelegenheiten zu bestimmen, bis das von ihnen stets geforderte allgemeine Konzil einberufen wird. Der Fehler Karls V., sagt man, habe darin bestanden, ohne Armee nach Augsburg zu gehen.

Der Sieg von Mühlberg

Dann rückt er mit starken Truppen in Deutschland ein – allerdings etwa fünfzehn Jahre später, im Jahr 1546. Wieder ist er im Westen nicht mehr gebunden und wird es bald auch im Osten nicht mehr sein – im Westen ist der Friede von Crépy-en-Laonnois unterzeichnet, begleitet von vielen Versprechungen, die nicht gehalten werden; im Osten wird Ferdinand mit den Türken 1546 einen Waffenstillstand schließen. Ein zusätzlicher Vorteil besteht darin, daß der Papst den Kaiser drängt, gegen die Protestanten des Schmalkaldischen Bundes vorzugehen. Die Zeiten haben sich geändert: In Trient beginnt am 13. Dezember 1545 das lang erwartete große Konzil, aber es wird keine Aussöhnung bringen, im Gegenteil. Luther stirbt am 18. Februar 1546 (nichts Gutes, prophezeit er, stehe der Welt bevor). Im folgenden Jahr stirbt Heinrich VIII., und kurz danach, in der Nacht vom 31. März auf den 1. April, folgt ihm Franz I. in den Tod. Der dramatischste Tod aber, eines Schauerromans würdig, ist der des jungen Herzogs von Orléans am 8. September 1545. Man hat die Theorie verfochten, er sei auf Befehl der Kaiserlichen ermordet worden, was wenig wahrscheinlich ist. Auf jeden Fall sieht sich Karl des Versprechens ledig, ihm Mailand zu überlassen – einer der Hauptpunkte des Friedens von Crépy-en-Laonnois. Statt dessen setzt er dort seinen eigenen Sohn ein, Philipp von Spanien, den späteren Philipp II.

Doch verlieren wir uns nicht in Daten. Wichtig ist nur, daß die Umstände dem Kaiser wieder einmal gestatten, sich inmitten all der vielfältigen Aufgaben, die auf ihn eindrängen, ein besonderes Problem auszuwählen und sich ihm mit aller Kraft zu widmen. Die politischen Umstände sind selbst für diese Zeit außergewöhnlich schwierig: Das gesamte Abendland leidet seit langem unter wirtschaftlichen und sozialen Problemen. Nur die reichsten Länder entgehen den Zwängen der Konjunktur. Mit dem Silber Spaniens wird Karl V. Deutschland schlagen.

Doch ehe er zuschlägt, lenkt er ab, verhandelt, beobachtet... Er kommt fast allein zum Reichstag nach Regensburg. Doch er hat seine Anweisungen für die notwendigen Schritte gegeben – Geld strömt nach Deutschland, und ebenso strömen Truppen zusammen, aus den Niederlanden, aus Mailand, vor Ort ausgehobene. »Du weißt«, schreibt er seiner Schwester Maria von Ungarn am 9. Juni 1546, »wie ich dir schon beim Abschied gesagt habe [als er die Niederlande im März dieses Jahres verließ], daß ich das Unmögliche versucht habe, um wie auch immer die Verhältnisse in Deutschland zu ordnen und zu befrieden, und bis zum äußersten gegangen bin, um Gewaltanwendung zu vermeiden... Aber«, fügt er hinzu, »es ist mir nicht gelungen.« Die deutschen Fürsten erscheinen nicht auf dem Reichstag. Krieg also, in einem unentschlossenen, unzufriedenen Deutschland, dessen Untertanen von ihren Fürsten bis zum letzten Heller ausgebeutet werden und nichts mehr wünschen, als daß sich die Verhältnisse irgendwie zum Besseren wenden. Die im Schmalkaldischen Bund Vereinten suchen zu verhindern, daß sich kaiserliche Truppen an der Donau zusammenziehen, aber während der langen Zeit des inneren Friedens in Deutschland, die für die Entwicklung des Protestantismus so günstig war, verfiel das Kriegshandwerk. Die Operationen scheitern, und die Streitkräfte ziehen sich nach Norden zurück, in Richtung Hessen und Sachsen. Der Rückzug ist um so notwendiger, als der kaiserlichen Diplomatie ein vernichtender Coup gelungen ist: der Verrat des Moritz von Sachsen. Dieser Fürst, eine seltsame und rätselhafte Person, vertritt die in Dresden regierende jüngere Linie des Hauses Sachsen, während die ältere Linie im Besitz der Kurwürde in Leipzig sitzt. Gegen die Zusicherung des Kurhuts stürzt sich der Verräter auf das Land seines Verwandten. Unter diesem Schlag zerfällt das protestantische Deutschland. Im Winter 1546/47 besetzt die kaiserliche Armee die großen süddeutschen Städte Augsburg, Ulm, Straßburg, Frankfurt. Die bedrohten Fürsten bitten um kaiserliche Gnade – der Pfalzgraf, der Herzog von Württemberg. Dieser, von der Gicht geplagt, kann nicht vor dem Kaiser niederknien; damit dies kein Ärgernis auslöse, knien an seiner Statt die Diener nieder... Ganz Süddeutschland ist wieder gehorsam.

Der Kaiser überläßt die leichte Aufgabe der Vollendung gerne seinen Kommandeuren, dem Bruder Ferdinand und Moritz von Sachsen. Doch diese rufen ihn gegen den andauernden Widerstand des sächsischen Kurfürsten wieder zu Hilfe. Die kaiserliche Armee zieht also im März nach Norden, unter den ungünstigen Umständen eines verregneten Frühlings. Sie durchquert Böhmen, das schon bereit ist, sich gegen Ferdinand zu erheben, aber durch die bloße Anwesenheit der Armee Karls V. wieder zum Gehorsam kommt. Man erreicht Sachsen am Oberlauf der Elbe nahe Dresden; auf der Höhe von Mühlberg überschreitet die kaiserliche Armee im Schutze der Nacht und des Morgennebels den Fluß und überrascht die sich gerade formierende und sich noch in Sicherheit wähnende sächsische Armee. Das Anrücken der Kaiserlichen wird erst entdeckt, als der Nebel sich hebt; eine wilde Flucht folgt. Johann Friedrich, der sächsische Kurfürst, fällt in die Hand des Siegers. Ganz Sachsen ist besetzt. Kurz danach überantwortet sich der Landgraf von Hessen der kaiserlichen Gnade; er wird von nun an in seiner Residenz bewacht, ist praktisch ein Gefangener.

In diesem Sommer 1547 erreicht Karl V. den Gipfelpunkt seiner Macht. Wahrscheinlich ist der Sieg von Mühlberg – der so viel mit dem von Pavia gemeinsam hat – nicht nur das Verdienst des militärischen Befehlshabers, des Herzogs von Alba, sondern vor allem die Leistung des Herrschers selbst. Man bemerke, daß er sich von Tizian mit der Lanze in der Faust auf dem Schlachtfeld von Mühlberg malen läßt... In Pavia hatte er triumphiert, ohne tatsächlich dort gewesen zu sein.

Das Augsburger Interim

Ein totaler Sieg? Zweifellos, aber ein vergänglicher. Der Kaiser triumphiert zwar vollkommen über die Fürsten, er hat sie in der Hand.
Aber er siegt nicht über ihre Untertanen. Sie beweisen es ihm, indem
sie erfolgreich Magdeburg und Bremen verteidigen, die beiden Städte, die das beschützen, was im Norden noch von einem unabhängigen protestantischen Deutschland übrig ist. Und schon dies ist eine
schwerwiegende Einschränkung des Sieges. Die ganze endlose Diskussion über den Dreißigjährigen Krieg wird es zeigen: Das protestantische Deutschland läßt sich nicht bezwingen, wenn einmal Nord
und Ostseeküste besetzt sind. Und überdies hilft in religiösen Angelegenheiten die Gewalt meist nicht viel. Die protestantischen Prediger
wie Hunde aus dem Süden Deutschlands zu verjagen – nichts ist einfacher, doch was dann? Im Grunde bleibt alles offen. Und Karl bewegt sich auf ganz unvertrautem Boden.

Zwar scheint zunächst alles beim alten zu bleiben, als – genau wie
siebzehn Jahre zuvor – der Reichstag nach Augsburg einberufen wird,
um dort vom 1. September 1547 bis zum 30. Juni 1548 zu tagen.
Aber dieser Reichstag zu Augsburg ähnelt dem ersten keineswegs.
Die religiösen Gegensätze werden leidenschaftlicher betrieben als je,
die Positionen sind verhärtet. Die zehn Monate werden nur aus Streitigkeiten, vergeblichen Unterhandlungen, fruchtlosem Zorn, unvor-
hergesehenen Verwicklungen bestehen. Mit Calvin hat sich seit 1540
in Genf eine neue Form des Protestantismus entwickelt. Seine unversöhnliche Haltung schließt jede Annäherung aus. Auf katholischer
Seite, im Vatikan, ist man gleichermaßen unversöhnlich. Paul III. hat
in eben diesem Jahr 1540 die Ordensregel der Jesuiten bestätigt. Auf
dem Konzil von Trient entscheiden die Katholiken, ohne das Eintreffen der protestantischen Delegierten abzuwarten, einige der entscheidenden Fragen vorab – die der Apokryphen, der Vulgata, der Erbsün-
de, der Rolle der Tradition... Kurz, die Gegenreformation bezieht
ebenfalls ihre Positionen und gibt kein Terrain mehr preis. Der Papst
zieht außerdem seine Truppen aus der kaiserlichen Armee zurück und
verlegt das Konzil von Trient nach Bologna. Für die deutschen Protestanten würde Bologna – im Unterschied zu Trient – bedeuten, sich
außerhalb des Reiches zu begeben.

Der Streit ist nicht nur religiös, er ist auch politisch. Wie so viele
Fürsten der Christenheit und vor allem Italiens kann der Papst die po-

litische Dominanz des Kaisers nicht hinnehmen, er mag sich nicht vor ihm verneigen. Paul III., Pietro Luigi Farnese, verkündet: »Nicht zu Caesar, zu Petrus hat Christus gesagt: auf diesen Felsen will ich meine Kirche bauen.« Dies gibt der Ermordung des Sohnes Pauls III. eine dramatische, sensationelle Bedeutung; er stirbt am 10. September 1549; im Jahre 1545 hatte ihn sein Vater mit den zu Herzogtümern erhobenen Besitzungen Parma und Piacenza belehnt. Kein Zweifel, daß der Mord – getarnt als Volksaufstand – vom Herrscher Mailands, Ferrante Gonzaga di Guastalla, angezettelt worden ist. Was vermögen unter diesen Umständen diplomatische Missionen, Drohungen, selbst ultimative Aufforderungen, die hochmütig von Diego Mendoza, Karls Botschafter in Wien, vorgetragen oder von Personen hohen Rangs vor die Väter des Konzils von Bologna gebracht werden?

Die Historiker fragen sich später, was der Kaiser hätte tun können und sollen. Da im Prinzip alles mit den Entscheidungen des Konzils zusammenhängt – was gibt es für eine andere Möglichkeit als teilzunehmen, Zeit zu gewinnen, die Zukunft zu retten? Das Augsburger Interim ist eine mittelmäßige Lösung für ein großes Problem. Es befiehlt einen *modus vivendi*, der, wie es scheint, für beide Seiten annehmbar ist. Der Text ist von zwei Bischöfen und einem Protestanten – Agricola, dem Prediger des Kurfürsten von Brandenburg – redigiert worden. Seine 26 Artikel lösen kein Problem und machen alle Welt unzufrieden. Wir wollen sie nicht aufzählen, doch ihre Summe nennen: Die sieben Sakramente bleiben erhalten; die bischöfliche Hierarchie besteht fort; auf eine etwas heuchlerische Weise wird die Priesterehe akzeptiert, genau wie die Kommunion in beiderlei Form; die Messe wird als Akt der Gnade aufgefaßt. Tatsächlich gibt der Papst seine Einwilligung nur mit spitzen Fingern, und das erst im August 1549. Die Protestanten legen verschiedene Textredaktionen des Interims zugrunde, in Brandenburg so, in Sachsen so...

Doch während sich nichts stabilisiert hat, ist auch noch nichts rettungslos verloren. Besonders, als nach dem Tode Pauls III. (10. November 1549) sein Nachfolger Julius III. sich auf die Seite der Versöhnung stellt. Fast sofort stimmt er dem Vorschlag zu, das Konzil von Bologna nach Trient zurückzuverlegen, und es stellt sich die Frage der Aufnahme der protestantischen Delegierten.

Philipp von Spanien wird nicht deutscher Kaiser

Auch in der Politik gibt es keinen Kompromiß, keine befriedigenden Regelungen. Das Problem besteht in der Umwandlung des Kaisertums von einer Wahl- in eine Erbmonarchie. Wenn die Fürsten zugestimmt hätten, dann wäre im Wirrwarr der deutschen Politik, wie ein Historiker geschrieben hat, »eine Revolution von oben vollzogen worden, welche das Reich grundsätzlich verändert hätte«. Aber wäre dies, anders als auf dem Papier, wirklich möglich gewesen?

Die erste Bedingung wäre gewesen, daß die Habsburger untereinander einig gewesen wären, was zum Erstaunen und zur Verzweiflung Karls nicht der Fall ist. Die Rechte und Prärogative dieser Familie hat er ohne Ende verteidigt; er hat Europa und die Welt gewissermaßen von ihrem Standpunkt aus gesehen; er hat seine Staaten durch seine Verwandten regieren lassen – Margarete von Österreich, Maria von Ungarn, Ferdinand, seinen Regenten seit 1521, dann seit 1531 Römischer König; später seinen Neffen Maximilian, der auch sein Schwiegersohn ist; schließlich seinen Sohn Philipp, dem er 1539 trotz seiner Jugend – er ist zwölf – die Regentschaft der spanischen Königreiche überlassen hat. Tatsächlich hat sich Karl, der die Last seiner Jahre und seiner Krankheiten spürt, ein formelles Versprechen der Kurfürsten erhofft, seinen Sohn zum Kaiser zu wählen. Nicht unmittelbar, denn die goldene Krone muß, da Ferdinand schon Römischer König ist, *ipso facto* auf ihn übergehen. Aber in Zukunft, wenn die Frage der Nachfolge sich stellt.

Doch Ferdinand und sein Sohn Maximilian zögern mit ihrem Einverständnis. Tatsächlich bildet die Sippe Ferdinands schon ein eigenes Haus – 1522 hat Karl seinem Bruder seinen Teil der österreichischen Erblande abgetreten; 1526, nach der Katastrophe von Mohacs, ist die Nachfolge Ludwigs von Ungarn, seines Schwagers, an Ferdinand gefallen – vielmehr das, was von Ungarn nach der türkischen Eroberung noch übriggeblieben ist, sowie das große Reich Böhmen. Genügend Gründe für den ›ferdinandinischen‹ Zweig der Habsburger, den Verzicht auf die Kaiserwürde zu verweigern. Zweimal kommt Maria von Ungarn aus den Niederlanden nach Augsburg, um die Gegner zu versöhnen und, wie der Kaiser schreibt, »die Größe unseres Hauses zu wahren«. Bald wird die Auseinandersetzung nicht mehr allein in der Familie geführt, sondern sie dringt an die Öffentlichkeit. Maximilian steckt hinter diesen Skandalen und Indiskretionen. Im

Dezember 1550 geht der Kaiser so weit, an Maria von Ungarn zu schreiben: »Ich versichere Ihnen, daß ich nicht mehr kann, wenn ich nicht verrecke.«

Um sich einer fruchtlosen Diskussion zu entziehen, läßt Karl V. vom Bischof von Arras ein ›Diktat‹ aufsetzen, sehr geheim, in seinem eigenen Zimmer; und dieses Diktat wird seinem Bruder und seinem Neffen oktroyiert. Wenn die Kaiserkrone an Ferdinand fällt, soll Philipp den Titel eines Römischen Königs erhalten. Sollte hingegen Philipp die Kaiserwürde erhalten, wird er Maximilian, seinem Vetter, den Titel eines Römischen Königs lassen. Ferner soll mit Ferdinands Erhebung zum Kaiser Philipp den Titel eines kaiserlichen Stellvertreters erhalten, das heißt die Herrschaft über die italienischen Besitztümer des Kaisers antreten. Aber all das wird durch die Ereignisse überholt.

Das fürstliche Deutschland will in der Tat von dieser Lösung nichts wissen. Ferdinand und seiner Familie sind diese Interessen bekannt, sie stützen sich auf die deutschen Fürsten, lassen sich von ihnen tragen. Und das Rad dreht sich bald wieder schnell. Der Sieg des Kaisers beruht auf einem Zusammentreffen von Umständen, die ihn von vornherein sehr fragwürdig machen. Er ist, kurz gesagt, nur vor dem Hintergrund einer kurzfristigen europäischen Unaufmerksamkeit möglich gewesen. Diese kurze Stille ist gleich vorüber. Nach Mühlberg tritt das ein, was schon auf Pavia gefolgt war: eine Sammlungsbewegung gegen den Sieger.

Europa gegen Karl V.

Das ganze Europa, die Türken eingeschlossen, wendet sich gegen ihn und folgt wiederum dem monotonen Gesetz des europäischen Gleichgewichts. Zweifellos braucht das eine gewisse Zeit. Das Frankreich Heinrichs II. wird erst am 24. März 1550 den Krieg gegen England (um Boulogne) beenden. Die Türken warten, um im Mittelmeer vorgehen zu können, einen Anlaß ab. Sie finden ihn in einer Aktion Karls V. gegen den osmanischen Admiral Dragut, der 1550 aus einem winzigen Hafen an der tunesischen Küste vertrieben wird. Sie beginnen mit einem Unternehmen, das am 14. August 1551 mit der Wiedereinnahme von Tripolis und der Vertreibung der Malteserritter endet, die Karl V. 1530 dort stationiert hatte. Schließlich verständigen sich die deutschen Protestanten mit dem Allerchristlichsten, um den Kaiser – diesmal militärisch – unter Druck zu setzen. Der heimlich in der Nähe von Lochau ausgehandelte Vertrag spricht dem König von Frankreich die Bistümer von Metz, Toul und Verdun zu, eine im Vertrag von Chambord (15. Januar 1552) und im Militärabkommen von Friedewald (17. Januar desselben Jahres) bestätigte Klausel.

Die Seele dieser Verhandlungen ist Moritz von Sachsen, der rätselhafte Fürst ohne Skrupel. Er hält sich unter dem Vorwand, in Magdeburg die Ordnung wiederherstellen zu wollen, ein Söldnerheer unter Waffen, während der Kaiser aus finanziellen Gründen seine spanischen und italienischen Truppen aus Württemberg abzieht. Im Prinzip müßten die protestantischen Fürsten nun an den Rhein marschieren, sich dort mit dem König von Frankreich vereinigen und mit ihm die wehrlosen katholischen Territorien am Rhein besetzen. Heinrich II. erreicht zwar auch, nachdem er unterwegs Toul und Metz besetzt hat, im Mai 1552 den Rhein, doch ist niemand da, ihn zu begrüßen. Also zieht er sich zurück, nicht ohne auf dem Heimweg Verdun einzunehmen. Es ist niemand dagewesen, weil Moritz von Sachsen es vorzieht, auf den hilflosen Kaiser einzudringen und ihn zum Verlassen Augsburgs zu zwingen, wo der Fürst am 4. April einzieht. Karl wird, bar seiner militärischen Macht, nach Innsbruck verschlagen. Am besten verhandeln, Zeit gewinnen. Ferdinand vereinbart mit Moritz am 18. April in Linz einen Waffenstillstand. Aber Moritz von Sachsen macht sich unklare Passagen des Waffenstillstandsabkommens zunutze und dringt mit seinen Truppen bis Innsbruck vor, das er am 23. Mai einnimmt. Karl V. kann nach Osten entkommen, über die noch verschneiten Alpen, bis nach Villach, wo er am 27. Mai anlangt.

Offenbar ist Deutschland für ihn verloren. Der Kaiser hat sich trotz vieler Hinweise überraschen lassen. Dieses eine Mal hat sich die kaiserliche Diplomatie geirrt, weil sie zu subtil sein wollte. Doch die Mobilisierung gewaltiger Menschen- und Geldmassen gibt dem alten Kaiser rasch wieder Spielraum und erlaubt ihm, drei Kriege gleichzeitig zu führen: gegen die Türken, gegen den Allerchristlichsten Herrscher, gegen das protestantische Deutschland. Weder gegen den Türken noch gegen Frankreich (von einem am 10. Mai 1552 mit Heinrich II. geschlossenen Waffenstillstand von kurzer Dauer abgesehen) darf er auf eine Atempause hoffen. Die Klugheit gebietet also – so hart einem ihre Ratschläge fallen mögen –, sich mit Deutschland zu verständigen. Auf dieser Seite besteht eine Bereitschaft zu Verhandlungen, und Ferdinand kümmert sich darum – der Bruder, in welchen Karl V. nun wieder sein Vertrauen setzt, nachdem er ihm gegenüber äußerst mißtrauisch geworden war und sogar einen Augenblick lang geglaubt hatte, er stünde mit den Protestanten im Bunde, was gewiß falsch ist.

Die deutschen Fürsten, arg mitgenommen von den Ereignissen der letzten Jahrzehnte, sind nunmehr leidenschaftlich für den Frieden. Moritz von Sachsen selbst spricht von »Frieden ohne Bedingungen und für immer«. Dieser rasch gefundene Frieden wird mit dem Vertrag von Passau gültig, den der Kaiser am 2. August 1552 unterzeichnet. In der Folge des Vertrages zieht Moritz von Sachsen mit einem Teil seiner Truppen Richtung Ungarn gegen die Türken. Er läßt jedoch in der Gegend von Frankfurt einen Teil seines Heeres zurück, das ihn gegen Karl V. begleitet hatte. Die Truppen schließen sich unter der Führung des Markgrafen von Brandenburg, Albrecht Alkibiades, zusammen, dem Anführer einer Bande, welche durch systematische Plünderungen zum öffentlichen Ärgernis der deutschen Lande wird – eine Art unzeitgemäßes Vorspiel zu den Verwüstungen des Dreißigjährigen Krieges. Karl nimmt schließlich den furchterregenden Condottiere in seine Dienste. Er hat beschlossen, gegen Frankreich zu marschieren – hat beschlossen, mit seinen italienischen, spanischen und deutschen Truppen (letztere überaus zahlreich) durch Deutschland zu ziehen und Metz zu belagern.

Es war für ihn nur konsequent, in diesem Augenblick gegen Frankreich vorzugehen, das von Italien bis zu den Niederlanden wieder das große Spiel des Krieges gegen den Kaiser begonnen hatte. Im Juli 1552 hatte sich Siena mit dem Ruf *Francia! Francia!* erhoben. Es war konsequent, auf Metz zu marschieren, ein Symbol für die französischen Eroberungen und ein verlorenes Stück des Reiches. Aber war es vernünftig, mit der Belagerung der Stadt im November zu beginnen? Der Belagerte – es war Franz von Guise – verfügte über reichlich Artillerie und verteidigte sich mit großer Kraft. Der Belagerer saß um die Stadt in einer leergefegten Landschaft, ohne eigentliche Herberge, und der Winter war rauh. Als Ambroise Paré nachts mit der Absicht, sich den Belagerten anzuschließen, vor Metz ankam, sah er die Lagerfeuer, um die sich dicht die Soldaten Karls V. drängten: Es wäre ein Kinderspiel gewesen, zwischen diesen Lichtflecken hindurchzugehen und die Stadt zu erreichen.

Aber, wieder einmal: Konnten Karl V. und der Herzog von Alba anders handeln? Metz nicht anzugreifen, hätte das Risiko nach sich gezogen, daß die so mühsam zusammengebrachte Armee wieder auseinanderlief. Falls die Stadt fiel, gab es vielleicht eine Chance, die deutsche Frage wieder neu zu stellen. Doch das geschah nicht. Und das Scheitern vor Metz (1. Januar 1553) bestätigte nur den einmal geschlossenen Vertrag – Bedingungen eines Friedens nur dem Schein nach, denn die Wirren und Streitigkeiten rissen nicht ab. Nach der Aufhebung der Belagerung zog Albrecht Alkibiades mit den Seinen ab; für ihn gab es keine Katholiken oder Protestanten, nur Gelegenheiten zur Plünderung. Erst in der Schlacht bei Sievershausen am 9. Juli 1553 brachte ihn Moritz von Sachsen zur Vernunft, doch erlag letzterer kurz darauf seinen Verletzungen aus diesem Kampf.

Deutschland erhält dank dem Augsburger Frieden vom 25. September 1555 wieder Ruhe (sogar die lange, mehr oder weniger aufrichtig ersehnte religiöse Ruhe) – ein Kompromiß, der jeder Konfession ihre Territorien und Vorteile läßt. Es sei wiederholt: ein Edikt von Nantes *avant la lettre*.

Die englische Ehe

Karl V. ist am 1. Januar 1553 von Metz abgezogen. Bald erreicht er Brüssel, am 6. Februar. Im Land seiner Kindheit und Jugend bleibt er bis 1556, um dann nach Spanien zurückzukehren – auf seiner letzten großen Reise. Diese wenigen Jahre in den Niederlanden, auf einem vorzüglichen Beobachterposten, werden nicht müßig verbracht. Der Krieg mit dem Allerchristlichsten hat, wie gesagt, wieder begonnen, und die Belagerung von Metz ist nur eine Episode. Eine andere ist im Jahre 1554 die Reiterschlacht von Renty bei Boulogne, am Flüßchen Aa: Beinahe wäre sie für den französischen König zu einer Katastrophe geworden – um ein Haar wäre Heinrich II. den Kaiserlichen in die Hände gefallen wie Franz I. bei Pavia.

Die Welt von den Niederlanden aus beobachten heißt nicht nur, nach Frankreich sehen und auf die französischen Angriffe reagieren, es heißt auch, das sich langsam befriedende Deutschland überschauen und, aus nächster Nähe, die Vorgänge in England verfolgen zu können. Letztere nehmen soeben eine überraschende Wendung. Die Katholikin Maria Tudor, eine Nichte Karls V., folgt ihrem am 6. Juli

1553 verstorbenen jüngeren Bruder Eduard VI. auf den Thron. Der Kaiser denkt einen Augenblick daran, selbst um die Hand der Königin anzuhalten, dann zieht er es indessen vor, den Antrag seines Sohnes Philipp vorgehen zu lassen, der seit acht Jahren Witwer ist. Die Unterhandlungen werden von Simon Renard – Simon »Fuchs«, einem Mann, der seinen Namen verdient – aus der Freigrafschaft Burgund mit Eifer geführt, und am 12. Juli 1554 unterzeichnet Maria Tudor den Heiratsvertrag. Am 13. schifft sich Philipp mit einer großen Flotte in La Coruña ein, und sechs Tage später ist er in Southampton. Am 25. Juli wird in Winchester die Hochzeit gefeiert. Diese Hochzeit ist ein großer Erfolg. Noch ein Glied – und von welcher Bedeutung! – in der Kette feindlicher Staaten, die Frankreich wachsam umgeben. Sicherlich ist eine Ehe nur ein stets gefährdeter Erfolg, vielleicht nur von kurzer Dauer. Aber wir dürfen hier nicht *ex post* urteilen. Gewiß sind die tatsächlichen Folgen dieser Verbindung eher dürftig: Die Ehe bleibt ohne Nachkommen, und die Wiedereinführung des Katholizismus in England wird zu einer schwierigen, unvollendeten und blutigen Affäre. Die Königin, älter als ihr Gatte, stirbt 1558, und Englands Politik und der englische Alltag kehren mit Elisabeth zu ihrer Normalität zurück. Aber nichts läßt 1553 einen solchen Ausgang vorhersehen. Einige Jahre lang kann man glauben – und Karl V. selbst glaubt es –, daß der Kaiser einen bedeutenden Erfolg erzielt habe. Dieser selbst denkt auch sehr ernsthaft darüber nach, welches Erbe er für den männlichen Nachkommen dieser Verbindung reservieren soll: seiner Vorstellung nach England und die Niederlande zugleich. Eine vielleicht absonderliche, aber durchaus mögliche politische Konstruktion, die – wie man weiß – natürlich niemals zustande kommt.

Die Abdankungen Karls V.

Nicht allein seine nachlassende Gesundheit hat die Abdankungen Karls V. begründet und auch nicht allein ein gewisser Weltekel, eine Flucht vor Würden und Menschen, obwohl diese zweifellos echt war. Durch seine Abdankungen wollte er vielmehr noch zu seinen Lebzeiten die schwierige Frage der Erbfolge regeln. In diesem Bereich wie in anderen hat er getan, was er konnte, nicht das, was er wünschte oder lange vorbereitet hatte. Doch schreiben wir ihm keine allzu komplizierten Erwägungen zu.

Ich glaube nicht, daß Karl V. einen irgend gearteten Begriff von der Entwicklung hatte, die wie von selbst ein atlantisches Imperium, mit Spanien als seinem Zentrum, von der großen europäischen Staatengemeinschaft ablösen sollte. Andernfalls hätte er sich dazu verdammt gesehen, fast ein halbes Jahrhundert lang wie ein Hamster im Käfig sich im Rade zu drehen. Wenn er Deutschland aus dem Erbe Philipps II. ausschloß, so nur deshalb, weil er sich gezwungen gesehen hatte, an dieser Stelle jeden Gedanken an eine Union aufzugeben. Schon lange vor seiner letzten Abdankung, bei welcher er am 12. September 1556 die goldene Kaiserkrone ablegte, hatte sich das Haus Habsburg in zwei Linien gespalten – in die Wiener und, nachdem sich Philipp II. definitiv in Spanien niedergelassen hatte, die spanischen Habsburger –, mit allen Konsequenzen, die das für ganz Europa hatte. Der Dreißigjährige Krieg ist von diesem Gesichtspunkt aus die Wiederannäherung der zwei Zweige des Hauses Habsburg.

Jedenfalls kann man die Abdankung Karls V. nicht als Entscheidung sehen, die unter dem Druck dieses oder jenes Ereignisses oder dem Einfluß dieser oder jener Geisteshaltung plötzlich gefällt worden wäre. Seine sukzessiven Abdankungen, jeweils Ergebnisse der politischen Umstände, staffeln sich über einen langen Zeitraum. Gewöhnlich nimmt man nur die pathetische Zeremonie von Gent am 25. Oktober 1555 wahr. Das ist das erste Mal, daß er öffentlich zu erkennen gibt: Er will sich von der Welt zurückziehen. Doch hat er schon zuvor 1545 seinem Sohn Mailand überlassen, 1554 Neapel und Sizilien (also ist es ein König mit doppeltem Titel, der Maria Tudor heiratet). In Gent, im großen Saal des Brüsseler Schlosses, tritt er 1555 eigentlich nur die Niederlande ab – an der Schwelle eines neuen Friedensschlusses mit Frankreich, denn man darf vermuten, daß der Waffenstillstand von Vaucelles, der schon lange verhandelt wird, eine gewisse Zeit vor dem Ratifizierungsdatum, dem 5. Februar 1556, zustande gekommen ist. In seiner Rede rechtfertigt Karl seine Entscheidung, zählt auf, was ihn ermüdet und enttäuscht hat. »Ehre die Religion«, rät er seinem Sohn, »stets und ständig; befestige den katholischen Glauben in seiner ganzen Reinheit; betrachte die Gesetze des Landes als heilig und unverletzlich und versuche nicht, die Rechte und Privilegien deiner Untertanen anzutasten. Und wenn du einmal später den Wunsch verspüren solltest, wie ich die Ruhe des Privatlebens zu suchen, mögest du einen Sohn haben, der es verdient, daß du ihm das Szepter mit ebensoviel Freude überreichst, wie ich es heute tue.« Der letzte, häufiger als die anderen zitierte Satz zeigt uns die große Zuneigung, die Wertschätzung, die Karl V. für den mustergültigen Sohn empfindet, der ihm soviel Grund zur Hoffnung gibt, den von weitem zu formen er geliebt hat, den er mit Ratschlägen überschüttet hat.

Der Waffenstillstand von Vaucelles ist noch nicht ratifiziert, als Karl, diesmal ohne Aufhebens, am 16. Januar 1556 den Königreichen von Kastilien und Aragon und allen dazugehörigen Provinzen entsagt. Nach dieser zweiten Abdankung ist Karl nur noch Kaiser. Fünf Tage nach Niederlegung auch dieser Würde schifft sich Karl am 17. September 1556 in Vlissingen auf einem luxuriös ausgestatteten Biskayaboot ein.

Rückzug und Tod

Er kommt am 28. September in Laredo an. Seine Reise ist so schnell erfolgt, daß noch niemand ihn erwartet, ihn und seine Schwestern – Eleonore, die Witwe Franz' I., und Maria von Ungarn, welche, die eine wie die andere, darauf bestanden haben, ihn zu begleiten. Einige Tage lang gibt es Schwierigkeiten, weil einige seiner Diener auf der Fahrt erkrankt sind und ein paar Schiffe in Santander anstatt in Laredo landen: Diener, Ärzte, Boten fehlen, selbst der Priester, der ihm jeden Tag die Messe liest. Dann nimmt alles wieder seinen geregelten Gang. In Burgos, wo er am 13. Oktober ankommt, läuten alle Kirchenglocken der Stadt.

Auf dem Weg nach Valladolid kommt ihm Don Carlos entgegen. Der Kaiser ist schnell enttäuscht von diesem nicht ganz gesunden, dazu schlecht erzogenen Enkel, der nie weiß, wann er den Hut ziehen oder aufsetzen soll. Auf seine Fragen antwortend, erzählt ihm der Kaiser von seinen Kriegen, darunter von seiner Flucht aus Innsbruck: »Selbst unter diesen Umständen«, ruft das Kind, »wäre ich nicht geflohen.« In Valladolid, der Hauptstadt Kastiliens, trifft Karl V. seine jüngste Tochter, die Fürstin Johanna, Witwe des Infanten von Portugal, die in Abwesenheit von Philipp II. – der in den Niederlanden »in den Wirren des Nordens« geblieben ist – das Königreich Kastilien regiert. Sobald er fortkann, macht sich der Kaiser auf den Weg nach Estremadura und zieht in Richtung des Klosters von San Yuste, das er sich als letzte Wohnstatt ausgesucht hat – jenseits von Plasencia, an der Straße nach Portugal. Während man im Kloster seine Unterkunft vorbereitet (die aber ganz vom religiösen Leben der Hieronymitermönche getrennt ist), wohnt er in Jarandilla im Hause des Herzogs von Oropesa.

Hier fühlt er sich sehr wohl, wenn er auch vorsichtshalber in seinem eigenen Zimmer einen Kamin einbauen – oder besser: wieder in Betrieb nehmen – läßt. Denn er kommt im November an, in einem Land mit sintflutartigen Regenfällen und häufigen Kälteeinbrüchen. Ein wunderbares Land sicherlich, doch am Ende der Welt, ohne ausreichende Versorgung mit Lebensmitteln, wo das Brot rar ist und nur die Kastanien gut. Hier ein Gefolge zu ernähren, auch wenn es nicht zahlreich ist, stellt ein Problem dar. Als ihn die Königinnen von Frankreich und Ungarn besuchen kommen, macht sich der Mangel unter der Dienerschaft bemerkbar. Kleine Freuden: Der Kaiser, der zum Schaden seiner Gesundheit immer ohne Maß ißt, freut sich jedesmal, wenn er etwas erlesenere Nahrung bekommt: Fisch, Austern, frisch oder mariniert, Aalpastete, Rebhühner aus Gama, Würstchen aus Tordesillas... Aber er fügt sich viel besser als sein Gefolge in dieses Leben in der Einöde und nimmt selbst die Enttäuschungen mit guter Laune hin. Als in seinem Garten nur schlechte Melonen wachsen, ruft er aus, eine schlechte Melone sei besser als eine gute Gurke, »*que es mejor un ruin melón que un buen pepino*«...

Erst am Abend des 3. Februar 1557 nimmt er seine Wohnung in San Yuste in Besitz, nachdem er einigen Dienern, für die im Kloster kein Platz gewesen wäre, die Freiheit gegeben hat. Von dem Zimmer aus, in dem er seine letzten Tage verbringen wird, öffnet sich ein Fenster auf den Altar der Kirche, so gut angelegt, daß er von seinem Bett aus der Messe folgen kann. Neben seinem Zimmer hat er eine Ankleidekammer sowie einen großen Empfangsraum. Von den Fenstern aus sieht er die Orangenbäume des Klosters, die vertrockneten Eichen der Berge... Sein Majordomus Quijada, der heimlich einen Jungen, der einst Don Juan von Österreich sein wird, aufzieht (den natürlichen Sohn, den der Kaiser 1546 von der schönen Clara Blomberg bekam), ist untröstlich: »Das ist das verlassenste und traurigste Leben, das je gesehen ward, ein Leben, das nur jene aushalten können, die dem Glück und der Welt entsagt haben.« Doch diese Kargheit mißfällt Karl V. nicht. Überdies sieht der Einsiedler die Welt zu sich kommen, den Strom der Kuriere, die ihm Neuigkeiten, Geschenke, Lebensmittel und Besucher bringen, von welchen der illustre Greis manche abweist...

Seine Gesundheit ist nicht besser und nicht schlechter als in den fünf, sechs vorangegangenen Jahren. Die Gicht setzt ihm entsetzlich zu, und er leidet unter verschiedenen Krankheiten, deren Symptome in den Korrespondenzen wiederholt beschrieben werden. Doch welcher Arzt wollte heute eine Diagnose dieser schwankenden Gesundheit stellen, die Höhen und Tiefen durchläuft, bei denen der Kranke allerdings immer bei Besinnung ist? In jenem Frühling, der auf seinen Einzug in San Yuste folgt, nach dem Besuch von Ruy Gomez, den ihm sein Sohn Philipp geschickt hat, befällt ihn wieder die Leidenschaft für die Staatsgeschäfte und die Unruhe. Nach der zügellosen Intervention von Papst Paul IV., dem geschworenen Feind des Hauses Habsburg, hat der Krieg mit Frankreich wieder begonnen. Sicherlich fällt Karl V. die Entscheidungen nicht mehr selbst. Doch er rät, erregt sich, ist beunruhigt. Manchmal plant er, persönlich einzugreifen. Doch führt er zur Gänze nur jene Verhandlungen, welche die Fürstin Marie von Portugal betreffen, die Tochter aus der ersten Heirat Eleonores von Österreich; er erreicht, daß sie nach Spanien reist, um ihre Mutter zu treffen, die einstige Königin von Frankreich – und kann nicht durchsetzen, daß sie endgültig bei ihr bleibt. Doch ist dies eine Familienaffäre. Was die Staatsangelegenheiten betrifft, gibt er seinen Rat – vor allem an Johanna gerichtet, die von Valladolid aus Spanien regiert – auf diskrete Weise, läßt es sich angelegen sein, nicht einmal dem Anschein nach die Autorität der Regentin zu mindern. Zweifellos überwältigt gelegentlich noch die Leidenschaft den alten Mann – etwa als er hört, daß das aus Amerika angekommene Silber an Händler ausgegeben und nicht für den König konfisziert worden ist, als er erfährt, daß man in Valladolid eine ›protestantische‹ Gemeinde entdeckt hat. Dann gibt er sich dem Zorn hin, er will, daß die Schuldigen auf der Stelle bestraft werden. Aber nur ein einziges Mal denkt er wirklich daran zu handeln.

Antoine de Bourbon, Herzog von Vendôme und König von Navarra (das spanische Navarra ist 1512 von Ferdinand dem Katholischen besetzt worden), hat wieder Verhandlungen aufgenommen, die schon sein Schwiegervater Henri d'Albret geführt hatte (gestorben am 25. Mai 1555). Er sucht im Gegenzug für das verlorene Navarra Mailand zu bekommen, verbunden mit dem Titel eines Herzogs der Lombardei. Dafür würde er die Spanier in Südfrankreich einziehen lassen und ihnen bei der Eroberung von Bayonne, Bordeaux und Aquitanien helfen: Das ist genau die Art von Verhandlungen, stets auf der Grundlage von Verrat, für welche die Diplomatie der Habsburger eine solche Vorliebe hat. Der Waffenstillstand von Vaucelles im Februar 1556 hat das Intrigenspiel unterbrochen, doch mit der Wiederaufnahme des Krieges gegen Frankreich ist Antoine de Bourbon wieder ein wichtiger Mann. Dann wird die ganze Angelegenheit auf direkte Weisung Philipps II. in die Hände Karls gelegt (es wird am Ende nichts dabei herauskommen). Die Verhandlungen beginnen mit ernsthaften Plänen: man müsse daran denken, eine Armee in den Pyrenäen zu konzentrieren. Karl V. träumt davon, ihr Kommando zu übernehmen. Der große Heerführer Don Luis d'Avila, der ihn noch besucht, schreibt am 13. August 1557: »Ich glaube alles über die Liebe, die er für seinen Sohn empfindet, seinen Mut und seine alten Angewohnheiten, denn er ist im Krieg groß geworden, wie man es vom Salamander sagt, dessen Element der Glasofen ist. Was aber die neue Infanterie angeht [die ausgehoben werden sollte] und die Kavallerie aus Rittern [die wohl Vor- und Nachhut der Invasionsarmee bilden sollten], mit einem Wort eine ganze Armee aus frisch aufgestellten Truppen, so weiß ich nicht, wie es mit ihm ginge, der immer die kriegserfahrensten Soldaten der Welt unter seinem Kommando hatte.« Schließlich findet dieser Aufmarsch doch nicht statt, und der alte Kaiser bleibt in San Yuste, lauscht auf die Geräusche der Welt, denkt an die vergangenen Jahre und bereitet sich auf seine letzte Reise vor.

Diese letzten Monate, die man Tag für Tag verfolgen kann, machen uns mit einer ungewöhnlichen Persönlichkeit bekannt, mit einem Menschen von hohem Geist. Aus welchem Grunde auch immer – dieser freiwillige Rückzug ist das Zeichen einer Distanz, eines Mangels an Eitelkeit, wie sie bei den Menschen, die ihr Leben auf der Bühne der Welt gelebt haben, selten sind. Es ist wahrscheinlich, daß er kaum einen Monat vor seinem Tod seine eigenen Obsequien zelebrieren ließ, um an dem Ritual teilzunehmen und für sich zu beten. »Es ist ebensogut, einem Manne die Kerze vorauszutragen wie hinterher«, hat er gesagt. Zweifellos entspricht es seinem eigenen Wunsch, daß an diesem Tag mit Psalmen und Texten aus der Schrift die Totenvigilien gelesen werden, nach der Messe selbst, die wie an jedem 1. Mai dem Andenken seiner 1539 verstorbenen Frau, der Kaiserin Isabella, gewidmet ist.

Die Neue Welt

Die Geschichte Karls V. läßt sich nicht ganz begreifen, wenn man – wie wir es bisher getan haben – nur fasziniert auf die Ereignisse in Europa blickt. Was geschieht während dieser ersten Hälfte des 16. Jahrhunderts auf der anderen Seite des Atlantiks, in der Neuen Welt? Eine entscheidende Frage, will man eine Bilanz des Lebens von Karl V. ziehen.

Es ist das populistische, proletarische, arme Spanien, das auf brutale (und auch heroische) Weise die ungeheure Neue Welt erobert – abgesehen vom Norden Amerikas, wo sich später Franzosen und Engländer festsetzen, und abgesehen vom Osten des südamerikanischen Subkontinents, von Brasilien, wo sich die Portugiesen nach und nach entlang der Küste ansiedeln: Stationen auf dem Weg nach Indien und Stützpunkte für den Zuckerrohranbau, der erst gegen 1550 so richtig beginnt. Dieses immense Amerika der spanischen Eroberungen, von Kalifornien bis Chile und bis zum Río de la Plata, existierte noch nicht, als Karl die spanischen Königreiche empfing (damals waren erst einige Punkte auf den Antillen besetzt). Es bildet sich unter Stürmen und Flauten im Verlauf von Karls langer Regierungszeit.

Der neue Kontinent ist groß und kaum besiedelt – Bevölkerungskonzentrationen gibt es nur auf den mexikanischen Hochebenen und in den Anden, auf dem Gebiet der heutigen Republiken Kolumbien, Ecuador, Bolivien und Peru. Ansonsten riesige, menschenleere Landschaften. Überall gilt es unglaubliche Schwierigkeiten zu überwinden. Ja, die *Conquista* ist nur dort rasch und profitabel, wo die indianische Bevölkerung dicht genug ist oder wo eine vorgefundene Gesellschaftsordnung sich als Beute anbietet. Was die Eroberer mitbringen – Feuerwaffen, Pferde, auf Menschenjagd abgerichtete Hunde –, gibt ihnen sicherlich einen Vorteil, doch mehr noch liegt ihre Übermacht darin, daß sie eine andere Vorstellung vom Krieg haben: daß sie unglücklicherweise auch den erbarmungslosen Krieg der Alten Welt mitbringen. Die Indianer kennen lediglich rituelle Kriege. Sie verteidigen sich schlechter gegen die Weißen als die primitivsten Gesellschaften, die Karaiben auf den Antillen, die Araukaner des heutigen Chile, die Chichimeken Nordmexikos... Gesellschaften, die sich wie reife Früchte pflücken lassen, betrogen schon bei der ersten Begegnung. So war es mit Montezuma in Mexiko im November 1519 angesichts Hernán Cortez', mit Atahualpa, dem Kaiser der Inka, am

16. November 1531 angesichts Francisco Pizarros und seiner Handvoll Soldaten. Alles ist recht einfach für den Sieger, dort, wo der Reichtum sich konzentriert, in den Städten, die Traum und Wirklichkeit scheinen, Mexiko an seiner Lagune, Cuzco am hohen eingeschlafenen Berg.

Anderswo gehen Eroberer und Entdecker das Risiko schlimmster Entbehrungen ein, müssen so entblößt wie die Indianer von allem leben, von Wurzeln, von Eidechsen... Buenos Aires am Río de la Plata, 1536 gegründet, kann sich nicht entwickeln und stirbt unter indianischen Angriffen wieder ab. 1580 entsteht die Stadt neu, doch sie hat wieder nur dieselben feindlichen Indianer vor sich, und die Bewohner beklagen sich bitter, daß ihnen Arbeitskräfte fehlen, daß sie gezwungen sind, im Schweiß ihres Angesichts ihr Brot zu verdienen.

In groben Zügen läßt sich sagen, daß die spanische Eroberung Amerikas mehr oder weniger mit der Regierungszeit Karls V. zusammenfällt. Sie geht kaum über die vierziger Jahre hinaus, höchstens bis 1550. Nach diesen Jahren ist durch natürlichen (selten) oder durch gewaltsamen Tod eine ganze Generation, die der Konquistadoren, verschwunden. Cortez ist bei Sevilla am 2. Dezember 1547 gestorben, im Elend, sagt man; Pizarro hat man am hellichten Tag in seinem eigenen Palast die Kehle durchgeschnitten, am 16. Juni 1541... Es gibt freilich Ausnahmen, welche die Regel bestätigen – Leute wie Pedrarias d'Avila, das brutale Monstrum, das sein Leben mit neunzig Jahren als Gouverneur von Nicaragua beschließt, wie Bernal Diaz del Castillo, der auch ein hohes Alter erreicht und Zeit hat, seine Aufzeichnungen durchzuarbeiten. Das Erstaunliche – hält man sich an die großen Linien des Dramas – ist die Tatsache, daß diese Eroberungszüge, die ganz aus sich funktionieren und im Grunde nicht von Spanien aus gelenkt werden, in einer ordentlichen Unterwerfung enden, mit der man sich früher oder später der spanischen Monarchie unterordnet. Tatsächlich bleiben diese Eroberer inmitten des von ihnen erbeuteten Landes der Heimathalbinsel verbunden, ihrem Glauben, ihren Gewohnheiten, Sitten, Loyalitäten. Gold und Silber, Sklaven und indianische Leibeigene, das alles haben sie dort, aber sie rufen sich andere Kostbarkeiten herbei, den Wein, das Mehl, das Öl, die Stoffe der Alten Welt, all das, was allein die in Sevilla beladenen Schiffe Spaniens diesen neuen Spanien bringen können – dem Neukastilien oder Neugranada, welche die *Conquista* errichtet. Es gibt von Beginn an eine biologische Abhängigkeit. Und bald werden die europäischen Flotten die schwarzen Sklaven aus Afrika bringen, die eine unerläßliche Voraussetzung für die Bewirtschaftung der neuen Besitzungen sind.

Die Partie ist zwar nicht leicht gewesen, doch ist das Spiel der spanischen Politik auf keine unüberwindlichen Hindernisse gestoßen. Von 1503 an arbeitet die *Casa de la Contratación* in Sevilla, wo sich der Handelsverkehr nach und von ›Indien‹ konzentriert. 1511 nimmt der *Consejo de Indias* seine endgültige Form an. Dies sind die zwei grundlegenden Institutionen der spanischen Herrschaft in Amerika.

Karl V. hat sie geerbt, er muß sie nicht erschaffen. Ebenfalls schon vor seinem Regierungsantritt haben die fremden Kaufleute in Sevilla, vor allen anderen die Genuesen, das System der langfristigen Kredite eingerichtet, das von 1506/07 an die regelrechte Ausbeutung der Neuen Welt ermöglicht. Der Handelskapitalismus verliert hier keine Zeit.

Trotz dieser soliden alten Grundlagen, die zur rechten Stunde eingerichtet worden sind, bleiben die Sorgen wie das Verdienst Karls V. beträchtlich. Tatsächlich muß er von Ferne die Stürme der *Conquista* lenken – dies ist relativ einfach im Hinblick auf Neuspanien (Mexiko im umfassendsten Sinn), dramatisch aber ist es in Peru. In Mexiko wird der Kaiser unangefochten zum Landesherrscher, als Cortez von der ersten *Audiencia* am 13. Dezember 1527 seiner Autorität enthoben und dann 1529 der erste Vizekönig, Antonio de Mendoza, eingesetzt wird. In Peru führen die Streitigkeiten zwischen Pizarro und seinem Gefährten Almagro – später mit dessen Sohn – zu blutigen Auseinandersetzungen unter Spaniern, von 1537 bis 1548. Doch die Autorität des fernen Spanien stellt sich stets wieder ein: Antonio de Mendoza, erster Vizekönig von Mexiko, wird auch erster Vizekönig von Peru, wo seine lange Regierungszeit deutlich Ordnung schafft.

In diesem imperialen Kontext – besonders, was die neuen Gesetze für ›die Indien‹ von 1542 betrifft – ist es kaum möglich, zu entscheiden, welche Rolle Karl V. spielt. Zweifellos legt Spanien hier sein Schicksal auf Jahrhunderte hinaus fest. Doch man darf langfristige und kurzfristige Entwicklungen nicht verwechseln und den einen das Gewicht der anderen zuschreiben – Karl V. hat im Unterschied zu den Begründern des nordamerikanischen Imperiums nie das Gefühl, daß er ein modernes Großreich aufbaue, tatsächlich das erste europäische Kolonialreich jenseits der Meere. »Euer Majestät«, schreibt Cortez, »kann sich von nun an Kaiser von Neuspanien nennen – mit nicht geringerem Recht und Gewinn, als wenn sie sich deutscher Kaiser nennt.« Aber hat das den Kaiser überzeugt?

Gleichwohl verleiht die Verbindung zwischen Spanien und Amerika zwangsläufig dem Kaisertum eine neue Dimension – damit meinen wir: der Macht, die sich in der Person von Karl V. verkörpert. Natürlich wird die Erweiterung Spaniens unter der Regierung Philipps II. noch deutlicher, aber das neue Amerika hat schon seinen Platz im Spiel Karls V. und in den europäischen Auseinandersetzungen, die dazu die monotone Begleitung liefern. Um den Korsaren und den französischen Atlantikpiraten zu entgehen, organisiert Spanien die Konvois der *Carrera de Indias* in dem Augenblick, in dem die einlaufenden Transporte mit amerikanischem Gold und Silber, für die Kaufmannschaft und den kastilischen Staat bestimmt, ein Hauptelement des ökonomischen und politischen Lebens in Europa werden.

Wenn man unbedingt den Zeitpunkt dieses Übergangs festlegen wollte, müßte man sagen: von 1552 an, als Spanien zur Unterstützung des Kaisers nach seiner Flucht aus Innsbruck und vor und während der Belagerung von Metz die Tore öffnet und die Ausfuhr von Silbermünzen und -barren gestattet. Der ganze Kapitalismus, dessen Spiel so eigenartig zum Nutzen Karls V. ausgeschlagen ist, hat sich zu Beginn seiner Herrschaft auf die Bergwerke in den Alpen und in Ungarn gestützt sowie auf Augsburg mit seiner Schlüsselfunktion – eine Stadt, wo die »imperiale« Rolle der Fugger evident ist. Doch gegen Ende von Karls Regierungszeit laufen die Linien kapitalistischer Entwicklung durch Sevilla, wo die Edelmetalle eintreffen. Hier fallen die wichtigsten Entscheidungen: Das Spiel wandert schon von den Fuggern in die Hände der genuesischen Bankiers.

Eine Bilanz der Regierungszeit Karls V.

Nach der Abdankung von 1556, noch ehe sein Leben erloschen ist, zögern die Zeitgenossen nicht, kategorische Urteile über die Herrschaft des Kaisers zu fällen. Und besonders gern sprechen sie vom Scheitern. Ein Venezianer schreibt, er habe die Welt bewegt, doch seinen Ehrgeiz nicht eingelöst. Für Monluc, der Franz I. und seinen Gegner in denselben Sack steckt, haben beide das Unglück einer Million Menschen in Europa verursacht – was gut möglich ist. »Wenn Gott gewollt hätte, daß diese beiden Monarchen sich wirklich ver-

nehmlich gemacht hätten – die Erde hätte unter ihnen gebebt«...
Aber ich glaube nicht, daß der Historiker seine Bilanz so einfach ziehen kann.

Zunächst: Erfolg, Scheitern, was heißt das? Jegliche Handlung
Karls V., die wir zu vermerken versucht haben, ohne sie auch nur ei-
nen Augenblick lang zu beurteilen, gehört zu einer langen, einer
schwierigen Partie auf dem komplizierten Schachbrett der Welt. Also
versuchen wir, anstatt von Sieger und Besiegten zu reden, uns an die
Stelle des Spielers zu versetzen. Wir müssen die Figuren auf die ihnen
zukommenden Felder setzen, ihre jeweilige Stärke messen, gegenüber
Figuren aufstellen, welche die Gegner aufmarschieren lassen – *die*
Gegner, der Allerchristlichste Herrscher ebenso wie der Türke, der
Protestant als solcher ebenso wie der deutsche Fürst als solcher...
Eine Schachpartie, die in nichts den gewohnten Regeln folgt.

Kann der Kaiser je auf seine Weise spielen? Er muß seine Räte
hören, den Wert der Figuren berücksichtigen, die strategische Bedeutung der Felder, die Traditionen des gegnerischen Spiels, die einander
widersprechenden Vorteile dieses oder jenes Zuges. Ohne allzusehr
übertreiben zu wollen, sagen wir einfach, daß er immer wählen muß:
diese Reise oder jene, diese Ausgaben oder jene, dieser Angriff oder
jener... In gewissen Momenten ist es uns heute möglich, zwar nicht
das lebende und sich bewegende Schachbrett zu rekonstruieren, auf
dem die Partie niemals endet, aber zumindest den Kaiser beim Spiel
zu beobachten, soll heißen: die Wahlmöglichkeiten abzuwägen, vor
die er gestellt ist.

So finden unmittelbar nach dem Frieden von Crépy-en-Laonnois
von November bis Dezember 1544 in Spanien große Auseinandersetz-
zungen statt, von denen wir detaillierte Aufzeichnungen besitzen.
Tatsächlich sind diese Diskussionen nur eine politische Übung: Sie
werden keine ernsthaften Folgen haben, da sie zu keiner Entschei-
dung führen, aber sie lassen uns in den Prozeß kaiserlicher Politik
Einblick nehmen. Das Problem? Die durch den Vertrag aufgeworfene
Alternative entscheidet: Mailand abtreten oder aber die Niederlande.
Im ersten Fall wird der Herzog von Orléans, mutmaßlicher Erbe der
Krone von Frankreich, Anna, die Tochter von Kaiser Ferdinand I.
heiraten; im zweiten Fall heiratet er Maria, die Tochter Karls V. Die
Diskussionen in Valladolid sind lebhaft und führen zu keiner klaren
Mehrheit.

Zwei Gruppen stehen sich gegenüber, unerbittlich, und ihre Zusammensetzung entspricht nicht den gewöhnlichen Parteibildungen von Streitigkeiten und Wahlverwandtschaften. Die Anführer sind diesmal der greise Kardinal von Toledo, Juan Pardo y Tavera, und der junge Herzog von Alba. Für den Kardinal gibt es keinen Zweifel: Mailand muß aufgegeben werden. Die Niederlande sind im Grunde ein Erbland, unerläßlich ist ihr Besitz, um die französischen Ambitionen mäßigen zu können. Mailand dagegen, das der Kaiser 1535 (beim Tod des letzten Sforza) besetzt hat, ist ein *»estado inquieto, posseydo sin muy justo titulo«,* ein »unruhiger Staat, dessen Besitz sich auf kein sehr gutes Recht stützt«. Außerdem ist es Ursache »aller Übel und Zwistigkeiten der Christenheit« und für Spanien nur Anlaß für Ausgaben und Kriege. Also Mailand aufgeben und der italienischen Politik, die schon so lange die des Kaisers ist, Zügel anlegen. Für den Herzog von Alba kehrt sich die Argumentation um. Ohne Mailand verliert Karl V. den Weg, der über die Alpen nach Deutschland und den Niederlanden führt, und ist wieder zur Atlantikroute mit all ihren Schwierigkeiten verdammt. Mailand verlieren heißt auch Genua verlieren, die wichtige Drehscheibe, durch deren Besitz der Kaiser Neapel hält, Sizilien, sogar Sardinien. Daher seine Lösung: die Niederlande hergeben und festhalten an Mailand, diese wesentliche Festung sogar verstärken, indem man das Piemont angreift.

Muß man, wie der bewundernswerte Historiker Federico Chabod (dessen Analyse ich Schritt für Schritt gefolgt bin) glaubt, hinter den Argumenten des Kardinals eine Affirmation der alten Politik Isabellas der Katholischen erkennen: sich aus dem Wirrwarr Italiens lösen, die Anstrengungen ganz auf die Barbareskenküste konzentrieren, jenes Stückchen von Afrika, das sich gegenüber der Iberischen Halbinsel in nächster Nähe befindet? Hat nicht derselbe Kardinal vor fünfzehn Jahren gesagt: »*Esto* (Afrika) *es lo que a de durar y quedar a sus succedores; y lo de allá es gloria transitoria y de ayre«* – »Afrika ist es, das dauern wird und euren Nachfolgern bleiben; Italien ist nur flüchtiger Ruhm und Wind.«

All diese Diskussionen bleiben, ich wiederhole es, ohne praktische Folgen: Als die Entscheidung naht, stirbt der junge Herzog von Orléans unerwartet von Mörderhand am 9. September 1545. Doch sie werfen unschätzbares Licht auf die Regierung Karls. Das ganze Ensemble seiner Staaten ist eine permanente Koalition von Kräften mit oft divergierenden Interessen: Spanien dirigiert Anstrengungen, Träume, Projekte gegen das Afrika der Barbaresken; Italien – das spanische

und das nichtspanische – fürchtet den Türken und seine unüberwindlichen Flotten; die Niederlande träumen vom friedlichen Handel, von
welchem sie ja leben, vor allem von dem mit Frankreich, weshalb
sie ja auch einen Waffenstillstand schließen wollen, der einen freien
Handel sowie eine friedliche Fischerei in der Nordsee vorsieht;
Deutschland sucht das unmögliche Gleichgewicht, das seine religiösen Streitigkeiten beschwichtigt...

Wohlverstanden, der Kaiser ist mit seiner Person, seinen geheim-
sten Ideen, seinen konkreten Handlungen nie ganz und für immer
Gefangener einer dieser Kräfte. Doch muß er in jedem Augenblick
die Kräfte komponieren – einer nachgeben, die andere ausschließen.
Zögert er kurz, wird ihm die Wahl abgenommen – so verliert er 1552
Deutschland; anschließend verzichtet er mit aller Entschlossenheit
darauf und gewinnt England im Jahre 1553.

Bei diesen Vormärschen und Rückzügen kann man in einem bestimmten Augenblick schwer beurteilen, wie die Lage einzuschätzen
ist, was jeweils ein Zurückweichen bedeutet. Die Politik ist wie die
Webarbeit Penelopes: Sie wird niemals fertig. Wenn wir Bilanz ziehen wollen, dann würden wir sagen, daß Karl V. trotz seiner Anstrengungen mehr als die Hälfte des Mittelmeers an die Türken verloren
hat; er hat gegen Frankreich weder gewonnen noch verloren – dieses
bleibt unabhängig, im Herzen der kaiserlichen Staaten, die es durch
seine Masse auseinanderzwängt; er hat einen Scheinsieg in England
errungen, wo sein Erfolg im September 1558 mit dem Tod von Maria
Tudor zunichte wird; er hat in Italien eindeutig gesiegt; er hat zumindest dem Anschein nach in den Niederlanden gesiegt, die auf seine
Anstrengungen hin 1548 der Jurisdiktion des Heiligen Römischen
Reiches entzogen werden; er hat den deutschen Wirrwarr insoweit
gelöst, als es die Zukunft seiner Unternehmungen, das heißt das Erbe
Philipps II., betrifft; er hat schließlich, ohne es eigentlich zu bemerken und vielleicht ohne selbst etwas dazuzutun, in Amerika trium-
phiert. Aber vielleicht sind diese Beobachtungen ungenau. Vielleicht
muß man, um zu einer vernünftigen Beurteilung der Leistung Karls
V. zu kommen, über die Schwelle seines Todes weiter in die Zukunft
gehen und die Etappen, eine nach der anderen, der Regierung seines Sohnes Philipp II. studieren (1556–1598): den Zusammenbruch
Frankreichs angesichts der spanischen Macht 1559; den Aufruhr der
Niederlande (1566–1572), die zum Krebsgeschwür der kaiserlichen
Herrschaft von Philipp II. werden; den Niedergang der türkischen

Herrschaft im Mittelmeer (Lepanto, 1571); die wachsende Entfernung von Deutschland (man muß bis zum Beginn des Dreißigjährigen Krieges im Jahre 1618 warten, um wieder eine enge Verbindung zwischen den spanischen und österreichischen Habsburgern vorzufinden); den triumphalen Aufstieg der amerikanischen Silberminen, der während der ganzen Regierungszeit Philipps anhält, welcher durch diesen materiellen Sieg getragen und über alle anderen Mächte der Welt erhoben wird (selbst in China heißt der Katholische König der König des Silbers). Tatsächlich vollenden sich im Reich Philipps II. die Ansätze der letzten Regierungsjahre Karls V.; es wird ein atlantisches Reich, dessen Schicksal ein maritimes ist: Die ersten Schatten zeichnen sich 1588 im Jahr der Unbesiegbaren Armada ab.

Rückblickend haben die Historiker nicht widerstehen können, Philipp II. überflüssige Ratschläge zu erteilen: Carlos Pereyra wollte den Rückzug aus den Niederlanden, kurz und schmerzlos; Gounon Loubens hätte seine Hauptstadt in Lissabon gefunden, wo der Katholische König im Jahre 1580 der Herr wurde; wir selbst fügen gerne hinzu: Nieder mit Herzog Graf Olivares, der von 1621 bis 1640 die spanische Streitmacht durch das Mittelmeer und durch Europa jagt und das *ultramar* nicht sehen kann... Aber die Geschichte läßt sich nicht revidieren. Eine einzige Tatsache steht außer Zweifel: Das Reich Karls V. überlebt sich, indem es sich verändert, indem es sich nach Westen, den Weiten des Atlantiks entgegen, verlagert. Philipp II. besaß die Mittel, die seinem Vater fehlten, eben weil er nicht den prestigereichen Titel eines Kaisers trug.

Karl V. – hinter der Maske

Der Leser hat in dieser langen Zusammenfassung gesehen, wie die Geschichte Karls V. ständig die seiner eigenen Person überschreitet. Sie verliert sich in anderen Problemen und in der Logik anderer Peripetien. Es bedarf einiger Anstrengung, ihn aus diesem vielstimmigen Lärm herauszulösen – nicht um ihn anzuschauen, sondern um ihn wahrzunehmen, denn er gehört nicht zu den Menschen, mit denen der Historiker in einen Dialog treten könnte. Weniger entrückt als sein Sohn Philipp II., ist er ebenso heimlich, rätselhaft, schwierig zu erreichen. Die Historiker haben ohne großen Erfolg versucht, seine Gedanken, sein Temperament, seinen Charakter herauszuarbeiten.

Nichts ist schwieriger – so viele Zeugnisse sind fragwürdig, so viele offizielle Dokumente, die nicht den Kaiser enthüllen, sondern lediglich den Schreibwahn, der im 16. Jahrhundert fast wie eine Parodie der Renaissance wirkt. Inmitten dieses Papierwusts nach der Persönlichkeit des Kaisers suchen – eine Stecknadel im Heuhaufen.

Es gibt eine ganze Reihe Porträts, aber entsprechen sie der Wahrheit? Und wenn sie es tun, sind sie lebensecht? Studiert man die Reihe genau, von dem Porträt des Kindes, das Bernaert van Orley zugeschrieben wird, bis zu der dramatischen Zeichnung in der Sammlung von Arras, die den Kaiser am Ende seines Lebens zeigt (aber ist diese authentisch?), so behält man die charakteristischen Züge seines Gesichts, die schmale Nase, den halbgeöffneten, mißgestalteten Mund, den vorspringenden Oberkiefer der Habsburger, mit denen ihn die Natur ebenso gezeichnet hat wie mit einer mühsamen Atmung, die sich noch durch eine anomale Entwicklung der Mandeln kompliziert. Schon sehr früh litt der Kaiser an Asthma. Schon den Jugendbildnissen fehlt – wie allen späteren – die Fröhlichkeit, die Lebensfreude, die Ausgelassenheit. Selbst Tizians Porträt des sitzenden Kaisers macht den Eindruck einer schlechten Photographie. Mit diesem unfreundlichen Vergleich wollen wir nur sagen, daß dieses Bild wie so viele andere auch nicht das geheime Wesen abbildet, das hinter der Maske liegt, die er seit seiner frühesten Jugend tragen mußte, seit einer Kindheit ohne Eltern: Er ist von Madame Grande, der Witwe Karls des Kühnen, dann von seiner Tante Margarete von Österreich erzogen worden. Eine schwere organische Erblast ruht auf ihm; Johanna die Wahnsinnige ist weder ihr erstes noch ihr letztes Opfer. Er braucht Jahre, um sich von seinen Lehrern zu befreien – vor allem von Adrian von Utrecht, dem Sieur de Chièvres, der 1521 stirbt. Kurz danach läßt sich der junge Kaiser, der Mode folgend, Bart und Schnurrbart wachsen.

Ein trauriges, strenges Leben, anstrengende Reisen, nicht endenwollende Pflichten – der Kaiser ist ein fronender Gefangener der Macht. Seine Zerstreuungen: die Jagd, wie bei allen Männern seiner Zeit; die Frauen, und das ohne jede Zurückhaltung (»er hat sich bei den Freuden der Venus von nie versagender Willigkeit erwiesen«), wie bei allen Fürsten seiner Zeit, doch mit einer Diskretion, welche sie nicht alle besaßen; üppige Speise, wie erwähnt: Seine starke Konstitution kämpft Jahr um Jahr mit seinem maßlosen Magen. »Die Könige wähnen zweifellos«, bemerkt eines Tages der Majordomus Quijada, »daß ihr Magen und ihr Naturell von dem anderer Menschen verschieden sind.« Wir wissen, daß er beim Rückzug nach San Yuste allem entsagt – außer den Freuden der Tafel.

Vielleicht gibt es in seinem schwierigen und ernsten Leben nur eine wirkliche Zeit des Glücks, gleich nach der Heirat mit Isabella von Portugal. Sie ist vor ihm in Sevilla eingetroffen, im Februar 1526. Der Kaiser gesellt sich am 20. März mit großem, prunkvollem Gefolge in der feiernden Stadt zu ihr. Ihre Hochzeitsfahrt führte sie nach Córdoba, dann nach Granada, in die Alhambra. Diese Verbindung, aus Gründen der Staatsraison herbeigeführt, zählt zu den glücklichsten Ehen; der schweigsame Fürst findet in seiner Kaiserin die einzige Vertraute, und ihr Tod nach der Geburt ihres dritten Kindes 1539 stürzt ihn in einen Gram, der ihn bis zum letzten Tag begleitet. Des Glücks, das ihm zuteil wurde, gedenkt ein Bild von Tizian: In der »Anbetung der Heiligen Trinität« von 1554 erscheint hinter dem Kaiser eine poetische Silhouette: die Kaiserin, in ihr Totenhemd gekleidet, ihre drei Kinder zur Seite. In San Yuste hing dieses Gemälde im großen Saal, neben dem Zimmer des Kaisers. Er hat sich an dieser herrlichen Vision gesättigt.

Das Leben in der Idee, die Meditation über den Tod, ein intensiv empfundenes religiöses Leben, und, immer mehr im Laufe der Jahre, die Fähigkeit zu einer völligen Abgewandtheit – diese Züge stehen in scheinbarem Widerspruch zum tumultuarischen und ostentativen Leben des Herrn über ein Reich, in dem die Sonne nicht untergeht, und sie erklären vielleicht den Eindruck des Heimlichen, Geheimnisvollen, der bei jedem Versuch zurückbleibt, sich Karl V. zu nähern. Denn es handelt sich hier nicht um eine erst spät im Leben ausgebildete Haltung, die mit seinem Entschluß, sich von der Welt zurückzuziehen, zusammenhinge. Bedeutsame Gesten haben schon früher die Dualität in ihm verraten. Hat man ihn nicht gelegentlich mit zum Kreuz gebreiteten Armen, das Gesicht gegen die Erde, überrascht? In Ingolstadt hat ihn 1546 einer seiner Offiziere um Mitternacht vor einem Christusbild knien sehen. Die religiöse Musik war immer eine bevorzugte Zuflucht, die *capella,* die ihn überallhin begleitete, eine der besten Europas. Und oft, immer, wenn ein Kummer ihn überfiel, zog er sich, von seiner Umgebung bemerkt oder unbemerkt, zu Exerzitien zurück. Der Plan, sein Leben fern von den Qualen der Welt zu beenden, hat ihn schon früh verfolgt, vielleicht schon seit seiner triumphalen Rückkehr von der Expedition nach Tunis – wie er im

Alter bekannte. Man hat versucht, das Geheimnis zu durchdringen. Wozu? In ihm ein Zeichen geistiger Verwirrung zu sehen, wie es manche Autoren tun, die ein wenig zu rasch von Vererbung reden, wäre einfach absurd. Ich glaube auch nicht, daß sein Verhalten gegenüber seiner Mutter, der unglücklichen Johanna der Wahnsinnigen, ihn ein Leben lang reuevoll gequält hat. Man weiß es nicht und wird es niemals wissen. Doch nicht die Reue scheint Karl nach San Yuste geführt zu haben, »um alles abzutun«. Dieses Sich-Abwenden, die Entsagung, ist vielleicht das, was zu begreifen den Menschen am schwersten fällt. Auf jeden Fall, was das Geheimnis auch sein mag – nichts Schöneres als dieses Ende, das er gewollt, vorbereitet und angenommen hat, mit Mut, Schlichtheit und Seelengröße.

Philipp II.*

Philipp II. von Spanien, am 21. Mai 1527 in Valladolid geboren, nach einer ungewöhnlich langen Regierungszeit am 13. September 1598 im Escorial gestorben, gelangte durch die schrittweise Abdankung seines Vaters Karl V. in den Jahren 1554, 1555 und 1556 nacheinander in den Besitz des Königreichs beider Sizilien, der Niederlande sowie der spanischen Kronen und mit diesen in der Neuen Welt auch in den Besitz des kastilischen Westindien und seiner »Schätze«. Während seiner über 40jährigen Regierungszeit war er Herr über eine ungeheure Landmasse und lastete schwer auf dem Geschick des europäischen Kontinents, ja der ganzen Welt. Für ein Menschenleben verkörperte Philipp in seiner Person die große, erstaunliche Kraft der Geschichte.

Dennoch fällt jede Studie, die sich auf seine Person beschränkt, enttäuschend aus, auch wenn sein angestammter Platz unter den »Protagonisten« war, unter den großen Persönlichkeiten, die ihrer Epoche ihren Stempel aufdrückten und bis zu einem gewissen Grad sogar noch die künftige Geschichte prägten. Es steht außer Zweifel: Philipp II. hat seine Zeitgenossen mit dem ganzen ungeheuren Gewicht der Weltmacht Spanien beherrscht, einem Gewicht, das damals seinesgleichen suchte. Doch die Persönlichkeit im Zentrum dieses Kolossalgemäldes entzieht sich unserer Neugier wie unserem Urteil. So sehr, daß der Mensch aus Fleisch und Blut, der er ja auch war, stumm bleibt, mögen ihn die Historiker, fasziniert von der rätselhaften Gestalt, der Reihe nach auch noch so dringlich zu einem Dialog einladen. Ich für meinen Teil beschäftige mich seit über 40 Jahren mit dieser schweigsamen Person; tausendmal schon, immer wieder von Dokument zu Dokument, habe ich mir eingebildet, neben ihm zu stehen, an seinem Arbeitstisch, an dem er den größten Teil seiner Regierungszeit zubrachte. Und doch kenne ich ihn nicht besser als meine Vorgänger. Auch ich muß mich damit begnügen, ihn in diesem oder jenem Augenblick seines Lebens gewissermaßen zu ertappen, ohne allerdings sicher sein zu können, daß ich ihn auch wirklich verstehe.

---

* »Philippe II.« Aus dem Französischen übersetzt von Gerda Kurz/Siglinde Summerer. Eine italienische Fassung (»Filippo II«) wurde 1969 in der Reihe *I protagonisti* (Hrsg.: Compania Edizione Internazionali, C.E.I., Mailand) veröffentlicht und, da das Original untergegangen war, ins Französische rückübersetzt.

Um so mehr empfiehlt es sich, erst einmal Tabula rasa zu machen, das heißt vorsichtshalber zunächst mit sämtlichen Verleumdungskampagnen und Lobeshymnen aufzuräumen, deren Gegenstand dieser König war. Denn Freund und Feind haben ihn, ohne sich um Beweise zu bemühen, unter wenig glaubwürdigen Geschichten und Anekdoten buchstäblich begraben. Eine ganze Reihe »schwarzer« Legenden – und nicht nur aus der Feder des rachsüchtigen Dänen Charles Bratli, dessen Werk 1912 erschien – stehen der Serie »goldener«, aber ebensowenig überzeugender Legenden gegenüber. So ist es nützlich, ja unerläßlich, erst einmal reinen Tisch zu machen, um anschließend wieder am Nullpunkt zu beginnen.

Dabei haben wir, wie gesagt, keinerlei Gewähr, zu diesem verschlossenen Gemüt Zugang zu finden. Das einzige Mittel, diese schwierige Aufgabe mit Anstand in Angriff zu nehmen, besteht darin, nach Möglichkeit nichts zu behaupten, was sich nicht anhand erwiesener Tatsachen belegen läßt. Dabei müssen wir natürlich auch stets die dramatischen Vorgänge ins Auge fassen, in die dieses erhabene, schweigsame Dasein von Anfang bis Ende verwickelt war – so als verzehrte es sich freiwillig darin. Und schließlich gilt es zu untersuchen, in welchem Ausmaß das Privatleben des Königs auf dem grandiosen Geschick Spaniens lastete, denn wegen seiner Größe reichte das Geschick dieses Landes weit über die Einzelexistenz hinaus.

Die wichtigsten Ereignisse des Dramas sind dem Leser bekannt: der Sieg von Saint-Quentin (10. August 1557), der dem spanischen Heer – übrigens vergebens – den Weg nach Paris öffnet; der Friede von Câteau-Cambrésis (1.–3. April 1559), ein Friede ohne Überraschung und ohne Sieger, der die Aussöhnung zwischen Valois und den Habsburgern besiegelt und fast 30 Jahre lang hält (demnach ein wichtiges, *weil dauerhaftes* Abkommen); der Krieg mit den Niederlanden, der seit 1566/67 schwelt und 1572 mit solcher Vehemenz ausbricht, daß er sich durch die gesamte Regierungszeit Philipps II. zieht und über sie hinaus fortsetzt; der glänzende Sieg, den die gemeinsame Flotte Spaniens und Italiens in der Seeschlacht von Lepanto (7. Oktober 1571) im Golf von Korinth über die Türken erringt; die Einnahme Portugals und die Angliederung seines Kolonialreichs (1580–1582); die verheerende Niederlage, die die Schiffe und Brandschiffe Elisabeths I. im August 1588 der Unüberwindlichen Armada zwischen den Sandbänken der flandrischen Küste zufügen, ein Debakel, das, um es hier gleich vorwegzunehmen, die robuste, noch junge Macht Spaniens nicht mit einem Schlag und für immer bricht; und schließlich das Ringen um den französischen Thron (1589–1598), das mit einem Fehlschlag oder jedenfalls einem weiteren Frieden ohne Sieg, dem Frieden von Vervins, endet, der am 5. Juni 1598, im Todesjahr des alten Königs (er stirbt am 13. September), geschlossen wird.

Doch wir wollen den Blick vor allem auf den Herrscher im Escorial richten. Der Bau des Palastes wurde 1563 zu Ehren des heiligen Laurentius und des Sieges der Spanier bei Saint-Quentin in Angriff genommen, aber erst 1584 abgeschlossen. Jenseits des wildbewegten Jahrhunderts, das letztlich ebenso stürmisch und düster war wie seine eigene Person, interessiert uns in erster Linie der Mensch Philipp II.: seine Kindheit, seine Jugend, seine Lehrjahre (1527–1559); die Jahre des Glücks (1559–1568); die furchtbare Zeit der Reife (1568–1582); und die grandiosen Altersjahre in der Einsamkeit eines Vielfrontenkriegs (1582–1598). Zwischen diesen Daten seines eigenen Lebens läuft ohne Unterbrechung der Film, das Schauspiel des Weltgeschehens ab.

Ohne Kindheit und Jugend?

Über die Kindheit und Jugend Philipps II. von Spanien ist uns fast nichts bekannt, jedenfalls nichts, was wirklich bedeutsam wäre und uns von vornherein einen Schlüssel zu seinem Wesen und seinem Geschick in die Hand gäbe. Wenn wir versuchen, uns seine ersten Schritte zu vergegenwärtigen, tauchen statt des Prinzen die großen Persönlichkeiten am spanischen Hof vor unserem inneren Auge auf: sein Vater, Kaiser Karl V.; seine Mutter, die schöne portugiesische Prinzessin Isabella, die einzige Frau, die der Kaiser wirklich liebte; sein Hofmeister Juan Martínez Siliceo, später (seit 1546) Erzbischof von Toledo und kurz vor seinem Tod (1557) zum Kardinal ernannt; sein zweiter Erzieher, Don Juan de Zúñiga, *Comendador mayor* von Kastilien; und schließlich aus der Reihe seiner adligen Alterskameraden sein liebster Freund, der fünf Jahre ältere Portugiese Don Ruy Gómez da Silva (1522–1573), Philipps Günstling. Die Geschichte kennt ihn seit 1559 unter dem Namen Fürst von Eboli (Eboli ist eine kleine Stadt im Königreich Neapel). Der Infant soll den jungen Pagen, als dieser ihm eines Tages aus Unachtsamkeit einen Stoß versetzte, vor einer exemplarischen Strafe bewahrt und sich sogar gegen eine mögliche Verweisung des Spielkameraden vom Hof aufgelehnt haben – ein Beleg für das normale menschliche Empfinden des künftigen Königs, das er im übrigen im Lauf seines langen Lebens wiederholt auf überzeugende Weise unter Beweis stellte. Doch weder diese noch irgendeine andere Geste liefert uns den Schlüssel zu einem Charakter, der sich vor allem durch das Bestreben auszeichnete, sich der Neugier und Indiskretion der Mitwelt zu entziehen. Äußert sich darin nur Philipps Schüchternheit oder seine angeborene, krankhafte Schwermut (das mögliche Erbteil seiner Großmutter, Johannas der Wahnsinnigen)? Oder liegt es an der Hofetikette, die ihn schon in jungen Jahren zur Repräsentation zwingt und damit ständig isoliert und zur Selbstdisziplin anhält? Auch die leidenschaftliche Liebe seiner Mutter, einer mit allen Tugenden begabten und frommen, ja wahrhaft bigotten Fürstin, die ihn »mit aller Rücksicht und Achtung, die dem Erben des größten Kaisers der Christenheit gebühren«, erzogen und behandelt wissen will – auch diese Liebe ist ganz sicher nicht dazu angetan, ein natürliches und unbekümmertes Auftreten des Knaben zu fördern. Der Humanist, Bischof und Hofmann Antonio Guevara schreibt in einem Brief an den Marquis de los Vélez über die Kaiserin: »Wollt Ihr wissen, wie sie ihre Mahlzeiten einnimmt? Steif und gemessen, vor Kälte zitternd, einsam und schweigend, während alle sie unverwandt anstarren; vier Umstände, von denen mir schon ein einziger den Appetit verschlagen würde.« Demnach ist also auch sie eine Sklavin der Etikette!

Kurz: Alles ist dazu angetan, daß der kleine Prinz kein freies, eigenes Leben führen kann. Von den ersten Schritten an lasten auf ihm die Rollen, die er nacheinander und manchmal auch gleichzeitig verkörpern muß. Das Schicksal hat ihn zum Ältesten bestimmt: Nach ihm werden noch zwei Prinzessinnen geboren, Maria (1528–1603), die spätere Gemahlin Maximilians von Österreich, die nach dem Tod ihres Mannes im Jahr 1576 ihre Tage im Barfüßerinnenkloster in Madrid beschließen wird; und die jüngere, schöne Johanna (1535 bis 1575), die spätere Gemahlin des Infanten von Portugal und Mutter von Dom Sebastian, der als »letzter Kreuzfahrer« bei einem verrückten Feldzug nach Marokko im August 1578 auf dem Schlachtfeld von Kasr el-Kebir umkommt. Damit fallen Philipp die Vorrechte, aber auch die trübseligen Pflichten des Erstgeborenen zu, vor allem nach dem vorzeitigen Tod der Mutter am 1. Mai 1539 in Toledo. Der Kaiser hat sich in tiefer Trauer in ein Kloster zurückgezogen, und so reitet der zwölfjährige Philipp an der Spitze des düsteren Leichenzuges, der die sterbliche Hülle der Kaiserin nach Granada überführt, wo sie in der prunkvollen Gruft der Katholischen Könige beigesetzt wird.

Schon von Kindesbeinen an wird Philipp also in die Pflicht genommen, spielt seine Rolle aber auch gern. Luis de Cabrera berichtet, wie der Erzbischof von Toledo, Kardinal Tavera, den jungen Prinzen besuchte, als dieser gerade von seinem Hofmeister angekleidet wurde. Nach der Etikette mußte Philipp den Prälaten auffordern: »*Cúbraos*« (Bedeckt Euch). Er beendet zuerst seine Toilette, legt den Mantel an, setzt den Hut auf und wendet sich schließlich seinem Besucher mit den Worten zu: »*Ahora podéis poneros el bonete, cardenal*« (Nun könnt Ihr Euer Birett aufsetzen, Kardinal).

Allem Anschein nach legt der fleißige, gewissenhafte Junge schon sehr früh jene ungewöhnliche Selbstzucht an den Tag, die ihn sein ganzes Leben lang begleiten sollte. Ohne mit der Wimper zu zucken, nimmt er alle Zwänge auf sich, die die Schulung im harten Metier des Fürsten mit sich bringt. Und er bejaht diese Lehrzeit um so bereitwilliger, als sein Lehrmeister häufig der Kaiser selbst ist, der berühmte Vater, den das Kind für immer »verinnerlicht«, wie unsere Psychiater sagen würden. Man stelle sich einmal vor, was der Ruhm eines solchen Vaters für den zwei Jahre nach der Schlacht von Pavia geborenen jungen Prinzen bedeutet haben muß: Als der Kaiser Tunis erobert, ist er acht, beim dramatischen Feldzug gegen Algier 14 Jahre und im Jahr der Schlacht von Mühlberg 20 Jahre alt. All diese Abenteuer mußten einem Kind den Kopf verdrehen, mochte es auch noch so verständig sein. Und dieser ruhmreiche Vater ist zärtlich, nimmt sich Zeit für den Sohn, sucht Gelegenheiten, mit ihm zusammenzusein, sich ausgiebig mit ihm zu unterhalten und sich ganz auf ihn einzulassen. In seinen Unterweisungen an den Sohn, darunter den berühmten vom 4. und 6. Mai 1543 aus Palamos, sinniert der Kaiser mit Blick auf seinen eigenen Tod eindringlich und in düsteren Farben, jedenfalls erschreckend ernst, auch über Leben und Zukunft des Prinzen. Für ihn ist Philipp die lebendige Pflanze, die brennende Lampe. Doch um ihn zu schützen, schlägt er häufig einen frostigen Ton an: Mißtraut Euren Ratgebern, haltet sie auf Distanz, macht Euch keine Illusionen über sie, hütet Euch auch vor einigen Eurer Königreiche, zum Beispiel vor Aragón und stets vor der Arglist der Franzosen... Mußten diese aus ernüchternden Erfahrungen abgeleiteten Richtlinien, die für Philipp zeitlebens Evangelium bleiben sollten, nicht

Herz und Zunge des nachdenklichen und im Grunde wenig selbstsicheren Knaben erstarren lassen?

Auch die religiöse Unterweisung akzeptiert der Prinz vorbehaltlos. Sind aber die frommen Gesten und pflichtschuldig befolgten Verhaltensregeln wirklich nur äußerlicher Schein, wie Philipps Gegner später behaupteten, wenn sie die Frömmigkeit des Herrschers als schreckliche Maske bezeichneten? Ein böswilliges Urteil. Zwar gehörte Philipp sicher nicht zu den von Selbstzweifeln und Gewissensqualen heimgesuchten Christen, doch stimmen die Historiker mit seinen Freunden darin überein, daß er ein absolut aufrichtiger, gläubiger Christ war. Im übrigen sind *glauben* und *herrschen* zwei völlig verschiedene Dinge. Für einen Fürsten des 16. Jahrhunderts bedeutet herrschen nur Gott über sich haben, nur Ihm Rechenschaft schulden für alles, was er im Laufe seines Lebens zum Wohl seiner Untertanen unternimmt. Nicht einmal der Papst könnte diesen ganz persönlichen Dialog eigenmächtig unterbrechen, was ihm Philipp im übrigen auch nie gestattete. Wenn der Begriff nicht zu unangemessen wäre, könnte man Philipps Leben, seine entschlossene Unabhängigkeit vom Heiligen Stuhl, die wirksame Verteidigung der königlichen Vorrechte gegenüber der Kirche als Paradebeispiel für den »Gallikanismus« anführen.

Zum Ausgleich für diese strenge, rigide, trockene Erziehung muß der junge Prinz nicht auf der Stelle treten und sich in Ungeduld und Ehrgeiz verzehren wie später sein Sohn Don Carlos oder sein Halbbruder Don Juan d'Austria. Bereits im Mai 1543 ist der noch nicht sechzehnjährige Philipp als Regent der spanischen Königreiche inmitten von Ratsversammlungen und Ratgebern von jener Einsamkeit umgeben, die durch Macht entsteht. Im November des gleichen Jahres heiratet er, gewissermaßen auf Befehl, seine Cousine Maria Manuela von Portugal, die am 8. Juli 1545 einen Sohn, den unseligen Don Carlos, zur Welt bringt und vier Tage darauf stirbt. Mit dieser ersten Ehe (der noch drei weitere folgen sollten) sieht sich Philipp mit allem, was er ist und was er hat, in eine über Europa und seine Völker entscheidende Politik auf höchster Ebene einbezogen. Diese Heiratspolitik wird mit mehr Aufmerksamkeit und Ausdauer betrieben als eine wohldurchdachte Schachpartie. Dank seiner künftigen fürstlichen Titel und Erbansprüche zählt Philipp zu den wichtigsten Figuren auf diesem Brett, und die Habsburger sind als würdige Erben der Katholischen Könige, die durch ihre äußerst zielstrebigen antifranzösischen Eheschließungen die beeindruckende *Monarchia Universalis* Karls V. von langer Hand vorbereitet hatten, unschlagbare Spieler.

Noch vor seinem 16. Geburtstag ist Philipp Regent von Spanien, mit 16 verheiratet, mit 17 Witwer: Man muß zugeben, daß der künftige Monarch schon früh schwere Verantwortung trug. Ludwig XIV. hat die Herrschaft immerhin erst nach dem Tod des Kardinals Mazarin, in seinem 23. Lebensjahr (1661), angetreten. Daß dieser Werdegang die ohnedies schon zu ernste Seite in Philipps Wesen weiter vertiefte, ist anzunehmen. Gleichzeitig jedoch zog er aus diesen Erfahrungen eine unbestreitbare Selbstbeherrschung und jenen ihm eigenen Mut, der ihn nie verlassen sollte: den übermenschlichen Willen, seiner Rolle um jeden Preis gerecht zu werden, und einen Stolz, dem alles in allem nichts Negatives anhaftete. Diese permanente Anspannung bewahrte ihn zweifellos auch vor den dramatischen Stimmungsschwankungen, den Krisen, neurasthenischen Depressionen und jähen Ausbrüchen, an denen sein Vater Karl V. und sein Halbbruder, der brillante Don Juan d'Austria, litten. Im übrigen müssen wir unabhängig vom Urteil über Philipp II. einräumen, daß wir bei ihm nie, wie bei seinem Vater, den verwirrenden Eindruck gewinnen, er sei seinen Porträts gar nicht ähnlich und entziehe sich uns ständig. Philipp ist, wie er ist, aber er bleibt von den Jugendbildnissen bis zu den oft erschreckenden Gemälden aus dem reifen Alter immer unmittelbar gegenwärtig.

Das Ende der Lehrzeit

Alles in allem brachten der Zufall – einschließlich der biologischen Erbanlagen – und die so früh übernommenen Pflichten, vom (1548 eingeführten) burgundischen Hofzeremoniell noch ganz zu schweigen, Philipp II. erst um seine Kindheit und dann um seine Jugend und jegliche Spontaneität, und sie lehrten ihn Verschwiegenheit und Verstellung.

Im Oktober 1548 tritt er auf Geheiß des Kaisers eine lange Reise durch Europa an. Sie führt ihn von Spanien nach Genua und weiter nach Mailand, München, Heidelberg, Brüssel und wesentlich später nach Augsburg, wo es im Jahr 1550 den trügerischeren Anschein hat, als sei das deutsche Problem ein für allemal zu seinen Gunsten gelöst und als sollte er eines Tages römischer König und danach Kaiser des

Heiligen Römischen Reiches deutscher Nation werden. Am 12. Juli 1550 trifft er endlich wieder in Spanien ein.

Vier Jahre später schifft er sich in La Coruña nach England ein, um am 25. Juli 1554, dem Namensfest des heiligen Jakob, des Schutzpatrons Spaniens, in Westminster seine Cousine Maria Tudor zu heiraten. Diese von der Politik diktierte Ehe mit einer reizlosen, elf Jahre älteren Prinzessin ist nicht unglücklicher als viele andere Ehen jener Zeit. So äußert der junge Prinz auf der Überfahrt ohne Illusionen gegenüber seinen Freunden: »Das hier ist keine Vergnügungsreise, sondern ein Kreuzzug« – mit dem Ziel, die Insel ein für allemal für den Katholizismus zurückzugewinnen, sie als Ersatz für das zur selben Zeit verlorene Deutschland für immer an die Geschicke Spaniens zu binden. Die Partie lohnt sich. Doch dann bricht der Krieg gegen Frankreich erneut aus, und bald darauf tritt Philipp mit der Regentschaft über die Niederlande die Nachfolge seines Vaters an. Karl V. leitet im Oktober 1555 seine schrittweise Abdankung ein und kehrt nach Spanien zurück, wo er am 21. September 1558 stirbt. Zwei Monate später, am 17. November, folgt ihm Maria Tudor in den Tod nach.

Philipp II. kehrt nach dem Vertrag von Câteau-Cambrésis (1.–3. April 1559), der einen dauerhaften Frieden mit Frankreich herstellt, nach Spanien zurück. Am 8. September 1559 geht er in Laredo an Land; seit einigen Monaten ist er 32 Jahre alt.

Erste und letzte Jahre des Glücks

Das Jahr 1559 markiert auf seine Weise einen tiefen Bruch in der Weltgeschichte. Der Konflikt zwischen Frankreich und Spanien ist eben erst abgeflaut, doch diesmal wird die Atempause von längerer Dauer sein und bis etwa 1589 anhalten. Damit bleibt Philipp eine der größten Belastungen im Leben seines Vaters erspart. Zwar bereitet ihm Frankreich noch manche Sorge und gibt ihm immer wieder Anlaß zu Beunruhigung und Irritation, auf die er, der väterlichen Lektionen eingedenk, mit übertriebener Empfindlichkeit reagiert. Doch schließlich zerstreuen sich sämtliche Befürchtungen; Frankreich versinkt ab 1562 in den endlosen Händeln der Religionskriege und ist im Vergleich zur Ära Franz' I. nur noch ein Schatten seiner selbst. In diesem Zusammenhang ist es bemerkenswert, daß das Land sein unter

Franz I. und Heinrich II. feindselig abgeriegeltes Territorium nun den regelmäßigen Kurieren aus Spanien öffnet. Ohne die bequemen Straßenverbindungen von Frankreich nach den Niederlanden und nach Italien aber hätte Philipp II. seine Staaten vom fernen Kastilien aus, wo er nach seiner Rückkehr aus den Niederlanden zu residieren beschließt, niemals regieren können.

Doch schätzt er diese Vorteile richtig ein, erfaßt er ihre wirkliche Tragweite? Ich möchte es bezweifeln. Ihn quält die Furcht, der Protestantismus könnte sich in ganz Frankreich ausbreiten und auf die Niederlande, Italien und sogar Spanien übergreifen. »Falls sich die Hugenottengefahr verschärfen sollte«, wäre er sicher bereit gewesen einzuschreiten, denn, wie er an Katharina von Medici schreibt, »es geht hier tatsächlich um vitale Interessen Spaniens«. So erhebt er zwar gelegentlich scharfen Protest, wie etwa beim Gesandten Chantonnay (einem Bruder des auf Betreiben Katharinas von Medici im Februar 1564 entlassenen Granvelle), aber er läßt seiner Verstimmung keine Taten folgen. Im Juli 1562 zieht er spanische Grenztruppen unter dem Kommando des tapferen alten Diego de Carvajal aus Guipuzcoa ab (diese Truppen, nicht ihr Befehlshaber, werden am 19. Dezember am Sieg der Katholiken bei Dreux beteiligt sein), und im Winter 1568/69 rüstet er in den Niederlanden »Hilfstruppen« aus, um sie unter dem Befehl des Grafen von Mansfeld nach Frankreich zu entsenden.

Die französische Politik läßt ihn also nie zur Ruhe kommen. Sie ist wie ein großer Hexenkessel, bei dem man nie weiß, was darin brodelt, sicher aber ganz Übles, denn der Allerchristlichste König entsendet seit 1559 Kriegsleute anstelle von Kirchenmännern – einen Fourquevaux statt des Bischofs von Limoges. Diese Militärs stampfen bei jeder Kleinigkeit mit dem Fuß auf, brüllen herum und stören die Ruhe im spanischen Europa. Doch solange die »Friedenskönigin« lebt, die französische Prinzessin, die Philipp II. in dritter Ehe geheiratet hat, läßt sich alles einrenken und gütlich regeln – wie im übrigen auch noch später.

Auch Deutschland gibt dem König keinen Anlaß zu ernster Besorgnis. Er hat es zwar verloren, damit gleichzeitig aber auch die Fessel abgestreift, die die Politik Karls V. behinderte. Da es diesem bekanntlich nicht gelang, seinem Sohn die kaiserliche Nachfolge zu sichern, war dem Land vom Augsburger Religionsfrieden (1555) bis zum verhängnisvollen Ausbruch des Dreißigjährigen Krieges (1618) ein ruhiges Dasein abseits der großen europäischen Probleme vergönnt. Philipps einzige Schwierigkeit bestand darin, wieder gute Beziehungen zu seinen Verwandten, den Wiener Habsburgern Ferdinand I. und dessen Nachfolger Maximilian II., herzustellen. Bei ihnen hatte die verzweifelte Heftigkeit Karls V. 1550 in Augsburg traumatische Erinnerungen hinterlassen. Damals hatten sie sich dem Familienoberhaupt zwar zum Schein gefügt, in Wirklichkeit aber nicht daran gedacht, nachzugeben. Im Jahr 1552 triumphierten sie dann und brachten die Kaiserkrone an sich, deren friedlichen Besitz ihnen der Augsburger Religionsfrieden sicherte.

Dieser latente Konflikt hat jedoch nichts zerbrochen oder zerrissen. Wien braucht in der Auseinandersetzung mit dem Türken die Unterstützung Spaniens. Heiraten und gute Worte tun ihre Wirkung. Vor allem Philipps Schwester Maria müht sich als Gemahlin Maximilians II. um diese langsame, aber notwendige Versöhnung, die ihr am Herzen liegt. Ihre Söhne, die Erzherzöge Rudolf und Ernst, werden im Jahr 1564 gewissermaßen als Geiseln an den spanischen Hof geschickt. Sie selbst kehrt nach dem Tod ihres Gemahls (1576) nach Madrid zurück und lebt dort von 1584 bis zu ihrem Tod 1603. In der Folge allerdings sollte diese langsame Annäherung zwischen der Wiener und der Madrider Linie des Hauses Habsburg die gewaltige Explosion des Dreißigjährigen Krieges auslösen.

Hinzuzufügen wäre noch, daß eine von 1559 bis 1575 anhaltende wirtschaftliche Rezession (die Daten sind Annäherungswerte, aber trotzdem akzeptabel) allen europäischen Konflikten den Wind aus den Segeln nimmt: Überall fehlt das Geld zum Kriegführen und nirgends, nicht einmal bei der Großmacht Spanien, sind die Finanzen in Ordnung. So streben alle nach den voraufgegangenen Aufregungen und Stürmen ruhige Zeiten an.

Das Hauptmerkmal der durch den Frieden von Câteau-Cambrésis geschaffenen neuen Situation besteht jedoch darin, daß sich das Reich Philipps II. ohne Aufhebens vom Erbe Karls V. befreit. Es löst sich von Kontinentaleuropa, an dem die in gewisser Hinsicht mittelalterliche und oft rückschrittliche Politik des großen Kaisers haftete. Der Mittelpunkt des neuen Reiches ist nicht mehr Antwerpen oder Italien, sondern der Atlantik und Amerika mit seinen Silberminen, dessen Einfluß sich auf die ganze Welt ausweitet. Das Zentrum dieses Weltreichs ist nicht mehr Madrid, seit 1561 anstelle von Valladolid die neue Hauptstadt, sondern Sevilla – auch wenn das damals weder dem

Katholischen König noch seinen Ratgebern wirklich bewußt wird; sie fühlen sich nach wie vor von den vertrauten Bereichen, Europa und dem Mittelmeer, gewaltig angezogen. Doch so geschieht das immer: Umwälzende Ereignisse vollziehen sich gewissermaßen lautlos und verwandeln das Gesicht der Welt, ohne daß jemand es bemerkt.

Lebensfreude?

Zwischen 1559 und 1568 erlebt Philipp II., wie schon erwähnt, eine glückliche Zeit. Wie im Friedensvertrag von Câteau-Cambrésis festgelegt, hat er die Prinzessin Elisabeth von Valois, eine Tochter Heinrichs II. und Katharinas von Medici, geheiratet. Bei den Spaniern, die ihren Namen in die eigene Sprache übersetzt haben, heißt sie Königin Isabella oder *reina de la paz*, Friedenskönigin.

Als sie den Katholischen König am 31. Januar 1560 in Guadalajara heiratet, ist sie mit ihren 14 Jahren noch ein Kind – ein fröhliches, lebhaftes, gutes, kluges Kind, fast ein überirdisches Wesen. Sie spricht fließend spanisch, und das ist ein großer Vorteil. Brantôme behauptet sogar: »Ihr Spanisch war so schön, so köstlich und anziehend wie nur möglich.« Sie war bei ihren Untertanen beliebt; auch der König brachte ihr eine lebhafte, aufrichtige Liebe entgegen. Im übrigen war er in dieser Phase seines Lebens für weibliche Reize durchaus empfänglich und keineswegs der Tugendbold, zu dem man ihn unnützerweise abgestempelt oder abzustempeln versucht hat. Im Jahr 1558 schildert ein Venezianer den in den Niederlanden weilenden, kurz vor seiner dritten Hochzeit stehenden Prinzen als »über Gebühr mit Frauen befaßt«; er habe sich bei seinen Abenteuern »darin gefallen, selbst in Zeiten wichtiger Verhandlungen des Nachts maskiert auszugehen«. Philipp maskiert – welcher Psychiater, welcher Literaturkritiker der »neuen Schule« nähme das Bild nicht amüsiert zur Kenntnis? Nebenbei bemerkt: Weder die Rückkehr nach Spanien noch die Ehe mit Elisabeth von Frankreich kurierte den jungen Herrscher von seinem lebhaften Interesse für hübsche Frauen. Doch wie der Gesandte des Allerchristlichsten Königs, der Bischof von Limoges, mit Nachsicht vermerkte, war er trotz gewisser romantischer Neigungen »ein guter Ehemann«: »Er schläft regelmäßig mit ihr (Elisabeth)«, schrieb er 1561 an Katharina von Medici, um sie hinsichtlich ihrer Tochter zu beruhigen.

Ein guter Ehemann, gewiß, und dieser fröhlichen, lebendigen jungen Frau, die ihre Rolle als Königin von Spanien mit viel Ernst und Anmut spielt und im übrigen glücklich ist, herzlich zugetan. Die beiden Töchter, die sie dem König schenkt, Clara Isabella Eugenia und Katharina, liebt der Vater zärtlich, vor allem die ältere. Als die Königin ihren Gatten am 15. Mai 1565 für kurze Zeit verläßt, um sich in Bayonne zum letzten Mal mit ihrer Mutter Katharina von Medici zu treffen, trennen sich die beiden Eheleute nach Ausssage von Zeugen »nicht ohne Tränen«. Und als die junge Königin im Oktober 1568 23jährig durch die Dummheit ihrer Ärzte an einer Frühgeburt stirbt, erfüllt dieses Unglück den König, wie ein genuesischer Gesandter schreibt, »mit unendlichem Schmerz, brachte er doch dieser herzensguten Königin große Liebe entgegen und wußte, daß auch sie ihm in Liebe verbunden war«.

Sollen wir diesen kurzen, rosig verklärten Liebesroman für bare Münze nehmen? Der Historiker Oreste Ferrara (1961) rät uns dringend davon ab. Natürlich läßt sich auf diesem Gebiet nichts mit Sicherheit behaupten. Wenn Isabella an ihre Mutter schreibt: »Ich versichere Euch, daß ich die glücklichste Frau der Welt bin«, mag es sich um eine Redensart handeln, um eine besorgte Mutter zu beruhigen, vielleicht sogar um zu täuschen – oder eben einfach um die Wahrheit. Ich selbst neige nach Durchsicht der Dokumente, die sich auf dieses kleine Problem beziehen, letzterem zu – daß es Glück war; allerdings geben diese Schriftstücke mehr Aufschluß über den König als über die Königin. Nur zu viele Historiker möchten ihn um jeden Preis düster und freudlos sehen. Doch in den Jahren, in denen Isabella für eine kurze Weile an seiner Seite lebt, offenbart sich uns ein Philipp II., wie wir ihn von seinen offiziellen Porträts nicht kennen. Als sie stirbt, ist er 41 Jahre alt, steht also für damalige Begriffe bereits in vorgerücktem Alter. Mit Sicherheit jedenfalls geht für ihn mit ihrem Tod ein Kapitel seines Lebens zu Ende; die Zeit der Jugend, die glücklichen Jahre, sind vorbei.

Bis dahin befand sich der König im Vollbesitz seiner Kräfte und wirkte, wie auf der leider nicht sicher zugeordneten Zeichnung in der Pariser Nationalbibliothek oder auf den etwas gravitätischen Bildnissen von Tizian oder Antonio Moro wie die Vornehmheit und Eleganz in Person. Hätte nicht schon sein Großvater, der Gemahl Johannas der Wahnsinnigen, diesen Beinamen getragen, hätte man ihn damals ebensogut »Philipp den Schönen« nennen können. Er ist zwar nur mittelgroß, aber sein wohlproportionierter Körper vermittelt den Eindruck von Kraft. Seine helle, oft blasse Gesichtsfarbe veranlaßt einen Venezianer, der ihn in den Niederlanden sieht, zu der Bemerkung: »Er sieht wie ein Flame aus« – ungeachtet seiner spanischen Manieren, als läge sein Äußeres von vornherein im Widerstreit mit seiner Berufung, bis ins Mark Spanier zu sein. Nicht von ungefähr wird in diesen Jahren immer wieder seine ansprechende Erscheinung gerühmt. Wie der Bischof von Limoges Ende 1561 feststellt – und die Bemerkung ist aufschlußreich: Man gäbe ihm, »wenn man ihn so sieht ... 25«, zehn Jahre weniger, als er tatsächlich zählt.

Das Glück, zu herrschen

Damals schon zeichnet sich in der Korrespondenz der Gesandten und in anderen zeitgenössischen Zeugnissen das klassische Porträt des unermüdlich an seinem Schreibtisch sitzenden Königs ab. Dieser schüchterne Mann, der die Stimme nicht zu erheben und seinen Besuchern oft nicht in die Augen zu schauen wagt, der seine Mitmenschen mit seiner Schüchternheit verunsichert und terrorisiert, dieser seltsame Monarch ist offenbar ein guter Zuhörer und ein noch unermüdlicherer Leser der ihm übersandten Schriftstücke. Es bereitet ihm sichtliches Vergnügen, die entscheidenden Fäden der auf der riesigen Weltbühne abrollenden Geschichte in der Hand zu halten. Das gibt ihm, dem Schüchternen, Kraft und Ungezwungenheit. Unablässig strömen ihm im Tempo der erschöpften Kuriere Nachrichten aus aller Welt zu; Tag für Tag türmen sich auf seinem Schreibtisch die Briefe in Riesenstößen. Von diesem Stoff zehrt sein heimliches, fleißiges Dasein. Er ist, wie der kluge und feinfühlige Bischof von Limoges im September 1560 bemerkt, »Herr und Sekretär in einer Person, was von großem Vorteil ist«. Er widmet sich »seinen Geschäften mit ganzer Kraft und versäumt keine Stunde, sondern sitzt den lieben langen Tag über seinen Papieren«, all den Schreiben, die er bedächtig und sorgfältig studiert. Seine zahlreichen Randbemerkungen zeugen von seiner Genauigkeit, die manchmal ans Kindische streift. So beschränkt er sich bei einem ihm zur Unterschrift vorgelegten Brief, in dem von einem gewissen »Don Antonio Valentino, Ritter, der sich als polnischer Edelmann bezeichnet«, die Rede ist, nicht darauf, das *Don* auszustreichen, sondern er erläutert: »Von hierzulande (das heißt von Spanien) abgesehen, ist Don nicht gebräuchlich.« Hat ein Entzifferer aus Versehen Siegenburg gelesen, schreibt der König an den Rand: »soll offenbar Luxemburg heißen«. Obdonia verbessert er in Bolonia, und in einem Brief aus Frankreich streicht er den Ausdruck *predicador general* durch und ersetzt ihn durch *procurador* – zu Recht, denn es ist vom Pariser Parlament die Rede. Oder er reicht einen Text, der ihm bei der Lektüre unklar zu sein schien, an den Entzifferer zurück.

Diese Akribie beweist, daß sich der König an seinem Schreibtisch bei der Erledigung der Geschäfte nicht übereilt und daß er ein gewisses Vergnügen daran findet. Aber nie oder so gut wie nie stößt man in diesem Wust von Notizen, von gewissenhaften oder pedantischen Korrekturen, in dieser Korrespondenz mit den zahllosen Trägern der spanischen Politik, in den Billets an die engsten Mitarbeiter auf eine Herzensregung, ein Bekenntnis. Und selbst in den Gesprächen, die er mit der Feder in der Hand führt, läßt er sich, bei aller Beredsamkeit, niemals gehen.

Schon bald ist es gang und gäbe, sich über diese ungeheure, langsame Sisyphusarbeit zu mokieren: Philipp II. ist der *rey papelero*, der Bürokrat »mit bleiernen Füßen«, der alles selber in Augenschein nehmen will und sich mit seinen Entscheidungen Zeit läßt, was mit ewiger Unentschlossenheit verwechselt wird. Dieses Bild bürgert sich mit den Jahren nicht ohne Grund, aber auch nicht ganz zu Recht immer fester ein. Als sich Venedig 1571, im Jahr des Sieges von Lepanto (7. Oktober), mit dem Türken in den Haaren liegt und für die bedrohte Stadt höchste Eile geboten ist, seit die Flotten mit Frühjahrsbeginn wieder frei operieren können, verliert Leonardo Donà, der Repräsentant der Signoria, am 22. März in Madrid angesichts der Gelassenheit des Königs die Geduld: »Mit der neuerlichen Bemerkung, daß die Zeit im Flug vergehe, nahm ich Abschied von Seiner Majestät.« Ich bezweifle, daß diese Spitze den *rey prudente* innerlich traf, aber ist der in Hohn verkehrte Tadel wirklich gerechtfertigt?

Philipp II. an seinem Arbeitstisch ist zugleich auch Abbild und Wirklichkeit des modernen Staates. Mit Karl V., dem reisenden Kaiser (der gleichfalls schon ein Vielschreiber war), ist eine Herrschaftsära zu Ende gegangen. Doch hatte sich im Bereich des abendländischen Handels nicht schon Ähnliches abgespielt; war nicht der Wanderhändler seit der Mitte des 14. Jahrhunderts, seit dem Ende der Champagner Messen, nach und nach von der Bildfläche verschwunden und vom Großkaufmann abgelöst worden, der seine Geschäfte von seiner Bank aus tätigte? Das gleiche geschieht nun mit einer zeitlichen Verschiebung auch mit den Fürsten. Tritt eine Schwierigkeit oder ein überraschendes Ereignis ein, dann entfesselt Philipp II. oft unverzüglich einen gigantischen Papierkrieg und erschlägt alle, die ihm zu Diensten stehen, mit seinen Direktiven. Wir werden ihn tausendmal so handeln sehen – eben nach den Regeln der modernen Welt und nicht, wie man behauptet hat, aus einer heimlichen, ihm selbst nicht voll bewußten Protesthaltung heraus, um sich vom Kaiser, dem Mann der politischen Reisen und der Feldzüge, abzuheben. Philipp II. ist so langsam wie die Kuriere seiner Zeit, und wenn die Langsamkeit bei ihm ausgeprägter hervortritt als bei den anderen Staatsoberhäuptern (was erst noch zu beweisen wäre), dann vielleicht deshalb, weil er sich mit den Größenordnungen eines Weltreichs, »in dem die Sonne nicht untergeht«, zurechtfinden muß. »Diese endlos langen Verbindungen«, habe ich an anderer Stelle geschrieben, »und die daraus erwachsende, nahezu hoffnungslose Langsamkeit liefern die Erklärung für Spaniens zu großes, zu langsam schlagendes Herz.« Statt von Herz könnten wir ebensogut auch von Philipp II. und den langen Fäden, die er in der Hand hält, sprechen, Fäden, die wohl alle bei ihm zusammenlaufen, ihm aber umgekehrt auch seine Reaktionen vorschreiben, ihn zur Entscheidung oder zur Hinauszögerung zwingen und ihn oft dazu nötigen, abzuwarten und die Zeit für sich arbeiten zu lassen.

Im übrigen denkt in diesen relativ ruhigen Jahren bis 1568 keiner von denen, die ihn mehr oder minder wohlwollend beobachten, daran, Kritik an diesem Regierungsstil und diesem Vorgehen zu üben, die Franzosen so wenig wie die anderen. Am 24. August 1561 schreibt der Bischof von Limoges: »Ich halte diesen Fürsten in diesen Angelegenheiten nicht für zu zögerlich, gibt es doch meines Erachtens keine größere Geschicklichkeit und Klugheit, als durch Aufschub Zeit zu gewinnen.« »Zeit gewinnen«, nicht verlieren. Fourquevaux ist zwar kein so guter Beobachter und auch kein so begeisterter Anhänger Philipps II. wie der Bischof von Limoges, denkt aber gleichfalls nicht daran, das Verhalten des Königs zu belächeln. Philipps Schweigen, seine Art, Probleme auf die lange Bank zu schieben, erscheinen ihm als Kalkül und als Kunstgriff, die Dinge letztlich zu seinen Gunsten zu wenden. Wie er Katharina von Medici erläutert, bedient sich der König in seinen Angelegenheiten einer »so doppeldeutigen Redeweise«, daß es fast unmöglich ist, seine Absichten zu erkennen. Spanien ist eben nicht Frankreich, wo jeder die Staatsgeheimnisse ausplaudert.

Im übrigen zählen diese für Philipps Privatleben meines Erachtens glücklichen Jahre nicht zu den glanzvollsten in der Geschichte Spaniens und des Riesenreiches, dessen Angelpunkt es bildet. Weder herrscht schon das Goldene Zeitalter, noch hat Madrid seine Pracht oder Westindien den ganzen Reichtum seiner Silberminen entfaltet. Die Politik hat nachhaltig mit den Fehlschlägen der Wirtschaft zu kämpfen. Und all dies könnte das etwas undurchsichtige Spiel des *rey prudente* begünstigt haben, dem es um Wiederherstellung der Ordnung geht, vor allem der finanziellen Ordnung nach dem Bankrott von 1557; ihm folgt schon bald der nächste, heimliche Bankrott im Jahr 1560, von dem man gewöhnlich nicht spricht und der mit Hilfe oder zumindest Duldung der Kaufleute und Bankiers vonstatten geht. Damals wird die mächtige *Casa de la Contratación* zur Anweisung der *juros*, das heißt zur Zahlung der Renten aus der fundierten Staatsschuld Kastiliens, ausersehen. Und in der Tat hätte sich für diese Neuordnung keine Regierung besser eignen können als die eines so peinlich genauen Königs, der nichts von Abenteuern hält und die beiden Parteien, in die sich seine Ratgeber oder, wie wir auch sagen könnten, Minister, scheiden, nach seiner Pfeife tanzen läßt: die Kriegspartei unter Führung des brillanten, stolzen Herzogs von Alba und die Friedenspartei mit Ruy Gómez oder *rey Gómez* (König Gomez), wie ihn ein harmloses Wortspiel bezeichnet, und dessen Parteigängern, den *ebolistas* (Anhängern des Fürsten von Eboli). Ihnen scheint der König zunächst zuzuneigen, doch als sich dann im April und im August 1566 die Niederlande erheben, schwenkt er diesmal ohne Zögern zur Gegenseite um. Damit hat die Schicksalsstunde des Herzogs von Alba geschlagen.

Diese Friedensjahre sind von zahlreichen kleineren, unauffälligen, aber klugen administrativen Maßnahmen und überlegten Schritten geprägt. So wird in den Werften am Mittelmeer, in Palermo, Messina, Neapel, Genua und Barcelona der Bau einer mächtigen Galeerenflotte zum Schutz der spanischen und italienischen Küsten gegen die Angriffe und Piratenüberfälle des Islams vorangetrieben. Damit beginnt aber auch ein erbitterter Kleinkrieg, in dem 1560 die spanische Flotte bei der Insel Djerba vor der tunesischen Küste eine überraschende Niederlage erleidet. Aber im Jahr 1564 nehmen die Spanier das an der gleichen Küste wie ein Horn ins Meer vorspringende Inselchen Peñon de Velez ein; und 1565 erringen sie inmitten des Mittelmeers einen unbestreitbaren Erfolg: Die Landung der spanischen *tercios* auf Malta veranlaßt die Türken, die Belagerung der Insel abzubrechen. Ein Guerillakrieg also, wie wir heute sagen würden, kostspielig, aber notwendig, um Italien zu schützen. Wie sehr diese trotz allem ruhigen Jahre den Ruf des jungen Königs in Spanien selbst festigen, läßt sich nicht absehen. Jedenfalls dankt ihm das Land seine lange Präsenz, diesen langen Frieden. Mitten im Herzen des Reiches, in Kastilien, entfaltet sich ein lebhafter, opferbereiter und vor allem stolzer Nationalismus, der Philipp II. mit seiner Glut, seinen Illusionen und Forderungen umgibt. Alles wird kastilisch, des Königs Herz, sein Geist und sogar seine Ratgeber.

Die Niederlande und Don Carlos' Tod

Im Jahr 1568 endet diese ruhige Zeit, und die niederländische Tragödie kommt endgültig zum Ausbruch. Nach heutigen Begriffen war es ein halbkolonialer Krieg mitten in Europa, ein schmutziger Krieg, in dem Spaniens Gegner alles daransetzen, das Land zu einer Kraftprobe zu zwingen − unter durchweg ungünstigen Voraussetzungen: Die Nachschublinien zwischen der Iberischen Halbinsel und Flandern über Atlantik, Ärmelkanal und Nordsee sind ungeheuer lang − wenn auch zweifellos immer noch am bequemsten, denn die Seeverbindung über den Atlantik ist wirtschaftlicher als der lange Weg durch das Mittelmeer, Italien, Savoyen oder die Schweizer Kantone, Lothringen oder rheinabwärts. Trotzdem kostet ein in die Niederlande abkommandierter spanischer oder italienischer Soldat am Ende mindestens viermal soviel wie ein Kombattant der Gegenseite.

Die Unruhen beginnen im April 1566 mit den offenen Intrigen des hohen Adels. Im August greift dann der Volksaufstand der Bilderstürmer wie ein Flächenbrand um sich und führt zur Plünderung der Kirchen und zum unerwarteten Sieg der calvinistischen Reformation. Immerhin gelingt es der Statthalterin der Niederlande, der intelligenten Margarete von Parma, die beiden Bewegungen gegeneinander auszuspielen, den Adel gegen das Volk aufzuhetzen und auf diese Weise, wenn schon nicht die eigene Autorität, so doch zumindest einen Anschein von Ordnung wiederherzustellen.

Aber was wird Philipp II. unternehmen? Wird er unter diesen Umständen so klug sein und, wie ihm die *ebolistas* als Vertreter der Herren in Madrid raten, den gleichen politischen Kurs einschlagen, das heißt sich mit dem Adel verständigen und einen Vergleich anstreben? Oder wird er sich auf die Seite des unnachgiebigen Herzogs von Alba schlagen? Der König folgt dem Rat des Herzogs und übergibt ihm das Kommando über das gewaltigste Heer, das die Welt seit langem gesehen hat. Durch ganz Europa rücken die *tercios* an: Während am einen Ende der Kette, in Andalusien, die Werber noch die Handtrommel rühren, marschiert am anderen der Herzog von Alba (am 30. August 1567) schon mit den ersten spanischen Truppen in Brüssel ein. Aber begeht Philipp II. damit nicht einen schweren, ja, den schwersten Fehler seines Lebens? Hätte er nicht besser daran getan, sich, wie möglicherweise zunächst beabsichtigt, jedenfalls von ihm selbst geäußert und auf seine Weisung hin verbreitet, höchstpersönlich in seine Niederlande zu begeben? Doch wieder einmal versteckt er sich, Mann der Maske, der er ist, lieber hinter einem anderen.

Trotzdem scheint nach der ersten Überraschung durch diese Machtdemonstration alles entschieden, und vielleicht hätten sich die Dinge nach der Ankunft des Gendarmen noch gütlich regeln lassen. Nach der spektakulären Hinrichtung der Grafen Egmont und Hoorn im Dezember 1568 aber ist keine Verständigung mehr möglich.

Gleichzeitig erlebt Philipp II. in seiner eigenen Familie die grausamste Tragödie, die ohne Zweifel mit der Revolte in Flandern zusammenhängt. Sein Sohn Don Carlos hat, vermutlich in blindem Haß gegen den Vater, mit den Flamen Verbindung aufgenommen. Noch beunruhigender als der Verrat jedoch ist für den König Don Carlos' Wahnsinn, von dem er sich »distanzieren« muß. Schon Karl V. hatte die Geistesgestörtheit seiner Mutter, Johannas der Wahnsinnigen (1479–1555), die er übrigens nur um wenige Jahre überleben sollte, miterlebt. Allerdings hatte in diesem Fall der Vater der Unglücklichen, Ferdinand der Katholische, das Problem gelöst und die Königin 1506 in Tordesillas einsperren lassen, wo sie, außer während des Aufstands der Comuneros 1521, ein zurückgezogenes Dasein führte.

Philipp II. dagegen steht vor einer schlimmeren Tragödie, die freilich vorauszusehen war. Seit Jahren weiß er, daß sein Sohn aus erster Ehe nicht normal ist und die Nachfolge nicht antreten kann, wenn nicht ein Wunder geschieht. Im übrigen brauchte man den »skrofulösen, hinkenden, buckligen, kaum der Sprache mächtigen Halbidioten« mit dem »häßlichen und unangenehmen Äußeren« und dem »bleichen, verzerrten Gesicht« bloß anzuschauen, um zu wissen, wie es um ihn bestellt war. Vergegenwärtigt man sich den vertrauensvollen Gedankenaustausch zwischen Karl V. und seinem Sohn, kann man Philipp II. nur bedauern, zumal sich das exzentrische, brutale Treiben dieses unzurechnungsfähigen Kindes auf der Bühne des Hofes abspielt und kein Augenblick dieses Trauerspiels geheim bleibt. Über den körperlich und geistig debilen Prinzen, seine sadistische Grausamkeit gegen Mensch und Tier, sein ungehobeltes Verhalten gegenüber Frauen, die er auf offener Straße anpöbelt, gibt es viele Berichte, darunter sehr derbe, anstößige, ohne daß man angeben könnte, was an diesen unerfreulichen Meldungen wahr und was Verleumdung ist. Don Carlos' Unglück war, so möchte man rückblikkend sagen, daß er den schweren Unfall von Alcala de Henares (19. April 1562) überlebte. Damals erlitt der kleine Prinz beim Sturz von einer Leiter einen Schädelbruch und wurde von den Ärzten durch eine Operation (allerdings keine echte Trepanation) gerettet, ohne daß sich sein abnormales Verhalten dadurch im geringsten gebessert hätte.

Don Carlos' Unternehmungen verraten nur eine einzige beherrschende Leidenschaft: tödlichen Haß gegen seinen Vater. Er träumt von Flucht, stürzt sich in tausend Intrigen, sucht mit geringem Erfolg Geld zu leihen und Komplizen zu gewinnen, so vor allem den zwei Jahre jüngeren Don Juan d'Austria. Der über sein Tun und Lassen unterrichtete König sieht dem allem schweigend zu, läßt ihn aber Tag und Nacht überwachen und verschafft sich schließlich in der Nacht vom 18. auf den 19. Januar 1568 mit großem Gefolge gewaltsam Zutritt zu Don Carlos' Zimmer im Madrider Palast. Im Kamin lodert ein großes Feuer, in das sich Don Carlos stürzen will. »Wenn Ihr Euch tötet, so ist's die Tat eines Wahnsinnigen«, bemerkt der König, der Harnisch und Helm trägt (ein Beweis, daß er von dem jungen Mann, der immer eine gespannte Armbrust griffbereit hat, das Schlimmste befürchtet). »Ich bin nicht wahnsinnig«, entgegnet Don Carlos, »ich bin nur verzweifelt über die schlechte Behandlung, die Eure Majestät mir angedeihen läßt.«

Doch das schreckliche Wort – Wahnsinn – ist gefallen und macht in Windeseile die Runde. Wir finden es in allen offiziellen Schreiben und Unterredungen, in einem ganzen Schwall gezielter und sofort nach allen Richtungen verbreiteter Propaganda. Ruy Gómez erklärt den Gesandten Frankreichs, Venedigs und Englands, daß der Prinz »geistig noch hinfälliger ist als leiblich und nie normal sein wird«. Philipp II. spricht in einem Brief vom 19. Mai 1568 an die Kaiserin vom »Mangel an Verstand, den Unser Herr meiner Sünden wegen bei meinem Sohn zugelassen hat«. In seinem Zimmer, dessen Fenster mit Brettern vernagelt werden, unter Arrest gestellt, danach in einen Turm des Madrider Palasts überführt und streng bewacht, überläßt sich Don Carlos der Verzweiflung. Als der venezianische Gesandte Cavalli gegenüber einem Höfling Mitleid äußert und fragt, ob denn keine Aussöhnung möglich sei, entgegnet sein Gesprächpartner: »Wenn er den Kopf nicht verliert, beweist das, daß er ihn schon verloren hat.« Der Wahnsinn des Don Carlos steht ebenso außer Zweifel wie Philipps Unerbittlichkeit gegenüber dem Sohn. Im Juli erkrankt der Prinz: Magenverstimmung, Ruhr infolge übermäßigen Genusses von Eiswasser. Hat der junge Gefangene sein Ende willentlich herbeigeführt? Durchaus möglich. Jedenfalls sieht er seinem Tod am 24. Juli mit bewundernswerter Fassung entgegen. Trotz seiner Bitte ist der Vater am Sterbelager nicht anwesend.

Diesem eröffnete Don Carlos' Tod, selbst wenn er ihn als Erleichterung empfand – was wir nicht beschwören können –, eher trübe Aussichten, vor allem als im Oktober des gleichen Jahres auch noch Königin Isabella starb. Als Witwer mit nur zwei Töchtern mußte er im Interesse der Thronfolge so schnell wie möglich wieder heiraten. Er ehelichte denn auch bald seine Nichte, Anna von Österreich, eine anmutige Prinzessin. Sie traf 1569 in Spanien ein, wurde dort jedoch nie recht heimisch. Dem König gebar sie fünf Kinder, von denen nur sein späterer Nachfolger, Philipp III., überlebte.

Doch wie könnte man in diesem traurigen Roman vergessen, daß sie vorher mit Don Carlos verlobt war? Oder daß sich der König jenen Pater Chaves zum Beichtvater nahm, der vordem Don Carlos' Beichtiger gewesen war – und den man rückblickend nur mit Vorbehalt respektieren kann? Diese und andere Umstände lassen vermuten, daß wir das Drama nur in vagen Umrissen kennen. Sicher kann man die Akten erneut durchblättern. Doch wie das Urteil auch ausfallen mag, es wird niemanden befriedigen.

Die unheilvollen Jahre: 1568–1582

Tatsächlich leitet das Jahr 1568 eine unheilvolle Zeit ein, die dem König weitere private Schicksalsschläge zufügt: 1573 stirbt Ruy Gómez; 1575 Philipps Schwester, Prinzessin Johanna; 1578 unter dramatischen

Umständen Don Juan d'Austria. Kurz darauf kommt im Anschluß an die Ermordung von Don Juans Sekretär Escovedo (gleichfalls 1578) der Verrat von Philipps Vertrautem, fast schon seinem *valido*, seinem Günstling, Antonio Pérez ans Licht; und im Oktober 1580 stirbt Königin Anna, Philipps letzte Gemahlin, und überläßt ihn hinfort seiner Einsamkeit. Mit seinem schütteren, bereits ergrauten Haar und dem zahnlosen Mund ist der König ein vorzeitig gealterter, möglicherweise auch durch die zahlreichen vom Vater und den portugiesischen Ahnen ererbten Gebrechen ein gesundheitlich angeschlagener Mann. Im Jahr 1568 erleidet er den ersten Gichtanfall; und außerdem treten wiederholt hartnäckige Wechselfieber auf. Zweifellos kommt zu diesen Symptomen noch eine angeborene Syphilis, auch wenn für diese Diagnose nach Ansicht des scharfsinnigen Historikers und erfahrenen Arztes Gregorio Marañón keine schlüssigen Beweise vorliegen. Aber Ferndiagnosen zu stellen ist alles andere als einfach, und sind nicht die Gebrechen, die den König plagen, das übliche Los der über 40jährigen in jener Zeit?

Zu den privaten Schicksalsschlägen kommen öffentliche Desaster. Das Jahr 1568 endet mit einer neuen Katastrophe: In der Weihnachtsnacht, während eines Schneesturms, erheben sich im Königreich Granada die Morisken. Zwischen 1569 und 1573 folgt der mit einem Fehlschlag endende Krieg gegen England, den die Geschichtsbücher zu Unrecht übergehen; am 7. Oktober 1571 läßt der Sieg bei Lepanto den Sieger mit leeren Händen zurück; am 1. und 2. April 1572 erobern die Wassergeusen das an der Maasmündung gelegene Brielle; am 24. August 1572 setzt das Massaker der Bartholomäusnacht dem gleichfalls erfolglosen, vom französischen Admiral Gaspard de Coligny erträumten Krieg gegen Frankreich ein vorläufiges Ende. Im Jahr 1575 folgt der zweite, vom Souverän zweifellos gewollte kastilische Staatsbankrott, der verheerende Folgen für die Niederlande nach sich zieht, wo Don Juan d'Austria einen Moment lang die Karte des Friedens ausspielt. Bald darauf wird mit der Verschärfung des Krieges die glanzvolle und bewegte Karriere Alessandro Farneses beginnen. Auch die seit 1578 anstehende und 1580 zugunsten Spaniens geregelte Thronfolge Portugals ist im Grunde ein Scheinsieg, der das riesige, anfällige Kolonialreich Portugal an das gleichfalls riesige und anfällige Kolonialreich Spanien angliedert.

Zurück zum König

Als Protagonisten jener ereignisreichen Jahre agieren neben der Hauptfigur, dem König, der in den Niederlanden zwar geschlagene, nach dem Sieg über Portugal aber bis an sein Lebensende hochgeachtete Herzog von Alba; Philipps Halbbruder Don Juan d'Austria; der im Dezember 1568 zum Sekretär des Königs ernannte Antonio Pérez; und schließlich Kardinal Granvelle aus der Freigrafschaft Burgund, der Sohn von Perrenot de Granvelle, dem Ratgeber Karls V. Wie sein Vater dient er am Anfang seiner Karriere dem Kaiser und dann bis zu seiner vom niederländischen Hochadel erzwungenen Entlassung im Jahr 1564 Philipp II. als Vertrauensmann bei Margarete von Parma. Im Jahr 1579 wird er vom König dringend aus Rom zurückgerufen, um Antonio Pérez abzulösen. Stellen wir hier wenigstens die drei Hauptpersonen vor: Don Juan d'Austria, Antonio Pérez und den König.

Philipp II. hat sich, zumindest in der Führung der Staatsgeschäfte, nicht verändert. Er lebt nach wie vor im Escorial (an dem die Bauarbeiten erst 1584 abgeschlossen werden) und zieht sich oft mit einem einzigen Sekretär, in der Regel Antonio Pérez, zum Arbeiten zurück. Diese fortgesetzte Tätigkeit unterbricht er nicht einmal auf Reisen. Seine Akribie hat inzwischen zwanghafte Züge angenommen. Aber vielleicht entzieht er sich auf diese Weise nur, wie jeder Normalbürger, drückenden Sorgen, vielleicht ist es eine Art Selbstbetrug. Jedenfalls läßt er sich durch sein Interesse an Bagetellen nicht von den großen Problemen ablenken. Gerade diese Mischung aus lächerlichem Kleinkram und ungeheuren Problemen aber bringt den Historiker immer wieder aus dem Konzept und verleitet ihn zu vorschnellen Urteilen.

Der König hat seine Menschenscheu zwar nicht abgelegt, ganz im Gegenteil, aber er hat sich besser im Griff als je zuvor. Er hat gewissermaßen ein für allemal seinen persönlichen Stil gefunden. Stets in dezentes Schwarz gekleidet, in der Regel ohne Degen an der Seite – »in der Erscheinung eher einem Arzt als einem Fürsten ähnlich«, wie ein Zeitgenosse erstaunt konstatiert –, wahrt er zu seiner Umgebung immer eine gewisse Distanz, und dieser Abstand löst Beklommenheit aus; es kostet Mühe, ihn zu überwinden. Das bestätigen die ausländischen Gesandten, und das empfindet auch die heilige Teresa von Avila: »*Toda turbada*«, schreibt sie, »*empecé a hablarle porque su mirar pe-*

netrante, de esos que ahondan hasta el alma, fijo en mí, pareció herirme, así que bajé mi vista y con toda brevedad, le dijé mis deseos« (Ganz verwirrt begann ich zu sprechen, denn ich fühlte mich durch seinen durchdringenden Blick, der mich bis auf den Seelengrund durchforschte, wie verwundet, so daß ich die Augen niederschlug und ihm hastig meine Wünsche vortrug). Diese Gabe, sein Gegenüber einzuschüchtern, besitzt der König zeitlebens, und er nutzt sie auch. Mittlerweile kann er sich so gut beherrschen, daß nur noch eine einzige unkontrollierte Geste – gelegentlich streicht er sich den Bart – seine innere Unruhe verrät; und sicher liegt in der Art und Weise, wie er den Gesprächspartner fixiert, auch etwas Spielerisches – genauso wie in seinem üblichen »soségaos«, das wohl beruhigen soll, aber unmittelbar beunruhigt. Manchmal setzt er auch jenes kaum angedeutete Lächeln auf, das einen eher kühlen Charakter verrät (Antonio Pérez nennt es »schneidend wie ein Schwert«.) All das ist seine »Maske«, die Rolle, die er sich zurechtgelegt hat und hinter der er sich, manchmal lächelnd, auch vor dem Blick der Historiker verbirgt – allerdings nur selten lächelnd, immer verschwiegen, aber nie herablassend oder gar verächtlich.

Natürlich ist er für diese Posen nicht allein verantwortlich. Unsere Masken sind ja nicht nur unser eigenes Werk, und außerdem bilden die Könige eine Rasse für sich. Durch die rigorose Etikette spielt sich ihr Leben außerhalb des Kreises der gewöhnlichen Sterblichen ab. »Das (burgundische) Hofzeremoniell ist im Grunde eine wahnwitzige Vergötzung des weltlichen Herrschers, eine gotteslästerliche Gleichsetzung menschlicher und göttlicher Begriffe.« Als Gottgesandter steht der König unter den Menschen allein da, die ihm damit die schrecklichste aller Masken aufzwingen. Welch mildernder Umstand wäre es in einem Plädoyer für den König, ihn in dieser ständigen unmenschlichen Einsamkeit zu zeigen!

Antonio Pérez

Was für eine vergleichsweise unbedeutende, ungefestigte Persönlichkeit ist dagegen Antonio Pérez, der seinen rätselhaften Herrscher sicher *bis zu einem gewissen Punkt* am besten gekannt hat oder am ehesten an ihn herangekommen ist. Jedenfalls gewinnt man über der Lektüre des *ungewöhnlichen Buches*, das ihm Gregorio Marañón gewidmet hat, tieferen Einblick ins Wesen des schwer faßbaren Monarchen, ohne ihn allerdings wirklich in vollem Licht betrachten zu können. Das ist im übrigen auch der Grund, warum wir Antonio Pérez und der nach ihm benannten undurchsichtigen Affäre besondere Aufmerksamkeit widmen wollen.

Pérez' Herkunft ist nicht ganz geklärt, aber fraglos bescheiden: Er ist entweder der uneheliche Sohn des Gonzalo Pérez (eines vermutlich aus jüdischen Kreisen stammenden Kirchenmannes, der erst Karl V. und dann Philipp II. als Sekretär diente) oder des Ruy Gómez, jedenfalls dessen Protegé. Doch eine solche Herkunft steht einer Sekretärslaufbahn nicht im Wege: Der König holt sich seine Mitarbeiter nicht aus den Reihen des Hochadels. Der Mann ist im übrigen intelligent, in seinem Schreiberberuf geschickt, besitzt eine unglaubliche Arbeitskraft und kann alle Angelegenheiten seines Herrn, die großen wie die kleinen, spielend bewältigen; außerdem versteht er einiges von Rüstung und dechiffriert Depeschen mit bewundernswerter Findigkeit. Kurzum, sein Geist ist so klar wie seine schöne, ruhige Handschrift; er ist unerreicht in seiner Begabung, den Inhalt einer Reihe von Dokumenten in einigen Zeilen zusammenzufassen, und schließlich äußerst bewandert in bestimmten Aktionen, die wir, wären Ort und Sache nicht zu anachronistisch, als *Intelligence Service* (Geheimdienst) bezeichnen würden. Herrschen heißt unter anderem ja auch, den Gegner aushorchen, bespitzeln, überrumpeln – und in dieser Sparte ist die Habsburgerregierung ihren Konkurrenten haushoch überlegen. Sie verfügt seit der Zeit Karls V. über ein ausgedehntes Spionagenetz – was sich im Fall Frankreichs handfest beweisen läßt. Antonio Pérez sitzt genau im Zentrum dieser verwickelten Gespinste und leistet in der geheimdienstlichen Tätigkeit vielleicht sein Bestes.

Der König, selbst ein Arbeitstier, mußte diesen ungewöhnlichen Mitarbeiter schätzen – obwohl ihm, dem puritanisch gesonnenen, über alles informierten Fürsten, die augenfälligen Laster seines Sekretärs, dessen wiederholte Pflichtverletzungen und offenkundige Unmoral gewiß nicht verborgen geblieben sind. Vielleicht aber braucht Philipp II. in jenem Dezember 1568 in seiner inneren Wehrlosigkeit den so ganz andersartigen Menschen, das genaue Gegenteil seiner selbst, den jungen (Antonio Pérez ist damals 28) und vor allem entschlossenen Mann. Die ehrgeizigen Absichten des Dieners besorgen den Rest, das heißt, Pérez entwickelt ein gewisses Talent, sich in den

Herrscher hineinzuversetzen, seine Neigungen und geheimen Absichten zu erraten und Lösungen für augenblickliche Schwierigkeiten zu suggerieren. Im übrigen stellen sich alle Ehrgeizigen in Philipps Umgebung mit unverkennbarem Fingerspitzengefühl auf den König ein, Ruy Gómez, der stets alles daransetzt, im Dunkel zu bleiben, so gut wie der Herzog von Alba, der seine glasklaren Ausführungen immer als unverhüllte Informationen, nie als präzise Ratschläge vorträgt. Antonio Pérez erlaubt sich zwar Anregungen, die auch akzeptiert werden. Aber errät er nicht in dem Maße, wie er die intime bürokratische Existenz des Königs teilt, die von diesem bereits ins Auge gefaßten Lösungen? Hüten wir uns trotzdem, in diesem Verhältnis zwischen Sekretär und König zu viel auf die listige Geschicklichkeit des ersten und damit gleichzeitig auf die angebliche intellektuelle Schwäche des zweiten zu schieben und fallen wir in diesem Punkt nicht in Marañóns nachträgliche Folgerungen zurück!

Eigentlich überrascht an dieser Beziehung zwischen König und Sekretär nur das skandalöse Ende. Denn im Grunde vermittelt Antonio Pérez den Zeitgenossen nicht als einziger den Eindruck, er habe eine Zeitlang das volle Vertrauen des Königs genossen. Wurde nicht Ruy Gómez wiederholt als *rey Gómez* (»König Gómez«) bezeichnet? Oder der Kardinal Espinosa zu seiner Zeit »Alleinherrscher Spaniens« genannt? Und hatte nicht der Herzog von Alba in den niederländischen Belangen »freie Hand« gehabt? In all diesen Fällen aber hatte der König den Genannten sein Vertrauen über kurz oder lang wieder entzogen. Wäre Ruy Gómez nicht 1573 vorzeitig einem Steinleiden erlegen, wäre *vielleicht* sogar er einem solchen Sinneswandel zum Opfer gefallen, hatten doch seine Ratschläge in Sachen Flandern dem König ganz und gar nicht behagt. Kardinal Espinosa, Präsident der mächtigen *Casa de la Contratación*, anschließend Präsident des Rates für Kastilien und Großinquisitor, konnte sich nur sieben Jahre lang auf dem Gipfel der Macht behaupten. Im Jahr 1572 fiel er in Ungnade und zog sich nach Segovia zurück, »erlosch wie ein Blitz«, um mit Antonio Pérez zu sprechen, der seinerseits gleichfalls nur elf Jahre lang die Gunst des Königs genoß. Auch er bemerkte nicht rechtzeitig, daß er in Ungnade gefallen war, und übersah, welch geringer Abstand nach den Worten der Zeitgenossen zwischen »dem Lächeln des Königs und seinem Schwert« bestand. Ein Statistiker käme zu dem Schluß, daß sich die Gunst des Königs auf durchschnittlich zehn Jahre beschränkte, als läge hier die natürliche Grenze seiner Geduld. Von

1569 bis 1578 sollte sich Don Juan d'Austria rund zehn Jahre lang des begrenzten Wohlwollens seines Bruders erfreuen, bis ihn der Tod einer sich bereits abzeichnenden Ungnade entzog. Der düstere, schwermütige Mateo Vázquez segelte bis zu seinem Tod im Jahr 1591 unter günstigem Wind, hielt sich aber erst seit 1578/79 am Hof auf. Dasselbe gilt für Herzog Alessandro Farnese, einen wirklich großen Mann, der von 1578 bis zu seinem Tod im Jahr 1592 an der Spitze der spanischen und italienischen Truppen stand, allerdings schon seit Jahren halb in Ungnade gefallen war. Auch Kardinal Granvelle blieb bis zu seinem Tod 1586 auf seinem Posten, genoß aber nur in den ersten so fruchtbaren Jahren seines Ministeramts die Gunst des Königs. Der Herzog von Alba hielt sich zwar lange in der Nähe des Souveräns, übte aber nur zwischen 1567 und 1569 unverkennbaren Einfluß aus, dann folgte der Abstieg: Nach seiner Abberufung aus den Niederlanden 1574 wurde er wegen der eigenmächtigen Heirat seines Sohnes Don Fadrique auf seine Ländereien verbannt. Im Jahr 1580 wandte sich der König erneut an ihn und stellte ihn an die Spitze des Invasionsheeres gegen Portugal. Doch diese von den Umständen erzwungene Rückberufung erfolgte auf Granvelles Drängen hin.

Läßt sich nun aus diesen Beispielen ein allgemeines Muster ableiten? Sieht der König in der Ungnade den Preis des Prestiges? Oder kann er, was noch wahrscheinlicher ist, zu starke Persönlichkeiten nicht ertragen?

Wie auch immer, jedenfalls bleibt er in den letzten Lebensjahren seinen Ratgebern treu: Juan de Idiáquez, Graf von Chinchón, und Cristobal de Moura fallen nicht in Ungnade, vielleicht, weil sie es verdienen – Don Juan de Idiáquez ist eine sehr noble Figur. Doch auch Philipp II. hat sich offenbar gewandelt; er hat sich gewissermaßen mit sich selbst, mit seinen Leidenschaften und seinem Mißtrauen ausgesöhnt. Das Ende seines Lebens steht im Zeichen einer unbestreitbaren Autorität, eines gewissen inneren Friedens; auf diesen Punkt werden wir noch zurückkommen. Sein Porträt auf El Grecos *Begräbnis des Grafen von Orgaz* aus dem Jahr 1584 – der Maler reiht ihn unter die zahlreichen Gestalten in der himmlischen Glorie ein – zeigt uns zu unserer Überraschung einen fast Fremden mit einem ungewohnt gütigen Ausdruck.

Der Unbesonnene Prinz: Don Juan d'Austria

Doch zurück zu unserem Thema. Beim Tod seines Vaters erfährt Philipp II., daß er einen Halbbruder hat: Don Juan d'Austria, natürlicher Sohn Karls V. und der Barbara Blomberg, einer Regensburger Magd oder Sängerin, jedenfalls einer temperamentvollen Frau aus dem Volk, die der Kaiser 1546 zu Beginn seiner Feldzüge gegen die Protestanten kennenlernte. Diesen Sohn hat er in aller Heimlichkeit in Spanien erziehen lassen. Als Philipp informiert wird, ist Don Juan bereits zwölf Jahre alt. Der König bringt dem 20 Jahre jüngeren Bruder Zuneigung und Achtung entgegen und überträgt ihm 1569 das Kommando im Krieg gegen Granada, den Don Juan nicht ohne Schwierigkeiten gewinnen sollte.

Doch Philipp II. hält den Bruder am Gängelband, läßt ihn nicht frei schalten, sondern umgibt ihn mit alten Ratgebern, gegen die der jugendliche Heißsporn aufbegehrt. Wie der unselige Don Carlos, so träumt auch Don Juan nur von militärischem Ruhm. Als mitreißender, bis zur Tollkühnheit tapferer Führer wird er von seinen Soldaten vergöttert, die hinter vorgehaltener Hand tuscheln: »*Este, sí, que es el hijo del Emperador!*« (Der ist wirklich der Sohn des Kaisers!) Sicher hat Philipp II., der selber so gar nichts vom Heros der Schlachtfelder an sich hat, seinen jungen und obendrein gutaussehenden Bruder ein wenig beneidet. An Don Juans Besonnenheit und Intelligenz aber muß man ernstlich zweifeln. Nur zu oft hat Philipp begründeten Anlaß, sich den überspannten und unüberlegten Plänen seines Halbbruders zu widersetzen. Er versagt ihm zeitlebens den Titel Hoheit, der Don Juan vom Makel der unehelichen Geburt reingewaschen hätte. Diese nie verwundene Kränkung stürzt den jungen Prinzen in Rastlosigkeit und abgrundtiefe Schwermut, läßt ihn verstiegenen Illusionen nachhängen und davon träumen, ein Königreich zu erobern und sich so ein für allemal aus seiner demütigenden Lage zu befreien.

Doch wie sympathisch ist Don Juan mitsamt seinen Untugenden und Schwächen, mit seiner knabenhaften Romantik und seiner echten Menschlichkeit, die er sich bewahrt, obwohl der Kolonialkrieg gegen Granada unter seinem Kommando abrollt und es zu einer erbarmungslosen Menschenjagd und Greueltaten auf beiden Seiten kommt. Die Morisken, Nachkommen der 1502 zwangsbekehrten Muslime, haben sich zwar nicht alle erhoben, aber wie immer haben die Aufständischen im Hochgebirge Zuflucht gesucht und leben von der Unterstützung ihrer Komplizen im Tal. Und so kann die Rebellion nur durch massive, das Land teilweise entvölkernde Deportationen niedergeschlagen werden. Zum Schluß werden die unglücklichen Bewohner an langen Ketten wie Galeerensträflinge abgeführt und über ganz Kastilien verteilt. Don Juan ist Zeuge dieser Greuel und Vollstrecker dieser Befehle, aber man muß ihm hoch anrechnen, daß er am 5. November 1570 schreibt: »Es war das Traurigste von der Welt, zu sehen, wie sich diese armen Leute, da es zum Zeitpunkt des Abmarsches heftig regnete, stürmte und schneite, jammernd aneinanderklammerten. An der Entvölkerung eines Königreiches mitzuwirken ist unleugbar das Jämmerlichste, was sich denken läßt. Mit einem Wort, gnädiger Herr, es ist vollbracht (*Al fin, señor, es hecho*)!« Diesen Brief richtete der 23jährige offenbar nicht an den König, sondern an Ruy Gómez.

Der Krieg gegen Granada bildete den Auftakt zum letzten großen Kreuzzug im Mittelmeerraum, den im übrigen die Türken auslösten: Durch Besetzung der großen Insel Zypern, die sich seit 1479 im Besitz der venezianischen Signoria befand, legten sie sich mit der Serenissima an. Auf Betreiben Pius' V. kam es 1570 zum Seebündnis zwischen Venedig und den Flotten Spaniens und des Papstes. Im Jahr 1571 schlossen sich Rom, Venedig und Spanien dann sogar zu einer Heiligen Liga zusammen, und am 7. Oktober 1571 errang die Flotte der Verbündeten unter dem Kommando Don Juans in der Bucht von Lepanto einen spektakulären Sieg über die türkische Flotte, den größten, den die Christenheit seit über 300 Jahren zu verzeichnen hatte. Philipp II. nahm die Nachricht ohne erkennbare Gemütsbewegung entgegen und bemerkte nur: »Don Juan hat sich stark exponiert«, was auch zutraf: Der Unbesonnene Prinz hatte für ein Abenteuer mit ungewissem Ausgang die gesamte Seestreitmacht der Christenheit aufgeboten und alles auf eine Karte gesetzt. Zweifellos hatte er damit das Schicksal herausfordern wollen. Doch der Ruhm von Lepanto sollte sich rasch verflüchtigen. Die Operationen des Jahres 1572 sind glanz- und aussichtslos, und im März 1573 schließt Venedig unter Verzicht auf Zypern einen – wie könnte es anders sein – von Frankreich vermittelten Sonderfrieden mit den Türken. Als die türkische Flotte im Spätsommer das Feld räumt, um zu ihren fernen Stützpunkten zurückzusegeln, startet Don Juan eine Expedition gegen Tunis. In zu spät einlaufenden Weisungen rät ihm der König, die eroberte Stadt zu schleifen und sich zurückzuziehen, was vernünftig wäre. Doch Don Juan veranlaßt den Bau eines Forts und läßt eine starke Garnison in Tunis zurück. Hinter diesem offenen Ungehorsam des Prinzen steckt die Absicht, sich mit Roms Billigung die Krone des Königreiches Tunis anzueignen. Doch im folgenden Jahr, 1574, erobert eine starke türkische Flotte das Fort und außerdem das 1535 von Karl V. besetzte und seither spanische Goletta. Man schiebt sich gegenseitig die Schuld in die Schuhe, und Madrid macht Don Juan, aber mehr noch seinen ehrgeizigen Sekretär Juan de Soto verantwortlich.

In Wirklichkeit aber beginnt sich der große Krieg, der Krieg der großen Staaten, aus dem Mittelmeerraum hinauszuverlagern. Die Türken gehen zunehmend zu massiven Feldzügen gegen Persien über; das Papsttum wendet sich nicht mehr gegen den Islam, sondern gegen die Protestanten, und Philipp II. muß wegen seines Engagements in Flandern den ungeheuer kostspieligen Krieg im Mittelmeer um jeden Preis beenden. Im Februar 1577 erreichen die nach Konstantinopel entsandten, offiziösen und halboffiziösen spanischen Vermittler den Abschluß eines dreijährigen Waffenstillstands, der in der Folge verlängert wird. In Wirklichkeit jedoch wurden die Feindseligkeiten schon vor diesem Zeitpunkt eingestellt, und Don Juan war praktisch arbeitslos. Unter diesen Vorzeichen ist es meines Erachtens abwegig, im Triumph von Lepanto rückblickend Höhepunkt und Symbol der Herrschaft Philipps II. sehen zu wollen. Wir sollten uns durch das grandiose Schauspiel weder blenden noch zu einem schwärmerischen Urteil über Don Juan verleiten lassen, mag es auch noch so verlockend sein.

Mittlerweile hatte sich in den Niederlanden, wo der kastilische Staathalter Don Luis Requesens im März 1576 gestorben war, die Situation katastrophal zugespitzt. Die Entsendung Don Juans schien die einzige Lösung, und so erhielt er den Befehl, an die andere Front auszurücken.

Die Affäre Escovedo

Don Juan, der sich die Risiken einer so heiklen Mission im voraus ausrechnen konnte, zeigte wenig Begeisterung. Erst die Aussicht, nach der Befriedung der Niederlande nach England überzusetzen, im Zuge der Invasion Maria Stuart zu befreien und als ihr Gemahl über die Insel zu herrschen, stimmte den widerstrebenden Träumer um. Ja, er willigte sogar ein, als maurischer Diener Ottavio Farneses verkleidet auf eigene Gefahr Frankreich zu durchqueren. Am 3. November 1576 traf er in Luxemburg ein, wo ihm der König in einem Schreiben die (in Madrid) gemachten Zusicherungen bestätigte.

Doch traf man mit Juan die bestmögliche Wahl? Er war Soldat und wollte nichts weiter als kämpfen, während in den Niederlanden dringend eine Friedenspolitik in die Wege geleitet werden mußte. Trotzdem erklärte Philipp II. in einem Billett an Antonio Pérez sinngemäß: Don Juan ist der einzige, der Abhilfe schaffen kann.

Eine eindeutige politische Linie hat der König in den Niederlanden allerdings schon seit 1566 nicht mehr verfolgt. Sicher hat er das Ziel, seine Staaten zu verteidigen und die Interessen des Katholizismus und die spanische Vormachtstellung um jeden Preis zu wahren, nie aus dem Auge verloren, davon abgesehen aber seine Meinung und Methode schon einmal plötzlich geändert und mit Requesens einen festen, aber gemäßigten Kurs eingeschlagen, nachdem er zunächst die von Alba empfohlene Unterdrückung gebilligt, die Verantwortung für die unpopulären Hinrichtungen jedoch dem Herzog zugeschoben hatte. Nun strebt er neuerdings eine sofortige Befriedung an, was im Grunde schon durch die Wahl Don Juans zum Ausdruck kommt, die einerseits eine Drohung darstellt (Don Juan genießt hohes militärisches Ansehen), andererseits aber auch Versöhnungsbereitschaft signalisiert. Denn nach dem Staatsbankrott von 1575 braucht Spanien unter allen Umständen Frieden: Zwar hat der König diesen Bankrott zweifellos selbst inszeniert, um sich die genuesischen Finanziers endgültig vom Hals zu schaffen, als Laie auf diesem Gebiet aber die Folgen nicht vorhergesehen: daß die bedrohten Bankiers die Goldzahlungen in den Niederlanden sofort einstellen und damit das Finanzsystem, auf das sich der spanische Staat bis dahin gestützt hatte, in eine Krise stürzen könnten.

Für seine verschiedenen Verpflichtungen aber, unter anderem auch die des Krieges in Flandern, muß der König durch regelmäßige Zahlungen aufkommen, und zwar vielfach in Gold, zum Beispiel für die Besoldung der Truppen. Bekanntlich beschränken sich aber seine Mittel in der Hauptsache auf die in unregelmäßigen Abständen in Sevilla eintreffenden Silberbarren aus Amerika. Die Rolle der genuesischen Finanziers besteht nun darin, diesen unregelmäßigen Geldstrom in einen regelmäßigen zu verwandeln und außerdem das Silber in

Gold, zahlbar in Flandern, umzuwechseln. Sowie sich aber die Genuesen durch die spanischen Finanzmanöver bedroht sehen, blockieren sie den Goldmarkt, den sie seit rund 20 Jahren beherrschen – mit dem Ergebnis, daß zwei Tage nach Don Juans Ankunft die spanischen Soldaten, die keinen Sold erhalten haben, in Antwerpen meutern und die Stadt plündern. Am 8. November fordern die katholischen und die protestantischen Niederlande in der Genter Pazifikation übereinstimmend den sofortigen Abzug der spanischen Truppen.

Es heißt also verhandeln. Die Debatte zieht sich den ganzen Winter hin, man führt sich gegenseitig hinters Licht, beide Seiten lassen alle in Europa kursierenden Gerüchte wie Brandschiffe gegen die Vorschläge des Gegners los. Don Juan spielt bei diesen Verhandlungen seine Rolle schlecht und recht. Nachdem es seinem neuen Sekretär, Don Juan de Escovedo, gelungen ist, ein paar Kaufleuten Wechsel auf Spanien zu verkaufen, kehrt bei den Soldaten nach und nach wieder Ordnung ein. Am 12. Mai 1577 wird schließlich in Brüssel das Ewige Edikt verkündet, das den Abzug der spanischen Truppen aus den Niederlanden vorsieht. Und nachdem Philipp II. dem Kompromiß zugestimmt hat, tritt die Armee auch tatsächlich den Marsch nach Süden an.

Doch für Don Juan bedeutet das Ende des Krieges auch das Ende seiner Träume. So nimmt er auf eigene Faust Verhandlungen mit Rom und den Guise auf, und der glühend ehrgeizige Escovedo leistet Hilfestellung bei dieser Politik, die so wenig geheim bleibt, daß ihre Fäden regelmäßig in den Händen von Antonio Pérez zusammenlaufen... Philipp II. verfolgt verärgert die kriegerischen Umtriebe seines Bruders, der im Dezember 1577 Namur einnimmt und am 31. Januar 1578 mit den wieder nach Norden marschierenden spanischen Soldaten die Truppen der Aufständischen bei Gembloux schlägt. Aber wenige Monate darauf wird er praktisch aus den Niederlanden vertrieben und nach Namur zurückgeworfen, wo er nach Reibereien mit seinen unzufriedenen, durch Verluste und Krankheit dezimierten Truppen am 1. Oktober 1578 an Typhus stirbt. Seine letzten Bitten um Hilfe waren ohne Echo gelieben.

Sicher war der Unbesonnene Prinz in seinen letzten Lebensjahren nicht leicht zu beeinflussen, zu überwachen und zu lenken, und mehr als einmal hatte der König, von Natur aus mißtrauisch, berechtigten Anlaß zu Besorgnis und Zorn. Antonio Pérez wiederum schürt diese Beunruhigung und Irritation nur allzu gern. *Auf Weisung seines Herr-*

schers unterhält er mit Don Juan gleichzeitig einen offiziellen und einen geheimen oder angeblich geheimen, in der Regel über Escovedo abgewickelten Briefwechsel. Doch der zur Überwachung in Don Juans unmittelbare Umgebung eingeschleuste Escovedo erfüllt diese Aufgabe nur sehr mangelhaft. Ist er Don Juans Charme erlegen? Oder hat er seinerseits das Vertrauen des seelisch labilen Prinzen gewonnen und ihn zum Werkzeug seines eigenen Ehrgeizes gemacht? Escovedo ist ein *montanés*, ein Hidalgo aus dem Kantabrischen Gebirge südlich von Santander: Sein Ehrgeiz und seine Verschlagenheit kennen keine Grenzen.

Kurz vor seinem Tod hat der in den erwähnten Schwierigkeiten steckende, aus verständlichen Gründen verbitterte Don Juan seinen Sekretär nach Spanien geschickt, wo dieser am 21. Juli 1577 eintrifft. Schon in der ersten Unterhaltung mit Antonio Pérez ist von Frieden nicht mehr die Rede: »*Es rota*«, erklärt Escovedo, »*la paz con Francia… y es menester tomar las armas*« (Der Frieden mit Frankreich ist gebrochen, man muß zu den Waffen greifen)!

In Wirklichkeit will er Befehle zum Losschlagen und Geld, wieder einmal Geld. Doch allen Erklärungen, Zornesausbrüchen und Demarchen zum Trotz, die er in der komplizierten, abgezirkelten Welt des Hofes Philipps II. unternimmt, bekommt er weder das eine noch das andere. »Lieber unter den wilden Tieren im Gebirge bei San Sebastián und Santander leben«, ruft er eines Tages aus, »als unter den Hofleuten«, und bestimmt hätte er dort sicherer gelebt, denn wenige Monate später, am 1. März 1578, wird er in Madrid auf offener Straße ermordet.

Dieses Verbrechen (nach drei mißlungenen Giftanschlägen) wird zwar nicht auf Befehl, aber mit Billigung des Königs verübt, was uns nicht weiter wundern darf: Der König als Ursprung aller Gerechtigkeit teilt diese ohne Reue und Wonne im Namen Gottes aus. Falls er einmal Skrupel verspürt, sollen sie nur sein glühendes Verlangen nach Gerechtigkeit entfachen. Hält er es jedoch für geboten, einen seiner Untertanen exekutieren zu lassen, hat er dazu ohne weiteres Gerichtsverfahren das Recht oder sogar die Pflicht: So hat er in der Festung von Simancas Montigny, den Repräsentanten des niederländischen Adels und unseligerweise auch dessen Fürsprecher, erdrosseln lassen; ebenso wurde auf seine Weisung am 4. Februar 1585 der Abenteurer Martin de Acuna im Kerker von Pinto ohne Prozeß garottiert. Und wie viele ähnliche Vorgänge werden nie ans Licht kommen?

Lassen wir also die rasche königliche Justiz aus dem Spiel und legen wir an diese Vorgänge nicht unsere heutigen Maßstäbe an. Das eigentliche Problem im Fall Escovedo besteht darin, festzustellen, wer den Mordbefehl gab und aus welchen Gründen. Wie gesagt, Philipp II. *stimmte nur zu.* Sicher hatte Escovedo die Geduld des *rey prudente,* der ihm vielleicht nicht den gebührenden Eindruck machte, überstrapaziert. Man denke an seine Großsprecherei, seine Zornesausbrüche, seine gezielten Indiskretionen. Und so mag der König den Sekretär für den Verführer, den bösen Geist seines Bruders gehalten haben – falls er nicht beide für von allen guten Geistern verlassen hielt. Hatten die beiden nicht in den niederländischen Angelegenheiten wiederholt Ungehorsam geübt, eigenmächtig mit Rom und den Guise verhandelt und sich den Plänen des Königs widersetzt? Der König ist kein Mensch, der verzeiht. Doch im Grunde waren in den Niederlanden die Würfel (das heißt die Entscheidung über Krieg oder Frieden) bereits im Dezember 1577 mit dem Einmarsch in Namur gefallen. Wozu also am 1. März 1578 die Beseitigung Escovedos, wenn doch die von ihm eingefädelte Politik schon nicht mehr zu ändern war? Die Tat kam zu spät; und außerdem hatte nicht nur Don Juan die Feindseligkeiten erneut entfacht: Auch Wilhelm der Schweigsame, Königin Elisabeth I., Heinrich III. und der Herzog von Anjou hatten diesen Krieg geschürt, der von allein nicht enden konnte. Im übrigen bewilligte Philipp II. wenig später Alessandro Farnese die Soldaten und Geldmittel, die er seinem Bruder (wenn auch nicht ausdrücklich) verweigert hatte. Weshalb also im Frühjahr 1578 die Ermordung Escovedos? Um eine überholte Politik zu retten? Oder ist das Verhalten des Königs als weiterer Beweis für seine tiefe, nicht nachlassende Eifersucht auf Don Juan zu werten, für seine Ängste vor den Erfolgen, den möglichen Forderungen und Extravaganzen seines Halbbruders – ganz zu schweigen von der Möglichkeit, dieser könnte seinen gemeinsam mit Escovedo geschmiedeten Plan wahrmachen und nach Spanien zurückkehren, um sich hier durch Gründung einer »politischen Partei«, einer Clique, an der Seite des gealterten Königs zu etablieren?

Das alles aber mutet im Rückblick wenig überzeugend an. Vermutlich wäre ohne die lange Wühlarbeit, die Antonio Pérez je nach den Umständen, der Laune des Königs und seinen eigenen Interessen Tag für Tag vorantrieb, überhaupt nichts geschieht. Aber welche Interessen hatte Antonio? Das Thema könnte Stoff für einen ganzen

Roman liefern, und sicher müßte auch die Fürstin von Eboli darin auftreten, die Antonio tyrannisierte und umlaufenden Gerüchten zufolge seine Geliebte gewesen sein soll. Oder zeigt sich in dieser Angelegenheit Philipps große Schwäche, seine Debilität, wie ein Historiker unlängst meinte, die er hinter einer unerschütterlichen Miene verbarg, seine maßlose Leichtgläubigkeit im Umgang mit seinen Spitzeln? Er lebt in der Tat in einer seltsamen Atmosphäre, treibt monate-, ja jahrelang im Einvernehmen mit seinem Sekretär ein zweifellos krankhaftes Doppel-, wenn nicht Dreifachspiel. So schreibt Antonio Pérez an Don Juan, der im April/Mai 1577 den Wunsch äußert, aus den oben erwähnten Gründen an den Hof zu kommen, über den König: »*Es hombre terrible, y si entra en sospecho de que fuimos con fin particular en la que le decimos, no acertaremos el golpe*« (Er ist ein furchtbarer Mensch, und falls er hinter unseren Worten einen bestimmten Zweck wittert, wird unser Coup nicht gelingen). Und der König, dem der Brief vorgelegt wird, vermerkt eigenhändig am Rand: »Dieser Abschnitt ist recht geschickt formuliert, desgleichen das, was Ihr hier sagt.« Spielt er seinerseits mit falschen Karten? Oder will er den Unbesonnenen Prinzen nur um jeden Preis auf dem Boden der Vernunft halten? Oder stellt er eine Falle, um bei seinem Gesprächspartner etwaige Neigungen zum Verrat auszuloten? Jedenfalls verspürt der Beobachter angesichts der Falschheit, des finsteren Humors und der verdrehten Denkweise des schweigsamen Königs ein Unbehagen.

Doch lassen wir es dabei bewenden, spielen wir nicht den Richter und erst recht nicht den Detektiv, denn in diesem bedrückenden schwarzen Dossier kann jederzeit alles erneut aufgerollt und umgestoßen werden. So können wir absolut nicht sicher sein, ob Philipp II. nicht zu irgendeinem Zeitpunkt die Gunst der schönen, auf einem Auge blinden Fürstin Anna von Eboli erlangte; wie wir auch absolut nicht sicher sein können, ob Antonio Pérez, den sie mit ausgefallenen Geschenken überhäufte, für sie mehr als ein politisches Werkzeug war. Wie leicht können wir uns über die Mentalität der damaligen Zeit täuschen, und durch die Verschlossenheit des Königs, der die Geheimnisse seines Herzens nur seinem Beichtvater offenbarte, bleibt uns das Wesentliche für immer verborgen. War der König gegen sich selbst aufrichtig? Jedenfalls spricht einiges dafür, daß ihm die Lektüre von Don Juans Privatkorrespondenz, die ihm nach dessen Tod aus den Niederlanden übersandt wurde, für manches die Augen öffnete, vor allem wohl für die Loyalität seines Bruders. Und da könnten durchaus Gewissensbisse, das Gefühl, getäuscht worden zu sein und Rachsucht in ihm aufgestiegen sein. Wer könnte ihn dafür tadeln? Aber umgekehrt: Wer könnte sich über diese inneren Vorgänge sicher sein?

Die Eroberung Portugals

Am 28. Juli 1579 läßt der König die Fürstin von Eboli und Antonio Pérez verhaften. Damit beginnt die eigentliche Affäre Antonio Pérez, zu der wir in der Folge nur noch ein paar kurze Anmerkungen machen wollen. Ein ganzes Jahr lang, bis zum Tag der Festnahme, hat Philipp II. seinen Unmut vor seinem Sekretär verheimlicht – zweifellos, weil sich ein so mächtiger König und erst recht ein *rey prudente* nicht einfach von Augenblicksregungen hinreißen lassen darf. Die Fürstin von Eboli, eine unbesonnene und jähzornige Person, besitzt aufgrund ihrer Herkunft innerhalb des Hochadels, dieser ungeheuer mächtigen Gruppe, die der Souverän sorgsam auf Distanz hält, aber nicht unbedingt beherrscht, beträchtliches Gewicht. Und Antonio Pérez ist dem König, solange kein geeigneter Nachfolger in Sicht ist, unentbehrlich. Vor allem hält der Sekretär die Fäden des erstaunlichen, von den spanischen Geheimdiensten als gewaltige Korruptions-, Bestechungs- und Spionageaffäre aufgezogenen portugiesischen Unternehmens in seiner geschickten (und wahrscheinlich unredlichen) Hand. Als Ersatz für ihn werden herbeizitiert: aus Rom Kardinal Granvelle, Präsident des *Consejo d'Italia* (Italienrates), der als Premierminister fungieren soll, und der Repräsentant des Katholischen Königs in Venedig, Don Juan de Idiáquez, der in Genua zu Granvelle stößt. Ihre Ankunft in Madrid (28. Juli 1578) gibt das Signal zu Antonio Pérez' Sturz.

Die neue Spitzengruppe kennt nur eine unmittelbare Aufgabe: die Eroberung Portugals. Durch diesen Schritt die iberische Einheit zu verwirklichen, das große, anfällige, aber ungeheuer reiche lusitanische Kolonialreich mit dem spanischen zusammenzuschließen, West- und Ostindien zu annektieren bedeutet im internationalen Kräftespiel keine Kleinigkeit. Dennoch erweist sich das Unternehmen als relativ einfach. Nach dem Tod des portugiesischen Königs am 4. August 1578 in Afrika ist der Thron an dessen Onkel, den alten, schwindsüchtigen Kardinal Heinrich, gefallen, und dieser stirbt seinerseits im

Februar 1580. Damit wird die eigentlich schon seit über einem Jahr offene Nachfolgefrage plötzlich akut. Als Kandidaten bewerben sich der Herzog von Savoyen, Katharina von Medici, die Farnese und schließlich Philipp II., der den übrigen Anwärtern eindeutig die fundierteren Ansprüche sowie die Vorteile der Nachbarschaft und der Macht voraus hat. In Lissabon hat sich inzwischen ein Bastard des Königshauses, Don Antonio, Prior von Crato, zum König von Portugal erklärt, aber nach kurzem Widerstand muß er am 11. Juli die Hauptstadt räumen. Vor dem schamlos plündernden Invasionsheer des eigens aus dem Exil zurückbeorderten Herzogs von Alba zieht er sich ins weiter nördlich gelegene Porto zurück. Als er kurz darauf durch einen Kavallerieangriff unter Sancho Davila erneut zur Flucht gezwungen wird, schifft er sich nach England ein.

Wie aber erklärt sich, daß das Unternehmen trotz der gegenseitigen Abneigung der Spanier und Portugiesen so reibungslos über die Bühne geht? (Den Portugiesen sind die Spanier angeblich verhaßter als die Türken, die Spanier wiederum betrachten die Portugiesen als Wilde.) Zweifellos durch die schnelle spanische Intervention und den von Madrid aus sorgfältig organisierten allgegenwärtigen Verrat, doch kommen auch einige Gründe allgemeiner Art hinzu. Das portugiesische Kolonialreich, mit seinen Faktoreienketten eine empfindliche, die ganze Welt überwuchernde riesige Schmarotzerpflanze, klammert sich an Spaniens Westflanke und nährt sich vom Getreide und mehr noch vom Geld des Nachbarlandes, dem Silber, das Portugal in den Fernen Osten bis nach China exportiert. So ist Sevilla das Herz, das den portugiesischen Großhandel in Gang hält; und außerdem bietet sich, da Portugal seine riesigen Besitzungen nicht allein verteidigen kann, Spaniens Hilfe als nützliche Schutzwehr an. Vor allem aber sollte Portugal bei dem Abenteuer seine Freiheiten und Privilegien nicht verlieren: Philipp II. und seine Nachfolger erklären sich bereit, die Institutionen des zwar eroberten, aber nicht unterworfenen Königreichs zu respektieren und ihm als Dominion den Status einer autonomen Einheit innerhalb des spanischen Weltreichs einzuräumen.

Von Badajoz, wo Königin Anna am 26. Oktober 1580 31jährig gestorben ist, reist Philipp am 5. Dezember in Begleitung seines Neffen Erzherzog Albrecht, den er wie einen Sohn behandelt, nach Portugal. Dort hält er sich bis Februar des folgenden Jahres in Elvas auf. Die Cortes werden wegen der in Lissabon wütenden Pest nach Thomar einberufen; sie bestätigten ihn als König, und vor ihnen schwört er, die Freiheiten des Königreichs zu respektieren. Im übrigen überschüttet er die Portugiesen mit Gunstbeweisen, schafft zu ihrem Vorteil die Zölle in Richtung Kastilien ab und sucht seine neuen Untertanen vor allem dadurch für sich zu gewinnen, daß er ihnen sämtliche Privilegien des Ostindienhandels zugesteht.

Philipps Aufenthalt in seinem neuen Reich, wo er sich nach portugiesischer Zählung Philipp I. nennt, ist ein sehr bedeutsamer Augenblick. In Lissabon steht er erstmals wieder am Atlantik, den er seit seiner Landung in Laredo im September 1559 nicht mehr gesehen hat. In seinen bezaubernden Briefen an seine Töchter, die Infantinnen Clara Isabella und Katharina, schildert er den traumhaften Anblick der in der breiten Tejomündung dahingleitenden Boote. Der Historiker Gounon Loubens vertrat 1861 die Auffassung, Philipp II. hätte Lissabon als am Atlantik gelegenen Brennpunkt der damaligen Welt zu seiner Hauptstadt machen sollen, und damit hatte er sicher recht. Allein die Präsenz des Herrschers steigert die an sich schon gewaltige Leistungskraft des großen Seehafens und beschleunigt die Ausführung der königlichen Befehle. Das zeigt sich deutlich am 26. Oktober 1582, als dem von Lissabon ausgelaufenen Flottenverband des Marquis von Santa Cruz trotz zahlenmäßiger Unterlegenheit der Sieg über die französische Flotte und die Besetzung der wichtigen Azoren gelingt. Von Lissabon mit seinem großartigen Hafen oder von Cádiz mit seiner riesigen Reede oder auch von dem allerdings ungünstig weit landeinwärts gelegenen Sevilla aus hätte der Kampf um den Ozean mit allem Nachdruck geführt und vielleicht gewonnen werden können. Doch Philipp II. kehrt Lissabon im Februar 1583 für immer den Rücken, auch meiner Ansicht nach ein kapitaler Fehler. Die Stellungen der Iberischen Halbinsel im atlantischen Bereich waren alle schon gefährdet und hätten im Grunde sogar ausschließliche Aufmerksamkeit erfordert. 15 Jahre dauert der Kampf um die Beherrschung des Meeres nun schon, seit er 1566 mit dem ersten Aufstand der Niederlande und zahllosen Piratenüberfällen (der Franzosen, dann der Engländer und Holländer) auf spanische Schiffe begonnen hat. Zwar ist der ohne offizielle Erklärung von 1568 bis 1573 zwischen Spanien und England ausgetragene Krieg inzwischen überraschend zu Ende gegangen, aber die günstigen Seeverbindungen zwischen Spanien und Flandern sind unterbrochen – Verbindungen von strategischer Bedeutung, weil die Iberische Halbinsel weder auf das Holz aus dem Norden (für Schiffsmasten, Balken, Planken) noch auf das Getreide aus der Bretagne, aus England und dem Ostseeraum verzichten kann. Als eine Hungersnot in Portugal und Spanien 1580 massive Einkäufe im Norden erzwingt, lösen die steigenden Barzahlungen in diese Richtung plötzlich eine Krise aus und berauben den Mittelmeerraum für kurze Zeit seines gewohnten Anteils an den »Schätzen« Amerikas. Im übrigen stellen seit der Mitte des 16. Jahrhunderts meist holländische und seeländische Schiffe die Verbindung zwischen dem Norden und der Iberischen Halbinsel her. Sie füllen damit ein Vakuum aus, denn die spanischen Schiffe, insbesondere die schönen Galeonen der Biscaya und ihre Besatzungen, werden zunehmend für die Amerikalinien gebraucht. Mit einem Wort, seit Spanien den Ozean von der Biscaya bis Flandern nicht mehr *militärisch* nutzen kann, treiben seine nordischen Gegner in seinen Häfen einen einträglichen Handel und sichern sich damit ihren Anteil am amerikanischen Silber.

Darüber hinaus ereignet sich fast unbemerkt noch eine weitere Katastrophe: Gleichfalls um das Jahr 1566 stellen die Genueser Kaufleute die Finanzierung des Handels mit der Neuen Welt ein, und damit verändert sich ein lebenswichtiger Kreislauf grundlegend. Bis dahin hatten die Finanziers alle Auslandszahlungen des Königs von Spanien übernommen und sich ihre Auslagen in Form von Silber der königlichen Amerikaflotten rückerstatten lassen. Da aber dieses Silber nur mit Sondergenehmigung von der Iberischen Halbinsel ausgeführt werden durfte, hatten die Genuesen für das ihnen zugewiesene Edelmetall vor Ort Wolle, Öl, Alaun und Koschenille gekauft und diese Erzeugnisse exportiert, um im Ausland das Hartgeld oder die Wechsel beizubringen, ohne die sie ihre Kredite nicht hätten zurückzahlen und ihre Zahlungsverpflichtungen auf Rechnung des Königs an diesem oder jenem Punkt Europas (vor allem in Antwerpen) nicht hätten einhalten können.

Nach 1566 jedoch sieht sich der König durch den dringenden Geldbedarf in Flandern gezwungen, regelmäßige Ausfuhren der bis dahin sehr raren und streng überwachten Münzen zu genehmigen. Das hat zur Folge, daß die Genuesen den für sie nicht mehr erforderlichen Warenhandel aufgeben und Sevilla verlassen. Nun kommt aber das Siber nicht gratis aus Amerika; es muß mit Wein, Öl, Mehl, Tuch und Eisenwaren bezahlt werden. Diese Produkte stammen teilweise aus Spanien, vor allem aber aus dem Norden, und sie können erst nach der Rückkehr der Westindienflotten drei bis vier Jahre später bezahlt werden. Zur finanziellen Überbrückung dieser Wartezeit waren die Genuesen besonders wertvolle Partner. Mit ihrem Ausscheiden treten neue Initiatoren auf den Plan: Nun schießen Kaufleute aus Nordeuropa die Waren vor, die Sevillaner aber verwandeln sich zunehmend in schlichte Kommissionäre eines Handels, dessen Schalthebel fortan ausschließlich der Norden betätigt, der die Waren vorstreckt und sich im Gegenzug einen beachtlichen Anteil an den Silberfrachten aus Amerika sichert.

So werden Sevilla und vor allem Lissabon, diese atlantischen Brückenköpfe der iberischen Wirtschaft, ohne einen Schwertstreich von innen her von einem elementaren Handelskapitalismus erobert, der sich nicht entfernt mit dem raffinierten Kapitalismus der genuesischen Großbankiers vergleichen kann. Von alledem aber merkt Philipp II. nicht viel. Er trifft zu spät an der Atlantikküste ein und reist zu früh wieder ab. Gewohnheit und Neigung ziehen ihn nach Kastilien, für das er eine heimliche Leidenschaft hegt.

Die Jahre der Einsamkeit: 1582–1598

Ich bin mir nicht sicher, ob diese Überschrift auf die letzten Jahre Philipps II. wirklich ganz zutrifft. Schließlich ist ihm die Einsamkeit sein Leben lang Wahlheimat gewesen und der Escorial der letzten Jahre dafür nur ein äußeres Symbol, ein Mittel zum Zweck. Jedenfalls entfaltet die Welt, während der König sein Werk fortführt, rings um ihn her ein ungeheuer turbulentes Getriebe, bilden diese Jahre doch den Höhe- und Glanzpunkt seiner Politik.

Die materiellen Gründe dafür sind bekannt: Seit der Einführung der Amalgamation um 1545 in Neu-Spanien und, wichtiger noch, um 1572 im peruanischen Potosí vollzieht sich im amerikanischen Silberbergbau ein beträchtlicher Fortschritt. Mit jeder Rückkehr der Flotten der Carrera de Indias fließt eine von Mal zu Mal wachsende, für die damalige Zeit kolossale Silbermenge nach Sevilla. Und dieser Zustrom gibt allem Auftrieb – dem Luxus, dem heimlichen Reichtum, dem Wirtschaftsleben, den Preisen, dem stets kreditgierigen Krieg und der spanischen Politik, die von der Verteilung dieses Reichtums profitiert. Sie engagiert sich erneut in den Niederlanden, wo ihr inzwischen der hochbegabte Alessandro Farnese dient; sie macht mit der Unüberwindlichen Armada offen gegen das England Elisabeths Front; und sie ist schon vor der Ermordung Heinrichs III.

(am 2. August 1589) ständig in die innerfranzösischen Auseinandersetzungen verwickelt. In Spanien bzw. auf der Iberischen Halbinsel lösen diese von ungeheuren Kraftanstrengungen erfüllten Jahre Spannungen aus, über die wir nur mangelhaft Bescheid wissen, wie jene Aufstände in Aragón zum Zeitpunkt der Flucht des gebürtigen Aragoniers Antonio Pérez, der sich nach Saragossa abgesetzt und unter den Schutz der *fueros* gestellt hat. Immerhin sollte 1591 der Aufmarsch von Militär genügen, um die Ordnung, wenn schon nicht die Ruhe der Gemüter, wiederherzustellen. Vielleicht hat man ehedem doch etwas zu voreilig von einem Niedergang Spaniens gesprochen und die großen außenpolitischen Ereignisse sowie die verschiedenen, eher vermuteten als wirklich bekannten inneren Schwankungen allzu gewaltsam als Vorzeichen dieses Verfalls gedeutet.

Gegen diese Betrachtungsweise läßt sich einiges einwenden. Beim Tod Philipps II. ist Spanien ein ungeheurer Machtblock, der mit seinem Gewicht noch den gesamten Erdkreis beherrscht. Philipp II. ist also keineswegs der Totengräber der spanischen Größe gewesen. Zumindest ist auf der Iberischen Halbinsel die innere Ordnung nicht dauernd gestört wie in so vielen anderen Ländern der damaligen Zeit. Die Großen können das Land nicht mehr nach Belieben aufwiegeln. Wie ein Florentiner im Jahr 1590 feststellt, genügt ein *alguacil* (Richter), um sie auf den rechten Pfad zurückzuführen. Einen solchen *alguacil* hätte das immer noch stürmisch bewegte Frankreich Heinrichs IV. durchaus auch brauchen können.

Pflichterfüllung bis zum Schluß

Mit beispielloser Gewissenhaftigkeit erfüllt Philipp II. seine Pflicht bis zum Schluß. Das nötigt die Historiker zwar nicht zu uneingschränktem Lob, aber Tatsache bleibt doch, daß die Verwaltung Spaniens und seines Kolonialreichs, also alles, was der Staatsapparat von diesem ungeheuer breitgefächerten, vielgestaltigen Leben erfassen kann, den König zur Fron eines Galeerensträflings verurteilt und ihn in eine Tretmühle einspannt, die sich ohne Unterlaß im gleichen Tempo dreht. Im Alter von über 60 bringt der König noch immer täglich neun Stunden an seinem Arbeitstisch zu, das heißt steht bei Sonnenaufgang auf und geht erst spät schlafen. Im Laufe des Tages gönnt er sich einige kurze Ruhepausen, besucht seine Tochter Clara Isabella

(Katharina ist seit 1585 mit dem Herzog von Savoyen Karl Emanuel verheiratet) und seinen Sohn Philipp, dessen Erziehung ihm sehr am Herzen liegt; dazu kommen die Zeiten der Sammlung und des Gebets und schließlich die offiziellen Empfänge: »Jeden Vormittag um die Mittagsstunde (das heißt gegen eins)«, notiert ein Gesandter 1587, »gibt er Audienz, außer wenn Krankheit ihn daran hindert.«

Natürlich kann er sich auf Mitarbeiter stützen. Er berät sich oft mit dem Grafen von Chinchón und vor allem mit Juan de Idiáquez; beide bilden zusammen mit Christobal de Moura die *Junta*, das Triumvirat, dem der König sein Vertrauen nie entziehen wird. In der Folge stoßen dann noch der Marquis von Velada, der Erzherzog Albrecht und der Infant Don Philipp zu dieser Runde der Gehilfen und Vollstrecker (sie »Minister« zu nennen wäre verfehlt, denn Minister gibt es seit Granvelles Tod im Jahr 1586 nicht mehr). Die beherrschende Figur aber ist der alte König, und wenn er sich wirklich einmal helfen läßt, so während der Stunden, die er in der angenehmen Gesellschaft seiner Tochter Clara Isabella, des *luz de sus ojos*, seines »Augensterns«, an seinem Arbeitstisch verbringt, eine der wenigen Freuden seines Lebensabends. Sie, die seine Schülerin war wie vordem er selbst der Schüler Karls V., liest ihm die Depeschen vor, doch gestattet er ihr nach Aussage von Zeugen nicht, unter vier Augen mit dem jungen Prinzen Philipp zu sprechen, sondern nur in seiner Gegenwart, so besorgt ist er um die Erziehung seines Nachfolgers.

Im streng geregelten Dasein des Königs gleicht ein Tag, ein Abend dem anderen. Natürlich wechselt er gelegentlich von einer Residenz in die andere, meist von Madrid in den Escorial, aber das sind nur kurze Unterbrechungen. Dazu kommen die beschwerlichen Reisen nach Saragossa und Barcelona (1585) und zu den Cortes nach Tarragona (1592); und hin und wieder die Jagd. So notiert ein genuesischer Gesandter am 16. August 1587 − der König ist inzwischen 60 Jahre alt: »Die Erkältung, die sich Seine Majestät auf der Jagd zugezogen hat, ist am vierten Tag in Kolikschmerzen umgeschlagen, die ihm schwer zu schaffen machten; indessen hatte er sich dank der Purgationen... wieder wohlauf gefühlt und sich... nach Segovia verfügen wollen, um den Fortgang der von ihm veranlaßten Bauarbeiten am Alcazar zu besichtigen; doch vergangene Nacht hat er einen Gichtanfall erlitten.«

Nur Krankheit kann den Zeitplan des Königs durcheinanderbringen, doch ob sie seine Arbeit jemals wirklich unterbrochen hat, sei dahingestellt. Tatsächlich erfreut sich Philipp II. entgegen den Diagnosen der Ärzte seiner (und unserer) Zeit einer wesentlich besseren Gesundheit als Karl V. – vielleicht dank seiner geregelten und mäßigen Lebensweise. Er trinkt bei Tisch wenig und ist trotz seiner Vorliebe für Fleisch kein starker Esser. Auch wenn er ein Gericht mit Genuß verzehrt, bleibt sich nach Darstellung eines Florentiners, der sich auf Angaben der Bediensteten der königlichen *camera* beruft, »die Zahl der Bissen immer gleich«. Diese Selbstbeherrschung bei Tisch, die in auffallendem Gegensatz zum zügellosen Appetit seines Vaters steht, zahlt sich aus: Zeitlebens kann Philipp II. seinem Körper die Dienste abverlangen, die seine selbstauferlegte, geduldige und methodische Arbeit erfordert. Das bietet ihm die Möglichkeit zur Perfektion – einer auf seine Person zugeschnittenen, bewußt erstrebten Perfektion, die wir weder idealisieren noch verurteilen sollten. (Philipp selbst jedenfalls hat den Eindruck, sein Metier als König, als Gerichtsherr, als vor Gott Verantwortlicher bestmöglich auszuführen, und nur das zählt.)

Daß wir hier keine leeren, unbegründeten Behauptungen aufstellen, beweist jene Affäre Antonio Pérez, die mit der Verhaftung des in Ungnade gefallenen Günstlings am 28. Juli 1579 beginnt und sich über Philipps restliche Regierungszeit hinaus hinschleppt. Wenn der König langsam und zögernd vorgeht, dann weil er einen Skandal, eine Kraftprobe vermeiden will. Das ändert allerdings nichts an seinem Beschluß, den pflichtvergessenen, perfiden Minister unerbittlich zur Rechenschaft zu ziehen, zumal dieser auch noch kompromittierende Staatspapiere zurückhält: Mit allen Mitteln versucht der König, dieser Dokumente Stück für Stück habhaft zu werden, doch der Schuldige weiß sehr wohl, daß sie seine letzte Rettung bedeuten. Und so rollt dieser unerquickliche, unversöhnliche Kampf im Zeitlupentempo ab.

Nur ein einziger überraschender Aspekt des Problems verdient unsere Aufmerksamkeit: Am Ende seines Lebens möchte der König sein Gewissen erforschen; er will die Wahrheit über Escovedos Tod wissen, um seine eigene Verantwortung auszuloten. Am 23. Februar 1590, zwölf Jahre nach Pérez' erster Verhaftung, befiehlt er seinem ehemaligen Sekretär in einem handschriftlichen Billett, ihm die Gründe für das Todesurteil über Escovedo genau zu erläutern, »da ich«, wie er schreibt, »zur Beruhigung meiner Person und meines Gewissens wissen muß, ob diese Gründe zureichend waren oder nicht«. An diesem Punkt wollen wir unsere Beschäftigung mit der endlosen

Affäre abbrechen, ohne uns weiter mit den Teilgeständnissen zu befassen, die der nach Aragón und später nach Frankreich geflüchtete Schuldige unter der Folter ablegte. Statt dessen wollen wir unsere Aufmerksamkeit auf das Drama konzentrieren, das uns auf die Spur der Gewissenskrise des Königs führt, die Philipp II. in seinen letzten Lebensjahren in einem neuen Licht erscheinen läßt – als König, der auch der Größe nicht zu entbehren scheint.

Ein Kampf ohne Augenmaß gegen das Ausland

Nach 1580–1582 läßt sich das um Portugal vergrößerte, durch den steigenden Silberzustrom aus Amerika reich gewordene Spanien angeblich zu einer Großmachtpolitik ohne Augenmaß verleiten. Gelegenheiten zu bewaffneten Auseinandersetzungen bieten sich überall und nirgends, und Philipp II. nutzt sie zu einem Krieg, den man als Donquichotterie bezeichnet hat (ein kleiner Anachronismus, da der *Don Quijote* erst zwischen 1604 und 1614 entstanden ist). Und zwar nicht, weil er sich gegen Windmühlen, gegen eingebildete Feinde, gerichtet hätte, sondern weil dieser Kampf nach allen Seiten in keinem Verhältnis zu den aufgewendeten Mitteln stand. Zwar sind Spaniens Ressourcen nach damaligen Weltmaßstäben immens – aber ist es normal und vernünftig, sich allerorten, auf den klassischen Schlachtfeldern Europas und auf den sieben Weltmeeren zu schlagen und gleichzeitig gegen die politischen Gegner und die Glaubensfeinde anzutreten: gegen die aufständischen Niederlande; gegen das Elisabethanische England und gegen Frankreich, an dessen Spitze bald darauf Heinrich IV. stehen wird – »Monsieur de Vendôme«, wie ihn die Spanier in ihren Dokumenten hartnäckig nennen, weil sie den Mann aus dem Béarn weder als legitimen Nachfolger Heinrichs III. noch als rechtmäßigen König von Navarra anerkennen wollen?

Wir können diesen oft wiederholten Urteilen nicht ohne weiteres zustimmen. In Wirklichkeit schwelte das Feuer des Krieges, das die Welt nach den achtziger Jahren des 16. Jahrhunderts in Brand setzen sollte, schon sehr lange und lodert jetzt nur höher auf. Spanien hat keine Wahl, es ist ebensosehr, ja mehr noch, Angegriffener als Angreifer.

Frankreich, 1559 nur scheinbar, nach 1562 aber aufgrund seiner inneren Kämpfe tatsächlich besiegt, hat seine Hauptrolle nie aufgegeben, ein Gegengewicht zu Spanien zu bilden. Zwar ist es von den Besitzungen seines Feindes (Roussillon, Mailänder Gebiet, Freigrafschaft Burgund, Niederlande) umzingelt, aber es läßt sich nur schwer bestimmen, wer der Bedrohlichere ist: der Belagerer, der den Gegner einkreist, oder der Belagerte, der die Stellungen des Spaniers voneinander trennt und isoliert. 1572, am Vorabend der Bartholomäusnacht, scheint der Krieg zum Greifen nah und unabwendbar. 1578 und 1582 mischt sich der Bruder Heinrichs III., der Herzog von Anjou, in den Niederlanden ein, und von dieser Aktion distanzieren sich seine Mutter, Katharina von Medici, und sein Bruder nur halbherzig. Es herrscht ein Zustand, den man im 17. Jahrhundert als *verdeckten* und im 20. Jahrhundert als *kalten Krieg* bezeichnen wird, jedenfalls Krieg, und entsprechend groß ist für den Spanier die Versuchung, ja die zwingende Notwendigkeit, sich seinerseits in die französischen Belange einzumischen und die politischen Streitigkeiten und Glaubenskämpfe zu schüren. Möglich ist allerdings, daß der Katholische König die Protestanten einschließlich des »Monsieur de Vendôme« schon vor dessen Thronbesteigung finanzierte, denn selbst bei einem Philipp II. kann die Politik den Glauben weit in den Hintergrund drängen, aber das soll nicht heißen, daß Glaubenseifer keine Rolle gespielt hätte, ganz im Gegenteil. In den letzten Jahren der französisch-spanischen Kämpfe haben sich die französischen Katholiken, von einigen diabolischen Ehrgeizlingen wie den Guise abgesehen, von den Spaniern nicht etwa bestechen lassen, sondern sich ihnen *angetragen*, wie die inzwischen bekannten Abrechnungen des spanischen Schatzamtes belegen.

Von den Franzosen dergestalt in ihre leidenschaftlichen Auseinandersetzungen hineingezogen, braucht sich der Spanier bloß von den Ereignissen leiten zu lassen. Wie hätte er auch anders handeln können, wie hätte er sich dem Sieg des Béarners nicht widersetzen, die Liga, diese nicht von ihm erfundene Kriegsmaschine, nicht unterstützen, wie nicht versuchen sollen, die französische Krone – entgegen der salischen Thronfolge – seiner ältesten Tochter Clara Isabella, der Nichte Heinrichs II., aufzusetzen?

In den Niederlanden, wo die Spanier zeitweilig zwar Geduld, aber nie Toleranz geübt oder auf ihre Ansprüche verzichtet hatten, wäre zum Zeitpunkt der Genter Pazifikation (1577) wohl eine Art Augsburger Religionsfrieden, eine Vorform des Edikts von Nantes mit einem katholisch verbleibenden Süden und einem protestantischen

Norden möglich gewesen. Jedenfalls liegt dieser Schluß für uns Historiker nahe; doch greifen wir mit dieser nachträglichen Argumentation den Ereignissen um 20 bis 30 Jahre vor: Tatsächlich wird sich diese Lösung erst 1609 mit der Unterzeichnung des »zwölfjährigen Waffenstillstands« zwischen Spanien und den Niederlanden durchsetzen. Daß es für Spanien, wie der Historiker Carlos Pereyra meint, ohne weiteres möglich und sogar vorteilhaft gewesen wäre, auf diese allein schon in Anbetracht der weiten Entfernung des Kriegsschauplatzes höchst aufwendige Kraftprobe zu verzichten, erscheint mir, offen gestanden, anfechtbar. Hat nicht jede Suprematie, jede Vormachtstellung im Lauf der Geschichte regelmäßig Opponenten auf den Plan gerufen, gewissermaßen automatisch ein Gegengewicht erzeugt? Angenommen, Spanien hätte das niederländische Problem lösen können, so hätte es sich *anderswo* den gefährlichen Manövern und dem Wüten seiner Gegner ausgesetzt gesehen: entweder auf der Weite der Meere auf den Seewegen oder an den Küsten seiner amerikanischen Besitzungen oder an seinen eigenen Gestaden, die in den letzten 20 Jahren der Regierungszeit Philipps II. durch Piraten aus dem Norden oder bei der Plünderung von Cádiz durch die Engländer im Jahr 1596 ungehindert überfallen werden. Am Rande und ohne die Diskussion damit beenden zu wollen, sei noch vermerkt, daß die Spanier ihre Aufgabe in den Niederlanden trotz allem erfüllt, das heißt ihre Herrschaft über die südlichen Provinzen aufrechterhalten und den Katholizismus in diesem Bereich gerettet haben; erst mit dem Utrechter Frieden von 1713 sollten sie politisch ausgehebelt werden. Warum also hätten sie sich nicht in den Niederlanden schlagen sollen?

Ganz Ähnliches gilt auch für England. Auch hier findet Philipp II. für seine offizielle Kriegserklärung 1587 einen halbwegs gewichtigen Vorwand: die Hinrichtung Maria Stuarts, die auf Befehl ihrer Kerkermeisterin Elisabeth enthauptet wurde. Geplant war die Invasion Englands im ganzen katholischen Europa bereits 10, 20, sogar 30 Jahre vor diesem Zeitpunkt. Im Jahr 1559, unmittelbar nach Câteau-Cambrésis, schlug Heinrich II. dem König von Spanien vor, die Operation gemeinsam in Angriff zu nehmen. Doch dieser lehnte ab, was einmal mehr beweist, daß Religion und Politik für ihn schon damals zwei Paar Stiefel waren. Allerdings hätte Spanien 1569 nach dem Willen seines ausnahmsweise einmal recht unvorsichtigen Herrschers das Abenteuer dann allein gewagt, wäre der Herzog von Alba nicht so besonnen oder auch zaghaft gewesen. So kam es (am 15. März 1573)

zum Vertrag von Nimwegen, der die Situation nicht wirklich berei-
nigte, aber immerhin die Chance zum Abwarten bot. In den letzten
30 Jahren des Jahrhunderts sollte sich dann jedoch der große Piraten-
krieg der Engländer verschärfen. Zwar hatte es auch vor 1566 schon
Plünderungen gegeben, aber sie waren vergleichsweise harmlos verlaufen. In Wirklichkeit hatte es sich bei diesen Unternehmungen, deren heimlicher Held lang Zeit Hawkins war, vielfach um Schmuggel-
aktionen in Richtung Atlantikinseln und zu den Küsten der Neuen
Welt gehandelt. Später dagegen wurde die Gewalt zur Regel. Zwischen 1577 und 1580 unternahm Francis Drake seine große Weltum-
seglung, in deren Verlauf die Küsten Chiles und Perus verwüstet
wurden. Der Krieg ist also schon vor 1587 in vollem Gang. Als Idee
existiert die Unüberwindliche Armada schon, ehe in Lissabon und
anderen Häfen Schiffe, Proviant, Munition und Besatzung zusam-
mengezogen werden.

Dieser mit so hohem materiellen Aufwand organisierten Flotte haf-
teten aus spanischer Sicht nur zwei gravierende Mängel an: daß sie
erst so spät zum Einsatz kam, daß England Gelegenheit fand, seine
Macht im 16. Jahrhundert gewaltig auszubauen; und daß sie unter
den bekannten dramatischen Umständen scheiterte. Davon abgesehen
hat sich die Armada, wie der amerikanische Historiker Garett Mat-
tingly in seiner lesenswerten, sachlichen Untersuchung aufzeigt, tap-
fer gehalten. Sie segelte rasch durch den Kanal und stellte sich dem
Feind. Im Grunde haben weniger die Engländer als Stürme, Schlecht-
wetter und die Sandbänke vor der ungenügend bekannten flandrischen Küste ihre Widerstandkraft gebrochen. Alptraumhaft auch die
Rückfahrt nach Santander mit der Umseglung der Britischen Inseln,
bei der es zu unzähligen Schiffbrüchen kam. Der König nahm die
Nachricht von der Katastrophe gelassen entgegen und empfing den
Besiegten, den Herzog von Medina Sidonia, mit Wohlwollen: Er hatte seine Flotte gegen Menschen, nicht *contra los vientos y la mar*, »gegen die Winde und das Meer«, ausgesandt.

Natürlich ist es leicht, rückblickend Schuldige zu finden. Laut Gregorio Marañón trifft die Verantwortung Philipp II. selbst, weil er nach
dem Tod des brillanten Marquis von Santa Cruz den unfähigen Medina Sidonia an die Spitze der Armada stellte. Doch mit Recalde, Ber-
tendona, Oquendo und Pedro Valdes standen Medina Sidonia hervorragende Seeleute zur Seite; außerdem war auch der Kommandant
der englischen Flotte, Howard, ein seemännisch wenig erfahrener

Aristokrat. Auch die schwerfälligen, nur für den Enterkampf taugli-chen spanischen Schiffe sind als Ursache für die Niederlage genannt worden; diese schwimmenden Festungen wurden von den feindli-chen Kanonen an der Wasserlinie getroffen, während ihre eigenen Salven über den Gegner wegfegten. Doch im Grunde hätten die Spa-nier durchaus entern können, zumal sie ihre Gefechtslinie vor dem Gegner behaupteten. Lag die Schuld demnach bei Alessandro Farne-se, der Soldaten und Landungsboote für die Invasion bereithielt, aber im entscheidenen Moment keinen geeigneten Hafen, wie zum Bei-spiel Vlissingen, in seine Gewalt bringen konnte?

Immerhin traf die Katastrophe nicht die ganze Flotte; ein Teil der Schiffe kehrte nach Spanien zurück; außerdem fehlte es auch nach der Niederlage nicht an Geld: »Wie von Gott gelenkt«, strömt das Sil-ber weiterhin über den Atlantik nach Sevilla. Geld aber kann vieles wettmachen und tut es auch, und so kreuzt 1597 eine zweite Armada vor England. Sie wird zwar durch Stürme zur Umkehr gezwungen; auch eine dritte, die das Abenteuer 1601 versucht, ist nicht erfolgrei-cher. Aber im Lauf dieser Jahre hat der von Spanien finanzierte Krieg mit Irland das Elisabethanische England ruiniert, wie die Rechnungs-führung der britischen Schatzkammer belegt, und nicht England wird nach der spanischen Niederlage aufblühen, sondern Holland. In der Tat sind die Holländer trotz der Beschlagnahmung von Hunderten ihrer Schiffe in den Häfen der Iberischen Halbinsel, trotz der zahlrei-chen gegen ihre See- und Kaufleute verhängten Handelsverbote fak-tisch an der Versorgung Spaniens beteiligt; sie sitzen gewissermaßen an der Quelle des spanischen Reichtums und bringen ihn in Umlauf. Auch das ist ein Beweis, daß Spanien noch lebt.

Eine größere Schlappe als die Niederlage der Unüberwindlichen Armada ist für Spanien die Umseglung des Kaps der Guten Hoffnung durch die holländische Flotte unter Cornelius Houtman im Jahr 1596. Sie schafft die Grundlage für das Kolonialreich der Holländer im Fer-nen Osten, das als Abklatsch des portugiesischen Kolonialreichs ge-nauso wie dieses vom amerikanischen Silber und damit von Sevilla, also von Spanien abhängt.

Mit einem Wort, die Niederlage der Unüberwindlichen Armada in der zehntägigen Seeschlacht von 1588 bedeutete für die Regierung Philipps II. zwar sicherlich ein Desaster, das Aus für Spaniens Größe aber war sie nicht: Diese Schicksalsprüfung sollte das Land noch ein-mal überstehen.

Sich seinen Krieg selbst aussuchen

Wäre Alessandro Farnese, als er in den Niederlanden die bei Don Juans Tod unvollendete Aufgabe, diesen mörderischen Krieg zu Ende zu führen, übernahm, Herr der Geschicke Spaniens gewesen, dann hätte er seinem Krieg, dem gegen die nördlichen Provinzen, Vorrang vor jedem anderen gegeben; er hätte also nur einen einzigen Krieg geführt.

Gleich zu Beginn ist es ihm gelungen, die südlichen Provinzen von den nördlichen abzuspalten – die nördlichen sollten sich zur Utrechter Union, die südlichen zum Bund von Arras zusammenschließen – und damit die Niederlande ein für allemal »auseinanderzuschneiden«. Mit spanischem Geld und einer Elitearmee eroberte er Brüssel, Gent und nach einer großangelegten Belagerung 1585 Antwerpen, und da Wilhelm von Oranien, der Schweigsame, im voraufgegangenen Jahr von einem spanischen Agenten ermordet worden ist, scheint das Spiel gewonnen. Was dem Herzog von Alba nicht gelungen war, rückt für den Herzog von Parma in greifbare Nähe. Auch das kleine englische Expeditionskorps kann nach seiner Landung 1585 nichts ausrichten. Doch dann wirft die Niederlage der Unüberwindlichen Armada die Pläne des Herzogs ebenso über den Haufen wie einige Jahre später der Ausgang des französischen Abenteuers: 1590 entsetzt Farnese das von Heinrich IV. belagerte Paris im Jahr darauf zwingt er den Béarner, die Belagerung von Rouen abzubrechen, wird aber verwundet und stirbt 1592 47jährig in der Abtei Saint-Vaast in Arras.

So hat es Spanien nie verstanden oder vermocht, sich seinen Krieg selbst auszusuchen. Dazu hätte es einer Wendigkeit, einer Stoßkraft bedurft, über die damals keiner, nicht einmal der Stärkste, verfügte. Im 16. Jahrhundert flammen die Kriege rasch auf, werden aber selten zu Ende gebracht, weil den Kontrahenten stets genügend Zeit bleibt, sich anders zu besinnen und einen Vergleich zu schließen. Die Langsamkeit des *rey prudente* ist, wie gesagt, nur ein getreuer Spiegel der Langsamkeit aller Aktivitäten dieser Epoche.

Letztes Aufflackern des Krieges

Der Kampf zwischen Frankreich und Spanien, der mit der Kriegserklärung Heinrichs IV. 1595 in ein offizielles Stadium eintritt, sollte drei Jahre dauern. Er endet mit dem Frieden von Vervins, der sich schon sehr bald abzeichnet. Nach der im christlichen Europa vielbeachteten Rückeroberung von Amiens (25. September 1597) verdächtigt Heinrich IV. die Engländer und Holländer, ihn nur halbherzig zu unterstützen, weil sie den Krieg in Wirklichkeit in die Länge ziehen möchten, in der Hoffnung, die gesamte spanische Welt plündern zu können. Für Frankreichs Wiederaufbau aber braucht der neue König so schnell wie möglich Frieden, selbst wenn es dabei wie 1559 keinen Sieger geben sollte. Der alte König von Spanien seinerseits steckt nach dem Staatsbankrott von 1596 in den gleichen Schwierigkeiten wie 1575. Wieder funktioniert die Organisation der Goldzuteilung nicht, auf der die spanische Politik beruht. In den Niederlanden, wo der Münznachschub immer schwieriger wird, spitzt sich die Situation zu, worüber sich der mit dem Kommando betraute Erzherzog Albrecht von Österreich bitter beklagt. Es ist sinnlos, sich etwas vorzumachen; wieder einmal muß der Spanier erfahren, daß Frankreich zu groß ist, um es beim damaligen Tempo mit einem Schlag einzunehmen. Allein schon seine Masse, »die Weite seiner Ausdehnung«, wie die zeitgenössischen Experten es ausdrücken, bietet ihm Schutz; es läßt sich nur »peripher« bekriegen.

Doch der Frieden mit Frankreich bietet Philipp II. noch einen weiteren persönlichen Vorteil von unschätzbarem Wert. Dieser Mann, der angeblich nur noch ein Gespenst, ein Schatten seiner selbst ist, hütet ein Geheimnis: Er will seine Tochter Clara Isabella Eugenia, seinen »Augenstern«, mit dem Erzherzog Albrecht (der nur pro forma Kardinal-Erzbischof von Toledo ist und keine Weihen empfangen hat) vermählen, ihnen die Niederlande abtreten, sie dort als halbautonome Herrscher einsetzen und so gegen die neuen Einflüsse abschirmen, die er in der Umgebung des künftigen Philipp III. bereits wittert.

Diese Lösung aber ist ohne Frieden mit Frankreich nicht denkbar. Und als Fieber, Gicht und Ohnmachtsanfälle dem kranken König so stark zusetzen, daß am 6. Mai 1598 schon alle sein Ende nahe glauben, »hat er«, wie es in einem diplomatischen Schreiben vom 19. Mai heißt, »unverzüglich seine Abdankung in den flandrischen Staaten zugunsten Ihrer Hoheit, der Infantin, die den Erzherzog Albrecht von Österreich heiraten soll, vertraglich festgesetzt und eigenhändig unterzeichnet«. Mit den Konditionen dieser Abtretung, der die Regierung Philipps II. in der Folge die vorgesehenen Grenzen ziehen wird, wollen wir uns hier nicht weiter befassen. Denn uns interessiert in diesem Frühjahr 1598 nicht die Zukunft, sondern die Gegenwart und das vom alten König gehegte »Geheimnis«, auch wenn es zu diesem Zeitpunkt, da ein bewegtes Jahrhundert nach einer Reihe tiefgreifender Veränderungen zu Ende geht, nur eine ziemlich belanglose Nebensache im weiten Meer der Geschichte ist. Nach Auskunft der Wirtschaftshistoriker schlägt um 1595 der langfristige Trend um, erfährt das Wirtschaftsklima und damit das ganze Leben eine gravierende Verschlechterung. Natürlich macht dieser Umschwung nicht nur den spanisch-französischen Konflikt gegenstandslos, sondern wirkt sich auch auf die beiden anderen Kriege Spaniens aus. Ohne den französischen Verbündeten sind Engländer und Holländer den Attacken des immer noch zu fürchtenden Gegners ohnedies stärker ausgesetzt. Und da der auf dem Atlantik, in Amerika, im Mittelmeerraum und auf dem Indischen Ozean um den Protestantismus ausgetragene Krieg den Einsatz immer weniger zu lohnen scheint und Spaniens Kraft ungebrochen ist, braucht es nur ein wenig Zeit und Geduld, bis das Unvermeidliche eintritt: Im Jahr 1604 schließen Spanien und England Frieden, 1609 wird der Frieden mit den Vereinigten Niederlanden ratifiziert. Philipp II. allerdings ist schon einige Jahre vor diesen entscheidenden Ereignissen von der Weltbühne, auf der er so lange agierte, abgetreten.

Der 13. September 1598

Immer wieder durch Krankheit vorgewarnt, hat Philipp II. seinen Tod lange im voraus als wohldurchdachtes Kunstwerk vorbereitet, damit sich zu gegebener Zeit kein falscher Ton einschleiche. Als sich im Juni 1598 die ersten schmerzhaften Anzeichen des Leidens (einer allgemeinen Sepsis) einstellen, läßt er sich gegen den Rat seiner Ärzte in den Escorial bringen, wo er sein Leben nicht in Einsamkeit, sondern im vollzähligen Kreis der Seinen beschließen will: Im Escorial erwarten ihn seine Toten, deren sterbliche Überreste er dort hat versammeln lassen, und dorthin begleiten ihn sein Sohn, der künftige Philipp III., seine Tochter, die Infantin Clara Isabella, die kurz vor der Abreise nach Flandern steht, die Großen der Kirche und die Großen dieser Welt; sie alle stehen ihm während seiner unerwartet langen Leidenszeit bei und geben seinem in großer Gesellschaft stattfindenden Todeskampf ein denkbar offizielles, im besten Sinne förmliches Gepräge.

Die Krankheit verläuft qualvoll: Fäulnis- und Zersetzungserscheinungen am ganzen Leib, riesige Abszesse, die die Ärzte der Reihe nach aufschneiden; nichts bleibt Philipp erspart. Am 12. August, einen Monat vor dem Ende, scheint alle Hoffnung dahin, so daß man »an selbigem Abend im Hause der Kaiserin (gemeint ist Philipps in Madrid lebende, verwitwete Schwester) im Grunde schon um ihn trauerte«. Doch der Zustand des Kranken unterliegt ständigen Schwankungen; mehrfach treten Besserungen ein, die sich kurz darauf wieder verflüchtigen. So folgt auf die Besserung vom 14. August ein Rückfall zwischen dem 16. und 24. August, dann eine neuerliche Erholung, »die die Ärzte hoffen ließ, er könne noch Wochen am Leben bleiben, während man zuvor nur noch mit Stunden gerechnet hatte«. In diesen Atempausen wie inmitten seiner Leiden zeigt der König eine »unglaubliche Standhaftigkeit, Ergebung und Seelenruhe«; er erteilt wie gewohnt Ratschläge, beschäftigt sich mit seiner Umgebung und »bestimmte bis in alle Einzelheiten« die Hoftrauer, die Belohnung für seine alten Diener und deren Kinder sowie für seine engsten Mitarbeiter wie Don Juan de Idiáquez und den Grafen von Chinchón.

Auch im Verlauf dieses majestätischen Todeskampfes behält Philipp II. seine Maske auf oder vielmehr: seine Masken. Denn während wir aus eigenem Antrieb nur eine einzige uns befriedigende Maske zustande bringen, streift uns die Gesellschaft oder unsere Zeit zehn oder zwanzig Masken über. So ist Philipp II. außerhalb seiner Zeit und der Regeln, die er bewußt oder unbewußt von ihr übernommen hat, nicht vorstellbar; so konnte er nur mit solch religiösem Pomp sterben.

Ich hatte vor dem Bildnis Philipps II. von El Greco, dem einzigen, das mich (wie schon Gregorio Marañón vor mir) wirklich beeindruckt, immer das Gefühl, ich müßte den *rey prudente* von seinem religiösen Innenleben her erklären und im Licht dessen sehen, was man (mit einem Begriff, auf den ich gern verzichten würde, wäre er nicht so praktisch) als spanische Gegenreformation bezeichnet hat. In Wirklichkeit sind Reformation und Gegenreformation ein und derselbe spirituelle Flächenbrand, der im gleichen Moment aus den gleichen Gründen von zugleich ähnlichen und unähnlichen Bewegungen entzündet wurde. Mit anderen Worten, Philipp II. ist Zeitgenosse der heiligen Teresa von Avila, des heiligen Johannes vom Kreuz und El Grecos und wird nur durch sie verständlich, auch wenn er allem Anschein nach von El Grecos Kunst nicht viel gehalten hat und vor den beiden anderen nicht bewegt auf die Knie gesunken ist.

Die Herrschenden haben zwangsläufig immer »schmutzige«, genauer: von teils unschuldigem, teil schuldigem Blut befleckte Hände. Auch Philipp II. trifft dieser Fluch, auch seine schlanken Hände sind vom Blut des Nächsten gerötet. Doch das ändert nichts an dem, was er sein wollte oder sich erträumte, und es macht ihn ganz gewiß nicht zum einzigen Fanatiker. Im übrigen glaube ich nicht, daß der Konflikt zwischen politischer Macht und Glauben, den wir als Menschen einer anderen Zeit aus der seit dem 16. Jahrhundert gewonnenen Fülle an Erfahrungen heraus konstatieren, die Dialektik ist, mit der sich Leben und Werk des Königs erklären lassen. Für ihn verstand sich alles von selbst, da ja Gott über die Fürsten wachte.

Ebensowenig glaube ich, daß dem König in seinen letzten Momenten der schreckliche Verdacht dämmerte, er hinterlasse seinem Sohne eine geschwächte, bedrohte Position, ein Spanien »im Niedergang«, wie wir heute sagen würden. Hatte er nicht darum gekämpft, das ihm übertragene riesige Erbe zu bewahren und zu erweitern bis zu den fernen »Philippinen« hin? Selbst zu jenem Goldenen Zeitalter, dessen Glanz das Land in den kommenden Jahren so hell erstrahlen lassen sollte, hat er dank seiner Aufgeschlossenheit für künstlerische und geistige Belange, dank seiner Vorliebe für Bücher und wissenschaftliche Untersuchungen (wie die *Relaciones topográficas* über Bevölkerung und Wirtschaft Kastiliens) das Seine beigetragen. Francisco Quevedo, geboren 1580, sagte später über den alten König: »Er hinterließ in seinen Reichen Frieden, bei seinen Heeren Ruhm, bei seinen Feinden Furcht.«

In mühevoller Arbeit haben die Historiker im Lauf des letzten Jahrhunderts das Andenken Philipps II. nach und nach von seinen Legenden befreit, der goldenen und vor allem der schwarzen, der *leyenda negra*. Doch noch immer wird Spaniens ungewöhnliche Größe allzuoft von einem *schwarzen Geschichtsbild* verdeckt, das zwar weniger grob erscheint, die Fakten aber dennoch insgeheim verfälscht. Denn durch die Launen der Historiographie haben vielfach italienische, deutsche, niederländische, englische und französische Historiker über Spaniens Geschichte berichtet, und sie haben diese so lange auf den anderen lastende Macht – sicher ohne böse Absicht – anhand spanienfeindlicher Dokumente betrachtet und beurteilt. Nun darf man aber weder Philipp II. noch das von ihm verkörperte Spanien durch die Brille der *Apologia* Wilhelms von Oranien oder der *Satire ménippée* sehen... Deshalb muß die Abrechnung der einzelnen Länder mit Spanien auf den neuesten Stand gebracht werden. So sollten etwa, um nur ein Beispiel herauszugreifen, die vielfältigen Beziehungen zwischen Spanien und Italien anhand der Literatur von Benedetto Croce bis zu den jüngsten Werken Francisco Elias de Tejados erneut untersucht werden. Ich für meinen Teil kann nur hoffen, daß es mir gelungen ist, dem Herrscher, der uns im Laufe eines langen und wechselvollen Lebens so fremd anmutet, Gerechtigkeit widerfahren zu lassen. Ihm vor allem, aber auch, was schwieriger ist, dem Spanien seiner Zeit, dem die glanzvolle – und zugleich immer auch düstere – Rolle zugefallen ist, die ganze Welt von Westindien bis Ostindien, von einem Ende des Erdkreises zum anderen zu beherrschen.

III

BIOGRAPHISCHE UND AUTOBIOGRAPHISCHE SKIZZEN

Wie ich Historiker wurde[*]

Im Jahr 1972 stellte mir William McNeil für das *Journal of Modern History* zwei Fragen: Wie gestaltete sich mein Werdegang als Historiker? Und: Kann meine persönliche Entwicklung, die ja auch die Geschichte der Gruppe um die *Annales* berührt, als repräsentativ für die Besonderheiten der gegenwärtigen französischen Geschichtsschreibung betrachtet werden? Ich gestehe, daß ich mich auf diesem Ohr eine Zeitlang taub stellte, weil ich wußte, daß mich diese Fragen zwingen würden, einen mir ungewohnten Blick auf mich selbst zu werfen, mich irgendwie als historischen Gegenstand wahrzunehmen und mich zu Geständnissen zu verführen, die auf den ersten Blick als selbstgefällig oder sogar eitel erscheinen mußten. Diese Gründe betete ich William McNeil immer wieder herunter, aber er ließ nicht locker: Wenn ich schon nicht selbst den Beitrag schreiben wollte, dann müßte ich doch wenigstens die Freundlichkeit besitzen, die dafür notwendigen Unterlagen einem anderen zur Verfügung zu stellen! Schließlich habe ich nachgegeben und werde nun versuchen, die mir gestellten beiden Fragen in aller Ehrlichkeit zu beantworten. Ich bin mir aber nicht sicher, wie ich zugeben muß, ob dieser sehr persönlich gefärbte Bericht, der für den Leser vermutlich von höchst zweifelhaftem Interesse ist, zur Klärung der Debatte auch beiträgt.

I

Fangen wir also mit dem rein biographischen Teil an. Ich kam 1902 in einem kleinen, heute etwa einhundert Seelen zählenden Dorf auf die Welt, das auf der Grenze zwischen den früheren Grafschaften Champagne und Barrois liegt; in meiner Kindheit besaß es knapp zweihundert Einwohner. Dieses Dorf steht dort schon seit Jahrhunderten, und ich kann mir vorstellen, daß es sich aufgrund seiner zentralen Lage am Schnittpunkt dreier Straßen und eines alten Wanderwegs aus einer ehemaligen gallo-romanischen »villa« entwickelt hat.

---

[*] »Ma formation d'historien«, in: *Journal of Modern History*, Bd. 44, 4 (1972), S. 448–467 (»Personal Testimony«). Aus dem Französischen übersetzt von Jochen Grube.

In diesem Dorf wurde ich nicht nur geboren, als meine Eltern dort zufällig in Sommerfrische weilten, sondern ich lebte auch ziemlich lange im Haushalt meiner Großmutter väterlicherseits, an der ich als Kind und Jugendlicher recht stark hing. Noch heute versetze ich mich ausgesprochen gerne in diese ersten Jahre zurück, die mir noch sehr klar im Gedächtnis geblieben sind. Das Haus, in dem ich wohnte, wurde im Jahr 1806 errichtet und stand bis 1970 fast noch genauso, wie es gebaut worden war – ein schöner Rekord für ein einfaches Bauernhaus. Ich glaube, daß dieser lange Aufenthalt in ländlicher Umgebung, wohin ich auch immer wieder zurückkehrte, für den Historiker, der ich geworden bin, seine Bedeutung besaß. Was andere in Büchern gelernt hatten, wußte ich schon seit jeher aus eigener Erfahrung. So wie Gaston Roupnel aufgrund der Umgebung, in der er aufwuchs, der Historiker für die Geschichte des ehemals burgundischen Reichs wurde, und Lucien Febvre ein eingefleischter Freigrafschaftler ist, war ich und bin ich ein Historiker von eindeutig bäuerlicher Abstammung. Ich wußte die Namen aller Pflanzen und Bäume dieses ostfranzösischen Dorfes und kannte jeden seiner Einwohner; ich sah dem Schmied, dem Stellmacher und den »bouquillons«, den Gelegenheitsarbeitern im Wald, noch bei der Arbeit zu. Ich sah noch, wie sich die Fluren rings um das Dorf in jedem Jahr veränderten; heute sind die einstigen Äcker Wiesen und dienen nur noch der Viehzucht, und ich sah, wie sich die Flügel einer alten Windmühle drehten, die meine Urgroßväter einst für den Adligen aus der Nachbarschaft des Dorfes gebaut hatten. Und da ganz Ostfrankreich voll militärischer Erinnerungen steckt, war ich über meine Familie auch ein Kind Napoleons I., unter dessen Befehl meine Vorfahren in Austerlitz und an der Beresina gekämpft hatten. Es ist schließlich nicht einmal paradox, daß dieses Ostfrankreich im Rücken der Revolutionsarmeen 1793 und 1794 treu bei der Stange blieb und auch dann noch für die Revolution eintrat, als diese ihren revolutionären Geist verloren hatte und ihn auch später nicht mehr fand.

Mein Vater war Lehrer in Paris und sollte sein kurzes Leben (1878–1927) als Leiter einer Schülergruppe beenden. Ich hingegen hatte das Glück, von 1908 bis 1911 in der direkten Umgebung von Paris zu leben, aber damals reichte der ländliche Raum bis fast unmittelbar vor die Tore der Stadt. Meriel, wo wir wohnten, war ein großes Dorf mit wuchtigen Steinhäusern, ummauerten Gärten voller Johannesbeersträucher und Kirschbäume, und in jedem Frühling verschwand es unter der Pracht blühender Fliederbäume. Auf der ganz nahe vorbeifließenden Oise bugsierten Schlepper belgische Lastkähne, und von Zeit zu Zeit veranstaltete die Familie Montebello, die Nachkommen des Marschalls von Lannes, Hetzjagden mit großem Gepränge.

Als ich relativ spät in die Schule eintrat, unterrichtete mich ein wunderbarer, intelligenter, aufmerksamer und strenger Lehrer, der die Geschichte Frankreichs erzählte, als zelebriere er eine Messe.

Danach wechselte ich auf das Voltaire-Gymnasium in Paris, das ich von 1913 bis 1920 besuchte. Mein Vater, ein geborener Mathematiker, wie ich sagen muß, unterrichtete meinen Bruder und mich so klug und gründlich, daß uns der Schulunterricht auf diesem Gebiet erstaunlich leicht fiel. Ich lernte viel Latein und auch ein wenig Griechisch. Am liebsten aber lernte ich Geschichte, da ich ein außergewöhnlich gutes Gedächtnis besaß. Ich schrieb Verse – zu viele Verse. Insgesamt gesehen war ich ein sehr erfolgreicher Schüler und wollte Arzt werden. Aber mein Vater hielt von meinem – im übrigen auch nicht sehr deutlich vertretenen – Berufswunsch nichts, und ich wußte in diesem Jahr 1920, einem für mich tristen Jahr, nicht, was ich tun sollte. Schließlich begann ich, an der Sorbonne Geschichte zu studieren. Ich schaffte alle Prüfungen inklusive des Wettbewerbs, den die Ernennung zum Lehrer an einem Lycée voraussetzt, leicht aber ohne allzu großes Vergnügen. Die Berufung zum Historiker erwachte erst viel später in mir.

Von der mir wohl wollenden und damals wenig besuchten Sorbonne sind mir nur die Vorlesungen und Übungen bei Henri Hauser in angenehmer Erinnerung geblieben. Er las Wirtschafts- und Sozialgeschichte und sprach eine andere Sprache als unsere übrigen Professoren. Er war ungeheuer klug; er wußte alles und zeigte es ohne Prahlerei, und – Zeichen der Zeit – er sprach stets nur vor einem ganz kleinen Publikum von sechs oder sieben Hörern. Aber bleiben wir gerecht: Ich hatte auch das Vergnügen, den Vorlesungen von Maurice Holleaux, einem ausgesuchten Kenner der griechischen Geschichte, zu folgen, der ebenfalls vor nur drei oder vier Hörern sprach. Daneben hörte ich auch den rumänischen Historiker Cantacuzène und den künftigen Dekan der Sorbonne, André Aymard.

Nachdem ich mein Studium im Handumdrehen beendet hatte, kam ich im Alter von 21 Jahren als Lehrer für Geschichte an das Gymnasium von Constantine in Algerien. Wie viele hundert andere war ich in Geschichte ein Lehrling, der von ihr mehr ahnte als verstand. Ich unterrichtete wie viele Tausende eine lediglich an historischen Fakten orientierte Geschichte und kümmerte mich um deren Ursachen und Strukturen nicht. Dieser Unterricht machte mir Spaß, denn dabei begriff ich die Geschichte. Ich entwickelte mich mehr und mehr zum beliebten Lehrer, denn ich mochte meine Schüler, die mir diese Freundschaft zunächst in Constantine und ein Jahr später in Algier reichlich vergalten. Ich sage es noch einmal: Damals interessierten mich allein die Ereignisse der politischen Geschichte und die Biographien historischer Berühmtheiten, aber der damals vorgeschriebene Geschichtsunterricht in der Sekundarstufe ließ auch gar nichts anderes zu. Meine Diplomarbeit zum Geschichtsexamen trug den Titel »Bar-le-Duc pendant les trois premières années de la Révolution française« (wie jeden links orientierten Studenten in damaliger Zeit hatte mich die Revolution von 1789 angezogen und nicht mehr losgelassen) und war nicht mehr als eine gewissenhafte Fleißarbeit. Kurz gesagt: Meine Uhr ging nicht anders als die von jedermann und vor allem nicht anders als die meiner traditionalistischsten akademischen Lehrer. Ich bemühte mich um die gleiche Gelehrsamkeit und Tugend, die sie verkörperten, und fühlte mich wie sie den historischen Fakten so weit wie möglich verpflichtet. Mein Diplom beweist diese Art von »Huldigung« genauso wie mein erster wissenschaftlicher Artikel, den ich veröffentlichte (»Les Espagnols et l'Afrique du Nord«), oder mein Referat auf dem Historikerkongreß in Algier 1930, an dem ich als stellvertretender Sekretär teilnahm. Bei dieser Gelegenheit traf ich meine alten Lehrer wieder und wurde mit Henri Berr, dem sympathischsten und großzügigsten der »arrivierten« Kongreßteilnehmer bekannt, dem es allein darauf ankam, zu überzeugen und – noch mehr – andere für sich einzunehmen.

Ich blieb bis 1932 in Algier. Mein Aufenthalt wurde nur durch meine Militärdienstzeit unterbrochen, die mir 1925 und 1926 Gelegenheit bot, das gesamte Rheinland zu bereisen und dabei Deutschland kennen und schätzen zu lernen.

Ich hatte also die Möglichkeit, mich in einer strahlenden Stadt, die die Lebenslust selbst verkörpert, ganz dem Genuß des Lebens zu überlassen, alle Länder Nordafrikas kennenzulernen und bis in die Sahara zu reisen, die mich ungeheuer beeindruckte..

Das Mittelmeer, jenes Schauspiel, das ich aus europäischer Sicht gleichsam »seitenverkehrt« von der anderen Küste aus sah, hat meine

Vision der Geschichte wahrscheinlich stark beeinflußt. Aber meine geistige Kehrtwendung vollzog sich nur langsam. In meinem damaligen Lebensabschnitt hatte ich das soziale Drama der französischen Kolonialpolitik, das sich vor unseren Augen abspielte, jedenfalls überhaupt nicht begriffen. Die Landschaft in Nordafrika verfinsterte sich tatsächlich erst nach 1939, aber dann brach die Nacht schlagartig herein.

An dieser Stelle sehe ich mich zu einer Erklärung gezwungen. Zunächst weise ich auf den Lebenshunger eines Zwanzigjährigen hin und darauf, daß die für dieses Alter typische ausschließliche Fixierung auf sich selbst eine gute und schlechte Ratgeberin ist. Ich wollte in dieser Zeit auch ernsthaft Arabisch lernen, aber es gelang mir nicht. Hinzu kam eine ausschließlich mir eigene Unruhe in bezug auf Deutschland, das ich kurz zuvor aus allernächster Nähe kennengelernt hatte und sehr schätzte, das mich aber, weil in Ostfrankreich geboren, doch auch stark beunruhigte. Vor allem aber ist zu sagen, daß mir das von französischen Siedlern beherrschte Algerien (»Algérie française«) 1923, 1926 und in den folgenden Jahren nicht als Monstrum erschien. Vielleicht wird eines Tages einer jener aus Algerien vertriebenen französischen Siedler (»pieds noirs«) über diese verlorenen Jahre sein *Vom Winde verweht* schreiben. Ich auf jeden Fall hatte damals kein schlechtes Gewissen; das meldete sich erst zwanzig Jahre später. Es charakterisiert auch die damalige Stimmung, daß Benjamin Crémieux 1930 nach seiner Ankunft in Algier, wo er einen Vortrag halten sollte, an R. Kipling telegraphierte: »Bin in Algier angekommen; beginne Frankreich zu begreifen.« Kipling und England besaßen Indien – und ein gutes Gewissen. Und Indien war die Rechtfertigung für England.

Noch zögernd machte ich mich also auf den Weg zu einer neuen Geschichte, die mit der traditionellen Historiographie brechen und mir zur Leidenschaft werden sollte. Als ich mir das Thema meiner *thèse* – damals die obligatorische Voraussetzung für die höhere akademische Lehre – überlegte, erwog ich, da ich die deutsche Sprache einigermaßen beherrschte, natürlich, mich der deutschen Geschichte zuzuwenden. Aber sie erschien mir wegen meiner voreingenommenen französischen Gefühle dann doch als ungeeignet. Aus diesem Grund entschied ich mich für die spanische Geschichte, auf die ich während meiner Vorbereitung auf eine Arbeit über den Frieden von Vervins (1598) zufälligerweise gestoßen war; diese Studie fertigte ich unter der Leitung des sympathischen und ehrgeizigen Emile Bourgeois an. Spanisch hatte ich fast spielerisch gelernt und dann in den Archives Nationales das üppig vorhandene Material des Dossiers K durchgesehen, das aus der Konfiskation der Dokumente von Simancas durch Napoleon stammte. Wieder in Algier zurück, überlegte ich mir, daß eine Arbeit über *Philippe II, l'Espagne et la Méditerranée* ein Thema für eine angemessene *thèse* sei. Es wurde von der Sorbonne auch ohne Schwierigkeiten akzeptiert.

Damals gab es in Frankreich weder Forschungsstipendien, noch wurde man für Forschungszwecke für ein Jahr von allen beruflichen Verpflichtungen freigestellt. Ich mußte also bis zu den Sommerferien 1927 warten, um mit meiner Arbeit in den Archiven von Simancas zu beginnen, die, wie ich wußte, viel Zeit in Anspruch nehmen würde. Aber da kam mir ein seltener Zufall zu Hilfe: Als ich mir einen der üblichen Photoapparate kaufen wollte (der Mikrofilm wurde erst nach dem Zweiten Weltkrieg erfunden), empfahl mir der Mitarbeiter einer amerikanischen Filmfirma einen ausgedienten Apparat, der Filmszenen verkleinerte, und zeigte mir, daß dies auch bei Dokumenten hervorragend gelang. Ich stürzte die Archivare und *buscadores* von Simanca in Neid und Bewunderung, weil ich täglich zwei- bis dreitausend Dokumente auf dreißig Meter langen Zelluloidrollen wegschleppte. Ich verwendete diesen Apparat in Spanien und Italien bis zum Exzeß. Dank dieses findigen Filmtechnikers war ich wahrscheinlich der erste Benutzer von echten Mikrofilmen, die ich selbst entwickelte und danach tage- und nächtelang mit einem einfachen Projektionsapparat las.

Mit der Zeit wuchsen meine Zweifel an der Hauptfigur meiner Arbeit. Philipp II., der Vorsichtige und Traurige, zog mich immer weniger an, der Mittelmeerraum hingegen um so mehr. 1927 schrieb mir Lucien Febvre (ich zitiere aus dem Gedächtnis): »Viel fesselnder als Philipp II. scheint es mir, den Mittelmeerraum der Barbaresken kennenzulernen.« 1931 stellte Henri Pirenne in Algier seine Theorie über die Schließung des westlichen Mittelmeers als Folge der Arabereinfälle vor. Seine Vorträge hinterließen bei mir einen gewaltigen Eindruck: Je nachdem, ob er seine Hand öffnete oder schloß, zog sich der gesamte Mittelmeerraum entweder nach und nach zusammen oder öffnete sich wieder. In diesen Jahren zwischen 1927 und 1933, die ich ohne Eile und Hast in Archiven verbrachte und mich nicht einmal mit der definitiven Festlegung meines Themas beeilen mußte, reifte mein letzendlicher Entschluß – ich entschied mich in dieser Zeit endgültig für den Mittelmeerraum.

Noch aber mußte ich ein dem Thema angemessenes Buch erst schreiben. Ich hatte mir in den Kopf gesetzt, die Vergangenheit des Meeres, das ich jeden Tag vor mir sah und dessen tieffliegende Wasserflugzeuge mir als Bilder unvergeßlich blieben, wiederzufinden. Meine Freunde und Kollegen hegten überwiegend die Meinung, daß ich diese zu ehrgeizige Arbeit nie beenden würde. Aber die üblichen archivalischen Quellen erzählten nur von Fürsten, Finanzen, Armeen, dem Land und den Bauern. Ich zog von Archiv zu Archiv und versenkte mich in lückenhafte, manchmal schlecht ausgewertete, manchmal mangelhaft oder gar nicht klassifizierte Bestände. Ich erinnere mich noch meines Entzückens, als ich 1934 in Dubrovnik die vorzüglichen Register der Republik Ragusa entdeckte: Hier endlich stieß ich auf die Schiffe, die Schiffsladungen, Waren, Versicherungen und Handelsbeziehungen, die ich so lange gesucht hatte. Zum ersten Mal sah ich den Mittelmeerraum des 16. Jahrhunderts vor mir.

Aber jedes geschichtliche Thema braucht, ja erfordert zwingend eine Fragestellung, die seine sämtlichen Teilelemente miteinander verknüpft. Und wieder eilte mir das Glück zu Hilfe. 1935 erhielt ich durch Zufall ein Angebot der Universität von São Paulo in Brasilien und fand dort paradiesische Zustände vor, um zu arbeiten und nachzudenken. Ich hatte vor reizenden und bei gewissen Fragen diskussionsfreudigen Studenten einen Grundkurs in Kulturgeschichte zu halten. Sie lebten wie wir auf dem Campus der Hochschule, was mich dazu zwang, bei jeder Gelegenheit Stellung zu beziehen. In São Paulo verlebte ich drei wundervolle Jahre: Während der Wintermonate, auf die wegen der Sommerzeit auf der südlichen Hemisphäre meine vorlesungsfreie Zeit entfiel, setzte ich meine Forschungen irgendwo am Mittelmeer fort; die gesamte andere Zeit verbrachte ich in Brasilien, wo ich genügend Muße und phantastische Möglichkeiten zur Lektüre fand. Ich las damals kilometerweise Mikrofilme. In den Jahren 1932 und 1933 hatte ich mich dreimal mit Lucien Febvre getroffen – einmal bei Henri Berr, den ich seit 1930 persönlich kannte, einmal in der Redaktion der *Encyclopédie française* in der Rue du Four und einmal bei ihm selbst in seinem beeindruckenden Büro in der Rue Val-de-Grâce. Ich traf ihn im Oktober 1937 wieder, als ich Brasilien endgültig verließ und in Santos an Bord des Schiffes ging (damals gab es noch keine Transatlantikflüge für Passagiere), mit dem

Lucien Febvre nach einer Reihe von Vorträgen, die er in Buenos Aires gehalten hatte, ebenfalls nach Europa zurückfuhr. Während dieser zwanzig Tage dauernden Überfahrt hatten Lucien Febvre, meine Frau und ich ständig etwas zu plaudern und zu lachen, und seit damals war ich mehr als sein Freund. Ich wurde so etwas wie sein Sohn; sein Ferienhaus in Le Souget wurde auch mein Haus und seine Kinder meine Kinder.

Damals waren meine sämtlichen Bedenken verflogen. Ich näherte mich meinem Ziel. 1938 hatte ich einen Ruf an die Ecole des Hautes Etudes erhalten, und 1939 wollte ich mit der abschließenden Überarbeitung meines Buches in Le Souget beginnen, aber dann kam der Krieg. Ich erlebte ihn an der Rheingrenze und von 1940 bis 1945 als französischer Kriegsgefangener in Deutschland, zunächst bei Mainz und danach von 1942 bis 1945 in einem »Sonderlager« bei Lübeck, wohin ich wegen meiner lothringischen Aufmüpfigkeit verbracht wurde. Da ich diese langen Prüfungen unversehrt überstand, wäre es unnütz und sogar ungerecht, wenn ich mich nachträglich darüber beklagen würde. Heute sind mir nur noch die guten Erinnerungen im Gedächtnis. Die Gefangenschaft kann eine sehr gute Schule sein. Sie lehrt Geduld und Toleranz. Die samt und sonders nach Lübeck transportierten französischen Offiziere jüdischer Herkunft boten einen ausgezeichneten soziologischen Anschauungsunterricht. Die 67 Geistlichen aller Konfessionen, die, weil man sie in ihren früheren Lagern für zu gefährlich gehalten hatte, später in unserem »Sonderlager« zusammengefaßt wurden, stellten ebenfalls eine seltsame Erfahrung dar. Die Kirche Frankreichs entfaltete vor mir die gesamte Typologie des Landpfarrers vom Vinzentiner über den Jesuiten bis zum Dominikaner. Es gab aber auch andere Freuden und andere Erfahrungen, zum Beispiel das Zusammenleben mit den polnischen Verteidigern von Warschau, unter ihnen Alexander Gieysztor und Witold Kula, oder eines schönen Morgens die massenhafte Ankunft von Piloten der Royal Air Force. Außerdem lebten viele wieder eingefangene französische Ausbruchspezialisten unter uns – das alles sind für mich, wie ich gerne zugebe, oft sehr pittoreske Erinnerungen. Was mir in diesen langen Jahren jedoch echte Gesellschaft leistete und mich im etymologischen Sinn des Wortes »ablenkte«, das war mein Buch über den Mittelmeerraum. Dieses gewaltige Werk, von dem Lucien Febvre Schulkladde um Schulkladde erhielt, schrieb ich während meiner Kriegsgefangenschaft. Allein mein Gedächtnis hat mir diese Gewalttour ermöglicht. Ohne meine Gefangenschaft hätte ich sicher ein ganz anderes Buch geschrieben.

Dies wurde mir erst vor zwei oder drei Jahren bewußt , als ich in Florenz einen jungen italienischen Philosophen traf. »Sie haben dieses Buch tatsächlich während Ihrer Kriegsgefangenschaft verfaßt?«, fragte er mich. »Ach so, deshalb machte es auf mich immer den Eindruck eines nachdenklichen Buches.« Es stimmt, der von mir zeitlich wie räumlich so weit entfernte Mittelmeerraum beherrschte mein Denken in all den Jahren, und meine Geschichtsauffassung hat sich damals endgültig herausgebildet. Dabei kann ich nicht einmal sofort entscheiden, ob zum Teil als ausschließlich intellektuelle Antwort auf ein Schauspiel – das Mittelmeer –, dem die traditionelle historische Darstellungsform nicht angemessen schien, oder zum Teil als bloß existentielle Antwort auf die tragischen Zeiten, die ich gerade durchlebte. Ich durfte damals sämtliche Ereignisse, von denen wir über den feindlichen Rundfunk und die feindliche Presse erfuhren, oder sogar die Nachrichten aus London, die wir heimlich abhörten, nicht an mich herankommen lassen; ich mußte sie zurückdrängen und verleugnen. Meine Losung war: Weg mit allem, was passiert, vor allem wenn es unangenehm ist! Ich mußte mir einreden, daß Geschichte und Schicksal tieferreichenden Gesetzmäßigkeiten folgten. Wenn ich mich für den langfristigen Beobachtungszeitraum entschied, so bedeutete das für mich, daß ich mich für die Position von Gottvater selbst wie für eine Zuflucht entschied. Die Geschichte verlief weit jenseits von uns Menschen und unserem alltäglichen Mißgeschick; das Rad der Geschichte drehte sich langsam, so langsam wie das frühere Leben im Mittelmeerraum, dessen ehernes Gesetz ich so oft als majestätische Starre empfunden habe. Aus diesem Grund suchte ich ganz bewußt nach der tiefsten Ausdrucksform der Geschichte, die ich erfassen konnte; ich wollte die unbewegliche Zeit oder wenigstens die ungeheuer langsam abrollende Zeit erfinden, die sich nicht mehr wiederholt. Mein Buch folgt also unterschiedlichen Zeitlinien der Geschichte, deren Spektrum von der Unbeweglichkeit bis zur kurzen Dauer eines historischen Ereignisses reicht. Für mich gestalten und durchziehen diese Linien noch heute jede historische Landschaft.

II

Die Frage William McNeils nach einer Schule der *Annales* zielt auf ihre Ursprünge und ihr Programm. Damit geraten drei Männer ins Blickfeld: Henri Berr, Lucien Febvre und Marc Bloch, die ich, wie man sehen wird, auf ziemlich unterschiedliche Weise kennenlernte.

Der erste, Henri Berr (1862–1955), stellt mich vor sehr knifflige Probleme. Das mag diejenigen überraschen, die diesen Mann als leicht durchschaubar kennenlernten, einen Mann der sich leidenschaftlich für ein grandioses, tatsächlich aber unverhältnismäßig großes Werk einsetzte, von ihm während seines gesamten Lebens keinen Schritt abwich und seinen frühen Zielen und ersten Schriften treu geblieben ist. Ich denke dabei an jenen Aufsatz, der in der *Nouvelle Revue* vom 1. und 15. Mai 1890 unter dem Titel »Essais sur la science de l'histoire, la méthode statistique et la question des grandes hommes« erschienen ist, aber noch mehr an seine erste große Arbeit, die er 1898 vorlegte, *La synthèse des connaissances et l'histoire: essai sur l'avenir de la philosophie*; ebenso denke ich an sein zweites bedeutendes Werk (das er entsprechend dem damaligen Brauch in Latein verfaßte, das aber dreißig Jahre später ins Französische übersetzt und 1928 unter dem Titel *Du scepticisme de Gassendi* erschien), sein wahrscheinlich am feinsten durchdachtes und gelungenstes Buch, für das er selbst eine gewisse Vorliebe zeigte.

Wenn ich heute diese sehr alten Schriften wieder lese, höre ich noch sehr genau die Stimme Henri Berrs, die mir seit unserem ersten Kontakt im Jahr 1930 im Ohr geblieben ist; Henri Berr war damals 68 Jahre alt. Ob nun zufällig oder bewußt – er empfing mich mit derselben Direktheit und gleichwohl freundlichen Diskretion wie einen anderen jungen Mann, den er wohl 20 oder 25 Jahre früher kennengelernt hatte: »So klein man als junger Mann und so unscheinbar man als Anfänger auch war«, erinnerte ihn Lucien Febvre im Jahr 1942, »so bereitwillig, so herzlich und – mehr noch – so ermutigend wurde man von Ihnen empfangen.«

Henri Berr war also ein Mensch, der sich im Lauf seines langen Lebens, das er als geistreicher und fleißiger Mann, der er immer gewesen ist, genoß, kaum oder gar nicht verändert hatte.

Dieser Mann nun verkörperte bereits seit dem Jahr 1900 oder vielleicht schon seit 1890 ein wenig die *Annales,* noch lange vor ihrer Gründung. Wer wissen will, »wie alles begann«, muß sich an ihn wenden. Ich muß aber gestehen, daß in Henri Berrs Ausbildung oder seiner Biographie, soweit sie uns bekannt ist, auf den ersten Blick und von vornherein nichts auf diese außerordentliche Rolle hindeutet, die er schließlich spielte. Er war, was man einen glänzenden Schüler nennt, und entwickelte wahrscheinlich schon in seiner Gymnasialzeit zahlreiche Neigungen und Begabungen. Als er 1880/1881 vom Gymnasium abging, erhielt er beim Wettbewerb seines Jahrgangs zahlreiche Auszeichnungen, insbesondere den Ehrenpreis für allgemeine Rhetorik für eine in lateinischer Sprache gehaltene Rede, den ersten Preis in französischer Rhetorik und einen ersten Preis im Fach Philosophie. Die Leser des *Journal of Modern History* werden diese Wettbewerbe wahrscheinlich nicht kennen, die in Frankreich am Ende der gymnasialen Ausbildung auf nationaler Ebene durchgeführt werden, um die besonders qualifizierten Schüler eines Jahrgangs herauszufinden. Sie können sich deshalb auch kaum den Ruhm vorstellen, den diese drei Preise auf das Haupt des jungen Henri Berr häuften; denn er war damals noch ein Junge. Er brauchte übrigens eine Sondergenehmigung, um 1881 die Ecole Normale in der Rue d'Ulm besuchen zu dürfen. Drei Jahre später verließ er sie mit dem Zeugnis eines *agrégé des Lettres*.

An der Universität studierte er mit großem Erfolg Altphilologie, Literaturwissenschaft, Latein und Griechisch. Aber ist es nicht dennoch erstaunlich oder auf den ersten Blick gar absurd zu beobachten, wie sich dieser brillante *agrégé des Lettres,* der 40 Jahre lang, bis 1925 Lehrer für Rhetorik blieb, fast schon zu Beginn seiner Laufbahn verriet und vor den Fächern zurückzog oder flüchtete, die er täglich mit unleugbarem Talent dozierte, um sich Hals über Kopf in die Philosophie und Geschichte zu stürzen?

Diese Frage läßt sich mit dem Hinweis darauf beantworten, daß die Fächer französische und lateinische Rhetorik gegen Ende des 19. Jahrhunderts zu inhaltsleeren Schulübungen herabgesunken waren und daß es eigentlich in der Logik der Dinge lag, daß Henri Berr nach seinem großartigen Anfangserfolg als Jugendlicher (1. Preis in Philosophie) aus Neigung und Berufung Philosoph geblieben ist. Und welcher Philosoph zwischen 1884 und 1890 interessierte sich nicht für Geschichte? Spätestens seit Hegel konnte sich die Philosophie der Fülle der von Menschen gemachten Erfahrungen nicht mehr verschließen. Umgekehrt hatte die Geschichte als eine Art »Ursprungsmaterie« bereits vor 1870 begonnen, sich zu verändern (ein zusätzliches Verdienst) und neue Organisationsformen entwickelt. So notierte Henri Berr selbst: »Die Gründung der Ecole des Hautes Etudes durch Victor Duruy [1868] und die Gründung der *Revue critique* im Jahr 1866 zeigen, daß man die Notwendigkeit der Veränderung unserer akademischen Lehre und der Hebung unseres Wissenschaftsstandards schon vor unseren Desastern erkannt hatte.« Die neue Art der Geschichtsschreibung, die sich damals abzeichnete, setzte auf die analytische Methode und aufmerksame Gelehrsamkeit. Sie verstand sich, mit einem Wort, als Wissenschaft, die bald in die neue, 1908 von Grund auf reformierte Sorbonne Einzug halten sollte, wenn auch auf eine Weise, die nicht jedermann gefiel und in der Folge auch Henri Berr nicht, der von Natur aus eher zur Ungeduld neigte.

Deshalb verfolgte er die weit ausgreifenden Debatten der Intellektuellen seiner Zeit aus der Position des Philosophen; er versuchte, sie zu beherrschen und ihren Sinn zu entdecken. Allein schon der Titel seiner *thèse* drückt dieses Anliegen aus, und wenn er später auf sie angesprochen wurde, erwähnte er, was vielleicht ein bedeutsames Detail ist, aus Gründen der Abkürzung nicht ihren Haupttitel *La synthèse des connaissances et l'histoire*, sondern nur ihren Untertitel *Essai sur l'avenir de la philosophie*. Das Wort *Philosophie* rangierte bei ihm also vor allen anderen Worten. Vielleicht aber erforderten diese ersten und notwendigen Überblicksdiskussionen gerade in dem Augenblick den Philosophen, als mit Emile Durkheim (1858–1917) und der von ihm 1897 gegründeten *Année sociologique* die neue Sonne der »militanten« Soziologie über Frankreich aufging, die viel radikalere Forderungen stellte als die Soziologie Auguste Comtes (1798–1857). Die *Année sociologique* entwickelte sich rasch zu einem einflußreichen Organ, das zur bevorzugten Lektüre einer ganzen Generation junger Historiker von Lucien Febvre bis Marc Bloch, André Piganiol und Louis Genet wurde.

Die Position, die Henri Berr, wenigstens im Jahr 1898, vertrat, richtete sich indessen nicht gegen Durkheim, noch ergriff sie für oder gegen die neue Soziologie Partei. Zwischen Berr und der *Année sociologique* entwickelten sich gute bis sehr gute Beziehungen, die auch weiterbestanden. Aber die »Synthese«, nach der Henri Berr am meisten strebte, konnte in seinen Augen nur eine wieder auf den Boden der Tatsachen zurückgeholte *Philosophie der Geschichte* leisten, wie sie in Deutschland entwickelt wurde und noch praktiziert wird. Allerdings, wie er zu stets zu betonen pflegte, nur unter der Vorausset-

zung, daß ihr weder die exakte Analyse noch die intellektuelle Red-
lichkeit geopfert wird und man die großspurigen und wohlfeilen Sy-
steme oder Konzepte ausschaltet, die noch unbewiesen sind oder sich
gar nicht beweisen lassen. So dachte, wenn ich ihn richtig verstehe,
der Gründer der *Revue de synthèse historique* im Jahr 1900, dem ersten
Jahr seiner Zeitschrift und des Jahrhunderts.

Wirkten die *Annales* in dieses Unternehmen, wenn auch unsichtbar, schon hinein? Ja und Nein. Lucien Febvre und Marc Bloch fühl-
ten sich weder aus innerer Neigung noch von ihrem Naturell her als
Philosophen, und was die *Annales* später für sich beanspruchten, war
eine Geschichtsschreibung, die sämtliche Wissenschaften vom Menschen miteinbezog, ja, sie sich in irgendeiner Form aneignete, um
ihre eigenen Methoden zu definieren und ihr eigenes Feld abzustecken. Henri Berr war viel zu höflich, um einen ähnlich fächer-
übergreifenden »Imperialismus« auch nur in Erwägung zu ziehen,
geschweige denn, ihn offen zu vertreten. Ihm lag mehr daran, die
notgedrungen unterschiedlichen Teilgebiete der Geschichtswissenschaft – politische Geschichte, Sozialgeschichte, Wirtschaftsgeschichte, Wissenschafts- und Kulturgeschichte – zusammenzuführen. Konnte er hoffen, ganze Wissenschaftsgebäude wie die Wirtschaftswissenschaft, die Soziologie, Ästhetik u.a. zu erobern, wenn er sich nur deren zarte Filetstücke herausschnitt? Nein, zweifellos nicht. Er wollte
diesen Nachbarwissenschaften der Philosophie und Geschichte lediglich Besuche abstatten und ihnen Fragen stellen. Dementsprechend
war die *Revue de synthèse historique* weder im Zeichen der Polemik gegründet worden, noch lebte sie danach. Sie pflegte höchstens die höf-
liche Kontroverse. Im Ausland, zum Beispiel in Deutschland, Italien
und Spanien sah man in der neuen Zeitschrift den Ausdruck eines aktuellen Bedürfnisses, »etwas«, wie Benedetto Croce vermerkte, »was
man schon die ganze Zeit erwartet hatte und was notgedrungen vom
einen auf den anderen Augenblick erscheinen mußte« (*Critica*, Bd. 1,
20. Januar 1903).

Trotzdem weckte die neue Zeitschrift bei ihrem Erscheinen sofort
die Unruhe und den Groll der Traditionalisten des wissenschaftlichen
Establishments; ihr Spürsinn ist ja im allgemeinen ziemlich gut entwickelt, wenn es darum geht, etwas Neues zu erkennen und als ruch-
los zu verdammen. Das kommt in vier unveröffentlichten Briefen
ganz deutlich zum Ausdruck, die ich vor kurzem zufällig im Archiv
des Collège de France entdeckte.

Seit 1898 unterrichtete Henri Berr – ebenso wie Henri Bergson – am Gymnasium Henri IV und bewarb sich zweimal (1903 und 1910) um die Aufnahme im nahegelegenen Collège de France. Beide Versuche riefen so seltsame Reaktionen hervor, daß Berr sich einmal genötigt sah, seine Kandidatur zu verteidigen, also seine Vorstellungen zu präzisieren und ein bißchen zu polemisieren. Am 30. Oktober 1903 schrieb er an das geschäftsführende Mitglied des Collège de France: »Ich bin überzeugt, daß ich in Ihrem Collège der freien Wissenschaft eine gute und teilweise neue Aufgabe erfüllen könnte. M. Monod [damals Direktor der *Revue historique* und selbst Bewerber um die Aufnahme ins Collège de France] täuscht sich, wenn er mir schreibt: ›Es gibt schon zu viele Lehrstühle für Philosophie am Collège de France.‹ Ich könnte ihm antworten: ›Es gibt dort zu viele Lehrstühle allein für Geschichte oder allein für Philosophie.‹ Was man mir im allgemeinen zugesteht – und daraus leitet sich der besondere Charakter der *Revue* ab, die ich gegründet habe –, ist, daß ich unter dem Dach der Philosophie die Neigung und Methode wissenschaftlichen Forschens vereinen will. Für mich entsteht die brauchbare Synthese erst durch die vorangehende geduldige Analyse.« – Noch deutlicher erklärte er sich bei seinem zweiten und noch ernsthafteren Bewerbungsversuch im Jahr 1910. »Seit 1892«, so steht in seinem Bewerbungsschreiben zu lesen, »gibt es am Collège de France keinerlei Unterricht in Geschichtsphilosophie und allgemeiner Geschichte. Man unterrichtet dort zwar Literaturgeschichte, Kunstgeschichte, Geschichte der Philosophie, Rechtsgeschichte und Wirtschaftsgeschichte – man unterrichtet also Teilgebiete der Geschichte, aber nicht Geschichte ...« Ich befürchte, daß diese deutlichen Worte dem Kandidaten wenig einbrachten, und tatsächlich las ich in den Sitzungsprotokollen des Collège de France über die Januarsitzung 1910, in der Henri Berrs Antrag behandelt wurde: »Herr Bédier [damals geschäftsführendes Mitglied des Collège] informiert seine Kollegen, daß Herr Berr die Bezeichnung des Lehrstuhls verändert hat, dessen Einrichtung er wünscht, und schlägt als neue Benennung ›Theorie und Geschichte der Geschichtsschreibung‹ vor. Herr Bédier äußert an diesem Punkt seine Anerkennung über die Arbeiten von Herrn Berr und seine nützliche *Revue de synthèse historique*. Herr Bergson schließt sich den Worten von Herrn Bédier an.« Nach den einleitenden Worten Bédiers stellte Henri Bergson das Aufnahmegesuch Henri Berrs vor, das er im Prinzip unterstützte: »Er erläutert«, wie das Sitzungsprotokoll vermerkt, »und begründet diesen Vorschlag. Er weist darauf hin, daß er auf einer zutreffenden Beobachtung des aktuellen Zustands am Collège beruht, stellt es aber ins Ermessen der Historikerkollegen, sich für die Möglichkeit und Nützlichkeit eines interdisziplinären Geschichtsunterrichts auszusprechen.« Man könnte sagen, daß sein Gutachter Henri Berr der Feindseligkeit der anwesenden Historiker überließ. Bei der folgenden Abstimmung erhielt sein Antrag keine einzige Stimme. Kein Wunder!

Im Jahr 1910 war Henri Berr also zu seinem eigenen Erstaunen und wahrscheinlich ohne sein Zutun von den »Rechthabern« seiner Zunft in die Position des »schwarzen Schafs« gerückt worden, in der sich später auch, dann allerdings unter wesentlich größerem Getöse, Lucien Febvre und Marc Bloch wiederfanden. Die Gründe dafür waren zweifellos, daß zum einen in seiner *Revue* Ideen diskutiert wurden, die die behäbige Ruhe der etablierten Wissenschaftler störten, und zum anderen die Tatsache, daß Henri Berr begonnen hatte, einen Kreis lebendiger, aktiver, begeisterter und leicht entflammbarer Intellektueller um sich zu versammeln, die aus allen Wissenschaftsgebieten stammten: Historiker, Geographen, Wirtschaftswissenschaftler, Soziologen, Biologen, Anthropologen und natürlich Philosophen. Wenn ich mich nicht täusche – kann man sich überhaupt täuschen, wenn etwas dermaßen deutlich ist? –, hing das intellektuelle Leben Frankreichs, wie wahrscheinlich anderswo auch, vom Einfluß kleiner und aktiver Gruppen Gleichgesinnter in den einstigen Salons, in Redaktionsräumen und politischen Parteien ab. Man denke nur an die Rolle, die das für Freunde und durchreisende Gäste stets offene Haus der intelligenten und leidenschaftlichen Gertrude Stein in der erstaunlichen amerikanischen Literatur dieser Zeit spielte! Die *Revue de synthèse historique* veröffentlichte nicht nur häufig wissenschaftlich äußerst anregende Artikel, die man noch heute mit Genuß liest, sondern sie stand auch und noch mehr für Zusammenkünfte, Gespräche sowie den Austausch von Informationen und Ideen. Lucien Febvre, einer der ersten Gäste in den Redaktionsräumen der *Revue,* die in der Rue Sainte-Anne 14 residierte, erzählt: »Man trat ein, und in einem kleinen, ziemlich engen, häßlichen und dunklen Arbeitszimmer saß hinter einem Schreibtisch ein schlanker, unauffällig, aber elegant gekleideter junger Mann [natürlich Henri Berr] ... In dem kleinen Arbeitszimmer drängelten sich stets viele Besucher. Junge und alte. Links, ich sehe es heute noch vor mir, der manchmal offenbar friedlich schlummernde, dann aber wieder hellwache, lebhafte und ausgelassene Stammgast Paul Lacombe, der seinen Teil bei den ersten Kontakten der *Synthèse* mit Würde erledigt hat ...« An dieser Stelle müßten indes noch weitere Namen genannt werden wie Henri Hauser, François Simiand, Abel Rey, Lucien Febvre, Paul Mantoux und später Marc Bloch. Obwohl Henri Berr selbst wenig verfaßte und dann, wenn er etwas schrieb, seine Feder vielleicht etwas zu eilig über das Papier gleiten ließ, so nur, weil sein hauptsächliches Wirken darin bestand, einzuladen, zu reden, zu lehren, zu diskutieren, zuzuhören, zu versammeln und sich in zahlreichen Unterhaltungen und Besprechungen zu verlieren. Täglich oder fast täglich pflegte er dem Besucher ab 17 Uhr seine Tür zu öffnen, vornehmlich in seinem Büro in der Rue Villebois-Mareuil 2. Er verstand es großartig, kluge Köpfe um sich zu versammeln, diese Zusammenkünfte geschickt vorzubereiten und durchzuführen.

Diese langsame, geduldige und vielfältige Arbeit hätte ihre Früchte wahrscheinlich schon früher getragen, wäre nicht 1914 der Erste Weltkrieg ausgebrochen. Deshalb vervollständigte Henri Berr sein bisher nur gesprochenes, konzertiertes, geplantes und teilweise realisiertes Werk erst nach 1920. In diesem Jahr begann er seine monumentale Sammlung *Evolution de l'humanité* (Albin Michel), gründete im Jahr 1925 das *Centre de synthèse* und organisierte kurz darauf seine hochberühmten *Semaines de synthèse*. Seine *Revue de synthèse historique* führte er weiter, veränderte 1931 jedoch ihren Titel in *Revue de synthèse*. Der Wegfall des Adjektivs *historique* ist bezeichnend; fortan segelte die Zeitschrift unter philosophisch-universalistischer Flagge.

Über dieses vielschichtige Werk und über die Vorworte, die Henri Berr für die schönen Bände seiner *Collection* verfaßte und über die universitäre Zirkel zu scherzen beliebten, kann und will ich keine auch nur annähernde Bilanz präsentieren. In meinen Augen bestand seine wichtigste Leistung im »aktiven, ständigen, tatkräftigen und für die Beteiligten begeisternden Zusammenführen von Menschen«, wie Lucien Febvre einmal schrieb. Als eine Gruppe von Häretikern wurden sie von den Weisen der Universität bezeichnet – aber mußten sie das nicht auch sein? Henri Berr als Verwalter der Häresie: Dieser Titel hätte ihn überrascht, ihm aber sicher nicht übermäßig mißfallen.

Diese »Häretiker« trafen sich regelmäßig einmal jährlich auf den Veranstaltungen der *Semaines*, die Henri Berr organisierte. Die *Se-*

maine von 1933 beispielsweise stand unter dem Leitthema »Wissenschaft und wissenschaftliche Gesetzmäßigkeit«. Hier trafen sich Mathematiker, Physiker, ein Biologe, Psychologen, ein Soziologe (Maurice Halbwachs), ein Wissenschaftshistoriker, ein Wirtschaftswissenschaftler und Paul Langevin, »der größte unserer wissenschaftlichen Philosophen«. Und Lucien Febvre. »Ich war dort«, schrieb er mir, »und hörte diesen Männern zu, die, im Eifer ihres guten Glaubens glühend, versuchten, die Schäden zu begrenzen, zu isolieren und genau auszuloten, die der schwere Schlag der modernen Physik in unseren Theorien vor kurzem angerichtet hat. Und siehe da – aus diesem Konzert üblicherweise isolierter Stimmen, die einander kaum hörten, entstand eine Harmonie. Sie sagten dieselben Worte mit unterschiedlichen Akzenten, und sie machten die fundamentale Einheit des menschlichen Geistes allen auf menschliche Weise verständlich. Dies war eine große Lektion […] deren […] konkreter Inhalt uns von nun an nie mehr verschlossen bleibt. Die abstrakte Lehre hat, wenn ich so sagen darf, menschliche Züge angenommen.«

Diese Worte weisen auf die Bedeutung der Aktivitäten einer Gruppe hin, die sich von 1900 bis 1910 um Henri Berr gebildet hatte und zu der später laufend neue Mitglieder stießen. Innerhalb dieses Kreises kam es – noch zögernd zwar – auch zu ersten Überlegungen, eine Zeitschrift ins Leben zu rufen, die kämpferischer und weniger philosophisch inspiriert war als die *Revue de synthèse historique* und die auf konkreten neuen Forschungen basierte. Exakt aus diesem Wunsch, ich sage gerne auch: aus dieser Notwendigkeit, sind die *Annales* entstanden. Ihre Geburt benötigte jedoch Zeit. Marc Bloch und Lucien Febvre trafen erst an der Universität Straßburg zusammen, an die sie im November 1919 berufen worden waren. Bis sie 1929 ihre eigene Zeitschrift herausbrachten, vergingen zehn Jahre. Während dieses langen Zeitraums arbeiteten beide regelmäßig mit Henri Berr zusammen. Lucien Febvre reiste oft von Straßburg nach Paris, und in jenem *Centre de synthèse* traf ich ihn im Oktober 1934 auch zum ersten Mal bei einer beeindruckenden Diskussion zum Thema Humanismus. Mehr denn je war Lucien Febvre die treibende Kraft und der Hauptverantwortliche der *Semaines,* die meiner Meinung nach bei weitem erfolgreichste aller Aktivitäten des *Centre* in der Rue Colbert. Auch die *Semaine* über das Thema »Sensibilität in der Geschichte« im Jahr 1938 war zum größten Teil Lucien Febvres Werk. Damals trug er sich sogar mit dem Gedanken, die *Revue de synthèse* zu übernehmen, und er hätte ihn vielleicht auch realisiert, wenn ihn nicht der Zweite Weltkrieg daran gehindert hätte.

Die Gründung der *Annales* im Jahr 1929 bedeutete nichts Geringeres als einen Bruch. Zumindest wurde sie noch lange danach so interpretiert, besonders in den Jahren nach dem Krieg, als es von 1945 bis 1956 still um Henri Berr wurde. Man kann in diesem Bruch eine Trennung des Sohnes vom Vater sehen, und mir erschien es auch so. Der »Vater« beklagte sich darüber kaum; alles verlief ruhig. Bei der Vorstellung der jungen *Annales* im Jahr 1929 kam es zu keinerlei Anspielungen auf die *Revue de synthèse historique*. Aber ist dies nicht schon für sich allein bezeichnend? Die Vernichtung der unzähligen Briefe, die Lucien Febvre vor allem in den endlosen Kriegsjahren von 1914 bis 1918 an Henri Berr schrieb, durch die Erbin Henri Berrs, hat uns um ein für diese Frage vielleicht entscheidendes Dokument gebracht. Aber das Urteil steht trotzdem fest: Das Denken Lucien Febvres wurde, wie er selbst sagte, durch die *Synthèse* geformt.

III

Die Rechtfertigung der Gründer der *Annales* – aber braucht es die auf irgendeinem Gebiet? – bestand in dem ungeheuren intellektuellen Erfolg, den ihr gemeinsames Werk zwischen 1929 und 1939 erzielte. Die Maßstäbe, an denen sich die *Revue de synthèse historique*, die *Revue de synthèse* und die *Annales* orientierten, unterschieden sich grundsätzlich. Die *Synthèse* öffnete sich zu sehr theoretischen Diskussionen oder Konzepten, die die fachwissenschaftliche Szene nur wie flüchtige Schatten berührten. Die *Annales* hingegen standen mit beiden Beinen auf der Erde. Auf ihren Seiten kamen Menschen von heute oder früher mit ihren konkreten – Gaston Roupnel hätte gesagt »lebendigen« – Anliegen zu Wort. Natürlich wirkten bei ihrer Gründung auch Mitarbeiter der *Revue de synthèse* mit, aber mit dem Umzug in ein neues Haus veränderte sich auch ihr Verhalten und ihre Sprache. Das Haus des »Sohnes« garantierte Freude am Leben und Verstehen, aber auch die Lust zur Attacke und Polemik. Kurz gesagt, hier traf sich die Jugend. Hinzu kam die Ausnahmebegabung der beiden Männer Marc Bloch und Lucien Febvre, die sich nur mit den größten Historikern französischer Zunge wie Henri Pirenne, Fustel de Coulanges oder Michelet vergleichen lassen. Außerdem ist noch anzumerken, daß Frankreich im Jahr 1919 mit Straßburg eine Universität erhielt, die mehr Geist ausstrahlte als jede andere französische Hochschule. Daher hatten die *Annales* auch keinerlei Probleme, hervorragende Mitarbeiter zu finden, wie André Piganiol, Henri Baulig, Charles-Edmond Perrin, Georges Lefebvre, Paul Leuilliot und Gabriel Le Bras.

Ihren Erfolg verdankte die Zeitschrift zuletzt und zutiefst jedoch der erfolgreichen und in der Geschichte der französischen Geschichtsschreibung einzigartigen Zusammenarbeit ihrer beiden Direktoren.

Die Jahre vergingen. Von 1946 bis 1956 leitete Lucien Febvre die *Annales* tatsächlich ganz allein; 1956 übernahm ich die Leitung (bis 1968). Unbestritten ist allerdings, daß die Zeitschrift ihre wichtigen und wahrhaft großen Jahre mit den Bänden erlebte, die zwischen 1929 und 1939 erschienen.

Ihre Stoßkraft wirkte um so spürbarer, als die *Annales* in einer Zeit der Selbstzufriedenheit und allgemeinen Mittelmäßigkeit in der französischen Geschichtsschreibung erschienen. Fast der gesamte universitäre Bereich stand den *Annales* seit ihren Anfängen feindselig gegenüber. Marc Bloch wurde 1928 der Eintritt in die IVe Section der Ecole des Hautes Etudes verwehrt. Zweimal bemühte er sich erfolglos um die Aufnahme ins Collège de France, und erst das Ausscheiden Henri Hausers aus der Sorbonne ermöglichte es ihm, 1936 auf dessen Lehrstuhl nachzurücken. Lucien Febvre hatte mit seinem Antrag auf Aufnahme ins Collège de France ebenfalls erst 1933, im zweiten Anlauf, Erfolg. Henri Hauser, der Freund und Kampfgefährte Marc Blochs und Lucien Febvres, wurde 1936 vom Institut de France nicht akzeptiert. Und welcher im akademischen Lehrbetrieb nicht fest etablierte »Großmeister« zog in der Redaktion der *Revue historique*, wo ich zwischen 1933 und 1935 ziemlich häufig verkehrte, nicht über die *Annales* her? Ich stritt regelmäßig mit Charles Seignobos, einem Gegner, der trotz seines hohen Alters, kampflustig über seinen Kneifer hinwegblickend, ein geradezu verrücktes Vergnügen an der Provokation empfand. (Aber genau von dieser Seite her lernte ich ihn achten und schätzen.)

Kurz, Feindschaft schlug den *Annales* von allen Seiten entgegen. Daraus erklärt sich auch ihre intellektuelle Lebendigkeit. Der Zeitschrift blieb auch gar nichts anderes übrig, als sich zu verteidigen und zurückzuschlagen; nicht nur aus Gründen, die mit ihr nahestehenden Personen zusammenhingen, sondern auch, weil ihr viel Anmaßung und kindische Bosheit entgegengebracht wurde. Ihre Jagdstrecke war beeindruckend. Namentlich Marc Bloch trug dazu bei; in seinen Rezensionen durchaus maßvoll, kannte er in der direkten Auseinandersetzung keine Gnade. Lucien Febvre hingegen fand das ganze Hin und Her eher belustigend; er führte seine Gegner mit Vorliebe an der Nase herum und würzte seine Attacken mit Rabelais'schem Ulk.

Wenn ich darüber nachdenke, scheint mir gerade diese kämpferische Atmosphäre zu jener außerordentlichen Qualität der ersten *Annales*-Bände beigetragen zu haben. Im Jahr 1945 nahm die allgemeine Feindschaft gegen die Zeitschrift sogar noch zu, denn die gesamte neue Studentengeneration wollte von Lucien Febvre, Ernest Labrousse, dem Nachfolger Marc Blochs an der Sorbonne, und mir in die Art der Geschichtsbetrachtung eingeführt werden, wie sie die *Annales* vertraten. Die Sorbonne giftete nicht mehr so wie früher gegen unsere Zeitschrift, weigerte sich aber, ihr Geschichtsbild zu ändern: »Wir können unsere Kurse trotzdem nicht von vorn beginnen«, bemerkte 1945 einer der einst als ultrakonservativ bekannten Sorbonne-Professoren gegenüber Charles Morazé.

1929 waren die feindlichen reaktionären Kräfte äußerst wachsam – eine unerhörte Chance für theoretische und praktische Neuansätze in der Geschichtswissenschaft. Die historische Forschung konnte sich nur verändern, wenn sie sich die unterschiedlichen Wissenschaften vom Menschen als historische Hilfswissenschaften eingliederte und deren Methoden, Ergebnisse und selbst deren Betrachtungsweisen eroberte. Lucien Febvre, der den »Prospekt« für die erste Nummer der *Annales* entworfen hatte, sagte dies ganz offen und mit einer heute bei ihm kaum mehr vorstellbaren Direktheit, denn sein Tonfall erscheint mir aus heutiger Sicht nach all den Jahren ganz vernünftig. Damals brandmarkte er insbesondere die gegenseitige Abschottung zwischen Historikern und Sozial- und Wirtschaftswissenschaftlern. Unbemerkt lebte jeder in einem von hohen Mauern umgebenen Gehege, wobei die ausschließlich auf die Gegenwart fixierten Soziologen sich entweder nur für »zivilisierte« oder nur für »primitive« Gesellschaften interessierten. »Gerade gegen diese grauenvollen Schismen wollen wir uns erheben«, schrieb er, »*aber nicht mit methodischen Beiträgen und theorieüberfrachteten Dissertationen*, sondern durch das Beispiel und die Sache! ... [Durch das Beispiel von] ›Arbeitern‹, die eine Frage bis an ihre Ursprünge zurückverfolgen und auf verschiedenen Spezialgebieten kompetent sind ..., die uns das Ergebnis ihrer Forschungen zu

Themen vorlegen werden, die sie beherrschen und frei wählen.« Wer die Worte aufmerksam liest, die ich hervorgehoben habe, erkennt in ihnen eine Anspielung auf den Stil der *Revue de synthèse*, aber auch die Wiederaufnahme ihres »Leitmotivs«. Ganz neu aber war, daß sich der Kampf auf einen einzigen Ort konzentrierte, wo die Forschungs- bemühungen aus unterschiedlichen Wissenschaftsgebieten zusam- mengetragen wurden: Eine einzige Wissenschaft stellte sich vor alle anderen. Mehr noch, hier wurden nicht allein die Forschungs- gegenstände sämtlicher Sozialwissenschaften von der Ebene der ge- sellschaftlichen Hierarchien bis zur Ebene der Mentalitäten von der Geschichtswissenschaft beansprucht; ins Visier genommen wurde vor allem die Wirtschaftswissenschaft. Die ersten Bände der *Annales* nannten sich entsprechend ihrem Vorbild, der *Vierteljahrsschrift für So- zial- und Wirtschaftgeschichte,* die die Gründer der *Annales* bewunder- ten, *Annales d'histoire économique et sociale.* So erhielt Marc Bloch die Gelegenheit, sich am Ende einer langen Vorbereitungszeit als erster Wirtschaftshistoriker Frankreichs zu profilieren.

Der Graben zwischen den *Annales* und der *Revue de synthèse* wurde, wie sich bald zeigen sollte, breiter. Für Henri Berr gehörte »die Wirt- schaft zur Gesellschaft«; die *Annales* hatten ihm zufolge also nur »einen Aspekt im gesellschaftlichen Leben aufgedeckt, der bisher zu lange im dunkeln geblieben ist und für den uns erst der Marxismus die Augen geöffnet hat«. Das war ein Nadelstich, der − wie so oft − einen anderen herausforderte. Lucien Febvre konterte ihn später denn auch mit der Bemerkung: »Henri Berr selbst hat die *Annales* bisher nur sehr aus der Ferne mitverfolgt ...«

Jedenfalls, wie ich wiederholen darf, profitierten die *Annales* wäh- rend der ersten zehn Jahre ihres Bestehens außerordentlich von der konstanten Zusammenarbeit und beispiellosen Freundschaft zwischen Lucien Febvre und Marc Bloch. Die Zeitschrift lebte geradezu von dieser Freundschaft mit ihren konträren Denkweisen, ihren Überein- stimmungen und ihren hervorragenden Ergebnissen. Die 25 Jahre dauernde enge Verbindung zwischen beiden, die 1919 begann, als sie sich in Straßburg trafen, und 1944 mit dem Tod Marc Blochs vor ei- nem Erschießungskommando der Gestapo endete, erklärt, warum die beiden so perfekt zusammenarbeiteten.

In seiner Widmung »An Lucien Febvre«, die die *Apologie pour l'his- toire ou métier d'historien* (geschrieben 1941, veröffentlicht 1949) einlei- tete [dt. *Apologie der Geschichte oder Der Beruf des Historikers,* Stuttgart,

3. Aufl. 1992], schreibt Marc Bloch in tiefer Bewunderung: »Lange haben wir einträchtig für eine umfassendere und menschlichere Geschichte gekämpft [...] Mehr als eine der Ideen, die ich vertreten will, habe ich sicher geradewegs von Ihnen. Von vielen anderen könnte ich nicht mit Bestimmtheit angeben, ob sie von Ihnen, von mir oder von uns beiden stammen. Oft, ich darf es hoffen, werden Sie mir zustimmen. Gelegentlich werden Sie mich tadeln: Dies alles wird uns nur noch mehr verbinden.« »Ja«, antwortete Lucien Febvre auf diese Zeilen, »ja, und wie viele Ideen tauschten wir in dieser Zeit aus, nahmen sie wieder auf und vermengten sie miteinander.« – Man beachte den vertrauensvollen und herzlichen Ton von beiden Seiten und jene Prise Hochachtung, die, wenn ich mich nicht irre, in der Widmung Marc Blochs mitschwingt: »Gelegentlich werden Sie mich tadeln.« Zwischen Lucien Febvre (1878–1956) und Marc Bloch (1886–1944) bestanden also nicht nur starke und vielfältige Unterschiede in Charakter, Temperament, Intelligenz und persönlichem Geschmack, sondern es gab auch einen Altersunterschied, der – zumindest zu Beginn ihrer Freundschaft – nicht vergessen werden darf. Nach ihrem ersten Treffen in der Straßburger Universität, 1919, notierte Lucien Febvre: »Marc Bloch war da; er schien mir noch sehr jung. Aber man ist in den Augen eines Vierzigjährigen mit 32 Jahren auch noch sehr jung.« Und er fährt fort: »Er war da, glühend vor Eifer und gleichzeitig beherrscht, voll vom unbändigen Wunsch zu dienen, sofort zutraulich, und er fragte mich, wie man einen älteren Bruder fragt.« – Lucien Febvre hatte in dieser Zeit mit seiner »thèse« *Philippe II et la Franche-Comté* (1911) bereits ein großartiges Werk vorgelegt. Er war für Marc Bloch so etwas wie ein Beichtvater, der Geist, der ihn mitriß; Lucien Febvre war – kurz gesagt – der Meister und Marc Bloch in gewisser Weise damals sein Schüler. Wer wie mein vertrauter Freund Henri Brunschwig als junger Student die Vorlesungen dieser beiden großartigen Professoren in Straßburg besuchen durfte, merkte, daß Lucien Febvre in seiner weitausgreifenden Lehre und der Weite seines Wissens der Meister war, und Marc Bloch der Meister, der bei Lucien Febvre gelernt hatte. Ihre gegenseitigen Beziehungen waren von diesem Meister-Schüler-Verhältnis wahrscheinlich nie ganz frei, und dies erklärt den Ton Marc Blochs fast bis an sein Lebensende. Aber als sie sich 1929 an die gewaltige Aufgabe der *Annales* heranwagten, marschierten sie ganz sicher im Gleichschritt. Die »Abstimmung« zwischen beiden klappte so ausgezeichnet, daß

man, ohne den Namenszug des Verfassers zu prüfen, häufig nicht wußte, ob ein Artikel von Marc Bloch oder Lucien Febvre stammte. Es war offensichtlich, daß sich die Schreibweise Marc Blochs an die Lucien Febvres angepaßt hatte; aber mit ihrem Satzbau und Vokabular schufen beide eine für die *Annales* typische »Sprache« von unbestreitbar literarischer Qualität, die ihre Gegner bis aufs Blut reizen sollte. Ist Geschichtsschreibung oder kann sie, die sich doch als Wissenschaft versteht, auch eine Frage des Stils, der literarischen Qualität sein?

Wer waren diese beiden Männer? Leider habe ich Marc Bloch persönlich kaum gekannt, weil ich ihn insgesamt nur dreimal (1938 und 1939 in Paris) gesehen habe. Schon sein Vater Gustave Bloch hatte sich als Historiker und Kenner der römischen Geschichte einen Namen gemacht und lehrte lange Zeit an der Ecole Normale Supérieure in Paris, danach an der Sorbonne. Sein Sohn Marc verließ die Ecole Normale Supérieure, nachdem er den obligatorischen Wettbewerb erfolgreich bestanden hatte, mit dem Diplom eines *agrégé d'histoire*, das ihn zum schulischen wie akademischen Unterricht in Geschichte befähigte. Er erhielt ein Stipendium für einen Aufenthalt in Deutschland, wo er an den Universitäten von Berlin und Leipzig studierte (1908/1909), und wurde anschließend als Stipendiat in die Pariser »Fondation Thiers« aufgenommen. Im Jahr 1920 veröffentlichte er in Straßburg seine »thèse« *Rois et serfs: un chapitre d'histoire capétienne*. Als er 1929 zusammen mit Lucien Febvre die Leitung der *Annales* übernahm, lagen bereits mehrere Publikationen von ihm vor, darunter *Les Rois thaumaturges* (1924), jenes Meisterwerk, zu dem ihn sein älterer Bruder, ein hochbegabter und viel zu früh verstorbener Arzt, gedrängt hatte.

Lucien Febvre, der 1878 in lothringischen Nancy zur Welt kam, stammte väterlicher- wie mütterlicherseits aus einer freigrafschaftlichen Familie. Sein Vater hatte seine Ausbildung zum Lehrer an der Ecole Normale Supérieure erhalten und unterrichtete Grammatik am Gymnasium von Nancy, wohin er aus Zufall abgeordnet worden war und wo er auch sein gesamtes Berufsleben verbrachte. Lucien Febvre studierte in Nancy und legte dort die für die Unterrichtsbefähigung in der gymnasialen Oberstufe notwendige Prüfung ab. Ich erinnerte ihn einmal im Spaß an seinen lothringischen Akzent, den ich als waschechter Lothringer natürlich absolut beherrsche. Lucien Febvre verleugnete Lothringen als Land seiner Geburt zwar nicht gerade, aber er fühlte sich sein ganzes Leben lang voller Inbrunst als Sohn der

Freigrafschaft Burgund und konnte in diesem Gefühl auch etwas ungerecht auf die Bewohner des Herzogtums Burgund oder die angrenzenden Schweizer Kantone herabblicken.

Lucien Febvre besuchte das berühmte Gymnasium Louis-le-Grand in Paris, dann die Ecole Normale Supérieure und verließ sie 1902 ebenfalls mit dem Zeugnis eines *agrégé d'histoire*. Anschließend wurde er in die Reihen der »Fondation Thiers« in Paris aufgenommen und arbeitete, von seinen beruflichen Verpflichtungen befreit, in dieser Zeit an seiner *thèse*. Als »ganz kleiner Mann« lernte er damals Henri Berr kennen, der sich später gerne nicht ohne eine gewisse Bosheit der Zeit erinnerte, in der ihn Lucien Febvre um Rat gefragt und ihm seine Artikel zur vorherigen Prüfung vorgelegt hatte.

Leider konnten wir keinen einzigen Brief aus der Jugendzeit Lucien Febvres lesen; deshalb müssen wir ihn für diese Periode seines Lebens aus der Ferne zu verstehen versuchen. Es mag indes genügen, wenn wir von ihm wissen, daß er sich in jenen Jahren des beruflichen Feinschliffs unter dem Einfluß der elegant vorgetragenen Lehre eines Joseph Bédier lebhaft für Literatur interessierte. Wir kennen auch die Sympathie, die er Gustave Bloch, dem Vater Marc Blochs, und dem Historiker Gabriel Monod (ihm allerdings eher als Mensch denn als Professor) entgegenbrachte. Ob als Sozialist oder nur zum Sozialismus tendierend, träumte er sich in Jean Jaurès hinein, der ihn eines Abends mit einem Vortrag stark beeindruckt hatte. Henri Bergson dagegen konnte er so wenig ausstehen wie sein Freund und unzertrennlicher Weggefährte Henri Wallon. Den Geographen Lucien Gallois (1857–1941), ein ehemaliger Schüler und späterer Freund von Vidal de la Blache, den Lucien Febvre ebenfalls kannte, mochte er wieder sehr, weil ihn die Geographie reizte. Hier kannte er sich ausgezeichnet aus, denn er beobachtete ein Leben lang den Boden, die Pflanzen, die Menschen und die Landschaften. Sein Buch *La terre et l'évolution humaine* aus dem Jahr 1920 ist, wie der Geograph Pierre Gourou als guter Kenner der Materie erst vor kurzem urteilte, ein Meisterwerk, das bisher noch von keinem anderen Werk überholt oder gar ersetzt wurde.

Für mich am wichtigsten aber ist die Feststellung, daß Lucien Febvre sein Talent unmittelbar umsetzen konnte. Seine »thèse« *Philippe II et la Franche-Comté* (1911) ist ein absolut ausgereiftes Buch, das wie eine Vorwegnahme des gesamten Programms der späteren *Annales* anmutet. Noch 1972 hat dieses zeitlose Werk, ohne Staub angesetzt zu haben, einen Platz mitten unter den schönsten und neuesten Arbeiten der französischen Regionalgeschichte aus der Feder eines Emmanuel Le Roy Ladurie, René Baehrel oder Pierre Goubert – ein außergewöhnlicher Rekord. Die Erfassung und Darstellung einer Provinz in ihrer historischen Realität und geographischen Aktualität erscheint mir als gelungenes Beispiel für die Anwendung des noch jungen »globalen Denkens« in der Geschichtswissenschaft, der einzigen Methode historischer Darstellung, die heute noch befriedigen kann. Lucien Febvre besaß schon sehr früh eine erstaunliche Fähigkeit zur Reflexion und eine enorme Literaturkenntnis. Ihn interessierte alles, und er besaß die Begabung, alles zu begreifen, selbst wenn er zum ersten Mal damit in Berührung kam. Den Worten seines Gesprächspartners pflegte er stets aufmerksam zu folgen. Er konnte, was heute selten ist, genau zuhören und rasch zum Kern der schwierigsten Argumentation vorstoßen; darüber hinaus schrieb er mit unglaublicher Leichtigkeit. Hinzu kam sein geradezu verschwenderischer Umgang mit Dingen, die er entdeckt, und Ideen, die er entwickelt hatte. Genauer gesagt telegraphierte er sie nur, da er von seinem Naturell her wenig gesprächig war; dagegen konnte er mitreißend erzählen, wenn er mit seinem Gesprächspartner übereinstimmte. Mit anderen Worten: Lucien Febvre erinnerte in seiner Fähigkeit, aufzunehmen und großzügig wieder auszuteilen, ein wenig an Denis Diderot. Wie Diderot war auch Lucien Febvre für sich allein schon »eine Bank, deren Ideen für eine ganze Generation ausreichen«. Durch die ersten Bänden der *Annales* wehte übrigens auch der Hauch jener Leidenschaft und Lust an der Polemik wie in der *Encyclopédie* der »Philosophen« des 18. Jahrhunderts.

Selbstverständlich habe ich noch nicht alles gesagt, noch von den Männern und Werken erzählt, um derentwillen die *Annales* entstanden sind und durch die sie lebten.

So hätte ich darauf hinweisen müssen, daß sich Lucien Febvre aus den Forschungen zur Wirtschafts- und Agrargeschichte, die er schon so früh so meisterlich beherrscht hatte, zurückzog, um sie dem leidenschaftlichen Wirken Marc Blochs zu überlassen. 1924 schrieb er sein Buch *Un destin: Martin Luther* [dt.: *Martin Luther. Religion als Schicksal*, Frankfurt a.M. 1976] und widmete in den folgenden Jahren seine gesamte Aufmerksamkeit der Erforschung der Mentalitäten. Diese Periode seines Schaffens krönte er mit dem Werk *Le problème de l'incroyance au XVIe siècle. La religion de Rabelais* [Paris 2. Aufl. 1968]. Sein letztes Buch, dessen fertiges Manuskript ich noch einen Monat vor seinem Tode gesehen habe und das auf mysteriöse Weise verschwunden ist, hieß *Honneur et patrie.* Es handelte sich um eine Studie auf einem Gebiet, auf dem bis dahin noch wenig veröffentlicht worden war, nämlich dem der Transformation von Mentalitäten, das heißt grundlegender menschlicher Verhaltensweisen und Persönlichkeitsstrukturen. Dieses Buch behandelt den Übergang von der an eine Person (den Fürsten) gebundenen Treue zu jener Treue, die man der Nation schuldet (Patriotismus) – insgesamt betrachtet also eine Studie über die Geburt einer vaterländisch geprägten Vorstellungswelt.

Ich erwähnte auch noch nicht, daß die *Annales* trotz ihrer Lebendigkeit keine »Schule« im eigentlichen Sinn des Wortes, das heißt ein in sich geschlossenes Denksystem begründeten. Im Gegenteil. Den Mitarbeitern der *Annales* genügte es, Leidenschaft für die Geschichte zu empfinden – nicht mehr, denn dies ist schon viel, aber auch nicht weniger, denn die Suche nach *sämtlichen* neuen Möglichkeiten der Geschichtsschreibung, die mit dieser Leidenschaft eine Einheit bilden, bedeutet sogar die Zustimmung zu einer Änderung der jeweiligen Fragestellung entsprechend der Notwendigkeit und Logik der Stunde. Vergangenheit und Gegenwart bilden nämlich ein unauflösbares Geflecht, und in diesem Punkt waren sich alle Direktoren der *Annales* einig.

Und dann – wer wird nicht darüber schmunzeln, daß ich die *Annales* bisher *historisierend,* wie Henri Berr gesagt hätte, oder *lediglich die Ereignisse registrierend* beschrieb, wie Paul Lacombe diese Form der Darstellung der Zeitschrift bezeichnen würde? Es stimmt, ich habe von Menschen und Ereignissen gesprochen. Aber es ist doch ganz klar, daß gerade dieser kleine, genau abgegrenzte und lebhafte Bach von der *Revue de synthèse* zu den *Annales* durch eine weitläufige Landschaft, durch die, wie man zugeben wird, besonders unruhige Zeit von 1900 bis 1972 und durch ein besonderes, nämlich unser Land floß. Und »Frankreich bedeutet Vielfalt«, wie Lucien Febvre einmal sagte. Ist es dann ein Zufall, daß wir, Henri Berr, Lucien Febvre, Marc Bloch und ich selbst, alle vier aus Ostfrankreich stammen und die *Annales* gerade in Straßburg direkt vor der deutschen Grenze und mit einer Art von Geschichtsschreibung begonnen haben, wie sie in Deutschland vertreten wird?

Hat sich schließlich mein Entschluß vor mehr als vier Jahren als richtig erwiesen, die Leitung der *Annales* Jüngeren wie Jacques Le Goff, einem Mediävisten, Emmanuel Le Roy Ladurie, einem Historiker der Neuzeit, und Marc Ferro, einem Kenner der russischen Zeitgeschichte, zu übertragen und mich selbst nicht mehr darum zu kümmern, was, wie ich glaube, der Linie der Zeitschrift entspricht? Es kommt durchaus vor, daß wir ganz offen unterschiedliche Auffassungen vertreten, aber dank der neuen Mannschaft ist aus einem alten Haus wieder ein Treffpunkt der Jugend geworden.

Anstelle eines Schlußwortes*

Meine Damen und Herren, liebe Freunde,

ich werde Ihnen im folgenden ein wenig über Fernand Braudel erzählen, obwohl von ihm schon zu viel erzählt wurde. Mir fiel aber kein anderes Mittel ein, um eine Reihe wichtiger Fragen zu beantworten, die in den Diskussionen dieses Kolloquiums angeschnitten oder erörtert wurden. Danach werde ich Ihnen einiges über die Zeitschrift *Annales* erzählen, über die ebenfalls schon zu viel gesprochen wurde. Vor allem aber will ich versuchen, Ihnen zu zeigen, wofür diese Zeitschrift als Modell oder als Paradigma diente, wie dies mein Freund und Kollege Professor Traian Stoianovich meinte, und wie dieses Modell entstanden ist. Schließlich werde ich mit Ihnen vor allem voller Begeisterung über das neue Zentrum und die von ihm herausgegebene neue Zeitschrift sprechen, die sich ohne weitere Zusätze nur einfach *Review* nennt, ein außerordentlich stolzer Titel! Ich werde auch lange bei der Persönlichkeit und dem Werk von Professor Immanuel Wallerstein verweilen, dessen Kolloquium gerade rechtzeitig stattfand, um die Aktion zu unterstützen. Wir haben, glaube ich, noch nicht genügend über das gesprochen, was er macht, das heißt über seine Zeitschrift und sein wissenschaftliches Werk. Dem werde ich versuchen abzuhelfen. Kurz und gut: In einer Universität, die gerade entsteht, erblickt eine Institution das Licht der Welt, oder wir haben, wenn Ihnen ein anderes Wort lieber ist, einen Baum gepflanzt, und dieser Baum muß wachsen.

Meine Damen und Herren, ich frage mich mit einigem Bangen, welches Bild sich nach diesem Kolloquium einige von Ihnen über einen gewissen Fernand Braudel machen werden. Bisher hat man sich nur lobend über ihn geäußert und dabei auf seine erfolgreichsten Projekte verwiesen. In den Augen derer, die ihn lobten, schien er nur Fähigkeiten zu besitzen. Ich weiß wohl, daß es nur aus Freundschaft geschah, wenn ich einer Prüfung unterzogen wurde, und diese Prüfung heißt »Glorifizierung«! Sagen wir aber ganz offen, daß ein Historiker, der seine Arbeit liebt, nicht nach Ehrungen strebt und daß seine

---

* »En guise de conclusion«, in: *Review*, I, 3/4 (1978), S. 243–253. Aus dem Französischen übersetzt von Jochen Grube.

Interessen nicht in diese Richtung zielen. Glauben Sie nicht, daß mein Lebensziel im Einsammeln von Ehrungen liegt. Ich bin vor ihnen so gut es ging geflüchtet, aber sie holten mich ein, ohne daß ich es gewollt hätte.

Liebe Freunde, mein Leben ist das eines Historikers gewesen, der vor allem anderen von seiner persönlichen Arbeit besessen war, was ein Leben unter dem Zeichen eines perfekten intellektuellen Egoismus bedeutete. Als ich mein Buch über den Mittelmeerraum zu schreiben begann, oder es mir allmählich vorstellte, hätte ich noch Jahre über Jahre vollkommen zufrieden in verschiedenen Archiven und verschiedenen Landschaften des Mittelmeerraums leben können, wenn ich im Jahr 1937 nicht Lucien Febvre getroffen hätte, der mich zwang, die Phase des Sammelns von Daten und Fakten abzuschließen. Und stellen Sie sich vor, daß ich, nachdem ich diese Verpflichtung akzeptiert hatte, noch zehn Jahre bis 1947 brauchte, um meine Aufgabe zu beenden. Dabei gehöre ich ganz sicher zu denen, die schnell arbeiten und sehr rasch schreiben. Ich kann, wie ich schon einige Male sagte, und das ist wahr, an einem einzigen Tag 30, 40 oder 50 Seiten niederschreiben. Auch Lucien Febvre schrieb ungeheuer schnell. Er nannte dies »seine Seite hinunterfahren«, und er »fuhr« seine Seiten erstaunlich rasch »hinunter«; im Gegensatz zu mir begann er aber niemals noch einmal von vorn. Ich hingegen habe *La Méditerranée et le monde méditerranéen à l'époque de Philippe II* ich weiß nicht wie oft von neuem begonnen. Und selbst 1947, als das Werk kurz vor seiner Vollendung stand, hielt ich es für notwendig, mir noch einen Aufschub von sechs Monaten zu gewähren, und ich arbeitete den zweiten Teil des Manuskripts zur großen Entrüstung meiner Freunde noch einmal gründlich durch. Sie sagten: »Fernand Braudel ist zwar ein sympathischer Mensch, aber er wird sein Buch nie abschließen!«

Zu meiner eigenen Überraschung wurde ich damit zwar schließlich fertig, aber ich habe es nicht mit dem Gefühl der Sicherheit beendet. Wenn ich mit der Arbeit so oft wieder beginne, dann nur, weil ich mit mir absolut nicht – ich muß wohl sagen – im reinen bin. Für mich sind Fragen nie ein für allemal gelöst. Auch die Ideen, mit denen man mich identfiziert, mußte ich mir erst langsam erarbeiten. Der Soziologe Georges Gurvitch, den ich zu meinen besten Freunden zähle und mit dem ich mich, es gibt kein anderes Wort dafür, mehr als 20 Jahre lang stritt, behauptete, ich sei Philosoph, und weil er sah, daß mir diese Bezeichnung keine ungeteilte Freude bereitete, blieb er dabei. Er behauptete sogar, ich sei Theoretiker, und ergänzte dies noch um das perfide Attribut »imperialistisch«, weil er damit jemanden bezeichnen wollte, der sich zu sehr mit den Dingen anderer beschäftigte. Er warf mir vor, ein Historiker zu sein, der in das Gebiet der Humanwissenschaften eindringt, um dort bindende Gesetzmäßigkeiten aufzustellen, und ein großes Geschrei veranstaltet, um seine Forderungen zu präsentieren und durchzusetzen.

In Wahrheit aber habe ich mich nie auf das Gebiet der Theorie oder der »Philosophie«, wie Gurvitch sagte, begeben, ohne dazu gezwungen worden zu sein. Wenn Sie über den Mittelmeerraum oder ein weiter oder enger gefaßtes Thema in einem bestimmten Zeitabschnitt Material sammeln, werden Sie nicht darum herumkommen, es in bestimmter Weise zu ordnen, denn Geschichte bedeutet nun einmal Rekonstruktion. Aber wenn das Haus dann neu aufgebaut werden soll, brauchen Sie natürlich einen Gesamtplan, einige Konzepte und manche Hypothesen. In diesem Sinn blieb mir beim »Bau« meines Buches über den Mittelmeerraum auch gar nichts anderes übrig, als die Zeit entsprechend ihrer unterschiedlich raschen Abläufe und ihrer unterschiedlichen *chronologischen Dimensionen* von der Geschichte zu trennen. Ich glaube, daß es tatsächlich die kurze Zeit gibt, die länger dauernde und die nahezu unbewegte Zeit. Aber zu dieser Auffassung historischer Zeitabläufe gelangte ich auch erst am Ende und nicht schon zu Beginn meiner Studien. Und wenn ich die *lange Dauer* verteidigte, so war auch das in erster Linie ein Kunstgriff, durch den ich mich von augenfälligen Schwierigkeiten befreite. *Vor* der Abfassung meines Buches über den Mittelmeerraum dachte ich auch nicht an die lange Dauer.

Dasselbe gilt auch für meine *globale Betrachtungsweise der Geschichte* (»globalité«). Die Einsicht in ihren umfassenden Charakter, für den ich mich einsetze, kam mir auch erst nach und nach. Diese Einsicht ist derart einfach, daß mich die meisten meiner Historikerkollegen nicht begreifen. Das hindert sie aber nicht, außerordentlich heftig über mich herzufallen. Möchten Sie also, daß ich versuche, meinen Standpunkt deutlich zu machen, da die Diskussionen dieses Kolloquiums ja in Wahrheit um das Problem kreisten, das meine Person scheinbar berührt? Die globale Betrachtungsweise zielt nicht auf eine Universalgeschichte (»histoire totale«); um diesen kindlichen, sympathischen und verrückten Anspruch geht es nicht. Sie ist einfach der Wunsch, die Grenzen einer Fragestellung, nachdem sie erörtert worden ist, systematisch zu überschreiten. Es gibt in meinen Augen kein geschichtliches Problem, das von Mauern umgeben wäre oder das unabhängig von anderen für sich steht. Erlauben Sie mir, dies anhand zweier Beispiele zu zeigen. Sie beweisen, daß ich kein Philosoph bin, denn wenn ich versuche, ein Problem zu erklären, bemühe ich mich auch rasch um Beispiele zu seiner Verdeutlichung.

Ich habe in meinem Leben schon eine ganze Anzahl von guten, manchmal sogar sehr guten oder ausgezeichneten wissenschaftlichen Arbeiten betreut, unter anderem auch die *thèse de doctorat* von Emmanuel Le Roy Ladurie, heute einer der glänzendsten französischen Historiker, mit dem Titel *Les paysans de Languedoc* [dt.: *Die Bauern des Languedoc*, Stuttgart 1983]. In unseren Diskussionen war ich nicht seiner Meinung, und zwar gerade in den Punkten, wo ich meine *globale Sichtweise* der Geschichte verteidigte. Für mich sind die Bauern des Languedoc kein Thema für sich allein, das ohne Bezug zu anderen Themen steht. Das Leben der Bauern dreht sich nun einmal eng um den Boden, der ihnen gehört und den sie bestellen, um die Vegetation, und um das, was sie anbauen, oder um Berge, Flüsse, Steine und Wege... Wie sehr habe ich mit Emmanuel Le Roy Ladurie in diesem Punkt gerungen und von ihm ein einleitendes geographisches Kapitel verlangt. Schließlich hat er mir dieses Zugeständnis gemacht – aber nur widerwillig; er wollte von seinem Thema nicht abkommen.

Die zweite Diskussion zwischen uns beiden drehte sich um die adligen Grundherren, die er aus seiner Studie ausblenden wollte. »Im Frankreich des Ancien régime«, sagte ich, »gab es keine Bauern ohne adlige Grundherren über sich.« »Das gilt für das Languedoc nicht«, antwortete er, »dort lebten keine *echten* Grundherren.« »Vielleicht, aber in diesem Fall gab es dann eben *unechte* Grundherren, und ich hätte gerne gewußt, wer diese unechten Grundherren waren. Sie wissen ganz genau, daß der Besitzer des Bodens von der Grundrente und von der Rente lebte, die ihm als Lehnsherr zustand, und daß er üblicherweise in der Stadt wohnte, wo er von den Einkünften aus seinen Rentenrechten lebte. Und wer ›Stadt‹ sagt, der meint auch ›Markt‹, so daß eine Geschichte der Bauern ohne eine Geschichte der Städte nicht möglich ist, und hier können Sie mir nur schwer widersprechen.« Daraufhin rief Emmanuel Le Roy Ladurie aus: »Nein, ich habe bereits genug gearbeitet, ich will die Städte nicht auch noch miteinbeziehen!«, und deshalb hat er sich mit den Städten nicht beschäftigt.

Mehr Einsicht zeigte er bezüglich meiner letzten Forderung: Er hatte das Leben der Bauern im Languedoc seit dem Ende des 15. bis Mitte oder Ende des 17. Jahrhunderts erforscht, also einen langen Zyklus des bäuerlichen Lebens studiert. Dieser Zyklus begann, als um 1450 in den verwüsteten Landstrichen wieder gepflügt und gesät wurde, und dieser lange Aufschwung erreichte seinen Höhepunkt um 1650; danach verschlechterten sich die Umstände für lange Zeit. Das alles breitet Le Roy Ladurie in seiner ganzen konkreten Wirklichkeit großartig vor uns aus. Ich meine aber, daß man angesichts einer so wichtigen Tatsache wie einer nicht bloß kurzfristigen, sondern mehrere Jahrhunderte umfassenden Konjunkturbewegung ganz klar den Fortschritt an sich und aus der Nähe betrachten muß, der notwendig war, um vom Agrarsektor zum Manufaktursektor überzuleiten. Auf den letzten zwei oder drei Seiten des Buches stellt sich Le Roy Ladurie diesem Problem, aber er führt es nicht aus. Dies verhindert nicht, daß er ein glänzendes Buch geschrieben hat, aber meine persönlichen Erwartungen erfüllt es nicht ganz.

An diesem Beispiel sehen Sie also, was für mich *Globalität* in der Geschichte bedeutet, nämlich über das hinaus zu fragen, was bereits erkannt ist, und Probleme vollständig auszuloten.

Akzeptieren Sie noch ein weiteres Beispiel? Vor kurzem erschien ein sehr bemerkenswertes Buch von François Furet und Jacques Ozouf über die Beseitigung des Analphabetismus in Frankreich im 18. Jahrhundert, das sich auf gründliche Untersuchungen stützt. François Furet und Jacques Ozouf unterscheiden zwischen dem traditionellen elementaren Leseunterricht, das heißt dem »Lesen lernen«, und einer Alphabetisierung höherer Ordnung, dem »Lesen und Schreiben lernen«. Wenn Sie Frankreich unter dem Blickwinkel des reinen »Lesenlernens« betrachten, erkennen Sie, daß der wichtige Teil des Landes im Westen, also im katholischen Frankreich liegt. Das Christentum ist eine Religion, die sich auf das Buch stützt, denn man muß lesen können, um seine Gebete zu verstehen. Wenn Sie hingegen den viel bedeutenderen Umbruch der Alphabetisierung höherer Ordnung betrachten, so werden Sie feststellen, daß der fortschrittliche Teil Frankreichs im Norden liegt. Es bestand demnach ein Unterschied zwischen einem geistig lebhafteren, kultivierteren und reicheren Frankreich im Norden und seinen westlichen oder südlichen Landesteilen. Sie werden denken, daß ein solches Thema insofern erstaunlich ist, als Kenntnisse im »Lesen und Schreiben« den Beginn einer ziemlich tiefgreifenden Revolution, nämlich den Abschied von einer eher oralen und sakralen Zivilisation markieren. In gewisser Weise handelt es sich um eine Profanisierung bisher kirchlich vermittelter Kenntnisse mit den Folgen, die Sie erraten. Mich hingegen befriedigt dies noch nicht vollständig. Ich habe François Furet dies gesagt, der meine Argumente auch akzeptierte.

Zunächst gab es beide Formen der Alphabetisierung schon lange vor dem 18. Jahrhundert. Wenn es diese Profanisierung jedesmal dann gegeben hat, wenn man lesen und schreiben lernte, so hat es sie schon früh gegeben, denn in italienischen und europäischen Städten lernte man beides schon seit dem 12. und 13. Jahrhundert. Später kam dann der Buchdruck hinzu, eine eher kleine Revolution zwar, aber ich hätte trotzdem gerne etwas über ihre damalige Bedeutung erfahren. Profitierten damals nur die kultivierten Kreise davon oder auch Menschen von, sagen wir einmal, elementarem Bildungsgrad? Vor allem aber gab es nicht bloß *zwei* Alphabetisierungen, wie Sie sicher erraten werden. Wenn ich darunter den Eintritt breiter Bevölkerungsschichten in eine bestimmte Form von Kultur verstehe, so stoßen wir nicht nur auf ein oder zwei Stufen, sondern auf eine ganze Treppe. Kurz, ich möchte wissen, was danach kam, wie sich das, was ich als Alphabetisierung oder elementare Kultur bezeichnen kann, vom 19. Jahrhundert bis heute ausbreitete.

Schließlich zeigt uns diese Studie über die Alphabetisierung, daß das Frankreich des Ancien régime viele Unterschiede aufwies, aber das war uns schon vor der Lektüre bekannt. Es bestand aus unterschiedlichen Räumen, die sich auf den Gebieten der Kultur, Gesellschaft, Wirtschaft und Politik gegenseitig beeinflußten. Das Problem der Teilung Frankreichs muß jenseits der Probleme der Alphabetisierung gesehen werden, wie ja auch das Problem der großen Entwicklungszyklen nicht allein mit der Geschichte der Bauern im Languedoc zu erklären ist. Wie Sie sehen, ist die umfassende Geschichtsbetrachtung notwendig und ein Zeichen des gesunden Menschenverstands.

Man hat mir oft Imperialismus vorgeworfen, aber ich bin kein Imperialist. Ein Imperialist besetzt bestimmte Gebiete in der Welt und kolonisiert sie. Bei mir gibt es keine Kolonisierung und keinen Imperialismus. Die Wissenschaften vom Menschen ließen sich weder in Frankreich noch sonst irgendwo von der Geschichte unterjochen; sie ignorieren sie vielmehr weiterhin. Man mag darüber schimpfen und es ihnen vorwerfen, aber sie bleiben gegenüber den Lehren der Geschichte taub und blind.

Ich könnte noch viele weitere Beispiele nennen. So wie Claude Lévi-Strauss, dem ich schon seit langem in Freundschaft verbunden bin; ich bewundere und schätze ihn sehr. Aber seit ich ihn kenne, und ich lernte ihn kennen, als er 25 Jahre alt war – wir kennen uns also seit etwa 40 Jahren –, hat er sich der Geschichte gegenüber absolut verschlossen. Er kennt sie nicht und will sie auch gar nicht kennenlernen. Er entdeckte eine Art geistiger Spielerei, indem er zwischen kühl-leidenschaftslosen Gesellschaften, die keine Geschichte besitzen, und heißblütigen Völkern unterschied, die auf eine lebendige Geschichte zurückblicken, so, als ob Geschichte für ihre Entwicklung der Hitze bedürfte. Dies ist ganz offensichtlich falsch! Man versuche doch nicht, uns weiszumachen, daß kühle Völker den »Mythos« als Geschichte nähmen, während lebhafte Gesellschaften keine Mythen besäßen und den entsprechenden Ersatz in der Geschichte gefunden hätten. Aber so denken sich die Philosophen das halt aus. Ich bin kein Philosoph, aber Claude Lévi-Strauss ist es für meinen Geschmack zu sehr! Tatsächlich gibt es keine Gesellschaft, ob primitiv oder nicht, die weder eine Entwicklung noch eine Geschichte kennt.

Glauben Sie bitte auch nicht, daß die *Annales* unter der Leitung von Lucien Febvre, Marc Bloch und mir den Wissenschaften vom Menschen je hätten zu nah auf den Leib rücken können! Sie sind uns verschlossen geblieben. Wir haben ihr Haus zwar betreten, aber man hat uns dort allein gelassen, und wie Sie wissen, gründet man auf sich allein gestellt keine Kolonie.

Nun, meine Damen und meine Herren, habe ich genug von mir und einigen meiner Vorstellungen gesprochen. Ich möchte Ihnen jetzt etwas über die *Annales* erzählen, die ich aus eigener Erfahrung von innen kenne. Ich will Ihnen sagen, daß mir diese wissenschaftliche Zeitschrift viel einfacher erscheint als denen, die sie von außen sehen. Dennoch bin ich empfindlich, wenn es um das seltsame Schicksal einer solchen Zeitschrift geht.

Die *Annales* wurden 1929 von zwei damals noch wenig bekannten Wissenschaftlern, Marc Bloch und Lucien Febvre, in Straßburg gegründet. Beide verband eine enge Beziehung, ständig war einer beim anderen, und ihre Büros in der Universität stießen aneinander. Die ersten Jahrgänge der *Annales* von 1929 bis 1939 enthielten die glänzendsten, intelligentesten, am besten redigierten und bahnbrechendsten

Beiträge ihrer ganzen langen Serie. Sie wurden von höchstens 300 bis 400 Menschen gelesen. Ich sage nicht, daß dies nichts war, aber es war auch nicht viel. Wenn die *Annales* trotz ihrer bescheidenen Anfänge also zu einer Art intellektueller Epidemie geworden sind, können Sie sich vermutlich vorstellen, daß hier mehrere besondere Umstände zusammengekommen sein müssen. Die außerordentliche Intelligenz von Marc Bloch und Lucien Febvre und ihre kämpferische Haltung genügten allein nicht. In der Tat hörten Disput und Diskussion zwischen ihnen nie auf, und deshalb wurden sie von Leuten, die sie nicht mochten, auch als »feindliche Brüder« bezeichnet. Sie hatten glücklicherweise viele Gegner, was ich hier ohne Scherz meine, denn man gewinnt nur dann an Bedeutung, wenn man genügend Gegner besitzt. Lucien Febvre verfügte über die Gabe, stundenlang zuzuhören und zu schweigen, aber am nächsten Morgen schrieb er gräßliche Briefe. Marc Bloch hingegen konnte alles ertragen. Er war der Gutmütige von beiden, und Lucien Febvre hatte, wie ihre Korrespondenz zeigt, auf geradezu glanzvolle Weise fast immer unrecht. Die Rolle der »feindlichen Brüder« und ihre Intelligenz allein reichten zum Erfolg aber noch nicht – dazu mußte noch etwas anderes geschehen.

Die *Annales* versammelten lange Zeit eine kleine und geistig revolutionäre, besser noch häretische Gruppe um sich, und sie hatten fast alle französischen Universitäten gegen sich. Sie können sich nicht vorstellen, was deren geschlossene Feindseligkeit und namentlich die Feindschaft der Sorbonne für Marc Bloch und Lucien Febvre, die ja am Rande Frankreichs in Straßburg lebten, bedeuten konnte. In den Vereinigten Staaten läßt sich an einer Universität vielleicht trotz der offenen Gegnerschaft New Yorks überleben, aber in Frankreich kommt es einem rechtskräftigen Schuldspruch gleich, wenn sich das wissenschaftliche Paris ablehnend verhält.

Die Dinge veränderten sich erst nach dem Zweiten Weltkrieg, nach 1945, und sie veränderten sich dramatisch, da Marc Bloch unter ebenso heldenhaften wie grausamen Umständen gestorben war. Lucien Febvre kam darüber nie hinweg und fand nie mehr den Bruder neben sich. Er fand zwar Söhne, aber intellektuell gesehen lebten die Brüder. Ich würde nicht sagen »Nieder mit den Söhnen!«, aber mit ihnen bestand ein ganz anderer Dialog, das heißt, Lucien Febvre blieb bis an sein Lebensende schrecklich allein.

Die Situation änderte sich gerade zu dem Zeitpunkt, als er ganz auf sich selbst zurückgeworfen war, und zwar in sehr merkwürdiger Weise. 1947 – ich war damals einer der jungen Direktoren der *Annales* – bot sich uns die Chance, eine Ecole des Hautes Etudes bzw., so die genaue Bezeichnung, die »Sixième Section de l'Ecole Pratique des Hautes Etudes« zu gründen. Ich weiß nicht, wo in diesem Saal sich Eric Hobsbawm befindet, aber an ihn wende ich mich jetzt direkt: »Stell Dir vor, Eric, daß man Dir im Alter von 40 Jahren die Möglichkeit eröffnet hätte, die London School of Economics nach Deinem Geschmack zu gründen. Gib zu, daß Dich dies ganz ungeheuer interessiert hätte.« Oder: »Stellen Sie sich vor, Herr Immanuel Wallerstein, daß es Ihrer *Review*, Ihrer so anspruchsvollen *Review* gelingen könnte, in Binghamton eine Ecole des Hautes Etudes mit etwa hundert, auf die Humanwissenschaften spezialisierten Lehrern zu gründen. Bei der Redaktion Ihrer Zeitschrift wäre das eine gewaltige Hilfe.«

Glauben Sie aber nicht, daß wir die Sixième Section de l'Ecole des Hautes Etudes aufbauten, weil wir Verstand besaßen; wir gründeten sie, weil wir einen schlechten Charakter hatten. Die Universität wollte uns beiseite schieben, und die Sorbonne war uns verschlossen, und zwar so entschieden, daß Lucien Febvre und ich ans Collège de France fortgelobt wurden, wo es keine Studenten gibt. Dort wären wir also unschädlich gewesen. »Unsere« Ecole des Hautes Etudes besaß nicht das Recht der Fakultäten, Titel zu verleihen. Wir befanden uns in einer dermaßen unterlegenen Situation, daß wir uns dort wie auf einem Abstellgleis vorkamen, aber wir engagierten uns mit der Gelassenheit von Hausherren. Die Gründung dieser Ecole des Hautes Etudes hat keine anderen traditionellen Universitäten beunruhigt, sondern sie eher erheitert, weil sie das Ganze höchst lächerlich fanden.

Das Lehrpersonal unserer Ecole des Hautes Etudes rekrutierte sich aus Männern, die über keine akademischen Titel verfügten und in manchen Fällen auch nicht aus Frankreich stammten, die aber die Begabung besaßen, die wir bei ihnen vermuteten. Unsere Einstellungspolitik war, wie ich sagen muß, außerordentlich liberal; wir schöpften aus jenem sympathischen intellektuellen Proletariat, das in allen großen Hauptstädten lebt. Mit diesen aus allen Richtungen zusammengewürfelten Elementen bauten wir unsere Ecole des Hautes Etudes auf, und fünf, sechs oder sieben Jahre später bemerkte man, daß wir die einzige noch lebende Hochschulinstitution waren. Außerdem entwickelte sie sich fast unbemerkt zur beherrschenden Einrichtung der Humanwissenschaften in Frankreich und verfügte im Ausland über eine beachtliche Ausstrahlung.

Mein Kollege und Freund K. Pomian erzählte uns vom Einfluß der *Annales* in Polen. Aber nicht nur die *Annales* strahlten bis nach Polen aus, sondern auch die Ecole des Hautes Etudes. Stellen Sie sich vor, daß tausend polnische Stipendiaten bei uns studierten, was nicht einmal wenig ist. In einigen Bereichen gelangen uns durch unser Institut und durch die *Annales* insofern Erfolge, als bei uns zahlreiche Professoren aus dem Ausland lehrten, was in Frankreich damals äußerst selten vorkam. So stammte Lucien Goldmann aus Rumänien und Julien Greimas, einer der damals bedeutenden Linguisten, aus dem Baltikum. Etienne Balasz, der beste Kenner der chinesischen Geschichte, hatte in Budapest das Licht der Welt erblickt, und Devereux, unser bedeutendster Psychoanalytiker, war trotz seines französisch klingenden Namens ebenfalls Ungar. Ruggiero Romano und Alberto Tenenti kamen beide aus Italien. Unseren besten Fachmann für Indien, Daniel Thorner, holten wir aus den Vereinigten Staaten, verloren ihn aber frühzeitig wieder. Mein mehr als dreißig Jahre lang engster Mitarbeiter in der Leitung unseres Hochschulinstituts, Clemens Heller, stammt aus Wien; heute ist er der energische Antreiber im Maison des Sciences de l'Homme. Wir haben unsere Ecole des Hautes Etudes also intellektuellen Köpfen geöffnet, die nicht in das übliche Schema einer Universitätskarriere passen. In die französische Universität tritt man nicht ohne die vorgeschriebenen Tressen ein. Die Ecole des Hautes Etudes verdankte ihre Bedeutung und Ausstrahlungskraft aber gerade denjenigen in ihren Reihen, die weder Tressen noch Sterne besaßen.

Diesen Liberalismus bewies unser Institut aber nicht nur in der Personalpolitik, sondern auch in bezug auf Ideen und Gedanken, und darauf beharre ich nachdrücklich: Die *Annales* haben sich nie Ideen verschlossen, die uns nicht gefielen. Eric Hobsbawm fragte zu Recht immer wieder nach den Beziehungen zwischen den *Annales* und dem Marxismus. Wir akzeptieren das Denken von Karl Marx und die Problematik des Marxismus tatsächlich etwa so, als hätte Marx seine Habilitationsschrift 1867 mit dem *Kapital* verteidigt. Diese Vorstellung brauchen Sie nicht zu belächeln, und Sie haben damit unrecht, denn wenn er seine Arbeit je der Sorbonne oder einer englischen Universität vorgelegt hätte, hätte es einen schönen Skandal gegeben! Das heißt also, daß wir das marxistische Denken genauso akzeptierten wie andere Gedankengebäude auch. Es diente uns aber niemals als Credo oder als Rahmen, wir schoben es allerdings auch nicht beiseite. Die Vorstellungen von Karl Marx sind mehr als Sie denken tief in ein

Land wie Frankreich und vielleicht in alle Länder der westlichen Welt eingedrungen. Es gibt in den USA, in Frankreich, in Italien wie in Deutschland, in England wie in Spanien keinen Intellektuellen, der nicht vom Marx'schen Vokabular und, da Worte nie für sich allein stehen, auch von marxistischen Vorstellungen durchdrungen worden wäre. Es wird Sie also auch nicht erstaunen, daß wir uns mit einigen englischen Marxisten gut verstanden, sehr gute Beziehungen zu Marxisten in Polen unterhielten, besser mit italienischen Kommunisten auskamen, als man sagte, und von den einen wie den anderen viel lernten. Natürlich bestanden auch keine Schranken zwischen uns und den französischen Marxisten.

Meine Damen und Herren, bevor ich mich vom Thema der *Annales* abwende, möchte ich Sie noch gern auf eine letzte wichtige Tatsache hinweisen. Was den *Annales* in aller Welt zugute kam, war die französische Kultur. Wenn die Welt auf dem Gebiet der Ökonomie bestimmte beherrschende Orte akzeptiert, so sind sind diese Wirtschaftszentren nach einer Art wohlbegründeter Regel nie mit den Städten identisch, die über kulturelle Ausstrahlungskraft verfügen. Als Venedig den Mittelmeerraum, Europa und Italien beherrschte und materielle Reichtümer aufhäufte, war Venedig, so interessant es auch sein mochte, kein Zentrum der Kultur. Das war Florenz, das Italien seine Sprache, den florentischen Dialekt, vermittelte, aus dem in gewisser Weise das Italienische entstand. Als das Zentrum der Weltwirtschaft in Holland lag, war Amsterdam trotz der großartigen Blüte der holländischen Malerei nicht das Zentrum der europäischen Kultur. Als sich der Mittelpunkt der Welt nach London verlagerte, besaß die Stadt trotz der glänzenden Kultur Englands im 18. Jahrhundert keinesfalls die intellektuelle Oberhoheit in Europa, denn die lag in Paris. Tatsächlich, und das ist sehr wichtig, hat Frankreich immer versagt, wenn es um die politische und wirtschaftliche Vorherrschaft ging, um die es sich dennoch sehr bemüht hat. Wir hatten einen Ludwig XIV., dem es aber nicht gelang, in Holland einzumarschieren, und wir hatten die Französische Revolution und Napoleon. Wir sind bis Moskau gezogen, aber dann kamen Trafalgar und Waterloo! Den wirtschaftlichen und politischen Wettlauf gewannen wir nie, aber wir siegten manchmal im Wettbewerb um die kulturelle Vormachtstellung, ohne daß wir sie gesucht hätten. Aber glauben Sie ja nicht, daß man die Position des kulturellen »Herolds« erringt, weil man intelligenter ist als andere. Ich bin der Meinung, daß Italien mit seiner Literatur, seinem Kino und seiner Kunst alle anderen europäischen Länder nach 1945 an Intelligenz bei weitem überragt hat. Ich sprach schon einige Male vom Zeitalter Dino Buzzattis; man könnte auch vom Zeitalter Italo Calvinos sprechen. Aber das kulturelle Zentrum der Welt zu sein ist kein Verdienst, sondern ein faktischer Zustand. Frankreich steht nicht mehr im kulturellen Mittelpunkt wie vor 1939, aber es ist noch immer der »Herold« der Kultur, und die Verbreitung der französischen Kultur in der Welt hat den *Annales* enorm genützt. Sie werden mich besser verstehen, wenn ich dies mit einer Nebenbemerkung erkläre: Man erwähnte auf diesem Kolloquium beiläufig den Namen des bedeutenden polnischen Historikers Witold Kula, des meiner Meinung nach größten lebenden Historikers, der jedoch leider erkrankt ist. Seine Bücher wurden ins Französische und Italienische übersetzt. Witold Kula ist, ganz offen gesagt, viel intelligenter als ich, aber wenn er spricht, dann hat er keinen »Herold«. Wenn aber ich mich äußere, kommt auch der ein wenig seltsame, aber dennoch existierende französische »Herold« ins Spiel. Er vermittelt dem französischen Denken eine zusätzliche Dimension selbst dann, wenn es dies nicht verdient. Wäre Witold Kula in Paris geboren und ich in Krakau, wären die Verhältnisse auf den Kopf gestellt, und die Rollen zwischen uns beiden viel gerechter verteilt.

Meine Damen und Herren, ich habe von mir nur erzählt, um besser über die *Annales* sprechen zu können, und über sie nur, damit ich mich über die Zeitschrift und das Denken Immanuel Wallersteins, die Zukunft seiner Aktivitäten und des von ihm geleiteten Zentrums fundierter äußern kann. Während ich gerade über die Voraussetzungen für den Erfolg der *Annales* referierte, dachte ich dauernd an die Bedingungen für die *Review* Immanuel Wallersteins. Ich glaube, daß ich ihm präzise Ratschläge geben kann: Zunächst einmal, und das ist eine Tatsache, hat er keinen »feindlichen Bruder«! Wenn er also denselben Erfolg wie die ersten Jahrgänge der *Annales* erzielen will, muß er sich so schnell wie möglich einen Partner suchen, der fünf oder sechs Jahre jünger ist als er selbst und den Widerspruch nicht scheut. Als Lucien Febvre 1956 starb, war ich ebenso allein wie er nach dem Tod Marc Blochs und fand ebenfalls keinen »feindlichen Bruder«. In der Person des köstlichen Ernest Labrousse besaß ich zwar einen älteren Bruder, aber mit Ernest Labrousse kann man weder einen Disput austragen noch diskutieren. Ersteres geht nicht, weil er einen zu sehr mag, und letzteres nicht, weil er kaum zuhört! Man redet und redet, aber er denkt an etwas ganz anderes! Deshalb hatte ich nicht den Bruder, den ich gebraucht hätte. Ich rate Immanuel Wallerstein also, sich einen »feindlichen Bruder« zu suchen, notfalls auch durch geeignete Annoncen in Fachzeitschriften, der ihn bei der Redaktion der *Review* unterstützen kann.

Was ich ihm nicht zu raten brauche, ist, daß er eine Zeitschrift auf die Beine stellen soll, die nicht nur den Vereinigten Staaten, sondern allen Historikern und Vertretern der Humanwissenschaften in der Welt offensteht. Aber das wird er sicher tun. Er weiß es wahrscheinlich, aber er muß auch davon überzeugt sein, daß eine Zeitschrift ohne straffe Führungslinie und ein vorher festgelegtes Konzept nicht auskommen kann; ich erlaube mir, diese wichtige Frage zu betonen.

Daß sich die *Annales* verändert haben, als sie von Marc Bloch an Lucien Febvre, von Lucien Febvre an Fernand Braudel und von Fernand Braudel an seine Nachfolger übergingen, finde ich vollkommen richtig. Nicht einverstanden bin ich damit, daß meine Nachfolger keine generelle Linie verfolgen. Ich will doch, daß alle Welt zu mir kommt, und befürworte deshalb persönlich eine weitgespannte, alle historischen Sparten umfassende Definition von Geschichte. Ich habe noch nie ein bissiges Wort über die traditionelle Geschichtsschreibung verloren und liebe ein solches amerikanisches Buch über Thomas Jefferson, das mich begeistert hat; sogar die eher anekdotische Geschichte mißfällt mir nicht. Kurz und gut, mir sind alle Sparten der Geschichte wichtig – aber die meinige ist mir am liebsten. Ich sage nicht, daß ich sie meiner Zeitschrift aufzwingen würde, aber ich würde unter den Themen doch entsprechend meinen eigenen Neigungen auswählen. Lucien Febvre liebte den problemorientierten Ansatz der Geschichte, ich den Ansatz der langen Dauer, und als ich die Leitung der *Annales* übernahm, legte ich ihn als Generallinie fest. Es stimmt, daß es meine Nachfolger da schwerer haben. Die »ketzerischen« *Annales* mit ihren Feinden – das war herrlich, und herrlich deshalb, weil Gegner ihnen halfen. Ohne die Gegner der *Annales* hätte ich mich niemals zur Mitarbeit an der Gründung der Ecole des Hautes Etudes bereit gefunden, denn sie verkörperten die »Fallwinde«, die unsere Segel aufblähten. Sie legten den Grundstein für die *Annales* und den Erfolg unserer Zeitschrift und Hochschule. Seit 1965 oder 1966 ist eingetreten, was für die *Annales* Gift ist: Wir haben keine Gegner mehr! Und wer keinen Feind mehr hat, der gleicht etwas einem Waisen. Ich erzählte Ihnen vorher von Georges Gurvitch. Erlauben Sie mir eine Anekdote zu diesem Thema: Gurvitch war empfindlich und streitlustig; er pflegte von diesem oder jenem seiner Gegner zu sagen: »Ich schneide ihm die Kehle durch!«, was er natürlich nicht tat. Lange Zeit hatte er das große Glück, den Dekan seiner Fakultät zu hassen. Er verabscheute ihn bis auf den Tod. Und dann passierte das Unglück – der Dekan setzte sich zur Ruhe, und ich sah meinen armen Georges Gurvitch mehr als todunglücklich: Er hatte keinen Feind mehr und suchte in der Universität nun nach einem Ersatz für ihn. Sie können sich nicht vorstellen, wie unglaublich komisch und gleichzeitig ergreifend das sein konnte.

Ich sagte schon, daß es meine Nachfolger schwerer hatten als ich, denn die *Annales* waren gewollt oder ungewollt ins Establishment gerutscht und sind nun eine Macht. Sie sind ruhig geworden; sie haben keine Feinde mehr, und das stellt sie vor viele Probleme. Ich sage nicht, daß man den *Annales* Gegner kaufen sollte, um ihre Aufgabe zu erleichtern, aber es ist schwierig, aufsässig und innovativ zu sein, wenn man plötzlich irgendwie orthodox geworden ist.

Ich rate Immanuel Wallerstein deshalb, an seiner Linie festzuhalten. Er hat den großen Vorteil, daß er ein Buch mit dem Titel *The Modern World-System* veröffentlicht hat, das sich anschickt, die Welt zu erobern. Es ist sicher so schön wie *La Méditerranée et le monde méditerranéen...*, aber viel neueren Datums. Mein Buch gibt es schon seit dreißig Jahren, das ist für ein Buch eine lange, vielleicht sogar zu lange Zeit.

Das Buch Wallersteins liegt in seiner dritten englischen Auflage vor; es wurde ins Italienische, Niederländische und Französische übersetzt. Mein alter Freund Frederic Lane hat darüber einen glänzenden Beitrag geschrieben. Letzten Endes bringt es seinem Autor jetzt schon eine kostbare Gnade ein: Es verschafft ihm einige Feinde!

Dieses außerordentliche Buch ist gleichzeitig ein Forschungsprogramm. Wallerstein wollte dieses Programm nicht durchführen und verfaßte sein Buch entlang der Schwierigkeiten, die er zu überwinden hatte. Wie er selbst sagt, mußte er ein einheitliches Verweissystem entwickeln, das als eine Art Hülle dienen konnte, als äußere Grenze für den größten in sich geschlossenen Komplex, den die Welt je hervorbrachte. Für ihn stellt dieser Komplex die Wirtschaft dar. Wir stehen heute vor drei derartigen, einander bekämpfenden Wirtschaftssystemen, dem westlichen, dem sowjetischen und dem chinesischen. Die Wirtschaft der westlichen, oder wie man sie mit Stolz nennt, der

»freien« Welt entwickelt natürlich die meisten Talente, weil sie die reichste ist. Jede dieser Volkswirtschaften hat ihren Mittelpunkt in einer einzigen Stadt, die allerdings nicht immer dieselbe war. Das westliche Wirtschaftssystem hat seit 1929 in New York sein Zentrum, das heißt, Europa hat seine Hegemonie im Zuge der Weltwirtschaftskrise von 1929 verloren, und New York ist sie fast unbemerkt zugefallen. Beachten Sie, daß in der Geschichte Europas und der westlichen Welt die Entstehung und Verschiebung von Wirtschaftszentren immer Hafenstädte begünstigte. Dies belegen die Namen der strahlenförmig um Europa angeordneten Wirtschaftszentren, die einander ablösten: Venedig, Genua, Sevilla, Lissabon, Antwerpen, Amsterdam, London und schließlich New York. Ich bin mir wohl bewußt, daß diese Beispiele noch nicht genügen, um daraus eine Gesetzmäßigkeit abzuleiten. Grob gesprochen aber scheint es so, daß eine deutlich gegliederte Wirtschaftszone an eine Hafenstadt grenzt. Die beiden anderen Wirtschaftssysteme gruppieren sich jeweils um eine Stadt im kontinentalen Binnenland, das eine um Moskau und das andere um Peking. Glauben Sie mir, dies bedeutet Unterlegenheit.

Was Immanuel Wallerstein aber gezeigt hat, ist, daß sich um das Zentrum, das heißt um die wirtschaftlich privilegierte Zone, zunehmend weniger reiche, am äußersten Rand sogar ausgesprochen arme Zonen strahlenförmig gruppieren. Wenn ich dieses Bild auf einer Tafel nachzeichnen müßte, würde ich um das städtische Zentrum einen, zwei, drei, vier oder fünf Kreise ziehen. Glauben Sie mir, dies ist sehr wichtig, denn das wirtschaftliche Leben in den Randzonen weist bezüglich der Wirtschaftstätigkeit nicht dieselben Merkmale, dieselbe Hitze und dieselbe Geschäftigkeit auf wie in der Kernregion. Wenn Sie sich weit genug in die Vergangenheit, zum Beispiel ins 16. Jahrhundert, zurückversetzen und sich nach Osteuropa begeben, so treffen Sie auf Leibeigenschaft. Wenn Sie in Richtung Amerika gehen, sehen Sie Sklaverei. Wenn Sie aber nach Venedig, Antwerpen oder Amsterdam reisen, erleben Sie den Kapitalismus. Eine der Feststellungen, die das Buch Immanuel Wallersteins wie ein roter Faden durchziehen, ist, daß die verschiedenen Wirtschaftsformen Kapitalismus, Leibeigenschaft und Sklaverei nebeneinander bestehen.

Aber, so werden Sie denken, dieses Schema trifft nicht nur für das Wirtschaftsleben zu, sondern ist ein Mechanismus, um die gesamte Menschheitsgeschichte, die Geschichte der Gesellschaften, Kulturen und Staaten, überhaupt alle Formen des Lebens und sogar den Krieg zu erklären. Im 16. Jahrhundert führte Spanien einen wahrhaft »modernen« Krieg um die Niederlande. Die schlagkräftigste Armee der Welt kämpfte gegen die frisch ausgehobenen Truppen der Vereinigten Provinzen. Der niederländische Krieg war *der* technische und wissenschaftlich-rechtsphilosophisch begründete Krieg der Zeit (»bellum iustum«), ein Krieg der Belagerungen, der teuren Rüstungen, des Pulvers und der Kanonenkugeln; allein auf eine einzige Stadt wurden 30000, 40000 oder 50000 Kugeln abgefeuert. Aber dieser strategisch geplante, »gelehrte« Krieg wurde nur im Zentrum der damaligen Welt geführt, nicht in den Kolonien. Ein vor kurzem erschienenes Buch schildert den Krieg, den die Holländer im 17. Jahrhundert um Recife führten. Vor Beginn der Kampfhandlungen zwischen den holländischen Soldaten und den spanischen Regimentern galt es als ausgemacht, daß der Krieg nach strategischem Kalkül geführt werden sollte. Nach Ausbruch der Feindseligkeiten erwiesen sich die Portugiesen* in Brasilien im Verein mit ihren indianischen Hilfstruppen als Spielverderber, denn sie mieden die offene Feldschlacht und praktizierten statt dessen den Guerillakrieg in den Wäldern, wo sie sich so geschickt bewegten wie Affen … und am Ende siegten die armen Affen.

Meine Damen und Herren, damit komme ich zum Ende meiner Ausführungen. Ich skizzierte Ihnen die Welt, wie sie Immanuel Wallerstein sieht. Ich wünsche mir, daß er an seinem breit angelegten Schema noch weiter feilt und daß er den *Review* auch künftig als Forum zur Erklärung von Vergangenheit und Gegenwart nutzt. Ich denke in der Tat, daß die Geschichte nicht die »Wissenschaft« von der Vergangenheit, sondern von der Gegenwart ist. Ich möchte indessen nicht schließen, ohne meinen persönlichen Dank auszusprechen, ohne Ihnen zu sagen, wie überaus angenehm es für mich gewesen ist, acht Tage in einer ruhigen amerikanischen Stadt, in einer ganz neuen Universität und unter Freunden zu verbringen, die zu sehen und zu besuchen so angenehm ist wie die Sonne und die Bäume im Frühling.

---

* Portugal war von 1580 bis 1640 in Personalunion mit Spanien vereinigt [A. d. Red.].

Die Gegenwart von Lucien Febvre*

Seit dem Tod Henri Pirennes im Jahr 1934, den alle, die ihn gekannt, gehört, gelesen, bewundert und somit geliebt haben, sehr schmerzlich empfanden – seit dem Tod dieses Großen ist Lucien Febvre der einzige Historiker französischer Sprache, der ein vergleichbar hohes geistiges Niveau und eine derartige fachliche Meisterschaft erreicht hat. Im Unterschied zu Pirenne dem offenen Denken verpflichtet, verfügt Lucien Febvre sowohl außerhalb Frankreichs als auch im Lande selbst, wo sein kämpferisches Werk wie eine geistige Revolution nachwirkt, über eine große intellektuelle Ausstrahlung. Das ist eine in der Tat besondere, erwünschte und gefährliche Situation. Ich sage »gefährlich«, weil ich einen Augenblick lang an die vielen Kämpfe gegen *dunkle Mächte* dachte. Ich könnte diese Situation aber auch als »heldenhaft« beschreiben und dabei nur an ihn denken. Die Liebe zur Geschichte ist ein Feuer, das unaufhörlich Nahrung braucht. Lucien Febvre hat ihr schon ein langes Leben voller Arbeit und Mühen, das auf anderen Gebieten mindestens ebenso strahlende Erfolge erzielt hätte, ohne Murren gewidmet. Auf jeden Fall hat er den Preis für den Glanz bezahlt, der ihn umstrahlt, und bezahlt ihn noch immer: »Ich liebe die Geschichte«, schrieb er eines Tages, als man ihn noch nicht so gut kannte, und fügte hinzu: »Wenn man einen geistigen Beruf gewählt hat, dann ergibt sich die abscheuliche Notwendigkeit, sein Leben in zwei Teile zu spalten, wobei der eine der lieblosen und hastigen Verrichtung eines Beruf und der andere der Befriedigung von grundlegenden Bedürfnissen gewidmet ist.« Aber beruhigen wir uns – er hat sein Leben nicht zweigeteilt, sondern es voll und ganz ins Feuer seiner Leidenschaft für die Geschichte geworfen.

Er lebt also ein ungeteiltes, fleißiges, sogar äußerst arbeitsreiches Leben. Arbeiten heißt für ihn tatsächlich enorm viel zu arbeiten, zu lesen, zu schreiben, lange und ausführlich zuzuhören und nicht eher von seinem Schreibtisch aufzustehen, als bis dieser oder jener Artikel oder ein bestimmtes Kapitel beendet ist, die er in rasendem Tempo und ohne Streichung in kaum lesbarer Schrift zu Papier bringt, ohne daß die Klarheit der Aussage darunter litte. Arbeiten heißt für ihn

---

* »Présence de Lucien Febvre«, in: *Hommage à Lucien Febvre*, Paris 1953, Bd. 1, S. 1–16. Aus dem Französischen übersetzt von Jochen Grube.

auch, seinen Schreibtisch nicht eher zu verlassen, als bis er unzählige Briefe an seine Freunde geschrieben hat, in denen das Wort »Arbeit« wie ein Refrain in jeder Zeile auftaucht: »Ich habe noch massenhaft Dinge zu erledigen …« oder »Ich bin sehr allein, ich arbeite …«, oder »Von hier nichts Neues, ich arbeite …«, oder manchmal schon im Telegrammstil »Arbeite wie ein Neger …«. Wohin man bei ihm auch blickt, stets taucht fanatisch, fröhlich oder sehr fröhlich erledigte, leichte oder auch sehr leichte, aber immer endlose Arbeit auf.

Wer wie ich die Manuskripte der fünf oder sechs noch unveröffentlichten Bücher gesehen und zum großen Teil gelesen hat, die sich unter den bei Lucien Febvre stets wohlgeordneten Papieren finden und die nur noch der letzten Aktualisierung oder der einfachen formalen Durchsicht bedürfen, bevor sie den Weg zum Verleger finden, der weiß, daß ein solch einzigartiger Ruf, wie ihn Lucien Febvre genießt, seinen Preis hat; er wurde mit harter Arbeit bezahlt.

Aber diese Arbeit dient ihm, was wohl kaum eigens erwähnt zu werden braucht, auch als Refugium vor so vielen widrigen Umständen, in Zeiten der Prüfung, der Trauer und Verdrießlichkeit im öffentlichen und privaten Bereich. Seiner Generation blieb wahrhaftig nichts erspart: »Nur wer den Nacken steif hält, überlebt«, notierte er ungezwungen. »Das habe in jenem tragischen Jahr 1940 am eigenen Leib in Lyon erfahren, als es für mich schon eine große Anstrengung bedeutete, nur ein wenig arbeiten zu können. Wenn es mir aber gelang, verspürte ich die Wohltat dieser sehr beruhigenden und starken Ablenkung, die geistige Arbeit bietet.« Es kommt natürlich auch vor, daß ihm dieses Refugium wie alle Refugien als Hohn erscheinen mag: »Ich verdränge«, wie er schrieb, »einen traurigen Wintertag im Jahr 1941, an dem ich viel gearbeitet habe, was eine Art ist, nicht zu denken. Aber wie oft fühle ich die Versuchung, über diese Arbeit zu lachen. Wozu dient sie eigentlich?« Aber wer hat diese Augenblicke der Entmutigung und des bitteren Lachens nicht auch schon kennengelernt, in denen das, was gestern dem Leben noch Grund und Sinn verlieh, seinen Wert plötzlich verloren hat? In solchen Stunden der Verzweiflung bewahrt sich ein jeder, gleich was er dagegen einwenden mag, das für ihn Wesentliche. Für Lucien Febvre und einige andere war es stets und ist es noch immer die Arbeit.

Es stimmt, daß niemand, der sich mit Geschichte befaßt, und von der Leidenschaft zu diesem Beruf besessen ist, sich diesem anspruchsvollen Gesetz, dieser verbissenen Mühsal und dem notwendigen Stoizismus entziehen kann, ohne den, einem Wort Marc Blochs zufolge, das Leben des Historikers nicht möglich ist. Große Historiker brauchen allerdings noch andere und einander ziemlich widersprechende Begabungen wie ein Gefühl für Poesie, geistige Strenge, aber auch Leidenschaft, große Geduld und eine nie versiegende Neugier. Und wenn es ein Glück ist, ein langes und arbeitsreiches Leben vor sich zu haben, das beinahe vollständig aus dem Einordnen von Gelesenem, von Forschungsergebnissen und von Notizen oder aus Stunden besteht, die im Archiv verbracht werden – der Fall Marc Blochs erinnert uns daran –, dann darf über die gesamte Wegstrecke hinweg weder die Jugend noch die Begeisterung für den Beruf verlorengehen; dann muß man sich auch den Geschmack an neuem Wein bewahren und nicht bloß auf seinem Posten verharren (was nicht schwierig ist), sondern bei wissenschaftlichen Kontroversen in vorderster Linie stehen, besonders wenn es um ganz neue, möglicherweise noch ungesicherte Forschungsergebnisse geht. Schlimm für den, der beim Altern zu weise wird! Lucien Febvre hat diese vorderste Front mit großer Leidenschaft und Unvorsichtigkeit gesucht … Noch heute reizt jede Neuigkeit ganz unmittelbar seine Aufmerksamkeit, fasziniert und verführt seinen Verstand und weckt dann seine Zuversicht, auf die Gefahr hin, ihn in ihren eigenen Vorgehensweisen und auf ihren eigenen Wegen mit sich fortzureißen. Auf jeden Fall hat sich kein anderer Historiker so intensiv und so erfolgreich um die Erneuerung unseres Faches und seine Öffnung gegenüber den benachbarten Sozialwissenschaften bemüht wie er! Sein Wirken ist dem eines Pioniers und Erfinders vergleichbar … Das, was heute Hunderten oder Tausenden unserer Historiker als selbstverständlich erscheint, mußte man gestern noch ständig betonen, wiederholen und laut hinausschreien. Trotzdem haben die hohen Würdenträger der Geschichtswissenschaft diesen Ruf noch nicht vernommen. Lucien Febvre ist sich bekanntermaßen nicht zu schade, es ihnen immer wieder von neuem zu sagen.

Gleichzeitig ist ihm – zur Freude der einen und zum Mißfallen der anderen – die lebhafte Neigung zu Auseinandersetzungen um neue Ideen eigen, die er zusammen mit guten Kampfgefährten führt: Sein Leben, sein Handeln und sein Werk sind ohne diese kampferprobten Gefolgschaften und die für ihn daraus erwachsenen Freundschaften, denen er romantisch die Treue gehalten hat, nicht zu verstehen. Bereits am Beginn seines intellektuellen Lebens stehen hier die Namen der älteren, gleichaltrigen oder jüngeren Freunde am Pariser Gymnasium »Louis-le-Grand« und in der Ecole Normale, Charles Blondel und Maurice Halbwachs, die er im Jahr 1919 an der Universität Straßburg wiedertreffen sollte; außerdem Henri Wallon, der am Collège de France wieder zu ihm stieß, Jules Bloch, Albert Greiner, Jules Sion, Marcel Ray, der Germanist, der schließlich in den diplomatischen Dienst überwechselte, und Augustin Renaudet, der ihn nie verließ, weil ihn das 16. Jahrhundert genauso verschlingen sollte wie Lucien Febvre selbst... Von diesen ersten Freunden sollten einige nach glänzenden Erfolgen viel zu rasch sterben, wie der Historiker Albert Thomas und der großartige Eugène Albertini, der von der Philologie zur römischen Epigraphik und zur Geschichte stieß. Andere seiner Freunde traten in seinem kämpferischen Leben nicht so deutlich in Erscheinung, wie der zurückhaltende Philosoph Daudin und jener in Athen geborene Spezialist für Kunstgeschichte, Marcel Bulard, der sich in seiner Jugendzeit viel mit dem Surrealismus des »Père Ubu«* beschäftigt hat und vor kurzem in Toulouse sanft entschlafen ist.

Neben dieser Gruppe enger und wichtiger Freunde suchten noch viele andere Kontakt zu Lucien Febvre und nahmen ihn im Lauf seines Lebens und seiner Karriere für sich ein. Zuerst Henri Berr und die *Revue de synthèse*, wo er seit 1907 seine ersten Kämpfe an der Seite von Abel Rey, Georges Bourgin, Pierre Caron und Paul Montel bestand, den er zur gleichen Zeit in der »Fondation Thiers« traf. Während dieser ersten Pariser Zeit lernte er auch Léon Werth, den Maler Marquet, den sympathischen Groethuysen, der sich schon als echter Europäer fühlte, bevor es diesen Begriff überhaupt gab, und Jean-Marie Bloch kennen ... An der Universität von Dijon, wohin er bald einen Ruf erhielt, verbanden ihn freundschaftliche Beziehungen mit Henri Hauser, Gaston Roupnel und Edouard Dolléans. Außerdem hatte er dort genügend Zeit, sich intensiv um einen jungen und vielversprechenden Historiker, Robert Schnerb, zu kümmern. In Straßburg, wo er von 1919 bis 1933 lehrte, viele Freunde wiedertraf und den damals noch so jungen Marc Bloch kennenlernte, mit dem er 1929 die Zeitschrift *Annales* gründete, erneuerte er auch die Verbindung zu seinem ehemaligen Lehrer, dem späteren Dekan und Rektor der Universität, Christian Pfister. Außerdem knüpfte er freundschaftliche Beziehungen zu André Piganiol, Albert Gabriel, Henri Baulig,

---

* Spitzname des französischen Dramatikers Alfred Jarry (1873–1907) [A. d. Red.].

Charles-Edmond Perrin, Georges Lefebvre, René Leriche, Ernest Champeaux, Gabriel Le Bras, A. Poso, Jean Gagé, Gaston Zeller und vielen anderen. Wer sich an das Aufsehen erinnert, das die Universität Straßburg erregte, als sie wieder französisch wurde, ist vielleicht geneigt, den inhaltlichen Glanz und Reichtum der noch jungen Zeitschrift *Annales* zum Teil mit diesem Aufsehen zu erklären. Wäre ein solcher Erfolg auch anderswo möglich gewesen?

Nach seiner Straßburger Zeit zog Lucien Febvre mit dem lächelnden Einverständnis Anatole de Monzies sehr viele seiner Freunde, Arbeits- und Kampfgefährten wie Gustave Monod, Julien Cain, Pierre und Marcel Abraham und André Varagnac zur Mitarbeit an der *Encyclopédie française* heran... Den Zufällen des Universitätslebens verdankte er zur gleichen Zeit, kurz vor dem Ausbruch des Zweiten Weltkrieges, die Bekanntschaft mit Georges Friedmann, Ernest Labrousse und mir. Er traf Marcel Bataillon, den er als blutjungen Studenten in Dijon kaum bemerkt hatte, sowie seine ehemaligen Schüler Henri Brunschwig und Paul Leuilliot, den guten und treuen *Annales*-Mitarbeiter der ersten Stunde, wieder. Henri Brunschwig hatte auch bei Marc Bloch und Georges Lefebvre studiert und unterrichtete nach seiner Studienzeit an einem Gymnasium in Paris. Andere ehemalige Studenten und Schüler Lucien Febvres in Paris wie Lionel Bataillon, Jean Despois, R. Schneider, A. Deléage, Dollinger, Folz und Ponteil legten an allen französischen Universitäten oder durch bemerkenswerte Forschungsarbeiten Zeugnis ab von der Fruchtbarkeit eines außergewöhnlichen Unterrichts.

Lucien Febvre zog also ständig eine Reihe risikobereiter und origineller Köpfe in sein Vertrauen, in sein geistiges Fahrwasser und versicherte sie seiner Freundschaft; zusammen mit dem großartigen Paul Vicaire und den Pfarrern Berthet war Charles Mozaré eine seiner letzten »Eroberungen«.

Die Freunde Lucien Febvres, deren Namen ich soeben anführte, und die anderen brauchen sich nun aber nicht zu beunruhigen: Unter dem Vorwand, diese Festschrift einzuleiten, beabsichtige ich keinesfalls das akademische Portrait eines Menschen, den wir alle lieben, eines so wenig akademischen Menschen. Natürlich wäre es eine schöne Aufgabe, über seine Tugenden und seine geistige Überlegenheit auf vielen Gebieten zu berichten und die Farben seines geistigen Feuerwerks zu erläutern, aber wozu? Dieses Feuerwerk hat er selbst gezündet, und er kümmert sich weiterhin sehr intensiv darum... Deshalb soll am Anfang dieser Seiten der Zuneigung und Dankbarkeit eher der Privatmann Lucien Febvre und nicht der im Blickpunkt der Öffentlichkeit stehende Akademiker gewürdigt werden. Selbst auf die Gefahr hin, daß ich ein bißchen von mir selbst sprechen werde – wobei sich zeigen wird, daß ich nicht anders kann –, möchte ich vor allem an seine alltägliche Gegenwart erinnern und dabei aus seiner umfangreichen Korrespondenz schöpfen. In ihr kommt die Großzügigkeit seines Denkens viel deutlicher zum Ausdruck als in seinen zahlreichen wissenschaftlichen Beiträgen oder gar Büchern. Innerhalb seines Gesamtwerks, dem vorliegenden und dem künftigen, scheinen mir seine Briefe, die in so viele Hände gelangt sind, die sie leider nicht immer pfleglich behandelten, das Kostbarste zu sein. Ich wünsche mir, daß eines Tages große Teile daraus veröffentlicht werden, denn sie sind der Geschichte würdig.

I

Ich sah Lucien Febvre zum ersten Mal im Jahr 1934 während einer Tagung im Centre de Synthèse Historique, auf der unter der Leitung von Henri Berr wieder einmal das Problem des Humanismus und der Humanisten erörtert wurde; ein zweites Mal traf ich ihn an einem Novembermorgen des Jahres 1936 in seinem Haus. Richtig getroffen – im Sinne von zusammenkommen und kennenlernen – habe ich ihn erst Anfang November 1937 an Bord der »Campana«. Er war bereits auf dem Schiff, als ich im Hafen von Santos zustieg. Ich kehrte von einem langen Aufenthalt an der Universität von São Paulo zurück. Er kam aus Argentinien, aus Buenos Aires, wo er eine Reihe von Vorträgen insbesondere über den »Mittelmeerraum« und über »Europa« gehalten hatte; von ihnen existiert eine hervorragende, im Buchhandel leider unauffindbare Zusammenfassung in spanischer Sprache. Dieses Zusammentreffen bereitete mir einerseits Vergnügen, aber es beunruhigte mich auch. Die »Prüfung« einer Heimreise auf einem fast leeren Schiff, die Aussicht auf ein etwa zwanzig Tage dauerndes tägliches Treffen mit Lucien Febvre hätten auch weniger ängstliche Gemüter erschreckt, zumal Lucien Febvre bereits in diesem so fernen und doch so nahen Jahr – mehr noch als vielleicht heute – der unzutreffende Ruf eines harten und unbeugsamen Mannes vorauseilte, der sich sehr verletzend äußern konnte. Man pflegt zu sagen, daß starke Charaktere einen schlechten Charakter haben. Sollte ich, der ich mich damals schon seit Jahren für alles interessierte, was er schrieb, und die *Annales* schon immer mit Begeisterung gelesen hatte und sie gar nicht so bissig fand wie viele meiner alten Lehrer (Charles Seignobos bezeichnete sie als »bitter«), sondern sie im Gegenteil als lebendig, schön und geistig anregend empfand – sollte ich ihn nur kennenlernen, um ihn dann nicht mehr zu schätzen? Bis zum nächsten Hafen Rio de Janeiro, wo Philippe Arbos aufs Schiff kam, war der Beginn unserer Freundschaft besiegelt. Man kann Lucien Febvre, so kantig er nun einmal ist, nicht widerstehen, aber seine Unbarmherzigkeit entbehrt jeder Bosheit; auf intellektuellem Gebiet ist er sich und anderen gegenüber einfach unerbittlich und fordernd. Läßt man diese Verachtung der Mittelmäßigkeit, die mir übrigens als Tugend erscheint, einmal beiseite, so ist er der beste Freund der Welt. Eines Tages schrieb er mir in einem Brief, dessen vertrauter Ton mich noch heute bezaubert: »Der Wind hat meine Wetterfahne leider nicht gedreht. Ich bleibe immer der gleiche seltsame Vogel und neige stark dazu, die Gegenposition zu dem zu beziehen, was zu sagen oder zu tun ist. Ich bin ein ziemlicher Brummbär und, wie ich mir schmeichle zu sagen, der beste Sohn der Welt. Vor allem aber bin ich Historiker, den eine geistvolle Idee im eigenen Kopf oder in den Köpfen anderer mitreißt, und ich füge hinzu, daß ich meinen Freunden geradezu verhängnisvoll treu ergeben bin, selbst wenn sich dies in meinen Briefen kaum zeigt.« »Der beste Sohn der Welt« offenbarte sich mir so wie er ist – aufmerksam, charmant, leidenschaftlich, diskret, reizend, vor Ideen und Erinnerungen sprühend und glücklich darüber, alles zu sehen und über alles zu diskutieren … Daß er auch während seiner Ferien auf dem Schiff arbeitete, nehmen Sie doch wohl an. Es stimmt tatsächlich, denn an Bord verfaßte er nicht nur wissenschaftliche Artikel und Rezensionen, sondern vollendete auch einen Band der *Encyclopédie française*, den kurz danach der inzwischen schmerzlich vermißte Célestin Bouglé herausgeben sollte und dessen Fahnen Lucien Febvre durchsah und korrigierte.

Als er – kaum nach Paris zurückgekehrt – die ersten Angelegenheiten geregelt hatte (»Die Rückkehr gestaltete sich für mich mehr als hart, fast grausam«, wie er mir schrieb), lud er mich zu sich ein, und der Dialog, der in einer dunklen Sommernacht in den Tropen begonnen hatte, wurde nie mehr unterbrochen. Nachdem ich einmal in

Lucien Febvres Leben getreten war, wurde ich mit der Zeit wie ein Sohn des Hauses behandelt. Der »Sohn« ist seither älter geworden und greift heute auf alle diese Erinnerungen zurück, um für einen Augenblick an jenen liebenswürdigen und lebhaften Mann zu erinnern, den er damals kennenlernte und seither nie mehr aus den Augen verloren hat.

Lucien Febvre öffnete sich in dieser Zeit mir gegenüber nur dann richtig, wenn wir ins »Val« [vgl. S. 289, 334] gingen oder später nach Le Souget in sein Haus im Jura fuhren, oder wenn ich ihn auf einer kürzeren oder längeren Reise quer durch Frankreich begleitete. Wir reisten meist in seinem alten Bugatti, den Léon Werth, wie ich sagen muß, sehr behutsam steuerte. Der einst so stolze Wagen hatte unter seinen unerfahrenen Vorbesitzern sehr gelitten, bevor er in die Hände von Léon Werth und seines Freundes Saint-Exupéry gelangte. Beide hatten es fertiggebracht, ihn wieder zu »verjüngen«, und konnten mit ihm, wenn er wollte, in voller Geschwindigkeit fahren. Möglicherweise unter dem Eindruck des einleitenden Kapitels der *Histoire de France* von Vidal de La Blache, ein Buch, in dem er oft blätterte, und Michelets *Tableau de France*, dessen Lektüre ihm jahrelang großes Vergnügen bereitete, verspürte Lucien Febvre damals – und auch heute noch – ein starkes Bedürfnis nach Frankreich. Er will das Land erleben, sich an ihm weiden und daran sattsehen. Dazu war ihm jeder Vorwand recht, selbst eine Nasennebenhöhlenentzündung, die er im Sommer 1938 in Cauterets behandeln ließ: »Ich bin hier angekommen und habe den längsten Weg über Limoges, Périgueux, Moissac, Auch und Lourdes gewählt«, ließ er mich wissen. »Ein schöner Teil Frankreichs. Muß ich sagen ›Frankreich‹? Für uns Bewohner Nord- und Ostfrankreichs sind diese Gebiete ebenso exotisch wie fern! ... Diese Sainte Sophie, die sich in Perigueux mitten in einer der schönsten und lieblichsten Gegenden Frankreichs unvermutet ausbreitet; diese Aufwerfung des Jura in der Gegend von Les Eyzies. Wie entmutigt doch die Banalität von Moissac, einem Provinznest, das seine Seele für einen Korb Weintrauben verkauft hat, und mitten im Zentrum die Kirche Saint-Pierre, deren Skulpturen und Glockenturm total zerfallen und zweckentfremdet sind, und welch merkwürdiger Hauch schwebt durch eine Stadt wie Auch, deren befestigte und kriegerische Oberstadt durch offenbar tiefe und sektiererische Leidenschaften zerfressen wurde und heute stumm ist. – All das verwirrt und versetzt Sie weit, so weit zurück … Und dann, für den Historiker, Limoges und Périgueux: Zwei seltsame Städte, in denen die Unterstadt mit ihrem Markt von der Oberstadt jahrhundertelang ganz deutlich geschieden war und die Annäherung zwischen beiden heute noch kaum vollzogen ist. Alles in allem habe ich mich während dieser dreitägigen Bahnfahrt trotz 25maligen Umsteigens nicht gelangweilt.« Einige Wochen später aus Cauterets dann die Nachricht: »In bin wieder in diesem Ort des Jammers, nachdem ich im Vorbeifahren die Eigentümlichkeit von Bordeaux, dieser so durch und durch südamerikanischen Stadt mit ihren ebenerdigen Häusern und Straßen ohne Läden, für mich entdeckt habe …«

Zwischen diesen Reisen hält sich Lucien Febvre entweder im »Val« oder in Le Souget auf. Das »Val« ist seine Pariser Wohnung; sie liegt im 5. Stock der Rue Val-de-Grâce 1. Dort hat er sich sein Arbeitszimmer und seine Bibliothek mit ihren erlesenen und ausgesuchten Bänden, Nachschlagewerken und umfangreichen Sammlungen eingerichtet. (Er besitzt neben dieser Bibliothek übrigens noch zwei oder drei andere.) In den Fensterscheiben der Wohnung spiegelt sich wie eingerahmt die wegen ihrer Anmut erstaunliche, blaugrau oder golden glänzende Kuppel von Val-de-Grâce. Man ist erstaunt, sie in dieser Höhe so schön und friedlich vorzufinden, bevölkert von Tauben … Das »Val« war in jenen Jahren vor dem Zweiten Weltkrieg aber auch eine zahlreiche und untereinander eng verbundene »Familie«, Mme. Febvre, die in der Regel die Gäste empfing und sich um sie kümmerte, bei Gelegenheit den Streithähnen jedoch auch gütig oder spitz widersprach – und schließlich die drei Kinder des Hauses als unzertrennliches und verschworenes Trio. Sie hörten aufmerksam zu und vertraten schon recht genaue eigene Ansichten; im übrigen beobachteten sie schweigend, aber amüsiert, was sich bei Tisch zutrug. Wie ihre Eltern verfügten sie über einen originellen Schreibstil: »Diese derart erfreuliche Nachricht ließ uns (das heißt uns alle drei) zusammenklappen wie ein Kartenhaus«, schrieb eine der Töchter im reifen Schulabgangsalter, und die andere notierte: »Die Erde ist so schön, daß man darin wachsen möchte.« Die Kinder sind inzwischen herangewachsen – ein Fehler, der allen Kindern eigen ist. Sie alberten mit mir herum, und ich auch ein wenig mit ihnen, in einer Zeit, als man sich der Zuneigung der Familie und Freundschaft Lucien Febvres nur erfreuen konnte, wenn man von dieser kleinen Welt aufgenommen worden war.

Die endgültige Integration in die Familie erfolgte allerdings erst im Ferienhaus Lucien Febvres in Le Souget, einem Ort nahe dem kleinen und hübschen Städtchen Saint-Amour am Rande der Bresse, einer Gegend, die gerade noch zur Freigrafschaft Burgund gehört. Lucien Febvre wohnt also, wie es sich für einen Freigrafschaftler geziemt, knapp außerhalb jener ehemals der französischen Krone direkt unterstellten Gebiete. Le Souget besitzt noch mehr Charme als Saint-Amour und lebt, obwohl es in der Nähe eines größeren Marktfleckens liegt, ganz für sich allein. Das Dorf schmiegt sich − von außen gleichsam unsichtbar − in eine Mulde, wobei es selbst über einen Grasabhang hinweg in das Tal des gleichnamigen Flüßchens (Souget) blickt, in dem manchmal einige unvorsichtige Forellen springen. Das Haus wird von drei mächtigen Zedern überragt. Auf diesem winzig kleinen, fünf Hektar umfassenden und an einem sanften Abhang liegenden Landgut kann man indes einen ganzen Tag lang herumspazieren. Die obere Grundstücksgrenze stößt an Wiesen, ein Getreidefeld, ein Gehölz und einen Springbrunnen, wohin man sich in den zu heißen Stunden eines Sommertags gerne flüchtet. Den Hausherrn können Sie, wie jener Minister im Vorübergehen, beim Verbrennen von Unkraut in seinem Garten überraschen. Sehr häufig werden Sie ihn in Holzpantinen und einem langen grauen Pullover antreffen, in der Hand eine Gartenschere, mit der er nebenbei die ständig wuchernden Brombeerhecken oder die Frühlingstriebe der jungen Buchen stutzt.

Das Haus ist sehr einfach, aber geräumig gebaut. Die Bibliothek befindet sich im 1. Stock; auf dem Boden liegt ein blauer Teppich, und an der Wand gegenüber den mit Büchern und Manuskripten beladenen Regalen steht ein Holzofen. In dem Raum stehen zwei Schreibtische, einer davon ist ein langer, für die Bresse typischer Tisch, auf dem sich Akten und andere Papiere bequem ablegen lassen … Dieses Haus ist ideal, um sich zurückzuziehen, und dafür ist es auch eingerichtet. Wie oft erwähnte Lucien Febvre während der Kriegsjahre, als er von dieser Oase träumte, die er regelmäßig aufsuchte und sich dabei − wie viele andere auch − wie ein Schmuggler über die Demarkationslinie zwischen dem besetzten und dem unbesetzten Teil Frankreichs schlich: »Ich brauche Souget«, oder er schrieb von den »14 Tagen im grünen Gras und den blühenden Wiesen«, wenn er sich durch einen schönen Frühling oder bei ungestörter Arbeit erholte. »Ich werde den *Rabelais* in Souget wiederfinden«, oder:

»Hier nichts Neues. Ich arbeite, und das schlechte Wetter macht es mir leicht.« Denn wenn in Le Souget die Sonne scheint, dann gibt es nichts anderes als hinauszugehen und während der Bergnelkenblüte an den langen Abhängen entlangzuwandern. Dreißig oder vierzig Kilometer Fußmarsch bewältigt der Hausherr leicht. Manchmal mußte er eine ähnliche Strecke sogar nachts laufen, um über die Grenze, die den besetzten Teil Frankreichs vom unbesetzten trennte, zu gelangen. Deshalb verwundert es auch nicht, daß er in der Gegend, in der er lebt, alles kennt, jeden Stein, jede Pflanze, jeden Weg, jeden Bach, jede Kirche und jedes Haus, und ein stets gleichbleibendes Vergnügen empfindet, wenn er Ihnen all diese Dinge vorstellen kann.

II

Der Juni 1940 holte Lucien Febvre in Le Souget ein: »Am Montag, den 17. Juni, erreichten die Deutschen Lons-le-Saunier. Wir fünf konnten, so wie wir waren, gerade noch auf einen Militärlastwagen springen. Es war entsetzlich. Eine ununterbrochene Flüchtlingsflut, ein völliger Zusammenbruch; aufgelöste Einheiten der Bourbaki-Armee, ein unentwirrbares Knäuel von Soldaten und Zivilisten, kein einziger Offizier war zu sehen, und auf der Straße von hier nach Lyon waren keinerlei Vorbereitungen zur Verteidigung getroffen worden. Nach einer Stunde machte ich mir nichts mehr vor: Das war das Ende. Da war nichts mehr zu machen. Darauf war niemand, weder moralisch noch materiell, vorbereitet. In Lyon war es unmöglich weiterzukommen.« Dann die Sieger, die »in geradezu vorbildlicher Ordnung mit uns fertigwurden und den Eindruck einer unwiderruflichen Entscheidung vermittelten«. An diese erste Schilderung schlossen sich jedoch die Worte an: »Warten wir ab, bis das Spiel zu Ende ist, wir werden sehen ...«

Ich möchte aber nicht im nachhinein und ohne die Gefahr, mich zu täuschen, in diesen außerordentlich weitsichtigen Briefen die richtigen Worte und exakten Prognosen auswählen. Es ist auch nicht meine Absicht, von dieser Sturzflut in der französischen Geschichte mehr zu erzählen als das, was uns sein erster und ausführlicher Bericht schildert. Mich interessiert hier allein der Mensch Lucien Febvre: Wie hat er diese schlimmen Tage, die so plötzlich hereingebrochen waren, und die sich beinahe endlos noch jahrelang aneinanderreihten, erlebt?

Lucien Febvre wäre kein Historiker gewesen, wenn er in all diesen Jahren nicht versucht hätte, über die Vergänglichkeit der »schallenden Neuigkeit«, wie man im 16. Jahrhundert sagte, nachzudenken. Er wäre kein Franzose gewesen, wenn er nicht Geduld und Hoffnung, diese beiden Schwestern der Armen, diese verschwiegenen, treuen und fleißigen Freundinnen der von Mühsal Beladenen, das heißt der Besiegten, gepredigt hätte. Er wäre schließlich nicht er selbst gewesen, wenn ihn die Häufung so vieler Katastrophen nicht gründlich erschüttert hätte. Er hatte diesen Krieg, von dem auch er nicht wußte, wie unendlich lang er dauern und wie er enden würde, wie Millionen anderer verzweifelter Menschen vorausgeahnt. Am Tag nach dem Münchener Abkommen, das in Frankreich alle verblüffte und wütend machte, schrieb er mir: »Für die Angehörigen meiner Generation wäre es entsetzlich, wenn sie zusehen müßten, wie die Menschen Ihres Jahrgangs (also die damals 35jährigen) wieder von neuem mit der Tragödie beginnen würden, die sie selbst im Alter von 14 Jahren erlebten. Freilich sind nicht die Menschen am meisten zu beklagen, die jetzt 35 Jahre alt sind, sondern die ganz jungen, die noch knospenden Triebe, die sich erst zart zu öffnen beginnen und deren Stamm noch weich ist. Welches Grauen bedroht sie! ...«

So war das Entsetzliche also Realität geworden. Was wir uns selbst in unseren Ängsten nicht hatten vorstellen können, war eingetreten: Die Niederlage, die »seltsame Niederlage« war über uns hereingebrochen. Jeder von uns, wohin uns das Schicksal auch immer gestellt hatte, brauchte Zeit, um wieder Luft zu schöpfen. Danach sind uns Geduld und Ausdauer zu Hilfe gekommen – ein stilles Wunder für Millionen Menschen! Kurze Zeit später betonte Lucien Febvre, wie notwendig dieser lange Atem jetzt wäre: »Sie kennen«, schrieb er mir am 21. September 1940, »die Devise meines alten Freundes Granvelle: *Haltet aus!* Das wäre ein sehr entwicklungsfähiges Thema in diesem Augenblick, und meiner Meinung nach das einzige. Wie sehr kommt uns jetzt zugute, daß wir uns so intensiv mit Geschichte beschäftigt haben! ... Geduld!«

Am 2. Oktober 1940 kehrte er nach Paris zurück: »Ich reise mit Gefühlen ab, die Sie sich vorstellen können. Wir besitzen nur ein einziges Mittel, um dem Schicksal zu trotzen, nämlich in Paris zu sein und dort zu bleiben, solange es unter menschenwürdigen Bedingungen möglich ist. Warten wir ab! Bleiben wir auf der Hut! Das Glücksrad dreht sich immer, und niemand weiß, auf welcher Zahl die Kugel schließlich einrastet. Warten wir ab, hoffen wir, und verzagen wir nicht! ... Die große Unbekannte liegt jenseits des Atlantiks ... Ich glaube, daß es noch lange dauern wird, und wiederhole deshalb, was ich schon immer sagte: Standhalten, aufrecht bleiben und durchhalten! Ich kann, speziell für Sie, nur wiederholen, was mir Marc Bloch am Ende seines letzten Briefes geschrieben hat (Notieren Sie für alle Fälle bitte seine Adresse: Boulevard de Gergovie 103, Clermont-Ferrand): ›Glauben Sie nicht, daß ich alle Hoffnung verloren habe. Der Hundertjährige Krieg hörte weder nach Crécy noch gar nach Poitiers auf. Nur so viel stimmt: Die armen Teufel, die bei Crécy kämpften, haben das Ende des Krieges nicht mehr erlebt ...!‹ Ja, wir müssen durchhalten und durchstehen. Abhauen? Das lehne ich einfach ab. Der Schwager von Halbwachs, der Sohn von Batsch, brachte sich am Tag des Waffenstillstands um und unsere direkte Nachbarin in Val de Grâce, Mme. Lisbonne, die Tochter des alten Netter, auch. Wegzugehen ist eine Art Selbstmord. Wenn man uns hinauswirft, dann müssen wir gehen, wenn nicht, dann nicht. In diesem Punkt bin ich fest entschlossen. Ziehen wir unsere Kinder auf, damit sie später selbst prüfen, wie weit sie es unserer Schwäche, unserem Irrtum und unserer Ungeschicklichkeit zu verdanken haben, daß sie Not leiden.«

Ich würde gerne jeden der Briefe aus dieser wirren Zeit zitieren. Sie lassen diese Jahre, die nur so langsam verblassen wollen, ohne falsche Leidenschaft und Rachsucht wieder aufleben, weil sie ihre Atmosphäre so außerordentlich genau wiedergeben. In ihnen findet sich alles, das heißt all die tausend Details, die das materielle Leben bestimmten, und noch vieles andere mehr. Lucien Febvre schrieb mir aus Le Souget:

1. Februar 1941: »Wir, Léon Werth, Marcel Ray und ich, bildeten im Sommer 1940 hier ein seltsame Gesellschaft. Unsere Gespräche auf der Terrasse von Souget werden nie veröffentlicht werden, nicht einmal unter dem Titel *Heimweh*, obwohl er ihnen so gut entspräche. Ich stelle mir vor, daß es um das Jahr 1793 gar nicht wenige solcher kleinen, ähnliche Vorschläge diskutierenden Gesellschaften außerhalb von Paris gegeben haben muß – mit dem Unterschied allerdings, daß sich damals ein neuer und schöpferischer Geist Bahn brach. Und daß man sich ihm widersetzen konnte, aber man wußte damals, daß sich dahinter wenigstens eine Weltanschauung verbarg. Heute geht es jedoch leider um Kartoffeln, Speck, Bohnen, Zucker und Gerste und danach um Gerste, Zucker, Bohnen, Speck und Kartoffeln. Wenn ein Mann heute mit den Zähnen knirscht und in Wut gerät, dann nur, weil sein unveräußerliches Recht auf Kartoffeln, auf Speck und auf Bohnen bedroht zu sein scheint. Ich vergaß, großer Gott, den Weinhändler ... Der Weinhändler ist verschwunden, einfach weg; er hat sich in Luft aufgelöst ... Hier herrscht offensichtliche Untätigkeit. Man versucht, sich anzupassen. Da Zucker fehlt, süßt man mit Saccharin. Echten Kaffee gibt es nicht mehr, deshalb trinkt man Malzkaffee aus Gerste. Wenn auch die Gerste alle ist, dann trinkt man ein Gebräu aus süßen, leicht verschimmelten Eicheln – köstlich, kann ich Ihnen sagen. Das Unglück ist, daß alles, was die [Vichy-]Regierung tut oder erläßt, zur Störung dieser Ruhe beiträgt; sobald eine Anpassung an die Umstände zu gelingen scheint, dann – Peng! – kommen ein Ukas, ein Erlaß, ein Verbot, Kontrolleure, Polizisten, Polizisten und die Kontrolleure der Kontrolleure sowie (kiloweise) Denunziationen. Diese Anschwärzungen werden in unseren Zeitungen (die ich überhaupt nicht lese) mit einem hübschen Euphemismus als ›Indiskretionen‹ bezeichnet. Nicht wahr, da lebt man in der Bresse sein kleines, absolut friedliches Leben, ist von Geburt an jeglichem Widerstand abhold und sieht sich gezwungen, zu fluchen, die Fäuste in den Hosentaschen zu ballen und zu warten, bis sich das Rad weiterdreht, was es im Augenblick nicht tut. Wenn aber jemals, wenn eines Tages ... Bis wohin soll das noch alles führen? Im Augenblick läßt mich das Gefühl nicht los, daß es noch sehr weit führen könnte.«

15. August 1941: »Da ich, ob zu Recht oder Unrecht, seit November 1940 keine Zeitung mehr lese und hier (in Le Souget) kein Radio besitze, lebe ich in einer Art Isolierung, die Gefühle zwar nicht ausschließt, sie aber vorübergehend im Dämmerschlaf hält. Sie harren aber, wie Sie sich denken können, gespannt des Erwachens. Ich schlafe nur oberflächlich ... beinahe so, als ob ich muß. Und wer wie ich armer Mensch dann keinerlei Genußmittel wie etwa Tabak besitzt, was mich allerdings nicht sehr stört (das Rauchen beschränkt sich auf das Paffen von getrocknetem Kamillekraut, ›Eselstritt‹ und andere ›Ersatzdrogen‹), und vor allem weder Kaffee hat, der mir außerordentlich fehlt, noch Tee, der allenfalls noch in Krümeln vorhanden ist, der ist nur noch ein etwas abgestandenes, gähnendes und ständig schlummerbedürftiges Stück Mensch. Aber auch von Milchsuppen sagt man ja, daß sie sehr schnell überkochen. Ich glaube, daß dieses Bild dieses eine Mal ziemlich genau zutrifft.«

Mit dem Jahr 1942 verschlimmerten sich die materielle Notlage, die schikanösen Kontrollen, der Zorn auf eine geknechtete Politik, das heißt diese gesamte traurige und erstickende Last, noch mehr. Aber es bestand Hoffnung und manchmal schon die Gewißheit, daß alles wieder gesühnt werde: »Ich habe immer gedacht, daß die letzten Monate unerträglich waren ...«, aber das waren keine Monate, sondern Jahre. Im Dezember 1942: »Wir sind in einem absolut dunklen Tunnel.« Man mußte dort noch lange ausharren.

Beim Lesen, Wiederlesen und Einordnen dieser Briefe steigt die Erinnnerung an die sich unerträglich hinziehenden Jahre 1942, 1943 und 1944 mit ihren stummen Ängsten und Enttäuschungen wieder auf, die die Herzen der Menschen zerrissen ... Die Jahreszeiten gingen ins Land, verschwanden und kamen wieder. In dieser Zeit sah sich jeder gezwungen, ein kleines Stückchen Land zu bestellen, und jene sehr wenigen waren glücklich zu preisen, die den Trost hatten, etwas tun zu können! Denn was soll man tun, wenn einen die Umstände zur Untätigkeit verdammen, und man doch so hoffnungslos rüstig ist? Warten, immer warten, sich fluchend in die Arbeit flüchten, um so mehr arbeiten, gleichzeitig an der Rolle des Zuschauers verzweifeln und dauernd an den Ersten Weltkrieg denken, wo keine Minute des Lebens verloren war.* So stellte sich das Los Lucien Febvres in den Jahren von 1942 bis 1944 dar. Er vergrub sich in die Arbeit.** Sein wunderbares Buch *Le problème de l'incroyance au XVIe siècle. La religion de Rabelais* erschien 1943, danach sein *Origène* und *Des Périers*, schließlich *Marguerite de Navarre*. Im Februar 1941 teilte er

---

* Lucien Febvre war im Ersten Weltkrieg Hauptmann einer Maschinengewehrkompanie [A. d. Ü.].

** 20. August 1941: »Ich habe mir schließlich gesagt, daß es eigentlich dumm ist, nichts zu veröffentlichen. Nicht um meiner selbst willen, denn mir genügt es, wenn ein Buch geschrieben ist. Für mich Reklame zu machen reizt mich überhaupt nicht. Nur das Vaterland zählt; das mag, so gesagt, zwar lächerlich erscheinen, ist aber dennoch wahr. Wir müssen jetzt zeigen, daß wir noch leben – noch voller Leben stecken –, und wir müssen diesen einzigartigen Aufschub nutzen, der uns gewährt wurde. Ich meine damit jene Zeitspanne zwischen zwei Tornados, nämlich dem letzten, der noch über uns hinwegzieht, und dem nächsten, der sich schon ankündigt und dessen Gewalt und Dauer wir nicht vorhersehen können. Die Welt durchlebt eine Periode voller Wirren. Man sagt, daß sie sich von Grund auf ändern wird. Was auch immer geschehen mag, für diejenigen, die auf dieser Welt leben und sich dort ganz leidlich eingerichtet haben, ist es nicht gerade lustig. Für die Alten wie mich aber stellt sich die Frage: Soll dies alles gewesen sein? ...«

mir in seinem telegraphischen Stil, der uns auferlegt war, mit: »Viele Ideen. Zum Beispiel ein Buch zur Erklärung der gegenwärtigen Zeiten – eine Idee, die mir dieser Tage gekommen ist. Oder ein Buch über den großen historischen Konflikt in Frankreich, das heißt über den zögerlichen und weit verbreiteten Patriotismus des grundbesitzenden französischen Adels und den alten Begriff der militärischen Ehre, oder anders, das Thema der Treue gegenüber dem König, alles Dinge, die aus der Tiefe vergangener Zeiten gekommen sind ...« Lucien Febvre lenkte sich also mit Arbeit von den äußeren Umständen ab wie nie zuvor in diesen schwierigen Monaten.

Wenden wir uns von diesen zäh dahinfließenden Tagen ab, die selbst eine undankbare geistige Aktivität nicht mit Inhalt zu füllen vermochte. Das Faß ihrer Mittelmäßigkeit war bodenlos. Zehnmal, hundertmal sollten mir diese resignierten, aber standhaften Briefe die gleiche monotone und immer gezwungene Geschichte erzählen. Wenden wir uns also dem Licht und somit den letzten Gliedern dieser Kette zu, die so lange brauchte, bis sie zerbrach. Saint-Amour wurde erst im Juli 1944 befreit, aber der Zufall hatte es wenigstens für Lucien Febvre ganz anders gefügt, denn seit Juni 1944 waren Eltern und Kinder wieder vereint. »Mit dem Datum dieser Karte (21. Juni 1944) befinden wir uns alle heil in unserem Souget, vorausgesetzt, daß das so bleibt, und ich bin 66 Jahre alt, was mich nicht gerade begeistert! Ich kann Ihnen die seltsame Abfolge der Gefühle, die wir hier erleben, einfach nicht schildern, aber nicht alle lindern unseren Schmerz. Wenn wir aus Dummheit nicht noch einem Panzer über den Weg laufen, dann wird alles gutgehen ... Ich bin auf das Verhalten und die Haltung unserer Kinder außerordentlich stolz; es sind tapfere Kinder ...« Dieses Kommuniqué der Familie Febvre war viel länger als das, was ich meiner Familie zwei Monate später schickte. Ende Juni 1944 schrieb er: »Henri ist mit einigen Bauernburschen in die Berge gegangen, um dort wieder *Colomba* zu lesen und Verwundete und Kranke zu pflegen (Henri Febvre hatte damals sein drittes Jahr als angehender Mediziner beendet). Unsere Widerständler und ihre Kollegen aus den Nachbardepartements Jura und Ain haben so gute Arbeit geleistet, daß die Bahnlinie Lyon-Belford über Bourg, St. Amour und Besançon in den letzten zwei Monaten regelmäßig zweioder dreimal wöchentlich an fünf oder sechs Orten unterbrochen war ... Wir haben erreicht, daß wir nicht allesamt ausgelöscht wurden; es passierte lediglich einzelnen, bei Strafexpeditionen oder durch die

Greuel während des Rückzugs der Deutschen. Dörfer wurden dem Erdboden gleichgemacht, Bauernhöfe zuerst ausgeplündert und dann angezündet, Menschen aus purem Vergnügen ermordet; insbesondere im Krankenhaus von Nantua kam es zu bestialischen Szenen, die jegliches Vorstellungsvermögen übersteigen … Le Souget blieb von diesem Schrecken verschont, obwohl Henri es eines Tages mit heiler Haut verließ und etwas später auch Paulette. Seit dem 7. Juni übrigens haben wir uns praktisch mit unseren eigenen Mitteln befreit: Sämtliche Straßen sind unterbrochen, Bäume so gefällt, daß sie quer über den Wegen liegen, und die Bahnlinie ist zerstört – wir haben die Republik wiederhergestellt, ganz einfach und ganz natürlich …, während die tapferen Polizisten mit Waffen und Gepäck in die Berge stiegen … Und dann tauchten eines schönen Tages nach stundenlangem Artilleriefeuer in der Ferne vier oder fünf amerikanische Jeeps bei uns auf, gefolgt von einer ganzen Armee – seit zehn Tagen ein ununterbrochener Strom. Ganz Souget wartet auf den Augenblick (und die Möglichkeit), wieder nach Paris zu reisen. Soviel zu unserer banalen Geschichte. In unserem Umfeld ist bisher nichts Tragisches passiert, abgesehen von der Ermordung Marc Blochs, der in Lyon zusammen mit 150 politischen Gefangenen von der Gestapo gefoltert und dann kurz vor dem deutschen Rückzug erschossen wurde. Ein unersetzlicher Verlust für die Wissenschaft und für das Land. Er hat der Résistance mit Leib und Seele gedient, und Menschen wie ihn gibt es nicht im Überfluß …«

Zwei weitere Briefe mögen genügen, um dieses viel zu knappe Portrait zu vollenden. Ich zitiere sie in diesem Falle fast ungekürzt.

15. März 1945: »Sehr verehrte Frau und Freundin, ich habe Ihnen schon seit langer Zeit nicht mehr im eigentlichen Sinn des Wortes ›geschrieben‹. Dies würde ich mir vorwerfen, wenn ich nicht selbst Grund hätte, es zu bedauern. Denn es ist nicht lustig, wenn man von der Arbeit erschöpft, gequält und gepeinigt wird – so gepeinigt, daß man sich nur noch von Zaudern und Wünschen ernährt. Aber das ist eben das Schicksal meiner Generation. Meine Altersgenossen sahen sich nach den Menschenverlusten des Ersten Weltkriegs ohne Wenn und Aber gezwungen, zusätzlich zu ihrer eigenen Arbeit noch die Aufgaben von zwei oder drei weiteren Personen zu erledigen. Diese Schicht, die von 1940 bis 1945 erneut einen hohen Blutzoll zu entrichten hatte, muß nun ohne Zögern in einem Frankreich, das ausgeblutet ist, und dem wie noch niemals zuvor in seiner Geschichte

Männer fehlen, zusätzlich zur eigenen Aufgabe, die schon schwer genug ist, auch noch die Last von vier oder fünf weiteren Altersgenossen übernehmen, die an ihrer Seite fehlen. Das tragische Ende von Marc Bloch hat mich nicht nur einer Stütze, eines tragenden Balkens oder einer Hilfe im Alltag beraubt, deren frühere Wirkungskraft ich alle Augenblicke spüre, seit ich sie nicht mehr habe, sondern es bedeutet für mich, nun all das allein tun zu müssen, was wir früher gemeinsam erledigten ... Das ist erdrückend. Die Geschäfte prasseln auf meine armen Schultern nur so hernieder. Jeden Tag brechen sie noch zahlreicher über einen Mann herein, der nicht mehr der Jüngste ist. Ich versuche vegeblich, mir alle offiziellen Funktionen vom Leibe zu halten, aber ich kann meine Mitarbeit beispielsweise bei der Reform des Unterrichtswesens nicht versagen und arbeite deshalb in der Kommission Langevin mit. Ich trage die Bürde der *Annales* allein ...,
ich muß in der Frage der *Encyclopédie* eine Lösung finden und die nachgelassenen Papiere Marc Blochs aufarbeiten. Ich muß meine Vorlesungen am Collège de France und an der Ecole des Hautes Etudes in Straßburg halten und darf darüber die Fachlektüre und persönlichen Publikationen nicht vernachlässigen. Nach dem *Rabelais* ist soeben ein Buch von mir unter dem Titel *Autour de l'Heptaméron* bei Gallimard erschienen, von dem Sie bei Ihrer Rückkehr, diesem Brief beiliegend, ein Exemplar vorfinden werden; des weiteren warte ich auf ein kleines Büchlein, das *Michelet et la Liberté* heißt und in der Schweiz gedruckt wird; darüber hinaus hege ich noch andere Pläne ... Dieses Pensum könnte schon einen Dreißigjährigen schrecken; aber ein alter Mann, der ich bin, weiß nicht, ob er sich darüber ängstigen soll: Er hat gar keine Zeit, um sich das zu fragen. Nur soviel steht fest: Er trägt eine ungewöhnliche Last ...

Und das in einer Atmosphäre, die ihresgleichen sucht. Wir sind offensichtlich wieder frei. Wenn Sie wüßten, welchen Genuß die Freude bereitet, diese ›Gäste‹ vom Halse zu haben, die uns so lange mit ihrer Anwesenheit, ihren Fahnen, ihren Straßensperren, ihren Wachposten und ihren Schildern mit der Aufschrift ›Verboten‹ etc. etc. beehrten. Noch jetzt gehe ich nicht ohne den Stoßseufzer: ›Uff! Welch ein Glück ...! Sie sind nicht mehr da‹ am Senat vorbei. Und das ist nach allem ja auch das Wichtigste. Nur im Alltag, wie viele Schläge, wie viele Sorgen und wieviel Verdruß! Diese schwerfällige und lähmende Bürokratie, die sich, eine Zeitlang gebeugt, nun wieder mit der gleichen Unerbittlichkeit, Unempfindlichkeit und

Schädlichkeit wie früher entfaltet. Dieses Heer von Fach- und Verwaltungsbeamten, das die so deutliche Bereitschaft vieler Menschen, freiwillig und trotz aller Begeisterung diszipliniert am Aufbau unseres Landes mitzuarbeiten, immer mehr erstickt. Diese Verwaltungsinspektoren, die ihre kurzsichtige Politik fortsetzen, diese Polytechniker, die wundersame Zehnjahrespläne erstellen, während das Land sein Blut Tropfen um Tropfen verliert. Kurz, alle alten Mächte von gestern sind heute wieder im Besitz ihrer Macht, und all dies stimmt einen traurig. Und wie viele Unsicherheiten, Rätsel und Sorgen beherrschen die Politik ...! Ich weiß, daß es immer absurd ist, sich an Details aufzuhängen. Jeden Augenblick kann sich eine mächtige Strömung bilden, die alles mit sich reißt, aber das Übel sitzt tief. Das Land, oder wenigstens das, was von ihm übrigbleibt, wenn man die kämpfenden Soldaten, die FFI*, die man auflöst, die Kriegsgefangenen ... und die Deportierten abzieht – dieses Land ist träge, schwerfällig, egoistisch, ohne Schwung und zeigt keinerlei Bereitschaft, Opfer zu bringen, Großzügigkeit walten zu lassen, und – es besitzt keine Moral. Es ist bis in sein Innerstes erschöpft – leider. Man wartet jeden Tag auf den Wind, der gleich einem Sturm auf hoher See den Pesthauch vertreibt. Aber leider – man wartet. Ja, ich wünsche mir eine Politik der nationalen Größe und meine damit eine wahrhaft große Politik, die diesen Namen verdient und die man so unbeirrbar im Auge hat, als sagte man sich am Fuße des Mont Blanc mit Blick nach oben: ›Diesen Gipfel werde ich besteigen‹ ... Diese Größe, dieses wünschenswerte Ideal, das bei allen, die es ersehnen, Großes hervorbringt, ja, das möchte ich noch immer; es ist schön. Sind die Franzosen des Jahres 1945 aber imstande, dieses Ideal mit allen Kräften anzustreben? Ich bezweifle es, und meine Zweifel nehmen immer mehr zu. Und ich frage mich, ob es nicht klüger wäre, im Augenblick auf diese große Politik zu verzichten und mit Klugheit und Geduld eine Umerziehung der Bevölkerung ins Auge zu fassen, sich, wenn ich so sagen darf, um die »Erziehung zu mehr Moral« zu kümmern? ... Wir sollten uns also, kurz gesagt, auf ein geduldiges Bemühen im Stillen beschränken, ohne zu viel auf einmal zu wollen, aber mit der Genugtuung, jeden Tag ein Stückchen weitergekommen zu sein.

---

* FFI = *Forces françaises de l'intérieur* des auf französischem Boden operierenden *»Conseil national de la Résistance«*, der am 27.5.1943 in Algier gegründet wurde [A. d. Ü.].

Der Chef?* Er ist zweifellos reizend, sehr wenig General und ein Mann, der sehr viel nachgedacht hat. Ich würde ihn in gewissem Sinne sogar als sehr poetisch bezeichnen, insoweit als sein Rhythmus ausgeprägt ist, als er von diesem Rhythmus beherrscht wird und er einen ihm eigenen Rhythmus in sich trägt. Aber kennt er den Zustand des Landes genau? Umgeben ihn doch Männer, die zwar größtenteils redlich und sympathisch, aber doch nur kleine Geister sind, wenig ministrabel und ohne großen Weitblick. Man appelliert, erhält aber leider keine Antwort. Das alles gesteht man sich oft mit Bitterkeit ein, aber man sagt sich auch: ›Weiß man es?‹ Und ist das Leben schließlich nicht stärker als der Tod? Also warten wir und hüten uns vor der Verzweiflung. Kämpfen wir. Und man kämpft, und das macht wenig Vergnügen, denn manchmal kämpft man ohne Hoffnung. Aber was sage ich? Der Kampf ist notwendig; er hält gesund, und so ist das Leben nun einmal ...«

Anfang Mai 1945 kehrte ich aus langer Kriegsgefangenschaft wieder nach Paris zurück. Kurz zuvor hatte ich in der Nähe von Lübeck gesehen, wie sich die erschöpfte deutsche Wehrmacht in ähnlicher Weise aufzulösen begann wie die französischen Streitkräfte im Juni 1940. Seltsame Lkw-Kolonnen, besetzt mit Zivilpersonen und Militärangehörigen, führungslose Soldaten und endlose Kolonnen neuer Kriegsgefangener schoben sich an mir vorbei. Soll ich sagen: Wie damals bei der Bourbaki-Armee? Nein ... Dieses Spektakel weckte in mir, selbst wenn es mir im Gedächtnis geblieben ist, keine unbändige Freude, wie ich ohne Bedauern zugebe. Ganz sicher nicht! Alle Unglücklichen sind Brüder, was immer sie davon auch haben mögen. Aber ich weise unsere Historiker auf dieses Bild hin, damit sie sich nicht von künftigen Siegern hypnotisieren lassen. Damit sie zwar an ihre Kraft glauben, aber daraus nicht auf ihren Wert schließen, denn es gibt eine Soziologie des Zusammenbruchs.

Ebenso wie ich kehrten im Mai 1945 viele andere französische Kriegsgefangene mit Illusionen und voll freudiger Erwartung aus Deutschland nach Frankreich zurück. Aber das Frankreich, das in uns lebte, war jenes Frankreich der Zeit vor 1940. Ein Ancien régime. Der Kontakt mit dem neuen Frankreich war hart und oft bitter.

Bin ich in jener langen Unterhaltung im »Val« ungerecht gewesen?

---

* Gemeint ist General Charles de Gaulle, Chef der seit dem 9. September 1945 amtierenden »Provisorischen Regierung« [A. d. Ü.].

Vielleicht. Aber das Wichtigste war, daß der Brief, den ich erhielt, die aufrichtigen, wenn auch heftigen Gefühle Lucien Febvres mehr noch als meine eigene Haltung beschwichtigte.

29. Mai 1945: »Mein lieber Freund, noch einmal ich. Ich habe in der vergangenen Nacht über unsere gestrigen Gespräche viel nachgedacht und möchte wenigstens auf eines noch einmal zurückkommen. Für die Franzosen bestand 1941/1942 die große Gefahr, die Sie weder erkennen noch ermessen konnten – die Gefahr der beiden Zonen. Was Sie theoretisch wissen, ist, daß Frankreich durch eine von West nach Ost verlaufende Demarkationslinie, an der die deutschen Ansprüche endeten, in zwei Teile zerschnitten war, und man sie nach einigen Monaten nur noch unter großen Schwierigkeiten überschreiten konnte. Was Sie aber nicht wissen, weil Sie es nicht selbst erfahren haben, ist, daß sich diese Linie mit ihrem Stacheldrahtzaun, ihren Verbotsschildern und ihren Wachtposten nicht nur durch die französische Landschaft zog, sondern direkt ins Fleisch, ins Herz und in die Köpfe der Franzosen schnitt. Nördlich dieser Linie lag das besetzte Frankreich, südlich davon herrschte Vichy. Zwei Arten geistiger Unterdrückung. Zwei Literaturen, die miteinander nicht in Berührung kamen, selbst wenn sich beide, jede auf ihre Art, gegen diesen Zustand wehrten. Und dann versuchten natürlich sowohl die Besatzungsmacht wie auch die Vichy-Regierung, diese ersten Unterschiede zu vertiefen, die Risse zu verbreitern, die Lebenskraft und Einheit Frankreichs zu zerstören.

Von diesem Augenblick an wußte ich und sprach es auch aus, daß die Rückkehr unserer Kriegsgefangenen und Deportierten aus Deutschland nach drei-, vier- oder fünfjähriger Trennung ein anderes Problem aufwerfen würde, nämlich das einer völligen geistigen Spaltung. Hier der Block der Franzosen, die, monate- oder jahrelang total abgeschnitten, nur von der Erinnerung an Frankreich gelebt hatten. Dort der Block jener, die von der ganzen Welt, sogar von den Gegenden Frankreichs, die sie nicht bewohnten, von ihrer Nachbarstadt und selbst von ihrem benachbarten Wohnviertel abgeschnitten waren (man hätte sich im Jardin de Luxembourg töten können, und die Rue Val-de-Grâce hätte davon nichts erfahren) – auf der einen Seite also der seltsame Block derer, die – während die Flugzeuge Tag für Tag größere Distanzen überwanden, die Kontinente einander näherrückten und der Atlantik von der Karte der geographischen Hindernisse verschwand – in ihrem Alltagsleben wieder in die Welt des 15. Jahrhunderts zurückversetzt wurden: aus 30 Kilometern wur-

den 3000, und jeder Mensch wurde wieder zu einer Oase inmitten
einer Wüste.

Zwischen diesen beiden Blöcken mußte es hinsichtlich ihrer unterschiedlichen Gefühle, ihrer Lebensführung und Lebenseinstellung zu
Meinungsverschiedenheiten kommen. Man brauchte kein großer
Prophet zu sein, um vorauszusagen, daß diese Verstimmungen die intelligentesten Bewohner dieser beiden Welten gegeneinander aufbrin-
gen würden. (Wer nämlich nachdenkt, verspürt das Bedürfnis, sich
im alltäglichen Leben auf bestimmte allgemeingültige Begriffe zu beziehen.) Ich wußte, daß es notwendig sein würde, *alles* zu tun, um
den Fortbestand dieser Gegensätze zu verhindern und dem nagenden
Gefühl entgegenzuwirken, ein schlechter Franzose zu sein. Was also
tun, jetzt, wo diese Stunde gekommen ist?

Zunächst begreifen und dann wie ein Historiker handeln. Ich will
damit sagen: Das Problem nicht wie ein Archivar, sondern wie sein
eigener Historiker angehen; sich den Gegensätzen von heute genauso stellen wie den Widersprüchlichkeiten früherer Zeiten ...; sich
mit allem Nachdruck sagen, daß unsere Empfindungen in einem bestimmten Umfeld entstanden, von dem sie natürlicherweise geprägt
sind; vor allem aber – und gleichzeitig – die Welt von Grund auf
wieder aufbauen und damit die Empfindungen erklären, die sich bei
den Ihnen Nahestehenden so sehr von Ihren eigenen Empfindungen
unterscheiden; diese Unterschiede im übrigen aber nicht *zu stark* betonen. Man arbeitet methodisch so lange unsauber, wie man seine
analytische Arbeit noch nicht erledigt hat. Alle Anstrengungen müssen darauf gerichtet sein, den eigenen Empfindungen keinen freien
Lauf zu lassen, sondern sich den Sorgen einer anderen Welt zuzuwenden – den Szenen, die sich auf einer anderen Bühne, nämlich
der Bühne einer »anderen« Welt abspielten. Ebenso muß man aber
auch erkennen, daß die andersdenkenden Gesprächspartner, hätten
sie drei, vier oder fünf Jahre lang das gleiche Theater wie man selbst
besucht, wahrscheinlich ähnliche Empfindungen entwickelt hätten –
nur saßen sie eben drei, vier oder fünf Jahre lang in einem ganz anderen Theater; für sie wurden andere Stücke in anderer Ausstattung
aufgeführt ... Man sollte versuchen, sich das andere Theater, die andere Staffage und das andere Schauspiel vorzustellen und die daraus
resultierenden Empfindungen durch diese Brille zu sehen: Sie auf
dem Papier zu beschreiben ist natürlich bequemer, als ihre Realität
nachzuempfinden. Aber die Wirklichkeit zu beschreiben ist zweifel-

los schon sehr viel, denn es bedeutet, dem Übel auf den Grund zu gehen.

Zwei Auffassungen. Zwei Gefühlswelten. Welche ist gut? Eine schlechte gibt es nicht. Angesichts der unterschiedlichen Lebensumstände war es nicht zu verhindern, daß der eine wie der andere wurden, was sie waren ... Die Schwierigkeit besteht darin, diese Empfindungen in den neuen Rahmen zu integrieren, sie ihm anzupassen; sie nicht gegen die anderen Empfindungen zu richten, die man als absurd, untergeordnet oder unlogisch erkannt hat. Dann sind sie so, wie sie angesichts der Umstände und des Umfelds einfach sein mußten ... Mit anderen Worten: Nachdenken, ja; urteilen, nein. Wir dürfen nicht (ver-)urteilen, sondern wir müssen begreifen ... Ich schreibe dies nicht nur Ihnen, sondern auch mir, um meine eigenen Gedanken ebenso zu klären, wie die Ihrigen zu erhellen ...«

Wer diese Zeilen liest, wird Lucien Febvre so erkannt haben, wie er uns in seinen Aufsätzen und Büchern entgegentritt, kämpferisch, vehement, stets direkt auf sein Ziel zusteuernd und »mit starker Leidenschaft das ausdrückend, was stark ist«, wie er einst selbst über Henri Pirenne geschrieben hat. Seine echten Freunde werden darin auch einen Lucien Febvre wiedergefunden haben, den sie sicherlich sehr genau kennen. Freundschaft, wie er sie versteht, kann auch Gewitter, heftige Regengüsse und Wirbelstürme bedeuten, danach aber scheint regelmäßig wieder die Sonne. Ich glaube nicht, daß diese Wirbelstürme böse oder ungerecht gemeint sind − sicher nicht −, vorausgesetzt man versteht ihn, eignet sich seinen Standpunkt an und findet danach wieder zu seinen eigenen Vorstellungen zurück. Dagegen spricht allein schon die Unruhe seines stets zu gewissenhaften Herzens, sein ständiger Wunsch, im Gleichschritt an Ihrer Seite zu gehen, Sie an die Ordnung oder an ihn zu erinnern, sobald ein Scheideweg auftaucht, eine mögliche Abweichung vom Wege droht oder einfach eine Funkstille eingesetzt hat. Diese Stille kann er nicht ertragen; sie beunruhigt sein wachsames Gemüt, und er wundert sich geduldig zwei oder drei Briefe lang darüber, bevor sein Zorn ausbricht. Man kann sich kaum vorstellen, in seinem fürsorglichen Denken, seinem rastlosen und entspannungsarmen Leben einen derartigen Platz einzunehmen. Ein Brief von ihm erstaunt Sie immer. Er weckt zunächst Ihren Protest, dann Ihre Rührung und zum Schluß Ihre Unruhe über so viel freundschaftliche Aufmerksamkeit und den Wunsch, zu überzeugen ...

Eines Tages zählte mir Eugène Albertini zum Spaß die berühmten Namen seiner Lehrer auf. Seine Liste mag erstaunen, aber nur beim ersten Überfliegen. In ihr finden sich Namen wie Paul Monceaux, Stéphane Gsell, der Philosoph Rauh, Lucien Herr, Joseph Bédier, Maurice Holleaux u.a. Bei einem dieser Namen zögerte er und meinte, als hätte er ein unheilbares Gebrechen entdeckt: »Nein, der besaß zu viel Herz.« Ich protestierte, weil ich nur wenig an das glaube, was für die meisten unserer Älteren eine banale Wahrheit war, nämlich an den Wert der kalten, seelenlosen, aus Gleichgültigkeit gern grausamen Intelligenz, die bar jeder unnützen emotionalen Tönung ist. Ich glaube weder an Elfenbeintürme noch an eine Intelligenz ohne Leidenschaft. Dagegen bin ich sehr wohl vom intellektuellen Wert der Leidenschaften überzeugt. Wenn man aber meint, mich der romantischen Schwärmerei zeihen zu müssen, dann war Lucien Febvre in diesem Punkt sehr viel »schuldiger« als ich.

»Unterrichten heißt Freundschaft«, sagte Michelet. Die Lehrzeit in unserem so wissenshungrigen, schwierigen und begeisternden Beruf dauert indessen so lange, daß die Freundschaft für lange Zeit jene erzieherische Rolle der Intelligenz übernehmen kann. Keiner von uns hat sich allein ausgebildet und hat nur aus seinem eigenen Schatz geschöpft. Was wären unsere Kenntnisse, Arbeitstechniken oder selbst unser Geschmack ohne das, was andere dazu beigetragen, gegeben und wieder gegeben haben? Vom einen haben wir die präzise Entdeckung Lorenzo Lottos oder Sebastian Francks, vom anderen den Mut, uns wieder mehr mit deutscher Literatur zu beschäftigen, und der dritte hat uns das gefährliche Bedürfnis nach der Genauigkeit einer auf statistischen Daten basierenden Geschichtsforschung nahegebracht. Wir bestehen aus diesen ererbten und aufgehäuften geistigen Anleihen. Wer seine Reichtümer wie Lucien Febvre mit vollen Händen austeilt, erhält in reichem Maße wieder zurück und wird auch weiterhin reichlich zurückerhalten ... Von einem so großen Geist sage ich in Umkehrung von Albertini gerne: »Welch ein Unglück, daß er sich nicht noch herzlicher und großzügiger gezeigt hat!« Läßt sich unsere schwierige und enttäuschende Aufgabe der Suche nach Menschen ohne diese umfassende Versorgung mit Ideen, die ein nach außen offenes und für andere zugängliches Leben bereithält, glücklich zu Ende führen? Dabei fällt mir ein, daß Marc Bloch den Historiker mit dem Menschenfresser aus dem Märchen verglichen hat, der auf Menschenfleisch aus ist. Dieses Bild stimmt nicht ganz. Der Historiker ernährt sich von Menschlichkeit, von Freundschaft und der Fähigkeit, mit anderen und durch andere zu fühlen.

Lucien Febvre ragt durch seine Fähigkeit heraus, Freundschaft und Vertrauen zu empfangen und zu stiften. In einem reizenden und amüsanten Brief erwähnte er einmal eine Anekdote über Philipp den Guten, Herzog von Burgund (1419–1467): »Als Philipp der Gute einmal unter dem Jubel der Bevölkerung in eine Stadt seiner Freigrafschaft, ich weiß nicht mehr, ob Dole, Salins oder Gray einzog, äußerte er gerührt: ›Wenn sie mich lieben, dann nur, weil sie ein gutes Herz haben und nicht wegen meiner Verdienste‹.« Lucien Febvre bezog diese Anekdote nicht auf sich oder seine Freunde. Er wollte damit vielmehr zeigen, wie wenig Berechnung und wieviel Unentgeltlichkeit in einer Freundschaft oft steckt. Das stimmt, denn heute jauchzen ihm die Scharen seiner Freunde in jener »guten Stadt«, in der sein Denken vorherrschte, gerne aus vollem Herzen und voller Freude zu. Sie jubeln vielleicht auch um ihrer selbst willen, noch mehr aber, und ganz gleich, was er sagen würde, seinetwegen, vor allem seinetwegen.

Lucien Febvre*

Lucien Febvre wurde am 22. Juli 1878 in der lothringischen Hauptstadt Nancy geboren, wohin die Zufälle einer Universitätskarriere seinen Vater Henri Febvre, Absolvent der Ecole Normale in Paris und *agrégé de grammaire*, geführt hatten.

Väterlicher- und mütterlicherseits war Lucien Febvre indessen ein waschechter Bewohner der Freigrafschaft Burgund *(Franche-Comté)*, und niemand fühlte sich dem Land seiner Herkunft mehr verbunden als er: Bis an sein Lebensende verbrachte er seine Ferien regelmäßig dort; von 1907 bis 1911 unterrichtete er am Gymnasium von Besançon; der Titel seiner *thèse*, die im Jahr 1911 erschien, lautete: *Philippe II et la Franche-Comté*; er interessierte sich für das Leben in der Freigrafschaft, für ihre einzelnen Gegenden und ihre Bewohner; am 27. September 1956 starb er dort und wurde in Saint-Amour, einem Ort am Rande des Jura und der Bresse, begraben. Dieser lange und ununterbrochene Dialog mit seiner Heimat durchzieht sein Leben und Denken wie ein roter Faden. So unbestritten sich der Historiker und Schriftsteller Jules Michelet, zu dem sich Febvre so sehr hingezogen fühlte und an den er durch so viele Aspekte seines Denkens erinnerte, als echter Bürger von Paris fühlte, so eindeutig war Lucien Febvre nach den Worten des mit ihm befreundeten Romanciers Léon Werth ein in der Freigrafschaft verwurzelter »Bauer«.

Seine Schulzeit absolvierte Lucien Febvre am Gymnasium der Faculté des Lettres in Nancy und später am Gymnasium »Louis-le-Grand« in Paris. Anschließend studierte er von 1899 bis 1902 an der Ecole Normale in Paris, die er als *agrégé d'histoire et de géographie* im gleichen Jahr verließ wie der künftige Minister Albert Thomas und Jules Sion, später einer der herausragenden Geographen seiner Generation. Der wichtigste Freund Lucien Febvres in diesen Ausbildungsjahren aber war der Philosoph, Psychologe und Arzt Henri Wallon, den er später am Collège de France wiedertraf.

Seine volle intellektuelle Reife erreichte Lucien Febvre unbestritten schon vor dem Jahr 1911, als er, gerade 33 Jahre alt, an der Sor-

* Manuskript. Aus dem Französischen übersetzt von Jochen Grube. Eine in einigen Teilen vom Original abweichende englische Übersetzung erschien 1968 im Band 5 der *International Encyclopedia of Social Sciences*.

bonne seine »thèse« *Philippe II et la Franche-Comté* einreichte, eine glänzend geschriebene, breitangelegte geographische, wirtschafts- und sozialgeschichtliche Studie über die Freigrafschaft Burgund in der zweiten Hälfte des 16. Jahrhunderts. Sie kann sich durchaus mit den Bänden der *Histoire de Belgique* (7 Bde. 1908–1932; dt.: *Geschichte Belgiens*«, Bd. 1–4, Gotha 1899–1913) messen, die Henri Pirenne damals verfaßte. Selbstverständlich ist die freigrafschaftliche »Straße« nicht mit dem »Kreuzweg« der Niederlande vergleichbar, dennoch ist das Buch Lucien Febvres fundierter und gelehrter als die klassischen Arbeiten des Belgiers Pirenne. Weil sie von dem Schwung profitierte, der in den folgenden Jahren die Geschichtswissenschaft erfaßte, hat Lucien Febvres Studie bis heute nichts von ihrer Frische verloren.

Diese frühe Meisterschaft Lucien Febvres, die sich ähnlich deutlich zeigte wie bei Michelet, stellte ihn natürlich vor schwierige Probleme. Seine zahllosen Briefe aus dieser Zeit sind zwar entweder verlorengegangen oder nicht mehr zugänglich, dennoch ist unbestritten, daß er sehr intelligent war und daß ihm die Arbeit und das Schreiben erstaunlich leichtfiel. An der Ecole Normale nahm der Historiker Lucien Febvre am ausgezeichneten Unterricht von Paul Vidal de la Blache (1845–1918) teil, des Begründers der Geographie in Frankreich als eigenständige »Wissenschaft«; in Lucien Gallois hatte Lucien Febvre einen weiteren ungewöhnlich anregenden Lehrer. Bereits zu Beginn seiner akademischen Karriere kam er dadurch mit zwei Fächern in Berührung: Geschichte und Geographie. Die Geographie faszinierte ihn zeitlebens, und er widmete sich ihr mit Enthusiasmus und Meisterschaft. Das geographische Vorwort seiner *thèse* im Fach Geschichte, zahlreiche Buchbesprechungen und sein Meisterwerk *La Terre et l'évolution humaine*, dessen Veröffentlichung (1924) durch den Ersten Weltkrieg verzögert wurde, sind der Beweis. Das Buch ist ein vehementes und brillantes Plädoyer gegen den engen Determinismus eines Friedrich Ratzel (1844–1904) zugunsten eines facettenreichen Possibilismus, der der Evolution des Menschen und der Geschichte ihre Rechte und einen gewissen Spielraum gewährt.

Am Anfang stand die Geographie, aber bald darauf folgten sämtliche Wissenschaften vom Menschen, denen er seine Besuche abstattete, als er in den Redaktionsräumen der noch jungen *Revue de synthèse historique* in Paris (Rue Sainte-Anne 12) ein und aus ging. Die Zeitschrift war im Jahr 1900 von Henri Berr gegründet worden, der sie mit herzlicher Liebenswürdigkeit leitete. Sein Ziel war es, die unterschiedlichen historischen Ansätze der Ideengeschichte, der Kunstgeschichte, der Wissenschafts-, Kultur- und Sozialgeschichte, der Wirtschaftsgeschichte, der politischen Geschichte und der Geschichte der Institutionen, das heißt aller sich gerade formierenden »Humanwissenschaften«, in einem nicht abreißenden Dialog zu vereinen, in erster Linie die Soziologie, die er nutzen und einbinden wollte. Während seines Aufenthaltes in Paris als Gast der »Fondation Thiers« von 1903 bis 1906 knüpfte Lucien Febvre den wichtigen Kontakt mit Henri Berr und seiner Redaktion; bald wurde er selbst ein bedeutender Mitarbeiter der *Revue de synthèse* und beteiligte sich auch an Unternehmungen wie den *Semaines de Synthèse* und der umfangreichen Sammlung der *Evolution de l'humanité*, die sich aus dieser Zeitschrift entwickelten. Kurz gesagt, der junge Historiker, der sich 1911 über die Freigrafschaft Burgund habilitiert hatte, war gleichzeitig Historiker, Geograph, Soziologe, Wirtschaftswissenschaftler, Psychologe, Linguist und vieles andere mehr. Er hielt die Karten in diesem Spiel wichtiger Disziplinen bald wie ein Meister in seiner Hand.

Wer sich diesen Startvorteil vor Augen hält, der wird sich weder über das Erscheinen des Buches *Terre et l'évolution humaine* wundern, das 1924 in der kleinen Welt der Historiker und Geographen ungeheures Aufsehen erregte, noch über die Gründung der *Annales d'histoire économique et sociale* im Jahr 1929, die einen entscheidenden und revolutionären Wendepunkt in der französischen Geschichtsschreibung markiert. Die beiden Jahreszahlen 1924 und 1929 mögen verspätet erscheinen, aber Lucien Febvre hatte fünf Jahre lang am Ersten Weltkrieg, von Anfang bis Ende, teilgenommen, stets in vorderster Front gekämpft und den Krieg als Hauptmann einer Maschinengewehrkompanie beendet. 1912 hatte ihn die geisteswissenschaftliche Fakultät der Universität Lyon als Professor berufen, und 1919 kam er an die Universität Straßburg, wo ihn schnell eine brüderliche Freundschaft mit Marc Bloch verband. Zusammen mit ihm gründete, leitete und schrieb er die *Annales*.

Die ersten zehn Jahrgänge dieser Zeitschrift übten, wie ich wiederhole, einen entscheidenden Einfluß auf die historische Forschung in Frankreich aus. Wie soll ich ihn beschreiben? Es handelte sich um eine Art Hegemonie der Geschichte über die anderen Wissenschaften vom Menschen, die zwar Barrieren niederriß und Forschungsanstrengungen koordinierte, diese aber sämtlich der Geschichte unterwarf, die insbesondere gegenüber der Sozialpsychologie, der Soziologie und noch mehr der politischen Ökonomie eine Vorrangstellung einnahm. Man könnte diese Position als *Historizismus* bezeichnen, wenn dieser Begriff in Frankreich nicht so verschrieen wäre und vor allem wenn nicht die Gefahr der Zweideutigkeit durch eine unheilvolle Konfusion mit dem *Historismus* der deutschen Geschichtsschreibung bestünde. Wichtig aber ist, die Unterschiede zwischen der *Revue de synthèse*, die sich dem Dialog der Humanwissenschaften untereinander verpflichtet fühlte, und den *Annales* hervorzuheben, die sich als eine Art gemeinsamer Markt dieser Wissenschaften mit der Geschichte als »marktbeherrschender« Macht verstanden.

So groß Lucien Febvres Beitrag zu den *Annales* auch ist, so wenig wirft er ein ausreichendes Licht auf die ganze Bandbreite seiner intellektuellen Persönlichkeit. Sagen wir es ohne Umschweife und widersprechen damit den Behauptungen Georges Lefebvres: Seine intellektuelle »Rolle« hatte mit dem Bergsonismus oder gar dem unmittelbaren Einfluß Henri Bergsons, auf den Henri Wallon und Lucien Febvre an der Ecole Normale allergisch reagierten, nichts zu tun. Meiner Ansicht nach finden wir den Schlüssel zur intellektuellen Persönlichkeit Lucien Febvres in der Epoche, in der er lebte, und in seinem Charakter, seiner grenzenlosen wissenschaftlichen Neugier und seiner nie versiegenden Großzügigkeit, die ihren Ausdruck in dem geradezu glühenden Bedürfnis fand, zu geben, zu lehren und zu helfen. Der Physiker Hans Halban, Mitarbeiter von Frédéric Joliot-Curie, erzählte mir vor einigen Jahren, daß Paul Langevin (1872–1946) den Physikern seiner Generation die Ideen vermittelt habe, oder anders gesagt, daß von ihm die wichtigen Impulse für die Physik ausgegangen seien, so wie einst von Denis Diderot auf die Schriftsteller seiner Zeit. In diesem Sinne war Lucien Febvre der »Ideengeber« und »Diderot« par excellence für die Historiker seiner Zeit und noch viel mehr für die nachfolgende Generation. Er nahm stets auf, hörte zu, leitete an ... Wenn das Wort allein nicht mehr genügte, dann intervenierte er mit den von ihm so genannten »Briefen der Direktion«. Auf diese Art formte er den acht Jahre jüngeren Marc Bloch (1886–1944), und ähnlich lenkte er auch mich zunächst aus der Ferne und dann ganz unmittelbar. Häufig signalisierten diese »Briefe« indessen, daß er sich von einem Thema zurückzog und es anderen überließ, namentlich in der Zeit nach 1929, als die gemein-

same Arbeit an den *Annales* einen Großteil seiner Arbeitskraft bean-
spruchte. Obwohl selbst ein hervorragender Kenner der Geschichte
des ländlichen Raums, hatte er nichts dagegen, daß Marc Bloch das
Feld der Agrargeschichte durch sein Buch *Les Caractères originaux de
l'histoire rurale française* (1. Aufl. 1931, 2. Aufl. 1955/56) ausgesprochen meisterlich besetzte. Später, nach 1946, überließ Lucien Febvre
mir die Literaturberichte zur allgemeinen und zur Wirtschaftsgeschichte. Auf diesem Gebiet schätzte ich seine außerordentlichen
Fähigkeiten, sein Verständnis und seine Aufgeschlossenheit gegenüber den neuen Ideen und Theorien eines François Simiand, Earl J.
Hamilton, Giuseppe Parenti, Frederic C. Lane und anderer, die ihrer
Zeit weit vorauseilten.

Dieser Verzicht auf die weitere Bearbeitung von Themen, in denen er sich selbst gut auskannte, kostete ihn um so weniger, als es
ihm an Betätigungsfeldern wahrhaft nicht mangelte. Die ganze
Spannweite seiner intellektuellen Persönlichkeit zeigte sich 1928, als
er sein Buch *Un destin: Martin Luther* (dt.: *Martin Luther. Religion als
Schicksal*, 1976) vorlegte. Es ist sein schönstes Buch, zum einen wegen
seiner außerordentlichen literarischen Qualität, zum anderen als Ausdruck eines geistigen Hochgefühls, in dem sich die Lebensfreude des
inzwischen 50jährigen widerspiegelt, der vier Jahre zuvor eine ro-
mantische Ehe eingegangen war. Natürlich hatte er sich, bevor er
dieses Buch schrieb, oft entweder mit Kunst- oder Religionsge-
schichte oder mit Kulturgeschichte im weitesten Sinne beschäftigt,
aber das Wichtigste war, daß er hier offensichtlich neben seinem ersten geistigen Leben und sogar neben den *Annales* ein Gebiet gefunden hatte, auf dem er mit größtem Vergnügen verweilte. Natürlich
betrachtete er die Geschichte als Einheit, und die Gesamtheit der historischen »Landschaft« war ihm stets dort präsent, wo er gerade arbeitete. Das Thema Martin Luther reduzierte sich also für ihn nicht
auf eine einfache biographische Recherche oder die Lösung einer
schwierigen Frage, die ihn gerade wegen ihrer Schwierigkeit anzog;
ihn interessierte vielmehr das Problem des Individuums außerhalb der
geschichtlichen Normalität in seiner mit normalen Maßstäben nicht
mehr meßbaren, unvorhersehbaren Kraft.

Tatsächlich pflegte Lucien Febvre sein ganzes Leben lang gerne den
Umgang mit den großen Gestalten »seines«, des 16. Jahrhunderts, das
er so hervorragend kannte. Seine Vorlesungen über Rabelais waren
ein Genuß für ihn und für andere. Seine ausgezeichnete humanisti-

sche Bildung, die er weniger seinen Studien als vielmehr der Erziehung durch seinen Vater und seinen Onkel – von dem er oft erzählte – verdankte, erklärt diese intime Kenntnis des 16. Jahrhunderts aber auch die Freude, die ihm das Schreiben eines hübschen Büchleins wie *Marguerite de Navarre* oder *Origène* und *Des Périers*, einem Meisterwerk klassischer Gelehrsamkeit, bereitete. Ich vermute, daß er dort seine heimlichen Ferien verbrachte, diese »Reisen« allen anderen vorzog und den Unterschied nicht empfand, der sich dadurch allmählich zwischen seinem eigenem Leben und seinem Handeln einschlich … Er setzte sich zwar für die eine Geschichte ein, praktizierte jedoch offensichtlich eine andere. Als er 1942 sein Buch *Le problème de l'incroyance au XVIe siècle. La religion de Rabelais* veröffentlichte, sah ich, daß er diesen Konflikt erfolgreich überwunden hatte. Dieses Mal vereinigte er alles in seiner Hand, und dieses Buch ist im wahrsten Sinn des Wortes sein Meisterwerk. Rabelais erscheint zunächst im Spiegel seiner Zeitgenossen, dann im Spiegel seiner Werke, das heißt in klassischer biographischer Manier. Der dritte Teil des Buches widmet sich jedoch den Mentalitäten, dem geistigen Rüstzeug jener Zeit *(outillage mental)*, den Worten, den Gefühlen und den geistigen Entwürfen, das heißt der intellektuellen Infrastruktur des Jahrhunderts, der Basis, auf der alles aufbaut oder aufbauen kann, die aber ebenso den Aufbau vieler Dinge verhindern kann.

Trotz seines Erfolges glaube ich nicht, daß der letzte Teil des Buches, der zu neu, zu revolutionär war und zu sehr in die Zukunft wies, von den Historikern verstanden wurde. Man müßte bis zu den Strukturalisten in der neueren Literaturkritik gehen, das heißt bis zu den Studien eines Michel Foucault (*Les mots et les choses. Une archéologie des sciences humaines*, 1966; dt.: *Die Ordnung der Dinge. Eine Archäologie der Humanwissenschaften*, 1971, 4. Aufl. 1983), um diesen neuen Ansatz der Erforschung eines kulturellen Niveaus einer historischen Gesellschaft voll zu durchschauen. Aber Lucien Febvre konnte seine Entdeckungsreise nicht beenden. Jedes wissenschaftliche Werk bleibt heute unvollständig, seines vielleicht mehr noch als andere. Ich habe den Eindruck, daß es ihm bei seinem Umweg durch die Gebiete einer gleichermaßen psychologischen, gesellschaftlichen und kulturellen Geschichte große Schwierigkeiten bereitete, die richtigen Fragen zu stellen, die Anhalts- und Markierungspunkte zu fixieren und so seinen *Discours de la Méthode* zu skizzieren. Daraus erklären sich seine so lebhafte Kritik an seinen Vorgängern und seine eigenen Unsicherheiten, besonders, soweit sie das Problem der Kultur betreffen.* Muß man Kultur, um dieses bequeme Wort zu verwenden, stets einer lebendigen, spezifischen Zeit zuordnen, das heißt in einem ursprünglichen, zeitabhängigen Kontext sehen? Lucien Febvre hat dies immer wieder betont und sich gegen die häufig wiederholte Behauptung »ein Mensch ist ein Mensch« gewandt. Gleichzeitig aber legt sein *Rabelais* die Vermutung nahe, daß das, was er mit einem treffenden Wort als das »geistige Rüstzeug« der Menschen einer bestimmten Kultur bezeichnete, sehr viel dauerhafter ist und über das Individuelle und Außergewöhnliche noch hinausreicht. Wenn er diese Auffassung nicht mit letzter Entschiedenheit vertrat, so vielleicht weil er als aufmerksamer Beobachter der Wissenschaften vom Menschen und als Freund des französischen Physikers Paul Langevin sehr genau um die Erschütterung der Welt unter der unmittelbaren Einwirkung jener wissenschaftlichen Revolutionen wußte, die auf Albert Einstein zurückgingen; Lucien Febvre war somit im Netz einer »Relativität« gefangen, die er, wie viele unter uns eher geblendeten Zuschauern, als Teil der Verhältnisse interpretierte. Die Position des »Beobachters« trieb ihn um, so wie sie uns bedrängt. Der Beobachter, das heißt der Historiker, ist der »Sohn seiner Zeit«, so wie das Schauspiel unter seinen Augen, die Geschichte, auch ein Kind, nämlich die »Tochter ihrer Zeit« ist.

Die Tatsache, daß die Geschichte eine Form des Verstehens der Gegenwart ist und daß dieses Verständnis der Gegenwart für den Historiker unerläßlich ist, erklärt jedenfalls, warum Lucien Febvre bis ans Ende seines leidenschaftlichen Lebens kämpferische Positionen vertrat. Im Jahr 1954 veröffentlichte er übrigens den ersten Band seiner gesammelten Aufsätze unter dem Titel *Combats pour l'histoire.*

1947 hatte er die Sixième Section der Ecole des Hautes Etudes gegründet, deren Präsident er bis an sein Lebensende blieb. Um die gleiche Zeit erweckte er die *Annales* zu neuem Leben, die während des Krieges nur selten erschienen waren, und versuchte sogar die Arbeiten an der *Encyclopédie française* (Paris 1935–1966), die er 1932 zusammen mit Anatole de Monzie ins Leben gerufen hatte**, wieder aufzunehmen – letzteres allerdings ohne rechten Erfolg. Wieder ein-

---

* Im Original *civilisation*. Zur Diskussion um die Begriffe *Kultur* und *Zivilisation* siehe Braudel, *Schriften zur Geschichte 1*, S. 247 ff., insb. Anm. 7, 8.

** Lucien Febvre war seit 1932 auch Präsident des Herausgeberkollegiums der *Encyclopédie française* [A. d. Red.].

mal verausgabte er sich für andere, aber das war ja nicht neu, denn sein ganzes Leben hatte unter dem Zeichen dieser Zersplitterung, dieses Sich-Verschenkens und dieser Verschwendung seiner außergewöhnlichen Talente gestanden. Wer Lucien Febvre in seinem Handeln und seiner intellektuellen Kraft wirklich kennenlernen will, muß nicht nur seine Bücher, sondern auch seine zahlreichen Aufsätze und Rezensionen lesen, in denen er wie in seinen wunderbaren Briefen das Beste von sich selbst gegeben hat. Wer darüber hinaus auch die Freude hatte, ihn in seiner ungekünstelten Art reden zu hören, der weiß, daß Lucien Febvre der größte französische Historiker seit Michelet, Taine und Fustel de Coulanges war und ihre außerordentliche Größe ganz unbestreitbar erreicht hat.

Marc Bloch*

Marc Bloch, französischer Mediävist und Wirtschaftshistoriker, wurde am 16. Juni 1886 als Sohn von Gustave und Sara Bloch, geb. Ebstein, in Lyon geboren, wo seine Eltern am 26. März 1878 geheiratet hatten. Durch eine Fügung des Schicksals wurde er in Trévoux, einem Ort in der Nähe von Lyon, am 16. Juni 1944, nur wenige Tage vor dem deutschen Zusammenbruch in Frankreich, mit einigen Mitkämpfern aus der Résistance von der Gestapo erschossen.

Sein Vater Gustave Bloch (1848–1923) wurde in Feyersheim geboren und entstammte einer durch und durch elsässischen Familie, die sich Frankreich zutiefst verbunden fühlte. Er hatte die Ecole Normale sowie die französischen Schulen in Athen und Rom besucht und lehrte bei der Geburt seines Sohnes Marc Alte Geschichte an der Universität von Lyon. Ein Jahr später, 1887, rückte er zum *Maître de Conférence* an der Ecole Normale Supérieure in Paris und im Jahr 1904 zum Professor für römische Geschichte an der Sorbonne auf. Er verfaßte zahlreiche wissenschaftliche Artikel und Bücher, u.a. *La République Romaine* (1927), sein meistgelesenes Werk, und *l'Empire Romain* (1932); beide wurden nach seinem Tod im Jahr 1932 veröffentlicht. Gustave Bloch war ein großartiger akademischer Lehrer und einer der glänzendsten Historiker seiner Zeit, vor allem aber war er der erste und einflußreichste Lehrer seines Sohnes. Marc Bloch wuchs in Paris in einem sehr kultivierten, intellektuellen Milieu auf. Sein älterer Bruder, ein bekannter Arzt und begabter Musiker, hatte einen gewissen Einfluß auf Marc Bloch; leider starb er viel zu früh bereits kurz nach dem Ersten Weltkrieg. Von Lucien Febvre weiß ich, daß dieser ältere Bruder Marc Bloch zu seinem Buch *Les Rois thaumaturges* (1924) anregte.

Einen wesentlich größeren Einfluß auf Marc Bloch besaß jedoch seine Frau Simone, geb. Vidal, die er am 21. Juli 1919 heiratete. Sie hielt alle materiellen Angelegenheiten und Alltagsprobleme, für die er nach dem Urteil seiner Freunde ohnehin denkbar wenig Neigung

---

* Manuskript. Aus dem Französischen übersetzt von Jochen Grube. Eine englische Übersetzung dieses Manuskripts, die in einigen Teilen von der französischen Fassung abweicht, erschien 1968 im Band 2 der *International Encyclopedia of Social Sciences.*

und Eignung besaß, von ihm fern. Als Sekretärin und eifrige Mitarbeiterin ermöglichte sie es ihm, sich ausschließlich seiner geistigen Arbeit zu widmen. Marc Bloch hingegen lebte nur für seine Frau und seine sechs Kinder. Mme. Bloch starb nur kurze Zeit nach der Ermordung ihres Mannes.

Seine schulische Ausbildung absolvierte Marc Bloch mit Bravour am berühmten Gymnasium »Louis-le-Grand« in Paris. Anschließend besuchte er ab 1904 die Ecole Normale in Paris, die er 1908 mit dem Zeugnis eines Gymnasiallehrers für Geschichte und Geographie *(agrégé d'histoire et de géographie)* wieder verließ. In diesen vier Jahren hörte er an der Sorbonne, der Ecole des Hautes Etudes, am Collège de France und an der Ecole Normale selbst Vorlesungen bei Christian Pfister, Gabriel Monod, Lucien Gallois, Gustave Lanson, Antoine Meillet, Charles V. Langlois, Charles Seignobos und Alfred Croiset. Während seiner Studienzeit an der Ecole Normale war er mit dem Mathematiker Paul Lévy, dem künftigen Diplomaten Louis Massigli, mit Paul Etard, einem Philosophen und Linguisten, und mit dem Soziologen Georges Davy befreundet, der später zum Dekan der geistes- und humanwissenschaftlichen Fakultät berufen wurde; Davy war zu dieser Zeit sein engster Freund.

Während dieser Lehrjahre erhielt Marc Bloch zweifellos eine überaus gründliche Ausbildung auf allen Gebieten der klassischen Kultur und besonders in Geschichte. Von 1909 bis 1912 war er Mitglied der »Fondation Thiers« in Paris und damit frei für erste eigene Forschungen. Die Manuskripte, die er damals verfaßte und die wir noch heute zusammen mit den Beurteilungen von Christian Pfister und Emile Boutroux besitzen, machen ihm größte Ehre.

Aus jenen Jahren datieren seine Kontakte mit Henri Berr und der *Revue de synthèse historique*; beide übten auf ihn eine starke Anziehungskraft aus. In diese Zeit fällt auch ein längerer Aufenthalt an der Universität von Berlin zusammen mit Georges Davy und Paul Etard; über die Theatralik der wissenschaftlich brillanten Vorlesungen von Wilamowitz (1848–1931) amüsierte er sich köstlich.

Entsprechend der in Frankreich üblichen Universitätslaufbahn unterrichtete Marc Bloch nach seinem Studium an Gymnasien in Montpellier (1912) und Amiens (1913); seine eigentliche wissenschaftliche Karriere begann erst nach dem Ersten Weltkrieg, den er als Soldat mitmachte. In diesen harten Kriegsjahren entwickelte er offensichtlich Geschmack am Risiko und ein grenzenloses Bedürfnis zu dienen.

Im Jahr 1919 wurde er als Lehrbeauftragter *(chargé de cours)* an die Universität Straßburg berufen; zwei Jahre später erhielt er seine Ernennung zum Professor für Mittelalterliche Geschichte. Er blieb in Straßburg bis zu seiner Berufung zum *Maître de Conférence* für Wirtschaftsgeschichte an der Sorbonne (1936); ein Jahr später bekam er eine außerplanmäßige Professur. 1940 mußte er wegen der antisemitischen Maßnahmen der deutschen Militärverwaltung* Paris verlassen; er lehrte zunächst in Clermont-Ferrand (wohin die Straßburger Fakultät verlegt worden war), anschließend in Montpellier (1941/1942). Als ihn die Vichy-Regierung schließlich aus dem Universitätsdienst entließ, lehnte er die ihm damals offiziell angebotene Möglichkeit, Frankreich zu verlassen, ab, tauchte unter und stieß zur Résistance; als Widerstandskämpfer fand er 1944 den Tod.

Die große Periode seines Wirkens als akademischer Lehrer und Forscher dauerte von 1919 bis 1939, also zwanzig glückliche und fruchtbare Jahre lang. Als Mediävist beherrschte er die Forschungsmethoden seines Spezialgebiets in geradezu bewundernswerter Weise; methodisch war er weltweit wohl der erste »echte« Mediävist. Seinem Zusammentreffen mit dem etwas älteren Lucien Fevbre (1878–1956), ebenfalls Professor an der Universität Straßburg, verdankte er seine Hinwendung zur allgemeinen Geschichte und zu den Wirtschafts- und Sozialwissenschaften. Das Jahr 1929 markiert den großen Wendepunkt in seinem Leben, als er mit Lucien Febvre die *Annales d'histoire économique et sociale* gründete; diese Zeitschrift veränderte in den nächsten zehn Jahren die französische Geschichtsschreibung von Grund auf. Der jeweilige Anteil Blochs oder Febvres an diesem Gemeinschaftswerk läßt sich nicht genau abschätzen, und wir sollten auch den einen oder anderen nicht für den größten französischen Historiker halten – sie waren es beide zusammen. Ihre vereinten Bemühungen galten einem Ziel: Um sich zu erneuern, mußte sich die Geschichtswissenschaft mit anderen Wissenschaften vom Menschen wie Geographie, politische Ökonomie, Demographie, Politikwissenschaft, Soziologie, Ethnographie, Anthropologie und allgemeine Psychologie... so eng verbinden, als ob sie diese vereinnahmen wollte. Entscheidende Unterstützung in ihrem Kampf erfuhren sie durch die Geographen André Siegfried und Albert Demangeon, durch Wirtschaftswissenschaftler wie François Simand, den Soziologen Maurice

---

* Bloch war Jude [A. d. Red.].

Halbwachs und Historiker wie Georges Lefebvre, André Piganol und Charles Perrin.

Das historische Modell, das Marc Bloch und Lucien Febvre vorschwebte, ging auf die *Revue de synthèse historique* Henri Berrs zurück. Berr hatte als erster behauptet, daß die Geschichte die Summe historischer Teilbereiche wie der politischen Geschichte, der Wirtschafts- und Sozialgeschichte etc. sei. Auch die *Annales* wollten diese Bereiche zusammenführen und den neuen integrativen Ansatz den benachbarten Humanwissenschaften aufdrängen, sie also mit einem Wort zu »Hilfswissenschaften« der Geschichte machen, so die vom Autor dieser Zeilen zugespitzte Formulierung der Geschichtskonzeption der *Annales*. Marc Bloch selbst war etwas vorsichtiger (auch vernünftiger und weniger romantisch als Lucien Febvre). Er sprach deshalb von der »Zusammenarbeit mit den Beobachtern der Gegenwart« und schlüpfte geduldig in die Rolle des Wirtschaftswissenschaftlers, Soziologen oder Kulturhistorikers, wie dies auch Johan Huizinga tat. Sein Ziel war jedoch klar: »Die Geschichte ist nicht die Summe aller möglichen Ereignisse der Vergangenheit. Sie ist die Wissenschaft von den menschlichen Gesellschaften.« Diese beiden Sätze, die er von Fustel de Coulanges entlehnt hatte, um damit eine seiner Vorlesungen zu schließen, bezeichnen weniger eine Methode als das Programm einer nach allen Seiten offenen Disziplin.

Von 1929 bis 1939 drehte sich das gesamte Schaffen Marc Blochs um die *Annales d'histoire économique et sociale*; ihnen gehörte seine ganze Leidenschaft. Seine Beiträge für die *Annales* aus dieser Zeit, die von der Ecole des Hautes Etudes (S.E.V.P.E.N 13, rue du Four, Paris 7e) vor kurzem herausgegeben wurden, enthalten die besten Gedanken Blochs. Sie erhellen und vervollständigen seine beiden Hauptwerke: *Les Rois thaumaturges* (1. Aufl. 1924, 2. Aufl. 1961), eine gleichermaßen historische wie soziologische und allgemeinpsychologische Studie zu den übernatürlichen, angeblich Hautausschläge heilenden Kräften, die den französischen Königen zugesprochen wurden, ein originelles und großartig angelegtes Werk; und *Les Caractères originaux de l'histoire rurale française* (1. Aufl. 1931, 2. Aufl. 1955/56), eine Beschreibung der ländlichen Räume Frankreichs, ausgehend von der Anlage der Felder. Dieses ohne Zweifel bedeutendste Buch Marc Blochs inspirierte eine ganze Reihe von Studien europäischer Geographen und Agrarhistoriker. Vor kurzem wurde es sogar ins Russische übersetzt.

Das letzte Werk, das Marc Bloch noch selbst publizierte, *La Société féodale* (2 Bde.,1. Aufl. 1939/1940; 2. Aufl. 1949; dt.: *Die Feudalgesellschaft*, 1982), faßt Hunderte, ja Tausende von kleinen Einzelstudien unter den Perspektiven einer neuen Geschichte zusammen. Es bemüht sich um die Unterscheidung von Konkordanzen und Unterschieden in der Gesamtentwicklung der europäischen Gesellschaft des Mittelalters. – Nach seinem Tode veröffentlichten Freunde aus seinem Nachlaß 1946 *L'étrange défaite* (dt.: *Die seltsame Niederlage: Frankreich 1940. Der Historiker als Zeuge*, 1992), eine vehemente und bittere Abrechnung mit den Umständen der französischen Niederlage – bitter, weil Marc Bloch vom Gefühl der persönlichen Mitverantwortung für die Katastrophe des Jahres 1940 durchdrungen war. 1952 folgte – ebenfalls aus dem Nachlaß – *Apologie pour l'histoire ou métier d'historien* (dt.: *Apologie der Geschichte oder Der Beruf des Historikers*, 3. Aufl. 1992), während seiner Zwangsbeurlaubung rasch niedergeschrieben, eigentlich nur die erste Skizze eines sehr viel breiter angelegten Werkes, das Marc Bloch jedoch nicht mehr vollenden konnte.

Heute [1965] ist Marc Bloch wahrscheinlich der in Frankreich und im Ausland meistgelesene französische Historiker. Sein Werk wurde größtenteils in fremde Sprachen übersetzt und ist, abgesehen von Details, auch im Ausland unumstritten, wofür es mancherlei Gründe gibt: Es vereint vollendete Gelehrsamkeit mit Vorsicht in der Interpretation und einer tiefen Abneigung gegen wortreich-grandiose Erklärungen. Obwohl ein Freund und Bewunderer Henri Pirennes, findet sich bei Marc Bloch nichts, was mit dessen brillanten (und heute so umstrittenen) Theorien über die Öffnung und Schließung des Mittelmeers gegenüber dem lateinischen Abendland vergleichbar wäre. Vielleicht weil es Marc Bloch im Gegensatz zu Henri Pirenne oder Lucien Febvre nicht vergönnt war, den Gipfel seines Wissens zu erreichen (er wäre heute [1965] 79 Jahre alt, das heißt ein Jahr älter als Lucien Febvre bei seinem Tod im Jahr 1956), vielleicht aber auch, weil sich bei ihm die wissenschaftliche Neugier nicht von seiner Neigung zu strenger Gelehrsamkeit trennen ließ. Diese Vorsicht und Klugheit stelle ich auch bei seinen Schülern Robert Boutruche, Michel Mollat, Pierre Goubert, Paul Leuillot und Henri Brunschwig fest.

Sein politischer Standpunkt entsprach in gewisser Weise seinem intellektuellen Anspruch. Er verweigerte sich stets einem extremen Engagement. Kurz nach Ausbruch des Zweiten Weltkriegs schrieb er am

17.September 1939 an Lucien Febvre: »Wie Sie empfinde ich großen Abscheu vor dem Bedürfnis nach Propaganda. Die Historiker müssen ihre Hände sauber halten.« Dennoch traf ihn »die seltsame Niederlage« Frankreichs in tiefster Seele. 1940 befand er sich in Dünkirchen, wo er wie durch ein Wunder dem Schicksal der Kriegsgefangenschaft entging, erreichte England, kehrte in die Bretagne zurück und schlüpfte danach wieder in sein Leben als Professor. Obwohl jüdischer Abstammung, praktizierte er den jüdischen Glauben nicht und hätte die Kriegswirren unbeschadet überstehen können, denn nach 1940 verfuhr die Vichy-Regierung mit ihm aus denselben Gründen genauso wie mit Henri Bergson: Mit seiner Entlassung aus dem Universitätsdienst bot sie ihm die Ausreise an. Marc Bloch hätte an einer amerikanischen Universität oder an der Universität von Algier, die sich um seine Berufung bemüht hatte, Unterschlupf finden können. Er aber zog es, wie er schrieb, vor, in Frankreich an seinem Platz zu bleiben: »Das französische Volk ist unser Volk, und kein anderes ist für uns zuständig.« In der Résistance spielte er eine außerordentliche Rolle. Die Gestapo verhaftete ihn am 8. März 1944; nach Mißhandlungen und Folter wurde er einige Monate später zusammen mit seinen Mithäftlingen erschossen.

IV

SCHRIFTEN ÜBER DIE GEGENWART

I*

Ich hätte Arturo Cavallaris freundliches Angebot ablehnen sollen. In der Tat frage ich mich an der Schwelle des ersten Artikels ganz ernsthaft, welches Interesse Millionen von Lesern des *Corriere della Sera***** an den Zetteln aus meinem Notizblock haben können, denen ich Tag für Tag, einmal ausführlich, einmal kurz, meine Eindrücke, Anmerkungen und Argumente anvertraue, nie aber, oder doch nur selten, meinen Zorn oder meine Empörung. Denn Zorn und Empörung verkneife ich mir lieber. Es liegt auf der Hand, welcher Zweifel mich plagt: Kann man mit einem Taschenspiegel ein gültiges Bild der großen weiten Welt einfangen? Im Augenblick hält es jeder für möglich, nur sollte man seine Aufzeichnungen dann nie wieder lesen. Also, womit kann ein alter Mann wie ich (Jahrgang 1902), zu allem Überfluß noch Historiker, Sie rühren, warnen, aus der Reserve locken?

Daß Frankreich Vielfalt bedeutet, wissen wir alle; daß Italien ebenfalls Vielfalt bedeutet, ist nicht minder bekannt. Aber Vielfalt ist nicht gleich Vielfalt. Hier bedeutet sie, um mit dem Wirtschaftswissenschaftler André Piatier zu sprechen, mehr »Städte-Städte«, dort mehr »Land-Land«.

Ich habe selber monate-, ja jahrelang in Italien gelebt. Wohin mich die Reise auch führte, stets habe ich mich auf Anhieb wohlgefühlt, denn ich genieße die räumliche Entfernung von Frankreich, die mich, mag sie auch noch so gering sein, alle Beschwernisse und Zwänge meines Lebens vergessen läßt. Ich fühle mich, Zeichen des einsetzenden Vergessens, Beginn eines anderen Lebens, auf eine köstliche Weise fremd. In erhöhtem Maß übrigens in Venedig, das sich bei allen Ausländern, nicht nur bei den Franzosen, großer Beliebtheit erfreut. Eine elementare Psychoanalyse könnte die Ursache erhellen. Letztlich genießen es alle, den Alltag für ein paar Tage oder Wochen zu vergessen, ehe sie wieder in ihre alte Existenz zurückschlüpfen.

Ich glaube kaum, daß ein Italiener, der nach Frankreich kommt, ähnlich angenehme Gefühle empfindet. Vor allem glaube ich nicht,

***

* »Écrits sur le présent«. Aus dem Französischen übersetzt von Gerda Kurz/Siglinde Summerer.
** Die folgenden zehn Artikel wurden 1982/83 vom *Corriere della Sera* in italienischer Übersetzung veröffentlicht.

daß er dem zutiefst noch bäuerlichen, ländlichen Charakter unseres Landes genügend Aufmerksamkeit schenkt – den Gräsern und Kräutern, Wäldern, fließenden Wassern, Getreidefeldern... Er stürzt nach Paris, denn Frankreich ist für ihn Paris, was nicht gänzlich falsch, aber auch nicht ganz richtig ist. Paris ist für ihn das Unbekannte, das Fremde, die Ballung aller Kräfte und Verführungen, die massierte Anhäufung von Kultur. Wohingegen sich in Italien alles auf viele alte Städte, von denen jede eine Hauptstadt ist, verteilt, zerstreut. Somit sind die Voraussetzungen dies- und jenseits der Alpen andere.

Die Historiker haben zwei Möglichkeiten, sich der Gegenwart zu entziehen. Beneiden Sie sie ruhig. Aber fragen Sie nicht, welche gut und welche schlecht ist. Beide haben ihren Reiz, beide ihre Mängel und ihre Schwächen.

Erste Möglichkeit: Ich vertiefe mich in die Vergangenheit, verliere mich darin. So lebe ich seit vierzig Jahren an der Seite Philipps II. von Spanien, des Königs mit dem traurigen Gesicht. Um ehrlich zu sein, ich liebe ihn eigentlich nicht, habe mich aber nach und nach an seine Gegenwart, an sein Schweigen, seinen Mangel an Selbstbeobachtung gewöhnt – und werde ihn schließlich wohl begreifen. Noch etwas Geduld, und ich werde ihn deuten können, ohne ihm allzusehr Unrecht zu tun. Gegenwärtig verliere ich mich in den Jahrhunderten einer *Histoire de France*, die ich allein auf mich gestellt herausgeben möchte. Freilich holt mich die Gegenwart dabei bei jedem Schritt ein.

Zweite Möglichkeit: sich in die Zukunft flüchten, was wir Historiker schon lange vor der Mode der *Zukunftsforschung* getan haben. In der Tat ist nichts praktischer, um sich ein Urteil über die Gegenwart zu bilden. Ich gebe mir einen Vorsprung, nehme Abstand, versetze mich in die Zeit um das Jahr 2000. Aber da sind wir ja schon fast. Also versetzen wir uns, um wirklich Abstand zu gewinnen, besser ins Jahr 2050. Mit einem Schlag haben wir uns von den Ereignissen, den »tönenden« Neuigkeiten, wie man im 16. Jahrhundert sagte, befreit und all die Zusammenstöße vergessen, die Feuersbrünste, das Auflodern, die großen Männer der Politik und der Regierungen. Zum Schweigen verdammt sind bewundernswerte Tenöre, die Brände größtenteils gelöscht und aus der Ferne nur noch als kleine Buschfeuer zu erkennen. Kurzum, wir versuchen die Geschichte, die wir am eigenen Leibe erleben, mit anderen Augen zu sehen.

Gewiß, im Grunde herrschen nicht die verantwortlichen Regierungen, sondern die *Krise*, jene Urkraft, jenes Monstrum, jener Gigant der Geschichte, jenes Verhängnis mit dem langen Atem. Ihren Anfang nahm sie 1970 oder 1973 anläßlich, wenn auch nicht direkt wegen, der Ölkrise, denn in Wirklichkeit ist sie die Folge der in der Tiefe vollzogenen Wende der säkularen Tendenz, der fundamentalen Strukturveränderung, die zu einer Revision der Spielregeln zwingt, was viel Zeit beanspruchen dürfte. Deshalb hat die Krise, selbst wenn es zwischendurch zu Aufschüben, Absätzen, Pausen beziehungsweise zu ein paar guten Tagen kommen mag, doch gute Aussichten, im Jahr 2000 immer noch dazusein.

Die Vergangenheit ist durchpulst von ähnlichen endlosen Rhythmen. Ist nicht alles zyklisch? Selbst bei der Sonne sprechen Astronomen, die der Poesie ihren Obolus zollen, von einem wunderbar langsamen »Herzschlag«.

Wie Sie vielleicht wissen, huldige ich ohne jeden Vorbehalt einer unterirdischen, gleichwohl aber beherrschenden Geschichte der langen Dauer, doch da ich den Ausdruck gar so oft gebraucht und auch mißbraucht habe, möchte ich ihn lieber durch einen anderen ersetzen und, wenn möglich, von dem *Endlosen* sprechen, das einmal als Kraft der Entfaltung, dann wieder als Kraft der Stagnation oder als Kraft des Rückschlags auftritt.

Nur zu gern nehmen die Regierungen (gewissermaßen als eine Art Heimfallsrecht) die Verantwortung für den Wohlstand, so für die »dreißig glorreichen Jahre« von 1945 bis 1975, für sich in Anspruch. Pech nur für die Unvorsichtigen, daß sie sich damit auch für die weniger ruhmreichen Jahre, die wir durchleben, verantwortlich machen, ohne sich dessen voll bewußt zu sein. Aber sind sie, wie sie behaupten, wirklich imstande, die Arbeitslosigkeit, die Inflation, das Haushaltsdefizit zu meistern, wo sich diese Monstren doch öffentlich über sie lustig machen und über uns obendrein? Nein, mit Sicherheit nicht. Bestenfalls können sie den Lauf der Dinge in der einen oder anderen Richtung etwas steuern.

Was also ist zu tun? Welches Programm vorzuschlagen, welche Rede zu halten? Wäre ich an der Stelle eines mir bekannten italienischen Politikers, den ich hoch schätze, würde ich schlicht und einfach erklären, daß wir an der Krise so wenig schuld sind wie an den Tiefdruckgebieten, die im Winter über den Mittelmeerraum hinwegziehen. Ich würde Geduld predigen, versichern, daß es kein Wunder-

heilmittel gibt, daß man nur warten und den Kopf einziehen, kurzum, sich den schlechten Zeiten anpassen kann und das möglichst jeder für sich. Denn die Erfahrung hat gelehrt, daß sich der einzelne,
die kleine Gruppe in Krisenzeiten oft als erfindungsreicher erweisen
als schwerfällige Wirtschafts- oder Gesellschaftseinheiten.

Bei Flut bekommen alle Länder etwas ab. Bei Ebbe dagegen setzt
ein allgemeines Gedränge ein; die Starken verschanzen sich hinter
den Schwächsten, beuten sie aus und drängen sie sanft auf die gefährlichen Wasser zu. Bereits im 17. Jahrhundert dürften sich die Niederlande in Sicherheit gebracht haben, während Europa von einer
Rezession heimgesucht wurde. Und wer wird heute die Rolle der
Niederlande in ihrem schon so fernen *Goldenen Zeitalter* übernehmen?

Ich habe es nicht mit Unkenrufen. Ich bin von Natur ein unerschüt-
terlicher Optimist, jederzeit bereit zu Wort und Tat. Natürlich bleiben mir Trauer, Prüfungen, Kummer trotzdem nicht erspart. Und
doch behaupte ich, daß auch noch die schwärzesten Tage im Leben
von einem Lichtschimmer erhellt sind.

Erst vor zwei Tagen unterhielt ich mich mit Germaine Tillon, der
begabten Ethnographin des Auresgebirges und der Sahara, einer
wahrhaft großherzigen Frau und vollendeten Freundin, die das Glück
hatte, Ravensbrück zu überleben. Unumwunden gab sie zu, daß sie
selbst unter den schauerlichen Umständen von damals mit ihren
Gefährtinnen manchmal in haltloses Gelächter ausgebrochen war.
Lachen verheißt Versöhnung, Befreiung, Sich-Ermuntern, gesundes
Sich-Wehren, Sieg. Der erste Ton eines Gelächters verändert schlagartig alles, und was ich an Italien vor allem liebe, ist sein spontanes
Lachen... Der wahre Mut offenbart sich im Alltag, wo er am banalsten, wo er am monotonsten ist. Ich lache, also bin ich.

Ist es mir gestattet, ein Wort über mein Patenkind, die Tochter eines der berühmtesten französischen Intellektuellen, zu verlieren? Sie
besaß als Kind eine wahrhaft wunderbare Kraft. Buchstäblich allmor-
gendlich kam sie gleichsam neu auf die Welt. Sie hatte alles, was am
Vortag geschehen war, vergessen und konnte völlig unbeschwert und
glücklich mit Blumen, Tieren, Insekten, unvorsichtigen Schmetter-
lingen spielen, die am Vorabend, vom Licht verlockt, ins Haus geflat-
tert waren. Durch ihr Lächeln, durch ihr Lachen, hielt sie den Kopf
über Wasser. Wer kann sich beim Erwachen nicht für einen Augenblick einbilden, sein erstes Rendezvous mit der Existenz zu erleben,

als sei noch alles offen? Dann freilich schlüpfen wir wieder in den Alltag mit seinen Gewohnheiten zurück.

Die Geschichte hat uns noch ein anderes Spiel zu bieten, das allerdings nur wenige Historiker spielen, da es ihnen wenig sinnvoll erscheint. Aha, werden Sie denken, dann muß es ja interessant sein. Der Name des Spiels – *Uchronie* – wurde 1876 von Charles Renouvier (1815–1903), einem im übrigen nicht immer heiteren Philosophen, nach dem Muster von *Utopie* gebildet. *L'Uchronie ou Utopie de l'histoire* lautet der Titel seines Werkes, das er als »apokryphen Entwurf einer möglichen kulturellen Entwicklung, wie sie sich zwar nicht vollzogen hat, aber doch hätte vollziehen können« definiert. Kurz, Uchronie heißt, sich eine Vergangenheit vorstellen, die nicht eingetreten ist, heißt, die Geschichte umschreiben, sich überlegen, was hätte anders sein müssen, wo die Kette der Ereignisse hätte unterbrochen werden müssen, damit die Geschichte einen anderen Verlauf genommen hätte.

Nehmen wir die Kriege um Italien von 1491 bis 1559, die offensichtlich einen entscheidenden Wendepunkt in der Geschichte ganz Europas darstellen, einen klassischen Fall, der auch heute noch Stoff zum Nachdenken liefert. Das reichste, kultivierteste, urbanisierteste, technisch am weitesten fortgeschrittene Land kann manchmal außerstand sein, seine Tore vor den »Barbaren« zu verschließen und sich ihrer in der Folge wieder zu entledigen. 1494 gelang es dem kleinen Heer Karls VIII., mit seinen Feldkanonen die Städte zur Übergabe zu zwingen, da sie zu ihrer Verteidigung nur Mauern hatten, die zwar prächtig waren, den Kugeln aber nicht zu widerstehen vermochten. Und dennoch waren es italienische Ingenieure, die angesichts der islamischen Gefahr an den neapolitanischen oder sizilianischen Gestaden oder in den spanischen Presidios in Nordafrika den Sappen- und Minenbau, die Bastionen, die »Kavaliere« (hochgelegene Wälle) oder das Kreuzfeuer erfanden – Erfindungen, die sich bekanntlich in ganz Europa eines langen Lebens erfreuten. Ihre Entdeckung ist grob auf die Mitte des 16. Jahrhunderts anzusetzen, also lange vor Vauban. Nehmen wir nun also einmal an, diese italienischen Kriegsingenieure hätten vor Karl VIII., Ludwig XII. oder Ferdinand dem Katholischen gelebt, so hätten die Kriege um Italien einen anderen Verlauf genommen, Italien wäre gerettet worden. Für den Historiker bedeutet dieses Spiel nicht nur eine Möglichkeit, die Vergangenheit nach seinem

Herzen umzuschreiben, sondern auch die Möglichkeit, eine der Ursachen des Dramas herauszufinden: Seine Hypothese im Auge, wird er seine Nachforschung und Deutung gezielter betreiben können.

Dieses Spiel aber kann jeder von uns auf eigene Faust spielen bis in die Gegenwart hinein. Auch da kann er nach Herzenslust träumen, was hätte sein können, kann die Geschichte seiner eigenen Zeit umdenken, um sie besser zu verstehen. Und täte es ihr nicht in der Tat not, einer ernsthaften Betrachtung unterzogen oder womöglich gar korrigiert zu werden?

II

Manchmal tanzen ganz gewöhnliche Wörter aus der Reihe, klingen uns in den Ohren, schwirren durch jede Rede und sind offensichtlich entsetzlich wichtig, bis sie eines schönen Tages wieder auf ihren Platz zurückkehren. Das heißt nicht, daß sie von da an nicht mehr gebraucht werden, nur, daß ihr Augenblicksreich wieder zerfällt...

Das Wort, das sich heute in der französischen Politik so vordrängt, sie teilt, in zwei Lager spaltet, jede Kontroverse beherrscht, lautet: *Wende.* Für die Wende zu sein bedeutet, für das am 10. Mai letzten Jahres geborene »sozialistische Frankreich« zu sein. Gegen die Wende zu sein bedeutet, heillos reaktionär, ein Anhänger des »Ancien régime« zu sein. Es sei denn, man gehört dem schmalen Saum zwischen den beiden Frankreichs an – dem der Rechten und dem der Linken, die sich die Waage halten – und besitzt damit, ohne sich dessen immer bewußt zu sein, die unerhörte Macht, dieses gegen jenes oder jenes gegen dieses zu vertauschen.

Doch für sich genommen ist das Wort nur mangelhaft definiert. Damit alles klar wird, müssen wir *sozial* anfügen und von der sozialen oder gesellschaftlichen Wende sprechen. Manche sprechen sogar von einer soziologischen Wende, gerade als hätte das Adjektiv, weil es länger ist, mehr Gewicht! Zu dumm nur, daß das ein offenkundiger Irrtum ist: *Sozial* ist die Realität, die beobachtet wird; *soziologisch* ist die Realität, die der Soziologe, seinen gestrengen Zwicker auf der Nase, wahrnimmt oder wahrzunehmen glaubt... Für mich gibt es nur eine Frage: Ändert der Wille der Politiker das Soziale, die Gesellschaft, vermag er sie zu verändern? Jedenfalls besteht ein großer Unterschied zwischen einer Wende, die sich von selbst vollzieht, durch eine endogene Bewegung, den Druck der Wirklichkeit, und einer im voraus kalkulierten, von außen herbeigeführten, mit einem Wort: einer *gewollten* Wende.

Die Schwierigkeit, wenn man vom Sozialen spricht, besteht darin, daß es sich nicht eindeutig und überzeugend definieren läßt. Gestern hat sich Georges Gurvitch, der begabteste von allen, die es sich zur Aufgabe machten, Emile Durkheims Werk fortzuführen, lang und breit mit dem Entwurf einer *globalen Gesellschaft*, um seinen Terminus zu benutzen, auseinandergesetzt. Aber war seine globale Gesellschaft wirklich global? Mir erscheint sie mehr wie die äußere Hülle eines Volumens statt wie die Masse selbst. Und seitdem hat sich die Soziologie überhaupt nicht mehr mit diesem Problem befaßt; sie sieht sich als eine konkrete Wissenschaft, die ihre Aufmerksamkeit Bruchstücken, Details zuwendet. So habe ich denn mangels Besserem die Gesellschaft, mit der es die Historiker und Spezialisten der Wissenschaften vom Menschen ständig zu tun haben, als »die Summe der Summen« definiert, wobei ich unter dieser von der neuen Mathematik übernommenen, allzu bequemen Formel alle Realitäten, Spannungen, Strukturen, Konjunkturen verstehe – kurz alles, was die Sozialwissenschaften untersuchen, von der Geschichte bis zur Biologie, von der Wirtschaftswissenschaft bis zur Anthropologie und so fort... Das, werden Sie einwenden, bringt uns nicht viel weiter. Zugegeben. Und ich gestehe auch, daß diese Formel oft meiner Bequemlichkeit zustatten kommt, und ich bei ihrer Verwendung nicht unbedingt ein gutes Gewissen habe beziehungsweise mich etwas verunsichert fühle. Dafür läßt sie mir die Ellbogen frei. Wo viele Definitionen einengen und abtöten, läßt sie mir Bewegungsfreiheit. Unter anderem auch die, meinerseits unter der Überschrift »Wende« vom Hundertsten ins Tausendste zu kommen.

Die Erfahrung – die von heute wie die von gestern und die von morgen – lehrt, daß aufs Ganze gesehen stets Veränderungen, Bewegungen stattfinden, die zum Teil erst einsetzen, während sich andere schon wieder verlangsamen und zum Stillstand kommen. Also eine Vielzahl von Veränderungen. Ich könnte aus dem Stegreif zahllose, sehr wichtige nennen. Daß die europäische, westliche, fast weltweite Revolution von 1968 politisch gescheitert ist, wissen wir im Abstand von fast fünfzehn Jahren alle. Hingegen hat sie durchaus Erfolge zu

verzeichnen, was die Sitten, die Beziehungen zwischen den Ge-
schlechtern, die ernste Krise der Familie angeht, die kräftig ins Kraut
schießenden, in den Augen der älteren Generation monströsen und
schockierenden Beziehungen zwischen Kindern und Eltern. Arme
Eltern! Arme *cartes du tendre* auch bei der um sich greifenden Verhü-
tungspraxis. Vor ein paar Tagen habe ich auf den vielen Stufen von
Sainte-Anne in Paris in einem dichtbesiedelten Viertel, dem XIIIe Ar-
rondissement, zu später Stunde – fünf Uhr nachmittags – eine zum
Photographieren angetretene Hochzeitsgesellschaft und in ihrer Mitte eine weiße Braut gesehen. Gestern hätte ich gelächelt. Heute fühlte ich mich leicht gerührt. Ist das sinnvoll? Beim Begräbnis eines
Freundes gestern in einem unmittelbaren Vorort von Paris sang der
Priester einen Teil der Messe auf Latein, eine freundliche Geste gegenüber dem Verstorbenen, dessen Vorliebe er kannte. Ich gestehe,
daß auch ich, obwohl ich nicht eigentlich religiös bin, den lateinischen Messen nachtrauere. Durch das II. Vatikanische Konzil hat sich
die Kirche im Laufe weniger Jahre stärker verändert als während der
voraufgegangenen Jahrhunderte. Ebenfalls tiefgreifend verändert haben sich, wenn sich ihr Verlöschen leider auch nur allzulang hinzieht,
die Nationalismen von gestern, dieses schwer ausrottbare Unkraut des
alten Europa, das man Trieb für Trieb ausreißen muß: Die Nationalismen sind es, die der Geburt eines geeinten Europa im Weg stehen.
Aber wäre es nicht ein Triumph, ja, eine echte Geburt oder Wieder-
geburt, wenn wir uns wirklich, wohin immer uns der Zufall in Europa und im Westen führt – einem Westen, größer als Europa, das seine
Wurzel ist – zuhause fühlen könnten? Wäre das nicht eine »Wende«,
eine echte Wende…

Mehr als die Veränderung aber ist doch wohl das, was Dauer hat, was
währt, was sich hartnäckig behauptet, das Erbe der Vergangenheit, das
die Gegenwart durchfurcht wie der Steven eines Schiffs die bewegten
Wasser des Meeres, für das Soziale wesentlich oder, um mit Martin
Heidegger zu sprechen, sein »Wesen«. Was aber hat in einer polymor-
phen Gesellschaft Bestand, was überdauert unsere Veränderungen?
Ihre zugrunde liegende Biologie, ihre Grundlagen, ihre Zwänge, ihr
Atemrhythmus? Diese Suche nach dem *Dauerhaften*, dem *Quasi-Dauer-
haften*, ist spezifisch für den *Strukturalismus* der aus der Schule der sogenannten *Annales* hervorgegangenen Historiker, der nichts mit dem
in den sechziger Jahren bei den Feingeistern von Paris so beliebten

verfeinerten *Strukturalismus* zu tun hat. Eine solche Suche aber halte ich, so paradox das klingen mag, für die Hauptaufgabe jeder Politik der Veränderung, stößt doch jede von den Regierungen bewußt oder unbewußt eingeleitete Aktion auf die Trägheit dieser Blöcke vor Ort.

Man muß sich immer wieder vor Augen halten, daß die Regierungen angesichts der langsamen gesellschaftlichen Entwicklung wie Eintagsfliegen agieren. Es fehlt ihnen die Zeit. Haben sie die Macht, Gott allein weiß, mit wieviel Geduld oder List, endlich errungen, explodiert sie ihnen gewissermaßen unter den Händen. Oft habe ich mir ausgemalt, welch wesentliche Lektion uns der Einblick in den Tagesablauf eines dieser Herren der Welt lehren würde. Nehmen wir beispielsweise einen Tag von Cavour. Mit einemmal wüßten wir, wie er seine Zeit auf die verschiedenen Aufgaben, Gespräche, das Studium der Berichte verteilte, wie lange er brauchte, um auf Neuigkeiten zu reagieren. Ob er wohl überhaupt die Zeit fand, in Ruhe zu essen?

Heute wie gestern vermag die Politik die Gesellschaft nur zu verändern, wenn sie auf die Zustimmung der letztgenannten stößt, die ihren Weg geht, ohne daß immer klar zu erkennen wäre, wohin er führt... Ich jedenfalls glaube nicht, daß die Einigung Italiens ausschließlich Cavours Werk war, so wenig wie ich die Reformation ausschließlich Luther zuschreibe, in dem ich vielmehr das Werkzeug einer wunderbaren Kraft sehe, die schon seit langem auf die Christenheit des Nordens einwirkte...

Daß eine Regierung recht effektiv auf Gegenkurs gehen kann, will ich nicht bestreiten. Nur liegt das Ergebnis nicht auf der anvisierten Linie, kann nicht darauf liegen. So hebt Ludwig XIV. (im Bestreben, die Macht des Königreichs zu festigen) das Edikt von Nantes auf (1685) und treibt damit Tausende von Protestanten außer Landes, obwohl sie ruhige Untertanen sind. Mit den Emigranten aber, die in Genf, Amsterdam, London, Berlin Zuflucht suchen, verliert Frankreich auch Handwerker, Unternehmer und ihr Kapital. Für die im Land zurückgebliebenen Protestanten bricht eine dramatische Zeit an, aber einige »Flüchtlinge« machen ihr Glück, gründen die Protestantische Bank, die sich am Vorabend der Französischen Revolution fast des gesamten französischen Reichtums bemächtigt. Welch sonderbare Rache! Heute bietet sich das sozialistische Frankreich als Experimentierfeld an. Wird es gelingen, die Reichen gleichzuschalten, obwohl sie zum Teil recht verschiedenen Kategorien angehören? Es dürfte den italienischen Leser wohl kaum überraschen, zu hören, daß

Milliarden »schwerer« Francs auf Schweizer oder nordamerikanische Bankkonten überwiesen wurden. Erklärte André Piatier nicht erst unlängst, Kapitalverschiebungen gingen fast mit Lichtgeschwindigkeit vonstatten?

Selbst gesetzt den Fall, es gelänge, die Privilegierten rasch in ihre Schranken zu verweisen, so hätte eine Politik, die das Prinzip der Gleichheit verficht, doch ein noch viel ernster zu nehmendes Problem zu lösen: die Unterdrückung der Hierarchien, und ob auch diese gelänge, erscheint höchst fraglich. Schließlich kennen die Historiker kaum einen wichtigeren, über die Jahrtausende hinweg beobachtbaren Zug als die soziale Rangordnung oder, wenn man lieber will, die hierarchische Staffelung oder, falls man den Ausdruck bevorzugt, die *vertikale* Gliederung einer Gesellschaft. Denn da alle Phänomene, das Soziale wie das Historische, das Kulturelle wie das Wirtschaftliche oder das Politische, eine gewisse Tiefe besitzen, sind auch überall verschiedene soziale Ebenen und dementsprechend unterschiedliche Entwicklungen und Schicksale möglich. Deshalb wird sich unter dem Strich doch stets wieder eine *Hierarchie* bilden, mögen auch alle Revolutionen der Welt, alle nur vorstellbaren Brüche und von der Geschichte registrierten Katastrophen voraufgegangen sein. Mit einem Wort, um unsere Ausführungen durch ein Bild abzukürzen, die Gesellschaft bleibt, welche Prüfungen sie auch über sich hat ergehen lassen müssen, ein Haus mit mehreren Stockwerken. Die Bewohner haben gewechselt, die Stockwerke nicht.

Jean-Paul Sartre, für den ich große Bewunderung empfinde, träumte von einer horizontalen Gesellschaft, in der keiner den anderen übertreffen, geschweige denn beherrschen sollte. Wahrscheinlich jedoch ist eine solche Gesellschaft, so verlockend sie zweifelsohne wäre, nicht möglich. Jedenfalls haben die Historiker und anderen Spezialisten des menschlichen Lebens noch nie etwas dergleichen gesehen oder wahrgenommen. Vermutlich führt eine Gesellschaft, sobald sie einmal auf zwei-, dreihundert Individuen angewachsen ist, die *Arbeitsteilung* und, dadurch zu gegenseitiger Ergänzung genötigt, die Gegenleistung sowie den Tauschhandel ein, und unterwirft sich Schiedssprüchen, was nichts anderes heißt, als daß sie eine Hierarchie schafft. Auch die Arbeiterinnen eines Bienenstocks würden, falls sie eine Familie gründen könnten, von einer Königin träumen, die über ihr Geschick wacht.

Nehmen wir einen Ausschnitt aus der französischen Geschichte unseres sich vollendenden Jahrhunderts, der mehr sagt als viele Worte. Als Prolog soll uns das 1924 erschienene Buch von Albert Thibaudet, *La République des professeurs*, dienen. 1927 liefern sich im obersten Stockwerk des französischen Hauses die Söhne adliger und bürgerlicher Familien, die Nachfahren von Großgrundbesitzern und Fabrikdirektoren (von Thibaudet unter der Bezeichnung *Erben* zusammengefaßt), ein Rückzugsgefecht mit den Söhnen der Mittelschicht, den »Stipendiaten«, denen die Mildtätigkeit des Staates über Stipendien die Tür zu höheren Schulen und Universitäten geöffnet hat. Edouard Herriot, Edouard Daladier sind *Stipendiaten*. 1927 also langen sie im obersten Stockwerk des Hauses an; die Republik, die Republik der *Professoren*, ist die ihre. Nach 1945 wird der oberste Stock der französischen Gesellschaft dann wieder von den Erben, den Besitzenden, mit Beschlag belegt. Im Mai 1981 jedoch erleben wir erneut eine *Republik der Professoren*: die Sozialisten sind »Stipendiaten«. In der Nationalversammlung sitzen Dutzende und Aberdutzende von Professoren und Lehrern. Bemerkenswerter jedoch an der Gegenwart ist zweifellos, daß neben ihnen, unter den Professoren, die Gewerkschaftler aufsteigen, die *homines novi*. In gesellschaftlichen Diskussionen geübt, über die politische und wirtschaftliche Wirklichkeit gut informiert, durch die Rivalitäten zwischen den Gewerkschaften angestachelt, von Haus aus streitsüchtig und intelligent, beginnen sie die Stufen zum obersten Stock zu erklimmen. Werden sie es schaffen? Wird es ihnen gelingen, die Stipendiaten, die Professoren und die Erben auszuschalten? Ausgeschlossen ist es nicht, wenn es natürlich auch eine Weile dauern wird. Denn wirkliche Veränderungen, solche, die von Dauer sind, vollziehen sich niemals von heute auf morgen. Die in der Tiefe ablaufende Geschichte bevorzugt das Zeitlupentempo. Sie steht notgedrungen im Zeichen der Geduld.

Doch was die Zukunft auch für uns in petto haben mag, die Stufen, die Hierarchie, die Lohnskala, die unterschiedlichen Lebenslagen werden immer dabei sein... Die Marxisten und »Marxisierenden« (doch wer marxisierte heute nicht, und sei es unbewußt?) sprechen in diesem Zusammenhang von *Klassenkampf*. Aber ist das nicht nur ein anderes Wort für ein und dieselbe Sache? Vorausgesetzt offensichtlich, man differenziert und wägt den Begriff ab, anstatt ihn auf die Gegnerschaft Arbeiter – Arbeitgeber zu reduzieren, was die Dinge heute allzusehr vereinfachen hieße. Schließlich leben wir nicht mehr zur Zeit der ersten Industriegesellschaft, von der Marx ausging. Wenn denn aber die Gesellschaft bis in alle Ewigkeit hierarchisch aufgebaut, gespalten sein wird, wird auch der Klassenkampf samt tausend dazugehörigen Realitäten immer wieder auftreten: Ihnen gehören Vergangenheit, Gegenwart und Zukunft. Sie stehen am Anfang und Ende jeder lebendigen Gesellschaft, sind Voraussetzung und Ergebnis.

Demnach gäbe es also keine lebendige Gesellschaft ohne Ungleichheiten? Aber ist nicht auch der elektrische Strom das Ergebnis eines Spannungsgefälles? Vor einer solch todtraurigen Idee zurückzuschrecken ist nur natürlich, sie als »reaktionär« abzutun jedoch witzlos. Wichtig ist es, herauszufinden, ob sie zutrifft, ob man ihr Rechnung tragen, sich dem Hindernis anpassen muß, um es, wenn möglich, zu umrunden. Jedenfalls aber wird sich der Klassenkampf nicht von heute auf morgen überwinden, unsere auf ihre vertikale Rangordnung so versessene Gesellschaft sich nicht horizontal einebnen lassen. Möglich, daß sich der Kampf der Klassen abschwächt, gleichwohl jedoch bleibt er die nie erlöschende Glut unter der Asche. Eine Gefahr ohne Zweifel. Aber auch ein Schutz. Wohin führte uns wohl eine in alle Ewigkeit, *in aeternum*, gehorsame Gesellschaft?

III

Die sogenannten exakten Wissenschaften schreiten von Definition zu Definition fort. Der Leser kann dieses Verfahren nur nachvollziehen, indem er, wie bei der Überquerung einer Furt, von einem Stein zum anderen hüpft. So besteht auch die neue Mathematik aus einer Reihe, einer *Gesamtheit* miteinander verknüpfter Definitionen. Haben Sie eine davon vergessen, müssen Sie wieder zurückgehen, denn eine folgt aus der anderen.

Welcher Vertreter der wenig gesicherten Wissenschaften vom Menschen hätte sich nicht gewünscht oder versucht, alles von vornherein zu definieren, noch ehe er seinen Weg festgelegt hat? Wie oft bekommt man bei Diskussionen zu hören: »Aber drücken Sie sich doch klarer aus, definieren Sie Ihren Gegenstand erst einmal, man muß schließlich wissen, wovon die Rede ist.« So wäre ich denn auf dem Holzweg, wenn ich solche im Zeichen reinster wissenschaftlicher Umsicht getroffenen Vorsichtsmaßnahmen für falsch erkläre? Gewiß, wenn Sie zum Beispiel von *Struktur* sprechen, sollte klar sein, worum es sich handelt, worum es sich handeln kann. Andererseits aber liegen

378

auch die Gefahren des Definierens auf der Hand. Es heißt ein Wort, ein Konzept in ein Korsett zwängen, von Anfang an seine Tragweite beschränken, die Diskussion von vornherein einsperren, das Problem schon vorweg lösen... Während für uns das Problem doch nicht wie bei den »echten« Wissenschaften darin besteht, von einem gut definierten Punkt zum nächsten, ebenso gut definierten fortzuschreiten, sondern in jedem Augenblick der Untersuchung und der Befragung über das Wort oder den augenblicklichen Vorwand hinaus stets den unermeßlichen Bereich der Humanwissenschaften, gewissermaßen die Unendlichkeit des Meeres, im Auge zu behalten...

Vielleicht kann ich mich durch ein Beispiel besser verständlich machen und mich zugleich recht und schlecht verteidigen.

Das Wort *Zivilisation* ist im Französischen ein besonders bedeutungsreicher Begriff und gibt deshalb zu vielfältigen Verwirrungen Anlaß. Zu allem Überfluß hat es einen Kompagnon – richtiger wäre es wohl, von feindlichen Brüdern zu sprechen, da sie aufgrund ihrer ewigen Streitereien unzertrennlich sind –, das Wort *Kultur*. Um das Maß gar vollzumachen, verfügt *civilisation* im Französischen nur über ein Adjektiv-Substantiv, *civilisé*, von einem so beschränkten Anwendungsbereich, daß das Adjektiv *culturel* einspringen muß. Etwa in der Definition: »Die Zivilisation ist die Summe *kultureller* Güter«, was für Verwirrung sorgen kann.

In der Tat werden die feindlichen Wörter unentwegt gegeneinander ausgespielt, auch in *vertikaler* Richtung. So nimmt die *Kultur* in Deutschland das Obergeschoß ein, wohingegen die *Zivilisation* als materieller Aspekt ins Erdgeschoß verbannt wird. Mein Buch – *La Civilisation matérielle* – beispielsweise trägt in der deutschen Übersetzung den Titel *Geschichte der Zivilisation*. Bei den angelsächsischen Ethnographen wiederum läuft die Sanduhr andersherum, ist die Kultur unten angesiedelt, die Zivilisation als Superlativ dagegen im Obergeschoß. Und im Italienischen scheinen sich *civiltà* und *cultura* heute noch in den Oberstock der *kulturellen* Vortrefflichkeiten zu teilen.

Doch zurück zum Französischen, das die Sanduhr in beide Richtungen laufen läßt: die Kultur zwar im allgemeinen nach unten, in manchen Zusammensetzungen aber kann auch sie einen elitären Beigeschmack bekommen. So spricht man von einem »kultivierten« Menschen und von der *Kultur*, nicht von der *Zivilisation* eines Jean-Paul Sartre. Letztlich also bewohnt die *Zivilisation* das Obergeschoß nicht allein. Deshalb habe ich es mir auch seit gut zwanzig Jahren zur

Gewohnheit gemacht, beide Wörter zu benutzen, wie sie mir aus der Feder fließen und *Zivilisation* und *Kultur* unterschiedslos im selben Sinn zu gebrauchen. Bis jetzt hat mich noch kein Polizist wegen einer Übertretung belangt.

Hat man die Begriffe Zivilisation und Kultur so von ihren Mauern befreit, kann man ermessen, welch immensen Bereich sie abdecken, und das ist auch das oberste Ziel, das ich mir gesteckt habe: Es gibt keine Gesellschaft, mag sie noch so brillant oder noch so primitiv sein, die nicht in all ihren Schichten der kulturellen Ansteckung und Infiltration ausgesetzt wäre, der nichts zu bescheiden und alltäglich, aber auch nichts zu hoch und vergeistigt ist. Mithin ist jede Gesellschaft Kultur, ob man nun das Erdgeschoß oder die oberen Stockwerke des Lebens betrachtet. Und ebenso ist jede Gesellschaft Zivilisation.

In der Tat weisen die kulturellen Güter eine sagenhafte Vielfalt auf, finden sich neben zahllosen materiellen zahllose immaterielle Güter. Ein Charakteristikum aber ist allen gemein: die ständige Verbreitung, ihre ununterbrochene Diffusion. Eben jene Eigenschaft, die Arnold Toynbee zu Unrecht so irritierte, daß er von »der Diffusion der Nähmaschine« sprach. Doch dieses Beispiel ärgert mich ebensowenig wie die Eroberung ganz Europas – und des riesigen lateinamerikanischen Kontinents – durch die italienische *pizza*, eine Eroberung, die, ob es einem nun gefällt oder nicht, ein weiteres sehr gutes Beispiel für die Diffusion der Kulturgüter bietet...

Techniken, Kostüme, Wörter, die von einer Sprache in die andere schlüpfen, praktische Lebensweisheiten, die kopiert werden, subtile Gedanken, politische und soziale Formen, Glaubensüberzeugungen und religiöse Verirrungen – alles ist in dieses durch nichts zu behindernde Ausstrahlungssystem einbezogen. Wobei ich bei Glaubensüberzeugungen und religiösen Verirrungen vornehmlich an die unverhofft aufgetauchten, irritierenden religiösen Sekten denke, die unter unseren Augen im Boden aller westlichen Länder erstaunlich kraftvolle Wurzeln schlagen...

Und diese Ausbreitung von Kulturgütern gibt es, seit es Menschen gibt – seit der Vorgeschichte. Schon im Altertum waren der Indische Ozean und das Mittelmeer durch tausend nicht abreißende Fäden verbunden. Und seitdem durchqueren diese unbußfertigen Reisenden alle Jahrhunderte. Manchmal treten sie in Gruppen auf: So befruchten sich die romanische und die gotische Kunst, die Kunst der

Renaissance, des Barock oder die abstrakte Malerei, die in Italien allerdings noch mehr beheimatet scheint als in Frankreich, gegenseitig.

Oder denken wir an die zugleich prosaischere und dramatischere Erfindung des Schießpulvers, das die ganze Welt kolonisiert hat. Oder an die heute allgegenwärtige Industrialisierung: Wohin immer ich auch fliege, ich fliege von einem Flughafen ab und lande auf einem anderen, und alle gleichen sich zum Verwechseln. Luxusware, aber leicht zu transportieren – ich verfrachte mich selbst –, finde ich mich von der schnell ausschreitenden Hostess begleitet oder auf die trügerisch menschlich klingende Lautsprecheransage hin in einem Wartesaal wieder. In der Tat, wieviel Zeit habe ich nicht schon auf diese Weise auf den Flughäfen von Mailand oder Zürich vergeudet? Besser erging es mir in Ankara, wo ich in größter Eile zum Flugzeug stürzte, aber, kaum hatte ich Platz genommen, innerlich zähneknirschend von einem – zum Glück zur rechten Zeit aufgetauchten – Kontrolleur wieder vertrieben wurde: Zielort dieser Maschine war Diyarbakir, während ich in Istanbul erwartet wurde. Mit einem Wort, Hunderte und Aberhunderte unserer Treffpunkte erreichen wir dank unserer »Luft«zivilisation.

Gleichwohl dürfen Sie nicht glauben, daß unsere moderne Welt, das Zeitalter der Geschwindigkeit, das Monopol auf diese Diffusionen gepachtet hat: Die Register der 1672 in Paris abgeschlossenen Seeversicherungen, die ich momentan untersuche, gleichen den von Alberto Tenenti nahezu zwei Jahrhunderte früher in Ragusa oder Venedig oder Genua studierten Wort für Wort: Die Versicherungspolice gehört, genau wie der allzu berühmte Wechsel, zu den »Kulturgütern«. Mehr noch: Das Amsterdam des 17. Jahrhunderts ist in allen Details getreue Kopie des noch im 16. Jahrhundert reichen Venedig.

So ist gelegentlich eine massive, wenn auch äußerst langsame Verbreitung von Kulturgütern zu beobachten: Beispielsweise der Wandel des Kostüms um 1340 in Frankreich, als der wehende Mantel der Kreuzfahrer vom kurzen, knappen Wams der Männer mit enganliegenden Kniehosen und spitz zulaufenden Schnabelschuhen abgelöst wird, lauter Neuheiten, die zusammen mit dem Kinnbärtchen und dem Schnurrbart à l'espagnole des 14. Jahrhunderts aus Katalonien kommen, in Wirklichkeit jedoch von viel weiter her, nämlich aus dem von den Katalanen frequentierten Orient... Die weibliche Kleidung, vornehmlich die Hörnerhaube, wird über den Hof der Lusignan von Zypern sogar vom China des (zu Beginn des 10. Jahrhun-

derts untergegangenen) Tang-Reichs übernommen! Kurzum, um die
Strahlkraft der Kulturen scheint es ähnlich bestellt zu sein wie um
das Licht ferner Sterne, das wir, obwohl die Sterne selbst bereits seit
Jahrhunderten oder Jahrtausenden erloschen sind, noch immer erblicken...

Sonderbare Kulturen! Stets sind sie bereit, mit unersättlichem Hunger
Neues zu übernehmen, fast unterschiedslos. Gegen diese Tendenz,
gegen diese Gefräßigkeit angehen heißt Zeit und Mühe verschwenden. So ist es in Frankreich zu einer Schilderhebung gekommen, um
das Französische von englischen Wörtern zu säubern, die in unsere
Sprache eindringen, sie kolonisieren, deformieren. Ich persönlich halte diese Hexenjagd weder für wirksam noch auch nur für notwendig.
Es gibt Vorgänge, gegen die man machtlos ist. So hat es zu allen Zeiten, seit verschiedene Sprachen gesprochen werden, auch Fremdwörterinvasionen gegeben. Warum also sollten sie vor Frankreich oder
Italien oder irgendeinem anderen Land haltmachen? Wörter ins nachbarliche Sprachgehege auszusenden, war seit eh und je das Vorrecht
dominierender Mächte oder Kulturen: gestern von Italien, dann von
Spanien, dann von Frankreich, und heute ist eben die angelsächsische
Welt am Zug...
　Das sind Tatsachen, an denen sich nicht rütteln läßt. Ganz, ganz
selten gibt es auch einmal Ausnahmen, die darum um so bedeutsamer
sind – ein Sich-Verweigern, das zu bekämpfen ebenso sinnlos ist,
glaubt eine Kultur in diesem Fall doch, sich auf solche Weise verteidigen beziehungsweise ihre Identität bekräftigen zu können, indem sie
ihr wahres Wesen und ihre Grenzen enthüllt. Daß die mittelmeerische Christenheit – Italien, Frankreich, Spanien – im 16. Jahrhundert
die Reformation ablehnt, während sich der Norden mit dem aufstrebenden Kapitalismus der Revolte von Luther und Calvin anschließt,
führt zu einem tiefen Bruch mitten durch Europa, der sich später nie
mehr überbrücken ließ. Die Reformation konfrontiert den Gläubigen
in einem schrecklichen, dramatischen Tête-à-tête mit Gott selbst,
während sich die katholische Kirche gewissermaßen als Schutzmacht
zwischen Gott und den Gläubigen stellt...
　Und handelt es sich bei der Zurückweisung des Kommunismus seitens der fortschrittlichen kapitalistischen Länder von heute, also durch
Deutschland, England, die Vereinigten Staaten, nicht um eine Verweigerung gleicher Größenordnung? Die anderen, die katholischen Län-

der sind den marxistischen Ideologien, der Forderung nach Gleichheit, der zur Schau getragenen, wenn schon nicht praktizierten Verachtung des Reichtums gegenüber aufgeschlossener. Wie aber erklärt sich das, wenn nicht die Sprache und die alten Wurzeln der Kulturen ihre Finger im Spiel haben? All das kommt in der Tat von sehr weit her.

Denn die Kulturen sind schon seit Jahrhunderten und Aberjahrhunderten an Ort und Stelle; sie sind langlebig und behaupten ihren Platz, wie es scheint, für alle Ewigkeit. Gewiß, Rom hat Karthago besiegt. Aber lange danach noch bleibt Nordafrika unter punischem Einfluß, und ebenfalls reichlich lang auch die Iberische Halbinsel. Denken Sie nur daran, daß noch zur Zeit des heiligen Augustinus in der Gegend um Hippo Regius Punisch gesprochen wird. Dann erobert der Islam den ehemals karthagischen Raum nach Westen, wo er sich bis heute behauptet. Für die mittelmeerische Christenheit ist diese Ablösung, diese wiedererrichtete Barriere, eine Katastrophe: Spanien, Frankreich, Italien beißen sich daran die Zähne aus... Hat nun, wie man manchmal hören kann, Karthago den Vorstoß, die Rache des Orients im Namen des Islam vorbereitet? Der Gedanke überzeugt Sie vielleicht nicht. Doch dann sagen Sie mir – eine analoge Frage –, warum vor nunmehr über vierhundert Jahren die Grenze zwischen Reformation und Katholizismus just dem Lauf von Donau und Rhein folgte – den Grenzen des alten Rom? War das nur ein Zufall? Nein. In den Ländern, die schon seit langem nach Rom schauten, hat die Kirche den Schlag auffangen können, konnte sie weiter florieren. Ich schließe mich in diesem Punkt voll und ganz der Ansicht des Historikers und Geographen Emile-Félix Gautier an, der mir von Algier her bekannt ist und dessen Werke sich eine erstaunliche Jugend bewahrt haben.

Nicht definieren bedeutet also, sich einen äußerst weiten Horizont offenhalten, diesen Horizont in seiner ganzen Ausdehnung der Länge und Breite nach und in seiner längsten Dauer betrachten, richtiger eine ganze Summe von Horizonten, die eine Unmenge von Beobachtungen erschließen und darüber hinaus erlauben, die Hauptlinien dieser Landschaften herauszulösen, die charakteristischen Züge, die, wie mir scheinen will, mit bloßem Auge zu erkennen sind.

Welche Hauptlinien?

Im ganzen Westen hat sich eine materielle, an die Scholle gebundene bäuerliche Kultur über die Jahrhunderte hin hartnäckig behauptet, obwohl es ihr an Handwerkszeug mangelte und ihre Entwicklung durch eine langsame und beschwerliche Kommunikation behindert war. In Frankreich wie in Italien findet sich diese aus dem Urgrund der Zeiten erwachsene Kultur noch um 1850, ja sogar noch 1914. Heute verschwindet sie schnell, allzu schnell. Zu unser aller Leidwesen entvölkern sich die Landstriche, verfallen. Ein Wandel hat sich vollzogen beziehungsweise vollzieht sich noch, der unübersehbare Wunden schlägt. Noch läßt ein einfaches Detail die kaum vergangene Zeit im Handumdrehen wiedererstehen: Lassen Sie sich in Artimino in der Toskana auf dem Holzkohlenfeuer geröstetes, mit einheimischem Olivenöl getränktes Bauernbrot vorsetzen, und für einen Augenblick wähnen Sie sich in die Welt von gestern zurückversetzt...

Mehr noch, jede Kultur besteht aus einander überlagernden, lebendigen, sich gegenseitig bekämpfenden Schichten. Zuunterst kommen die primitiven Überzeugungen und der Aberglaube – sie haben ein langes Leben, sie sterben nicht so leicht –, darüber die festgefügten Religionen mit einer zusammenhängenden Lehre, die sich schon sehr bald zu einem eroberungsfreudigen, herrschsüchtigen, eigensinnigen Überbau aufwerfen: So folgen in Frankreich Druidentum, Heidentum und das triumphierende Christentum aufeinander... Und später entwickeln sich dann die Ideologien im weiteren Sinn des Wortes. Dem deutschen Historiker Otto Brunner zufolge erfassen sie Europa im 18. Jahrhundert, riesigen Feuersbrünsten gleich, deren dicke Rauchschwaden uns von der alten Ordnung trennen und sie uns schlagartig entfremden. In Wirklichkeit freilich haben die Ideologien nicht das Jahrhundert der Aufklärung abgewartet, um mit ihren Rauchschwaden alles zu vernebeln. Sie sind schon seit Jahrhunderten am Werk.

All das ist wichtig. Äußerst wichtig. Und natürlich heißt es diese übereinandergeschichteten Realitäten, wie stets, vertikal beobachten. Diese Überlagerung: primitive Kulturen, Religionen, Ideologien, ist in jedem Augenblick von unten nach oben gegenwärtig. Wütend branden die verschiedenen Wasser gegeneinander an, verdrängen sich, aber nur äußerst langsam. In der Tat liefern sie sich einen nicht abreißenden Kampf: den des Menschen angesichts seiner Hoffnungen und seiner Angst. Und sind sie letztlich nicht auch aus demselben Stoff? Jedenfalls wird ihr von allem Anbeginn an tobender Kampf nicht von heute auf morgen zu Ende gehen. Selbst das *sogenannte* freie, das wissenschaftlich freie Denken, ist eine Überzeugung. Und all diesen feindlichen Rhythmen gehört die Zukunft.

Die in Frankreich und sicher auch andernorts häufig gebrauchte Formel »Gott ist tot« erscheint mir absurd. Gott kann nicht sterben. Oder vielmehr, der Mensch vermag nicht ohne sein Bild zu leben, ohne den unendlichen Spiegel, in den er seine Hoffnungen, seine entsetzliche Unsicherheit, seine grausame Ignoranz projizieren kann. So werden die Menschen des Jahres 2000 immer noch abergläubisch, gläubig und auch Freidenker sein. Ganz einfach, weil der Mensch nicht aufhört, Mensch zu sein.

IV

Als mich ein junger Historiker in einem Interview für eine historische Zeitschrift fragte: »Wird es im Jahr 2000 noch Historiker geben?«, antwortete ich ohne zu zögern mit Ja. Das Jahr 2000 ist nahegerückt, es steht gewissermaßen schon vor der Tür; also fehlt bis dahin die Zeit für eine tiefgreifende Umwandlung. Das Morgen wird, ob man will oder nicht, dem Heute gleichen.

Außerdem hat der abendländische Geist die Geschichte über zwei Jahrtausende gutgeheißen, darin Befriedigung gefunden, ja, sie als Verpflichtung empfunden und sie heute sogar zu seinem Alibi gemacht. Zu seinem Alibi oder zu so etwas wie einer Droge. Denn wenn sich gegenwärtig so viele Leser auf Geschichtsbücher, auf biographische und nicht weniger eifrig auf historische Romane stürzen, so doch wohl, weil diese einen bequemen Ausweg aus der heutigen Welt bieten, die freilich gewiß nicht erfreulich ist. Ja, ist es nicht schlicht bös um sie bestellt?

Doch wer sich bei diesen banalen und griesgrämigen Betrachtungen aufhält, wird bald bei einer noch banaleren und nicht minder griesgrämigen Frage landen: Ist das Metier des Historikers überhaupt zu etwas nütze? Und wenn ja, wozu? Mir erscheint es nur dann wirklich nützlich und einer Verteidigung wert, wenn es der Aufklärung dient und bis in das ausgedehnte Betätigungsfeld der Wissenschaften vom Menschen hineinreicht. In Frankreich sprechen wir gern von den Wissenschaften vom Menschen, um uns von den Angelsachsen und ihren Sozialwissenschaften abzuheben. Von einigen Nuancen und unbedeutenderen Abgrenzungsfragen abgesehen jedoch handelt es sich um ein und dasselbe Forschungsfeld, von dem die Historiker im Prinzip ausgeschlossen sind: die Untersuchung der gegenwärtigen, unter unseren Augen lebenden Gesellschaften. Den Zugang zur Gegenwart muß sich die historische Forschung nämlich erst erzwingen.

Das beste Mittel dazu scheint mir paradoxerweise zu sein, in die *lange historische Dauer* einzutauchen, um einen von mir geprägten Ausdruck zu benutzen. Nach meiner Auffassung ist das ein einleuchtender, äußerst wichtiger Begriff. Gleichwohl wurde er nur allzuoft mißverstanden, vornehmlich von den Marxisten der dritten oder vierten Generation. Und das, obwohl ich schon vor langer Zeit erklärte (aber wird man je so gelesen, wie man es sich wünschte?), daß sich das Marxsche Denken gerade aus der Sicht der langen historischen Dauer in seinem ureigensten, solidesten und fruchtbarsten Kern entfaltet.

Allerdings vertreten viele Historiker die Ansicht, daß sich ihr Metier nicht auf die kurzen Zeiträume beschränkt, daß die Zeit der Geschichte, die wir formen wie der Bäcker das Brot, aber auch die Zeit, die wir, von Tag zu Tag, leben, nicht einen einzigen Fluß bildet, bilden kann: daß ihre Dauer jeweils verschiedene, einander überlagernde *gleichzeitige* Zeiträume umfaßt oder, um mit den französischen Philosophen zu sprechen, in *temporalités* zerfällt.

Es gibt also, um es etwas anders auszudrücken, verschiedene Geschichten mit einem jeweils eigenen Rhythmus, die im übrigen seit jeher miteinander in Streit liegen. Als Beispiel dafür habe ich schon 1949 den Mittelmeerraum im 16. Jahrhundert angeführt: einen Raum, der sich, der Wiederholung verhaftet, an der Basis gleich bleibt und allem Anschein nach, aber nur dem Anschein nach, in Unbeweglichkeit verharrt, während darüber, langsam pulsierend, eine Geschichte abläuft, eine Abfolge von Konjunkturen zu beobachten ist, deren Wogen alles hochheben, fallenlassen, aufbauen, zerstören, kurz, in ihrem Auf und Ab alles mit sich reißen – alles, das heißt: die Wirtschaften, Kulturen, politischen Formen, gesellschaftlichen Realitäten, das Hin und Her der Ideengeschichte, die Strömungen von Kunst und Literatur, die sich von Generation zu Generation weiterentwickeln, oder auch die Sitten oder die Überzeugungen...; und über diesen langsamen Rhythmen schließlich läuft die Geschichte im schnellen Takt der täglichen Ereignisse ab, der »tönenden Neuigkeiten«, wie das 16. Jahrhundert sagte: viel Gelärme, Angst und Aufregung, die aber, wenn alles gut geht, am nächsten Tag schon vergessen sind...

Also eine Überlagerung verschiedener Geschichten, die notwendig zusammengesehen werden müssen, da sie auch zusammen existieren.

Insofern will mir das Späßchen von Lord Keynes, dem hervorragenden Wirtschaftswissenschaftler: »Auf die lange Dauer sind wir alle tot«, nicht recht einleuchten. Welch erstaunliche Ausformung von Begriffsstutzigkeit, begleitet uns die lange Dauer (wie die kurze und die mittlere) doch auf Schritt und Tritt: Woher beispielsweise kommt die Küche, an die ich gewöhnt, ja, deren Gefangener ich recht eigentlich bin? Wie viele Jahrhunderte hat die Sprache, die ich spreche und in der ich denke, schon hinter sich? Überhaupt meine ganze Lebens- und Denkweise? Sie ist vor Jahrhunderten entwickelt worden, und wenn ich mich noch so verzweifelt bemühe, mich in meinem Denken zu befreien, in Wirklichkeit gelingt es mir eben nicht, mich vom christlichen Erbe freizumachen, das mich immer noch umgibt, das mich überlistet, mich begleitet, mir aber auch hilft...

So sind die Realitäten der langen Dauer stets präsent, um sich der ganzen Geschichtsmasse aufzuzwingen, stets bereit, sich auf den Gang der Dinge auszuwirken. Natürlich kann der Historiker, der sie beobachten will, das nur um den Preis eines künstlichen Spiels, indem er sie aus dem ganzen Geflecht herauslöst. Doch welche historische Untersuchung – selbst wenn sie sich nur die Konjunktur, ja sogar, wenn sie sich nur die Ereignisse vornimmt – kommt ohne dieses Spiel aus, ohne ein großes Stück Geschichte zu isolieren, um es besser sehen und zeigen zu können? Demnach ist die Geschichte der langen Dauer also die Beobachtung der Vergangenheit abzüglich eines gewaltigen Teils der gelebten Geschichte, oder genauer, alles, was kurz, was individuell, was schlicht Schwankung, was Episode ... ist, wird ausgeschaltet. Und zwar in der Absicht, eine historische Landschaft einzig aus der unendlichen Perspektive von Jahrhunderten zu entwerfen.

Die dergestalt im Zeichen der Dauer, der Wiederholung, des Beharrens ausgesonderte Geschichte nenne ich *strukturell*. Im übrigen, ohne mich um den *Strukturalismus* der Linguisten zu kümmern, der mich sowenig behindert, wie er mich reizt, noch um den in den sechziger Jahren propagierten *Strukturalismus* der Schöngeister, die in der Struktur lediglich ein abstraktes Bezugssystem sahen. Für den Historiker handelt es sich bei Struktur ganz im Gegenteil um recht reale Dinge. Ihm geht es dabei um das, was in der Masse einer Gesellschaft der Zeit widersteht, was dauert, den Zufällen entgeht, sich voller Zähigkeit erfolgreich behauptet.

Natürlich bedeutet Struktur so gesehen nicht absolute Unbeweglichkeit. Sie erscheint lediglich im Verhältnis zu dem, was sich um sie

herum bewegt, was sich mehr oder weniger schnell entwickelt, unbeweglich. In Wirklichkeit jedoch nutzt sie sich durch die Dauer
ab, nimmt sie ab. Ja, sie erleidet sogar Brüche; da diese indessen zeitlich weit auseinanderliegen, bedrohen sie, mögen sie auch noch so
schwerwiegend sein, doch nie die ganze Struktur einer Gesellschaft.
Es zerbricht nicht alles auf einen Schlag.

Kurzum, die globale Geschichte präsentiert sich, wenn man sie aufs
äußerste vereinfachen wollte, unter dem Blickwinkel einer perma-
nenten Dialektik zwischen Struktur und Nichtstruktur oder, wenn
Sie so wollen, zwischen Dauer und Wandel. Laut Marc Bloch hat nur
das, was sich ändert, Geschichte. Doch in diesem einen Punkt kann
ich mich ihm nicht anschließen. Geschichte ist, was sich ändert und
Geschichte ist, was sich nicht ändert. Eine so tiefgreifende Revolution wie die Französische hat nicht ganz Frankreich von einem Tag
auf den anderen auf den Kopf stellen können, weit gefehlt.

Wichtig ist, daß sich der Wandel mit dem Nichtwandel abfinden
muß – wie das Wasser eines Flusses dazu verdammt ist, zwischen den
Ufern, oft sogar zwischen Inseln, Sandbänken, Hindernissen dahin-
zufließen... Der Wandel ist gleichsam von vornherein in einer Falle
gefangen, und wenn es ihm gelingt, ein größeres Stück von der Vergangenheit mit fortzureißen, so nur, weil dieses Stück schon keinen
besonderen Widerstand mehr leistete, weil es sich bereits selbst verbraucht hatte. Genau besehen klebt der Wandel am Nichtwandel,
heftet sich an seine Schwächen, schlachtet die Punkte des geringsten
Widerstands aus. Immer wieder gibt es Kompromisse, Koexistenz,
Anpassung und ebenso Streit und Auseinandersetzungen. In diesem
ständigen Hin und Her zwischen dem Für und Wider steht auf der
einen Seite das, was sich bewegt, und auf der anderen das, was sich
hartnäckig darauf versteift, an seinem Platz zu bleiben. Die Geschichte nun ist Zusammenspiel, Zusammenklang oder, wie die Schule der
Annales sagt, »Globalität«, wobei die Schwierigkeit darin besteht, ihr
die unbewußte Masse dieser ozeangleichen Geschichte, Ausfluß einer
nie versiegenden, schwer wahrzunehmenden, unmöglich zu beherrschenden Vergangenheit einzuverleiben. Zu sagen, daß der Mensch
die Geschichte macht, ist im Bereich dieser Tiefen schlicht lächerlich.
Hier kann sich der Historiker nur mühsam vorantasten, indem er die
Lehren und Regeln der verschiedenen Wissenschaften vom Menschen – der Geographie, der Demographie, der Wirtschaftswissenschaft, der Politologie, der Anthropologie, der Kulturgeschichte, der

Soziologie und auch der herkömmlichen Untersuchung der äußeren Beziehungen – in eigener Regie und auf sein eigenes Risiko hin anwendet. Er bedient sich ihrer auf den unendlichen Wegen der Vergangenheit wie Laternen...

Diese Tiefseefischerei ist nicht einfach – indessen die einzige Möglichkeit, eine bestimmte Episode, einen bestimmten Vorgang, eine bestimmte Betrachtungsweise des Klassenkampfes, eine bestimmte Entwicklungsform des Kapitalismus (Handels-, Industrie-, Finanzkapitalismus) oder eines politischen Regimes (der IV. oder der V. Republik), einen revolutionären Umschwung, eine literarische Strömung... in die historischen Begleitumstände einzubetten und wieder in die allgemeine Geschichte einzugliedern.

Offensichtlich würden meine Betrachtungen an Überzeugungskraft gewinnen, untermauerte ich sie durch konkrete Beispiele, so wie der Kartenspieler seine Trümpfe auf den Tisch legt... Doch wohin würden mich die Beispiele führen, sind sie doch in der Regel ebenso verräterisch wie dienlich? Erst hatte ich an das japanische Wunder gedacht, das aus der langen Vergangenheit des Landes erblüht: die außergewöhnliche Produktivität, die nicht nur der Einführung ultramoderner, hochentwickelter Techniken, sondern auch einer noch traditionsgebundenen Gesellschaft zu verdanken ist, die sich dieser im Untergrund so bestimmenden Vergangenheit erst zur Hälfte entwunden hat. Doch da sich für diese sonderbare Kombination im Westen keine Entsprechung findet, hätte sie ein allzu schönes Beispiel abgegeben.

Deshalb abschließend ein Wort zu einem umstrittenen Film – *Mourir à trente ans* – der jüngst in den Pariser Kinos gelaufen ist, ohne den ihm meines Erachtens gebührenden außergewöhnlichen Erfolg zu erringen. Er handelt von der 68er Revolution, einer in meinen Augen vollgültigen Revolution. Sein Autor, Romain Goupil, ein begeisterter linker Filmschaffender und hundertprozentiger Revolutionär, läßt seine Sichten von gestern Revue passieren. Anlaß dazu bietet der Selbstmord eines damaligen Kampfgenossen. So durchlebt er gut fünfzehn Jahre später noch einmal das Abenteuer von gestern, sieht sich wieder agieren, erkennt sich wieder, aber leidet darunter. Denn mittlerweile sind ihm die Augen aufgegangen. Nicht, daß er seine Gefühle, sein Ideal von gestern verleugnete. Aber er sitzt zu Gericht über die Akteure, ihre Methoden. Haben sie – er und die anderen – nicht die »Macht« angeprangert, um sie selber an sich zu reißen, die

Hierarchie aufs Korn genommen, nicht um alles umzustürzen, sondern um selber die Leiter hochzusteigen? Und all das in völliger Unschuld. Kurzum, die Macht als Falle der langen Dauer. Die Revolution als Krise, als Aufbrausen, nur allzuoft von kurzer Dauer. Etwas Geduld, und sie geht vorüber...

V

Unser Leben flieht uns wie das Kielwasser, das sich, von der Schiffsschraube aufgewirbelt, jenseits des Horizonts verliert. Doch ein solches Bild spricht wohl mehr Menschen meines Alters an als die jungen Leute von heute. Kennen sie tage-, wochen- und monatelange Seereisen überhaupt noch? Jedenfalls aber, ob uns der Vergleich nun etwas besagt oder nicht, flieht uns unser Leben unaufhaltsam. Und sich mit diesem abgehaspelten Garn zurechtzufinden ist selbst für einen Historiker, einen bestallten Chronometer, nicht immer ganz einfach. Erst vor einigen Tagen habe ich mich gefragt, ohne eine Antwort finden zu können, warum und wieso ich mich im November 1936 in Paris befand, denn dort befand ich mich, obwohl ich mich zu diesem Zeitpunkt meinen üblichen Plänen nach doch eigentlich auf den Weg nach Genua in italienische Archive hätte machen müssen. Wie jedes Jahr. Ich lehrte damals in Brasilien, wo zur Zeit des europäischen Winters die warmen Sommerregen der Südhalbkugel niedergehen, weshalb meine Ferien auf Europas Uhren in den Winter fielen. Eine lange Seereise (zwanzig Tage) brachte mich alljährlich um diese Zeit von Santos nach Marseille und Genua... 1936 aber muß ich mich in Paris aufgehalten haben, habe ich doch in letzter Minute meine Kandidatur an der Sorbonne (Hautes Etudes) angemeldet und durch einen glücklichen Zufall den Zuschlag erhalten. So fällt es uns in Wahrheit aus dem einen oder anderen Grund verflixt schwer, die verlorene Zeit zu rekonstruieren!

Und doch steigen immer wieder zahllose Bilder aus dem vergangenen Leben in uns auf, verfolgen uns wahllos wie Insekten, die abends, vom Licht der Lampe angezogen, ins Zimmer schwirren. Von allen am hartnäckigsten sind die Bilder unserer Kindheit; sie bemächtigen sich unserer Tagträumereien und bevölkern unsere Träume im Schlaf. Unvermutet finden wir uns in Häusern wieder, die uns einst vertraut waren, mit Menschen, die wir liebten und die seit langem gegangen sind!

Doch nicht von diesen irreführenden, im Grunde lästigen Bildern möchte ich sprechen, sondern von den unversehrten, den außergewöhnlichen, die sich mit den Konturen des Lebens und in den Farben ursprünglicher Frische präsentieren, den *ersten* Eindrücken von geliebten Personen oder Städten, die wir später immer wieder besucht, oder von Ländern, in denen wir in der Folge längere Zeit gelebt haben. Sonderbar klare Bilder, unabgegriffen wie neue Münzen, die noch nicht von Hand zu Hand gegangen sind. So sehe ich wie vor mehr als fünfzig Jahren mit Wonne das Gesicht eines jungen Mädchens wieder, mit einer Deutlichkeit, als könnte ich es mit Fingern berühren, ein von einem wunderbaren Lächeln verschöntes Gesicht, das mir mein Leben lang nahestand, das ich im Herzen getragen habe als Schatz, Trost und Talisman.

Ich sehe Rio de Janeiro wieder vor mir wie an jenem Tag im März 1935, von einem wahrhaft sintflutartigen Regen mit unnatürlich langen Tropfen förmlich überschüttet.

Oder das Konzert der italienischen Städte, wie sie sich vor Jahr und Tag meinen Blicken boten, klar, freimütig und offen, von Musik erfüllt. Frankreich, das sind für mich unvergeßliche Landschaften, Italien dagegen, obwohl ich die Toskana für die schönste Gegend der Welt halte (oder hielt), Städte, von denen keine der anderen gleicht, von denen jede eine streng verschlüsselte Botschaft übermittelt – ihre eigene. Das war mein erster Eindruck von dem Land und an ihm habe ich hartnäckig festgehalten. Und über diese ersten Begnungen möchte ich im folgenden sprechen.

Bei meinem ersten Besuch habe ich Italien auf einem etwas ungewöhnlichen Weg betreten. Im August 1932 verließ ich Nordafrika, wo ich fast ein Jahrzehnt verbracht hatte, nicht freilich, ohne in Tunis Station einzulegen, der nordafrikanischen, mediterranen, schon morgenländischen Stadt, die ich vor allen anderen liebe – als Verkörperung von Poesie, Licht, Tafelfreuden – oh, die tunesischen Fische und Weine! Und dazu die überschäumenden Wonnen des Meeres... Mit Tunis haben Italien und Frankreich, miteinander wetteifernd, um einander auszustechen, einem alten Erbe die heiterste, erstaunlichste und berauschendste Stadt hinzugefügt, die mir je unter die Augen kam.

Damals war Tunis mit Italien durch einen regelmäßigen italienischen Flugdienst verbunden. So reiste ich denn in einem Wasserflugzeug nach Palermo, also direkt über dem Meeresspiegel, oder jedenfalls niedrig genug, um alles zu sehen: die Inseln, deren Namen noch heute in meinen Ohren klingen, Zembra, Maretimo... und den weiten blauen Spiegel des Meeres, der, einem Handrücken gleich, von tiefen blauen Adern durchzogen war. Ob Sie es glauben oder nicht, ich konnte sogar die Schatten der vorübergleitenden Schiffe auf dem Meeresgrund sehen (zwischen Tunis und Sizilien hat das Mittelmeer eine relativ geringe Tiefe), und schließlich tauchten die Salinen von Trapani auf, die sich wie ein Spitzensaum ausnahmen. In Palermo jedoch nahm mich die Tristesse in Empfang. In den Quatro Canti, wo ich Quartier bezog, war nichts von der Freude, von dem strahlenden Weiß von Tunis zu merken. Monreale wiederum löste helle Begeisterung in mir aus. Aber ist es nicht schon fast zu schön? In San Giovanni degli Eremiti, der ehemaligen Moschee mit den rötlich angehauchten Kuppeln, die, vom Chiostro eingeengt, einen Teil ihres Säulengangs und ihres (damals wilden, heute gepflegten) Gartens an ihn abtreten mußte, durchdrang mich die Gnade sanft und unwiderstehlich wie der Duft von Jasmin. Für mich ist das Mittelmeer eine Mischung: bald dieses, bald jenes. Tunis gefiel mir, weil es eine Mischung war. Und das Palermo von einst und heute gewann mein Herz, weil es sich mischte. Sabatino Moscatis jüngste Studien, die ihn als einen Liebenden zeigen, der sich in dieses Gemisch aus Menschen und Kulturen verliebt, hatte ich damals, wohlgemerkt, noch nicht gelesen – natürlich nicht, ist sein Buch doch erst unlängst mit einem unzureichenden Vorwort von mir erschienen. 1932 drückte Sabatino Moscati womöglich sogar noch die Schulbank.

Im Hotel verleitete mich die Anwesenheit einer österreichischen Ärztin an der Rezeption, deutsch oder spanisch, vornehmlich jedoch deutsch zu sprechen. Sie hatte ihren Mann in Lateinamerika verloren und mußte nun die drei Kinder allein aufziehen. Der Kellner, der mich bei Tisch bediente, ein etwas schwerfälliger Junge, spannte mich für seine Deutschstudien ein; er lernte Wort für Wort. Aber war er wirklich so schwerfällig? Eines schönen Tages erklärte er, man sehe mir gleich an, daß ich nicht einer jener unerträglichen, leichtlebigen und großmäuligen Franzosen sei... sondern ein ernster Deutscher. Und diese Unterhaltung freute mich. War ich tatsächlich schon damals bis zu einem solchen Punkt unvernünftig?

So kostete ich die Schönheiten Siziliens eine um die andere, wie man einen starken Wein kostet, in kleinen Schlucken, die schmerzlichen, herzzerreißenden Lieder Siziliens, die das Leben verklären, die ewige Geschichte des Mittelmeers, die unerhörte Pracht und Herrlichkeit von Cefalù, und wie ein Adieu die unaussprechliche Schönheit der Meerenge von Messina, die den Reisenden vor die Wahl zwischen Skylla und Charybdis stellt, auf daß er seinem Leben angesichts des Leichentuchs des Meeres ein würdevolles Ende setze.

Einige Wochen später verpatzte ich mir Neapel, indem ich zu Land eintraf. Welcher Fehler, als erobernder Barbar aufzutreten, wo eine Umarmung fällig wäre, wo die Stadt auf den Mund geküßt werden möchte, entweder direkt in ihrem Hafen oder bei Santa Chiara, wo das Meer so durchsichtig ist wie klares Quellwasser. Ich verpatzte mir also Neapel. Zweifelsohne habe ich in meiner Begeisterung auch die Nase zu tief in die Farnesischen Papiere des *Archivio di Stato* gesteckt. Der Hotelier, der sich Marquis nannte und sicher auch einer war, schätzte den jungen geschäftigen Mann mit seiner ewigen Zettelwirtschaft, der noch beim Essen las und nicht einmal tanzte, gewiß nicht besonders. Gern war er mir gefällig, als ich nach Rom aufbrach, und empfahl mir eine bescheidene Pension, ein charmantes, anständiges, heiter unbeschwertes Etablissement an der Piazza Barberini, wo ich, beladen mit meinen zwei schweren Koffern, abstieg. Das Plätschern des Springbrunnens habe ich noch heute im Ohr, um so mehr, als ich eines Abends, es war schon reichlich spät, die Tür der Pension nicht gleich fand: Es genügte, sie aufzustoßen, doch ich täusche mich in der Tür, ein Dutzend widerstehen mir, endlich gibt eine nach. Welches Vergnügen, in einem steifen, affektierten Italien auf eine Republik gutgelaunter Freunde zu stoßen, im Grunde ohne Zweifel das ewige Italien, mit Sicherheit das heutige, herzliche, für die Freuden des Lebens aufgeschlossene Land. Auf das Italien der Italiener, aber auch der Fremden. Einen Tag, aber nur einen Tag lang eine Truppe österreichischer Tänzerinnen... Und die schöne, fromme Pianistin, die an diesem einen Tag so gern alle Kirchen Roms gesehen hätte...

Meine Zeiteinteilung war perfekt: Morgens Abfahrt mit dem Pferdewagen, Ankunft im Vatikanischen Archiv. Monsignore Tisserand, damals ein junger Kardinal, hüpft und springt wie ein Zebra – der Aktenordner, noch kaum verlangt, ist schon gebracht – und hofiert mich wie einen Prinzen, der ich gewiß nicht bin. Gewöhnlich werde ich in den Archiven, weil ich jünger aussehe, als es meinen Jahren entspricht, eher von oben herab behandelt. Ja, es waren wunderbare, stille Stunden der Lektüre. Und schließlich gegen ein Uhr Rückkehr mit einem Wagen, einem Kutscher, einem Pferd. Mittagessen auf der

Piazza Barberini, wo nicht selten ein neuer Gast auftaucht, der eine Lokalrunde Asti spendiert... Später verglich eine unserer nach Rom versetzten venezianischen Bekannten die Stadt einmal mit dem Wein der Champagne – ein guter, ein treffender Vergleich: Rom moussiert, prickelt... Aber Rom ist auch der Asti, wiewohl ich nie die Stirn hatte, es ihr zu sagen.

Also ein angenehmes, amüsantes oder sollte man sagen, schönes? Mittagessen. Die folgenden Stunden verbringe ich trotz der Hitze mit einem diplomierten Fremdenführer auf dem Forum... Methodischer, langsamer Besuch: alles erfahren, wenn möglich, alles behalten. Nur eine kurze Verschnaufpause auf dem Palatin, für mich die exquisiteste Stelle Roms überhaupt. Oft tragen mir diese minuziösen Spaziergänge die Gesellschaft eines reizenden Arztes ein, der sich in Neapel auf die Tropenmedizin vorbereitet und die Vorzüge eines naturwissenschaftlichen Studiums nicht genug rühmen kann – warum nur habe ich mir seinen Namen und seine Adresse nicht aufgeschrieben und seinen Lebenslauf weiter verfolgt? Die Jugend ist die Zeit der Irrtümer und mehr noch der sorglosen Verschwendung. Rückkehr zur Piazza Barberini. Abendessen. Danach amüsiert sich die jugendliche Belegschaft, tanzt im Casino delle Rose auf einem runden Tanzboden in die Frische der hereinbrechenden Nacht hinein. Und schließlich auf zum Souper. Wohin? In Rom wimmelt es von Nachtlokalen... Für mich freilich heißt es draußen vor den Türen bleiben. Am Sonntag entführt ein amerikanischer Journalist von der Fox Movietone in seinem großen Wagen alle, die sich hineinpferchen und mitfahren wollen, nach Ancona oder sonstwohin. Ja, es war eine wunderbare Pension.

Ich habe mich regelrecht anstrengen müssen, um Rom zu entdecken, zumindest bei der Piazza Navona. Ich weiß nicht, ob die Tre Scalini damals bereits existierten. Jedenfalls habe ich ihnen keinen Besuch abgestattet: Die Stunde der renommierten Restaurants sollte mir erst später schlagen. Welcher Irrtum des Schicksals! In die Tre Scalini sollte ich erst in den fünfziger Jahren von Federico Chabod eingeladen werden, den ich 1927 in Spanien kennengelernt hatte... Ja, eine wahrhaft wunderbare Pension! Drei Jahre später kehrte ich mit meiner jungen Frau nach Rom zurück. Wieder kamen wir mit einem italienischen Wasserflugzeug von Tunis, flogen diesmal aber bis nach Ostia. Ich glaube, daß es höher flog als das kleine Kurierflugzeug von Palermo, denn wir sahen nichts, außer bei der Landung glänzend rot wie Bronze die Tibermündung, die schon damals unübersehbar das Meer verschmutzte. In Rom war es diesmal ein gutes Hotel, in dem wir uns jedoch schrecklich langweilten und unverhältnismäßig schlecht aßen. Da schwor ich mir: Das nächste Mal gehen wir wieder in die *pensione* an der Piazza Barberini. Doch das Leben ist launisch wie die Geschichte, ein zweites Mal sollte es nicht mehr geben.

Von Rom fuhr ich damals, 1932, nach Florenz weiter, legte jedoch keine Station ein. Aus Zeitmangel. In Genua verbrachte ich eine Nacht und einen Tag, gerade Zeit genug, um eine Treppenflucht zum *Archivio di Stato*, dem höchstgelegenen Archiv der Welt, hinaufzusteigen. Sonst habe ich dort nicht viel gesehen. Die Stadt selbst habe ich mir erst später, im November 1935, auf der Rückreise, diesmal nicht von Tunis, sondern vom fernen Brasilien, angeschaut und dieses wie Kerzen himmelwärts strebende Häusergewimmel mit seinen riesigen, seinerzeit in aller Welt berühmten Passagierdampfern liebgewonnen und bis heute lieb behalten. Auch Genua muß man vom Meer her kennenlernen. Daß ich mit meiner Liebe nicht hinter dem Berg hielt, hat mir eine Reihe von Briefen und Freundschaften eingetragen. Auch Fragen: ob ich wirklich denke, was ich sage? Aber selbst durch den Mistral, der unablässig in eisigen Schüben durch die Straßen und Gassen fegt, bezaubert mich Genua. Von der Oberstadt eine kleine Bewegung der Schultern, eine Drehung im rechten Winkel, und man verliert sich in der Altstadt, im Dunkel, in einer anderen, geheimnisvollen Welt voller starker Gerüche. Erst wenn unten am Abhang das Meer aufschimmert, kommt man wieder zu sich, zur Vernunft. Und schließlich: Kann man irgendwo besser essen als in Genua? Wenn Sie darauf bestehen, zähle ich Ihnen meine Vorlieben gern auf. Es stimmt, ich war der aufmerksame Gefährte genuesischer Geschäftsleute des 16. Jahrhunderts, jener Spielernaturen, die, intelligenter als der Rest, all die anderen Tölpel, die sich nicht wie sie voller Gier auf den unverschämten Reichtum Spaniens stürzten, ganz von oben herab beherrschten. Und deshalb habe ich gesagt: Genua ist die Stadt, wo die Menschen nicht den Gesetzen der Schwerkraft unterworfen sind. Eines Abends vor *vielleicht* gut zwanzig Jahren, der Himmel hatte die Schleusen für einen sintflutartigen Regen geöffnet, halte ich auf Bitten Franco Borlandis, den ich von allen Italienern am meisten geliebt und bewundert habe (er war stets klüger als man selbst) einen Vortrag. Ich rede also über Lateinamerika. Der kleine Saal ist überfüllt. Was ich erzähle, interessiert die Hörer, sie haben sich auf die Lehnen der vorderen Stuhlreihe gestützt, halb erhoben. Ich schweige: Sie stürzen sich auf mich. Es hagelt Fragen…

Im gleichen Jahr, 1935, sollte ich Florenz begegnen – der Arno schimmerte wie schmutziges Gold – und dort vor allem dem Freund aller Freunde: Sandro Botticelli. Wann immer wir später nach Florenz kamen, stattete ich ihm und nur ihm einen Besuch ab. Und dann habe ich Venedig gesehen und mich dort regelrecht eingenistet. Wirklich kennengelernt aber, was man so kennenlernen nennt, habe ich es erst an dem Tag, an dem ich, auf dem Schiff von Ragusa kommend, am Kai der Dogana di Mare aus einem kleinen Schläfchen erwachte, also mitten im Herzen der Stadt, dort, wo die Tanker nach Mestre passieren, die weißen Vergnügungsdampfer ablegen und die Wogen des Meeres gegen die hohlen Bäuche der Gondeln klatschen.

VI

Wie es der Zufall will, werden meine Bücher und meine Artikel in Italien zweifelsohne mehr gelesen als in Frankreich selbst. Warum, weiß ich nicht recht. Aber seit ihrer Gründung im Jahr 1929 durch Marc Bloch und Lucien Febvre sind die *Annales*, die Zeitschrift, deren Leitung ich später, von 1956 an, übernehmen sollte, in Italien auf größere Aufgeschlossenheit und mehr Sachverstand gestoßen als irgendwo sonst…

Jedenfalls werde ich in Italien besser verstanden und infolgedessen natürlich auch sinnvoller kritisiert als in meinem eigenen Vaterland. Doch keine Angst, ich werde kein Klagelied anstimmen. Um so weniger, als es meinen Kritikern nicht um diese oder jene Deutung geht, sondern um den Kern selbst, das heißt die von mir vertretene und verteidigte Geschichtsauffassung. Die Attacke, falls man von einer solchen reden kann – das Wort ist doch etwas zu stark –, macht also nicht vor der Tür meines Hauses halt. Und das freut mich.

In Frage gestellt wird also die *globale Geschichte*, wie ich sie bezeichne – das Wort totalitär mißfällt mir wegen der Assoziationen, die es bei mir auslöst, weshalb ich nie von einer *totalen Geschichte* spreche. Noch heftiger in Frage gestellt aber wird – Eckstein und unverzichtbarer Begriff dieser Geschichte – die *lange Dauer*, ein Ausdruck, den mittlerweile alle Historiker im Munde führen, aber nicht immer in seiner ganzen Tragweite begreifen. Selbst meine Freunde fragen mich manchmal, ein maliziöses Lächeln auf den Lippen, weil sie mich schon zappeln sehen: Was ist das denn nun, deine lange Dauer? Und diese Frage möchte ich heute so einfach und so umfassend wie möglich beantworten. Leicht ist das allerdings nicht, das stimmt. Eine brillante Historikerin hat meine Überlegungen einmal als einfach wie das Ei des Kolumbus bezeichnet. Ich wäre überglücklich, wenn das Kompliment zuträfe: Einfachheit, Klarheit, Durchsichtigkeit sind mehr als nur wertvolle Eigenschaften, sie suchen ihresgleichen... Doch der Leser wird gleich sehen: Ein solches Lob verdiene ich nicht...

1958 (und das ist nun doch schon ziemlich lange her) habe ich mich in den *Annales* ausführlich über die lange Dauer verbreitet. Diesen außerordentlich langen Artikel hier zu resümieren aber hieße uns in alte Diskussionen und Projekte verwickeln. Außerdem ist mir die Bedeutung der *langen Dauer* nicht in diesem Jahr aufgegangen; nicht damals bin ich, wenn Sie so wollen, über sie gestolpert. In dieser fernen Zeit, nach Lucien Febvres Tod (im September 1956) wollte ich im Grunde lediglich den *Annales* mit einem gewissen Nachdruck eine neue Richtung weisen. Schließlich sieht die Zeitschrift ihre Aufgabe darin, sich an die Spitze der Forschung und des Wandels zu setzen, um welchen Preis auch immer, welchen Gegenstand oder Sektor es auch auszuwählen, welchen Irrtum es auch zu berichtigen gilt. Eine solche Zeitschrift ist dazu verdammt, sich weiterzuentwickeln, zu verändern, und ich habe sie damals in die Richtung der langen Dauer dirigiert, die Marc Bloch und Lucien Febvre bis dahin noch nicht herausgegriffen hatten. Und dennoch lag sie allen gegenteiligen Behauptungen zum Trotz auf der Linie ihres Denkens. Lucien Febvre respektierte, um nicht zu sagen, fürchtete den Anachronismus wie den Teufel. Und Marc Bloch war überzeugt, daß es nur eine Geschichte des Wandels geben könne. In seinem schönsten Werk, *La Religion de Rabelais*, führt Lucien Febvre alles (selbst einen möglichen Atheismus) auf ein weit in die Vergangenheit zurückreichendes und nur langsam entwickeltes geistiges Rüstzeug zurück: Und stoßen wir damit nicht auf die lange Dauer? Und Marc Bloch hatte, mehr als gemeinhin bekannt, ein Steckenpferd: die vergleichende Geschichte. Diese aber verkümmert, wenn man nicht weit auseinanderliegende Zeitabschnitte einander gegenüberstellen, einander annähern kann: Und ist es nicht auch hier wiederum die lange Dauer – die Kontinuität –, die gewaltige Entfernungen zu überbrücken erlaubt... Zum Teufel mit dem Anachronismus! Unzweifelhaft bietet uns just die lange Dauer die Möglichkeit, das Feld unserer vergleichenden Beobachtungen über die ganze Unermeßlichkeit der gelebten Zeit auszudehnen. Welche Eroberung, welch außerordentliche Errungenschaft!

Doch erklären wir uns etwas deutlicher.

Wir leben in der kurzen Zeit, der Spanne unseres eigenen Lebens, der Zeit der Tage, des Radios, der Ereignisse, gleichsam in der Gesellschaft bedeutender Persönlichkeiten, die die Fäden in der Hand halten oder doch zu halten glauben. Es ist die Zeit von einem Tag zum andern, in der unser Leben verrinnt, dahinstürzt, wie um sich rasch und ein für allemal in dem Maß, in dem wir altern, zu verzehren. In Wirklichkeit jedoch ist das nur die Oberfläche der gegenwärtigen Zeit, sind das nur die Wogen oder Stürme des Meeres.

Unter den Wogen aber strömen die Gezeiten. Und unter diesen dehnt sich die phantastische Wassermasse der Tiefsee aus. Den Wirtschaftshistorikern sind solche Vergleiche geläufig, beschäftigen sie sich doch mit den Überlagerungen von kurzen Schwingungen, Konjunkturen und den zugrunde liegenden Strukturen. In meiner Terminologie sind die kurzen Schwingungen die Ereignisse: Es gibt politische und wirtschaftliche, aber auch kulturelle und soziale Ereignisse... Ebenso ist die Konjunktur vielseitig; wir stoßen auf mehr oder weniger lange Phasen, etwa die *glorreichen* Jahre, wie Jean Fourastié die reichen Jahre von 1945 bis 1975 nannte, die das alte erschöpfte Europa wieder auf die Beine gebracht und von Grund auf umgewandelt haben. Seit August 1975 aber, seit der ersten Ölkrise, vielleicht auch schon früher, sind die tristen, düsteren, schwarzen, mit Sicherheit nicht glorreichen Jahre angebrochen: Die mageren Kühe folgen aufeinander, und ihr monotones, aufreizendes Defilee droht sich bis zum Ende unseres Jahrhunderts hinzuziehen.

Aber zurück zu unserem Ausgangspunkt. Offensichtlich stellen die Ereignisse, die Konjunkturen, nicht die ganze Tiefe der gelebten oder der gegenwärtigen Zeit dar. Auf dem tiefsten Grunde stoßen wir auf eine fast stillstehende Geschichte, die langsam, langsam vorüberzieht, die längste aller langen Geschichten, etwas wie den säkularen Trend oder richtiger, den multisäkularen Trend der Volkswirtschaftler, der viele Jahrhunderte umfaßt.

Ich spreche von einer tiefen, nicht von einer *unbeweglichen* Geschichte, wie Emmanuel Le Roy Ladurie, gestützt auf ein schlechtes Beispiel, das ich ehedem selbst angeführt habe, beharrlich wiederholt.

In der Tat ist Unbeweglichkeit nicht das richtige Wort. Unbeweglichkeit bedeutet Tod, die Geschichte in der Tiefe aber lebt, lebt in der *Wiederholung*. Nehmen wir beispielsweise im alten Mittelmeerraum die Herden, die im Frühjahr regelmäßig Jahr für Jahr auf die Almen und vor Anbruch des Winters wieder ins Flachland herunter getrieben werden. Oder die von den Städten vorsorglich verfügte Einstellung der Schiffahrt zur Zeit der hohen See im Winter. Und das über Jahrhunderte hinweg. Dauer ist bei diesen realen Vorgängen also gleichbedeutend mit Wiederholung. Offensichtlich gibt es daneben aber noch viele andere Formen der Wiederholung, viele andere Formen von Dauer: etwa die Kontinuität der Kulturen (Religionen, Mundarten), der wirtschaftlichen Gleichgewichte, der unvermeidlichen sozialen und wirtschaftlichen Hierarchien – Realitäten, die sich langsam gegenseitig ablösen und, wenn sie sich auch in der Form unterscheiden, doch aus ähnlichen Gründen entstanden und aus ähnlichen Gründen von Dauer sind.

Nach diesen Ausführungen werden Sie verstehen, warum ich mein Werk *La Méditerranée au temps de Philippe II* 1949 in drei Teile, Geschichte in der Tiefe, konjunkturelle Geschichte und Ereignisgeschichte, gegliedert habe. Für den Mittelmeerraum habe ich mich im übrigen in erster Linie entschieden, weil er einen Sonderfall darstellt (unmöglich zu sagen: geboren am…, gestorben am…) und weil er mich insofern zwang, mich über die gewohnten historischen Rhythmen hinwegzusetzen, das heißt von den eingefahrenen Wegen und Maßstäben der Historikerzunft abzuweichen.

Diese Geschichte in der Tiefe habe ich *strukturelle* Geschichte genannt – aber lassen Sie mich bitte ein für allemal klarstellen, daß *mein* Strukturalismus mit dem (übrigens aus der Mode gekommenen) Strukturalismus der Linguisten nichts zu tun hat. Ich verstehe unter *Struktur* alles, was der Zeit der Geschichte widersteht, was dauert und sogar überdauert – also etwas durchaus Reales und keine Abstraktion irgendwelcher Beziehungen oder mathematischer Gleichungen. Würde mich ein Leser meines Werks über den Mittelmeerraum um eine Definition des Begriffs der globalen Geschichte bitten, würde ich ihm raten, einmal die heutige Welt mit dieser Brille, also im Licht derselben Problemstellungen zu betrachten, um einen Blick dafür zu entwickeln, was schnell und was langsam abläuft beziehungsweise unseren Augen schon wie eine Ewigkeit erscheint.

In dem Dorf an der Grenze von Champagne und Barrois, in dem

ich einen Teil meiner Kindheit verbrachte, lebte die Vergangenheit um 1914 fort wie zu Zeiten des Zweiten Kaiserreichs oder Ludwigs XIV. Natürlich war inzwischen allerlei Neues hinzugekommen: Mähbinder, Kartoffelfelder, ausgesäte Wiesen... Aber die Grenzen zwischen Ackerland und Wald verliefen noch immer wie auf der Karte von Cassini; vierrädrige Wagen transportierten wie im 16. Jahrhundert Korngarben, Holz, Baumstämme oder Mist; der angestaute Bach bildete einen Teich und trieb das Rad einer Mühle, die mindestens bis ins Jahr 1235 zurückreichte; die Dreifelderwirtschaft war nach wie vor die Regel; die schweren Pflüge wurden seit einem Jahrhundert von Pferden gezogen; die Schotterwege der Umgebung gingen, wie in Burgund, mindestens bis ins Mittelalter zurück; die Gerätschaften für Wein- und Ackerbau hatten sich seit unvordenklichen Zeiten nicht wesentlich verändert; und im großen und ganzen versorgte sich das Dorf selbst, aß *seinen* Weizen, der in *seiner* Mühle gemahlen wurde und schlachtete im Dezember unter dem ohrenbetäubenden Gequiek der Tiere *seine* Schweine.

Selbstversorgung aber war seit eh und je ein notwendiges und stets angestrebtes Gleichgewicht. Und eben deshalb sehe ich in einem Gleichgewicht dieser Art einen eindeutigen Beweis für eine alte Wirtschaft. Auch die kleine, sonntags immer gut besuchte Kirche tat seit Jahrhunderten ihren Dienst: Mit einem kleinen Hopser hängten wir Kinder uns an die Glockenseile und hüpften und tanzten beim Läuten wie alle kindlichen Leichtgewichte vor uns bei diesem Ehrenamt...

So kann jeder von uns mit einiger Aufmerksamkeit bis zu dieser voluminösen Tiefengeschichte vorstoßen und diesen unterirdischen Lebensstrom selber beobachten. Vergleichen könnte man ihn wohl am ehesten mit den unbewußten Strömen, die die Psychoanalytiker unter unserem Bewußtseinstrom entdeckt haben wie die Wünschelrutengänger unterirdische Wasseradern. Nebenbei bemerkt war auch Marx selbst für diese von der traditionellen Geschichte nur mangelhaft verdeckte unterirdische Geschichte nicht unempfänglich.

So hat also Italien, Frankreich, Europa, kurzum zwangsläufig die ganze Welt eine Tiefengeschichte. Und nach ihr heißt es schürfen, sie müssen wir suchen und zwar in der Vertikalen. Von ihr müssen wir ausgehen, was immer unser Gegenstand, unsere Aufgabe ist, wohin unser Erkenntnisdrang auch tendiert, sie ist die Grundlage, die Nullebene, der Meeresspiegel. Die anderen Schichten der Geschichte darüber beschleunigen sich, prallen aufeinander, hüpfen und tanzen, sie liefern den Film, das mitreißende Theater der Geschichte. Aber neben der Zeit, die vergeht, gibt es die Zeit, die verharrt, diese Tiefenvergangenheit, der unser Leben verhaftet ist, ohne daß wir es in der Regel überhaupt merken. Wir sind Erben dieser Tiefe, über der wir unser Schifflein mehr schlecht als recht blindlings dahinsteuern. Zweifellos kommt uns diese Oberfläche der Geschichte zupaß: Wir wähnen uns frei, dabei besteht die Freiheit im wesentlichen in der angenehmen Einbildung, frei zu sein, zu glauben, daß »der Mensch die Geschichte macht«, während doch das Gegenteil leider viel eher zutrifft und »die Geschichte den Menschen macht«.

Alles ändert sich, wenn die Tiefengeschichte nach und nach in Fluß kommt, aber in eine andere Richtung drängt, wenn es langsam zu einem tiefen Bruch kommt, wenn eine riesige Spalte aufbricht und die glühende, leidenschaftliche Geschichte, in der die Menschen von Tag zu Tag leben, verschlingt.

Doch wie dem auch sei, wie soll man diese verschiedenen Schichten einer Geschichte von so unterschiedlicher Temperatur, so unterschiedlichem Rhythmus, so unterschiedlicher Tiefe und Langlebigkeit in ihrem Zusammenspiel darstellen, erklären? Nehmen wir idealerweise an, die Schichten wären durchsichtig und wir könnten sie in der Vertikalen, also von oben nach unten betrachten, so wie man im Flugzeug, die Unendlichkeit des Sonnenlichts vor Augen, über der Wolkendecke schwebt und immer, wenn sie freundlicherweise aufreißt, einen Blick von der Erde der Menschen erhascht: ein paar Häuser, einen Fluß, ein Dorf, eine Stadt.

Sie werden einräumen, daß das alles andere als einfach ist. Wenn freilich auch faszinierend. Die lange Dauer hat ihre eigenen Gesetze, ihre eigenen Geheimnisse, ist schwer zu definieren, schwer abzugrenzen. Vor einigen Tagen ging ich in Prato an der Seite eines Kollegen und geliebten Freundes aus Florenz unter einem schützenden Regenschirm durch den Regen, wie es nur im Mittelmeerraum »am Munde« des Winters regnen kann, und sagte: »Um diese Jahreszeit hat es hier schon zur Zeit der Etrusker geregnet.« Als er nicht antwortete, fügte ich schnell hinzu: »Das ist die lange Dauer.« Und lächelnd, ohne ein Wort der Entgegnung, hielt er den Regenschirm über uns.

VII

Einer meiner Kollegen von der Universität Pavia, ein glühender Europabefürworter, machte mir unlängst in aller Freundschaft den Vorwurf, daß ich in den Spalten des *Corriere della Sera* noch nicht über Europa gesprochen hätte.

Und ich muß gestehen, angesichts des Europa von heute und von gestern zögere ich in der Tat, mich auf ein unter allen schwierigen Themen ganz besonders schwieriges einzulassen. Wie wird Europa seine Vergangenheit annehmen? Wie seine Reichtümer und kühnen Taten von gestern in die Hand nehmen? Wie noch einmal zu den fernen Horizonten seiner Geschichte aufbrechen? Gestern noch, um 1929, war es mit London stolzer Mittelpunkt der Welt; heute hat sich dieser nach New York verlagert; und morgen könnte er an den Ufern des Pazifiks liegen. So wären das Mittelmeer und die anderen europäischen Meere auf den zweiten Rang zurückgefallen? Und selbst der Atlantik deklassiert oder doch drauf und dran, es zu werden? Und was soll dann mit uns geschehen?

Über Europa zu reden ist schmerzlich. Auch, weil es uns ein schlechtes Gewissen macht: Was haben wir Intellektuellen schon für Europa getan? Nichts oder so gut wie nichts. Und nun werden wir haufenweise mit schwierigen Problemen ohne echte Lösung konfrontiert. Wirtschaft, Politik, Gesellschaft, Kultur – nichts läuft bzw. nichts bewegt sich so, wie wir es uns wünschen würden…

Der gemeinsame Markt, viel und zu Recht gerühmt, hat sich in einem Europa installiert, das noch kleiner und enger ist als das eigentliche Europa. Und wenn er sich gleichwohl ausbreitet, so nur im Zeitlupentempo. Auch der internationale Kapitalismus hat es sich hier bequem gemacht – an sich kein Übel –, aber dieser ganz besondere Erfolg genügt offensichtlich nicht. Die Schutzzollpolitik droht sich – leider – zu verschärfen. Die Währungseinheit steht noch aus: Die »Währungsschlange« ist kein Ersatz dafür. Und kein Mensch denkt daran, mit Blick auf eine gewinnbringende Rückverlagerung des Weltmittelpunkts nach Europa einen eigenen Dreh- und Angelpunkt für das Leben der ganzen Gemeinschaft zu schaffen – und wäre es Rotterdam, das mit seinem Verkehrsaufkommen heute der erste Hafen des Universums ist.

Und was die politische Einheit betrifft, so kann davon schon gar keine Rede sein: Wir haben drei Hauptstädte – Straßburg, Brüssel,

Luxemburg –, alle drei Totgeburten…In Straßburg Abgeordnete ohne Macht. Und außerdem findet man hier, um mit einem Journalisten zu sprechen, wie in spanischen Herbergen nur, was man selber mitgebracht hat, samt einigen hundert Bürokraten in ihren Sesseln. Aber ist das eine Regierung?

Im Grunde benötigten wir lebendige, expandierende Gesellschaften, die sich, strotzend vor Gesundheit, von sich aus weiterentwickeln und gar nicht mehr zu bremsen sind. In Wirklichkeit jedoch sind sie allesamt von der Krise, die ihnen unvorhergesehene Umwälzungen beschert, schwer angeschlagen. Und während die Bevölkerung der Armen und Ärmsten in der dritten Welt sprunghaft ansteigt, fehlt es im industrialisierten Europa an Nachwuchs…

Als einziges wächst hier der Mißmut der Journalisten. Zum Beweis ein paar Überschriften aus der jüngsten französischen Presse: *Zum Tomatenskandal – Müssen die Briten aus dem gemeinsamen Markt verjagt werden? – Europa, Bedingung der Zukunft – Europa durch die Sprachenvielfalt bedroht – Europa im Begriff zu verschwinden – Madame Thatcher und die Gemeinschaft: Antigone oder Brinvilliers* (die Brinvilliers war eine berühmte Giftmischerin aus der Zeit Ludwigs XIV.). Und wenn die Rede auf englisches Lamm oder italienischen Wein kommt, pflegt der Ton sich noch zu verschärfen.

Letzte bittere, aber meines Erachtens unumgängliche Überlegung: Warum wird die vielgepriesene Kultur, von der wir alle leben, nicht mit Pauken und Trompeten auf die Tagesordnung gesetzt? Denn Europa ist weit eher Mozart oder Goethe, Dante oder Cervantes, Rabelais oder Galilei oder Einstein als Ludwig XIV. oder Napoleon… Sattsam bekannte Versicherungen, die man immer wieder zu hören bekommt. Worüber beklagen wir uns also? Zumal die Intellektuellen – zu denen ich mich trotz alledem auch zähle – sich noch nie so bequem in Europa bewegen und seine bekannten Reize: den Frühling in Florenz, den Herbst in Vendig und so fort… genießen konnten wie heute. Zumal die Ideen oder die Musik noch nie so leicht alle Grenzen überwanden und in einer Welt der Freuden und der Lebenslust Anklang fanden. Worüber also beklagen wir uns? Darüber, daß sich all dies in den oberen Schichten der Gesellschaft und der Intelligenz, auf der Stufe der Eliten abspielt, die oft geschlossene Kreise bilden. Mir schaudert vor dem Abgrund, der sich unter unseren Füßen auftut, vor der Trägheit der Kultur, die vergißt, an sich zu arbeiten, wie Michelet es forderte. Wie viele mit Blindheit geschlagene

Touristen kennen im Ausland einzig die Badefreuden oder den erbaulichen Anblick hübscher Mädchen, falls sie sich nicht dies oder das von einem Klima- oder Ortswechsel versprechen.

Aber auch die Staaten selbst sind auf der kulturellen Ebene recht einfallslos, geben sich mit einer Geste zufrieden, ähnlich tausend vorangegangenen, unterzeichnen ein Kulturabkommen, und denken – falls sie denken – schon wieder an etwas anderes... Alles Routine, die möglichst wenig Kosten verursachen soll.

Vor allem aber die Jugend – unsere Studenten, eine der Hoffnungen Europas – wird nicht mit der angezeigten Großzügigkeit behandelt. Wohl gibt es viele europäische Universitäten mit hervorragenden Professoren und anregenden Vorlesungen. Aber keine von ihnen läßt größere Kontingente ausländischer Studenten zu. Keine wäre in der Lage, sie unterzubringen, bis zu tausend junge Leute zusätzlich *materiell* zu verkraften. Keine ist irgendwelche bindenden Absprachen eingegangen, die Semester an einer ausländischen Universität anzurechnen; beispielsweise erkennen Paris oder Oxford die in Florenz begonnenen oder fortgesetzten Studien nicht an... Damit aber läßt man eine unerhörte Chance ungenutzt. Geht es doch nicht nur darum, daß die jungen Leute ihre Lektion von tüchtigen Lehrern lernen, sondern auch darum, daß sie Italien, Deutschland, Holland kennenlernen... Paris ist viel mehr als die Sorbonne oder als das Collège de France...

Und dann beklagt man sich, daß Europa dem Turm von Babel gleiche, daß es durch die Vielfalt der Sprachen verdammt sei, sich nicht zu verstehen. Dabei vermag jugendliche Intelligenz ohne weiteres zwei oder drei Sprachen gleichzeitig zu erlernen. So treibt Europa ohne Sinn und Verstand für die vorgegebene Wirklichkeit, für die Zukunft, kurz, wenn ich so sagen darf, ohne Pflichtbewußtsein, vor allem gegenüber den Massen, dahin.

Kultur sollte also ganz obenan stehen, aus vielen Gründen. Auch weil sie gleichbedeutend ist mit Lebenslust und Schaffensdrang, Großmut und Brüderlichkeit. *Ohne Brüderlichkeit aber wird es niemals ein Europa der Vaterländer geben...* Aber auch, weil es fast so aussieht, als sei die Kultur die letzte Bastion, die wir noch verteidigen können. Was nicht ganz zutrifft, aber auch nicht ganz falsch ist. Doch selbst wenn die anderen Positionen nicht verloren sind (so weit sind wir denn doch noch nicht), sondern nur kompromittiert, bleibt die Kultur doch eine unserer starken Bastionen oder anders gesagt, einer der

Eckpfeiler unseres Lebens. Ein Punkt, über den uns die Geschichte blendend aufklärt.

Europa ist, wenn man so sagen darf, explodiert und hat sich über die ganze Welt ergossen. Es hat sich den gesamten Planeten unterworfen, ihm seine Vorbilder aufgezwungen. Danach aber haben die anderen, die überrumpelten, in den Schatten gedrängten Kulturen eine nach der anderen Rache genommen, der Islam ebenso wie die allzu aufgeschlossenen, volkreichen Kulturen des Fernen Ostens... Sie haben sich politisch befreit und das Joch der drückendsten Knechtschaft abgeschüttelt, was freilich nicht immer ganz gelang. In den nahezu leeren Räumen dagegen, in Nord- und Südamerika, Australien, Neuseeland wie in den unabsehbaren Weiten Sibiriens, hat Europa festen Tritt gefaßt; hier hat es die schwachen, unschuldigen Eingeborenen mühelos zurückgedrängt, vertrieben. Und so haben wir dort heute ein weiteres Europa, und diese beiden Europas und wir leben im Schatten dieses Plurals, in seinem Schutz, aber auch unter seinem Diktat.

Das Europa unserer vielfältigen, altvertrauten Kulturen erkennen wir am ersten Zeichen, das es uns zu geben geruht. Vertrauen Sie also Ihrem Gespür. Wo Sie sich wie zuhause fühlen, ist Europa gegenwärtig. Wenn wir uns an diese Ortsbestimmung halten, dürfen wir Europa allerdings auch nicht an den schon so oft verschobenen polnischen Ostgrenzen enden lassen, wie es viele Europäer tun. Auch Rußland gehört zu Europa, und nicht nur bis zum Ural. Der Besucher, woher er auch kommt, braucht bloß eine der Kreml-Kirchen zu betreten, um auf Jonas' Walfisch und ein paar Schritte weiter auf die Trompeten von Jericho zu stoßen... In Irkutsk oder Wladiwostok ist die orthodoxe Kirche mit ihrer vergoldeten Kuppel nicht zu übersehen. Aber ist das nicht alles ein Beweis dafür, daß Sie sich, daß wir uns in einem bekannten Land befinden? Ähnlich auf der anderen Seite des Planeten: In Bahia, im halbtropischen Nordosten Brasiliens, hat ein überschwenglicher Barock eine Vielzahl goldstrotzender Kirchen geschaffen – muß sich der Europäer da nicht befriedet, getröstet fühlen? Und sogar im Herzen Brasiliens, in Ouro Preto, der Goldgräberstadt aus dem 18. Jahrhundert, wo Aleijadinho das ganze Gefolge unserer Schutzheiligen in Stein gehauen hat? Was zählt schon, daß die Landschaft anders klingt als der Nordseestrand oder das Mittelmeer, daß sie ein anderes Lied singt. Die Heimat, die Kultur machen den Menschen aus – mehr als die Landschaft...

Sie verlassen Europa erst dort, wo Sie seine Kultur verlassen. Das merken Sie im übrigen sehr schnell. Als ich vor langer Zeit Yucatán besuchte, fühlte ich mich angesichts der prächtigen Relikte der Maya von Anfang an fremd und irgendwie unbehaglich. Eine wunderbare Kultur, ohne Zweifel! Inmitten ihrer Zeugen aber vermochte ich mich nicht wie ein Verwandter zu fühlen, der zu seiner Familie zurückkehrt. Umgekehrt erging es mir als jungem Menschen an einem kalten, windigen, klaren Wintertag in Timgad, der alten römischen Colonia Marciana Trajana Thamugadi, auf der Hochebene des Departement Konstantine unweit von Batna und Lambessa, wo ein müßiger Römer, zweifellos zum Vergnügen der Passanten, die Worte *Amori, lavari occ* [für *hoc*] *est vivere* in eine Steinplatte des Forums geritzt hatte. Das rührte mich an, sprach meine Erfahrungen und Neigungen an, kurz, fügte sich in das sonderbare, einzigartige Universum, zu dessen Erben auch ich gehöre. Aber fühlte ich mich auch außerhalb dieses kleinen Kreises daheim, angesichts der Bauern, die, wie ein auferstandenes Volk der Bibel, am Rande der alten Stadt in ihrem Burnus, Lämmer auf dem Arm, zum Markt zogen?

So ist das ursprüngliche, enge, alte Europa, unser Europa, von einem weiten Raum umgeben, in dem seine Sprachen und Kulturen blühen, ist gleichsam von einem riesigen Mantel eingehüllt, viel zu groß für unseren mageren Leib. Und doch macht er unsere Pracht und Herrlichkeit aus, ist er das Beste von uns: eine Art Innenhof in einem gewaltigen Bauwerk. Pflegen wir also nicht nur unsere Wissenschaften und unsere Techniken, pflegen wir nicht minder aufmerksam unsere Blumen, unsere Parfums, unsere Bücher, unsere Musiken. Oder wenn möglich, pflegen wir sie noch besser, erneuern wir sie… Lucien Febvre hielt die Zeit für ein Europa *stricto sensu* schon vor dreißig Jahren für abgelaufen; seiner Ansicht nach hatte bereits die Stunde der Welt geschlagen. Gewiß, ohne Zweifel. Aber zwischen die Welt und uns schieben sich die Europas. Und das bedeutet Chancen über Chancen. Mag sich auch der Mittelpunkt des Planeten von uns weg verlagern, er bleibt doch in den neuen Häusern, die wir gestern errichtet haben, denn wir haben die Geschichte zum Komplizen. Also halten wir uns offen für die Welt, für diese anderen Europas, für unsere anderen Ichs. So lange sie in unserer Reichweite sind, erstrahlt unser Schicksal in einem besonderen Licht. Europa reicht, im Guten wie im Bösen, von San Francisco bis nach Wladiwostok.

VIII

Die Krise hat Frankreich zu fassen bekommen und schüttelt das Land, wie sie auch alle anderen Industrieländer gepackt hat und schüttelt. Abgründe brechen auf, Realitäten treten zu Tage, deutlich wie nie zuvor: Die Krise enthüllt.

Im übrigen ist im Lauf der letzten zwei oder drei Jahre eine ganze Reihe von Werken erschienen, unter anderem von Lionel Stoléru, Alain Minc, François de Closets…, die versuchen, unsere Gesellschaft und unsere Wirtschaft im Licht der gegenwärtigen Schwierigkeiten zu analysieren. Das Erstaunliche dabei ist, daß sie trotz verschiedener Ausgangspunkte, ja gelegentlich sogar trotz entgegengesetzter politischer Standpunkte zur selben Diagnose kommen. Alle miteinander entwerfen sie beharrlich ein Bild von Frankreich, das von den gewohnten Stereotypen stark abweicht. Das gestern noch gültige Bild eines »giscardischen« Frankreich als eines Industriestaats, der sich zu einer Art modernem Japan entwickelt, wird ohne großes Geschrei zum alten Eisen geworfen. Ebenfalls zum alten Eisen geworfen wird das marxistische Bild vom endlos wiederaufgenommenen Klassenkampf zwischen Arbeitern und Großkapitalisten. Wie könnte ein solches Bild auch die Gesamtheit einer Gesellschaft erfassen, in der der Staat kolossale Ausmaße angenommen hat und in der sich auf der ganzen Linie ein sperriger tertiärer Sektor herausgebildet hat, der vielfach auch die Schalthebel der Macht in Händen hält? Hat sich in einer solchen Gesellschaft nicht ein *New Deal* vollzogen? Die Verteilung von Macht, Geld und Privilegien kann nicht mehr dieselbe sein wie in dem noch zutiefst ländlichen Frankreich von 1939.

Angesichts der Kraft der überlieferten Ideen ist es kein Wunder, daß dieses neue Frankreichbild die Franzosen verletzt, verunsichert, nicht recht zu überzeugen vermag. In seinem Spiegel erkennen sie sich nicht wieder.

Wenn sich diese Werke, diese Erklärungsversuche heute trotzdem mehren, so weil sich der Staat, ob absichtlich oder nicht, im Herzen des Wandels selbst eingenistet hat. Weil er durch die Verstaatlichungen zum Arbeitgeber-Staat; durch die soziale Gesetzgebung zum Versorgungs-Staat geworden ist; zu einem verabscheuten, von allen Franzosen kritisierten, aber gleichwohl eifrig in Anspruch genommenen Staat, denn seine Gefälligkeiten und Dienste, sprich Zugeständnisse, werden von allen reklamiert. Ohne ihn – seien wir ehrlich – hätte sich die Krise zu einer Katastrophe ausgewachsen. Aber der staatliche Aderlaß am Nationaleinkommen – 45 Prozent – und die staatlichen Steuerforderungen haben eine schwer zu überbietende Höhe erreicht.

Diese schon seit langem eingeleitete Entwicklung hat sich seit der Machtübernahme durch die Sozialisten beschleunigt. Die von einem ohrenbetäubenden, in Wahrheit übertriebenen Geschrei begleitete politische Krise ist ebenfalls enthüllend. Doch bringt uns ein langes und breites Gerede über den Staat überhaupt weiter?

In Wirklichkeit ist vielleicht nur ein einziger Punkt interessant. Nämlich, daß die Rolle des Staates zu einer Spaltung der französischen Gesellschaft in einen protegierten Teil, der gewissermaßen im Trocknen sitzt und unter der Wirtschaftskrise kaum zu leiden hat, und einen »exponierten« Teil führt, der von den Schlägen einer hartnäckig unfreundlichen Konjunktur mit voller Wucht getroffen wird. Diese exponierte Gesellschaft (Arbeitgeber, Arbeiter, Handwerker, industrielle Kader) bezeichnen manche mit dem alten, leicht altmodischen Begriff der *bürgerlichen Gesellschaft*, die sich dem direkten Zugriff des Staates entzieht. Die andere, die protegierte Gesellschaft, verschmilzt mehr oder minder mit dem Staat selbst, wird in den Zeitungen und den politischen Diskussionen jedoch immer häufiger mit dem alten, unpräzisen Begriff des *Korporatismus* belegt.

Dieser nimmt eine Bedeutung an, die sich weder mit der des Korporativismus des italienischen Faschismus um 1927 noch mit der in Frankreich in den dreißiger Jahren gängigen deckt. Es handelt sich um Gesellschaftsgruppen, die eine Art Korpsgeist entwickeln – das alte, von Renten lebende Bürgertum, die Notare, die Börsenmakler, die Versicherungsagenten... –, mehr noch aber um die öffentlichen Organismen, die unter dem Schutz des Monopols dem Wettbewerb, der Konkurrenz entzogen sind: die Bank von Frankreich, die staatliche Elektrizitätsgesellschaft, die staatliche Eisenbahn, die Sozialversicherung, die Sparkassen, die Banken, Post und Telekommunikation... Eine Sonderstellung käme dem staatlichen Bildungswesen zu, wenn ihm die Regierung, wie versprochen, das Monopol für die Unterrichtung aller Kinder und Studenten einräumte und die Privatschulen verböte; doch bis jetzt zögert sie noch, ihr Versprechen wahr zu machen... Alles in allem handelt es sich hier um einen guten Teil der arbeitenden Bevölkerung Frankreichs.

Nun hat es aber seit Beginn der Krise (also seit 1974) bei diesen Privilegierten keine Entlassungen gegeben – lediglich vorzeitige Pensionierungen oder freiwilliges Ausscheiden –; ebensowenig hat sich die Kaufkraft ihres Gehalts verschlechtert; ihre sozialen Vorteile haben sich weiterhin vermehrt; ihre Arbeitszeit liegt weit unter dem Durchschnitt, und außerdem wird ihnen keine Produktionsanstrengung auferlegt. Die andere Seite dagegen hat massive Entlassungen, Arbeitslosigkeit, eine verminderte Kaufkraft, eine kaum verminderte Arbeitszeit hinnehmen müssen, nicht mitgerechnet den Streß, als einziges Mittel gegen die Flaute die Produktivität immer weiter zu verbessern.

Alain Minc – der Finanzdirektor der Gruppe Saint-Gobain – wirft in seinem Buch *L'Après-Crise est commencé* die Frage auf, ob sich ein Land »in einer Art Schizophrenie« diese Spaltung in zwei soziale Welten auf Dauer leisten und »eine von der Krise verschonte Gesellschaft und eine der Krise ausgelieferte Gesellschaft nebeneinanderstellen« kann; ob sich »die Arbeiter nicht eines schönen Tages nicht mehr an die Arbeitgeber [die ja nun ihrerseits dem exponierten Teil angehören], sondern an die protegierten Erwerbstätigen halten werden«. Könnte man nicht in der Tat nachweisen, daß der protegierte Sektor heute nicht mehr auf der Ebene des Privatunternehmertums, sondern auf der nationalen Ebene zu suchen ist und die Rolle des Arbeitgebers übernommen hat, der vom Marxismus bezichtigt wurde, sich einen Teil des Mehrwerts [der Arbeit] auf Kosten der exponierten Beschäftigten auf ungesetzliche Weise anzueignen?

So zieht sich also eine neue Linie, eine neue Grenze, ein neuer Bruch durch die französische Gesellschaft und teilt sie in ein abgesichertes Frankreich und ein dem Konkurrenzdruck ausgesetztes Frankreich oder, um mit François de Closets zu sprechen, in ein Frankreich der Büros und ein Frankreich der Fabriken. Und dieser Dualismus wirft seinerseits alles über den Haufen, zerbricht alles, verändert alles: Klassenkampf – aber welcher Klassen? Gleichheit – ein abgeklapptes Diskussionsthema; Pflichtgefühl bei der Arbeit? – überholt; und schließlich auch die Rolle des Marktes und des Kapitalismus. Indem sich der Staat nicht für die bürgerliche Gesellschaft entschieden hat, behindert er den Markt und den freien Wettbewerb. Indem er im Namen der Moral gegen das Kapital und den Kapitalismus angetreten ist, schafft er einen Staatskapitalismus. Damit aber gerät das Privatunternehmertum, die Groß- und die Kleinidustrie, in Schwierigkeiten, ohne auch nur, wie in Italien, über das Sicherheitsventil der Schwarzarbeit zu verfügen, der *economia sommersa*, die laut Alain Minc als Möglichkeit, sich der Krise anzupassen, bei unserem südlichen Nachbarn eine recht hilfreiche Rolle spielt, die sie auch für Frankreich spielen könnte.

Aber ist die Gehässigkeit gegen das Geld (das verdiente mehr als das ererbte) wirklich gänzlich der Linken anzulasten, die heute der französischen Politik ihren Stempel aufzuprägen scheint? Ist die Geringschätzung des Kapitalismus in Frankreich wirklich etwas Neues, wird er tatsächlich erst neuerdings verachtet, herabgesetzt, geschmäht?

Oder war Frankreich zu keiner Zeit durch und durch kapitalistisch? Gibt es Belege für eine ähnliche Ablehnung aus früherer Zeit? Zeihen Sie mich nicht gleich des Widerspruchs, des Unernstes. Schließlich holt die Vergangenheit die Gegenwart wirklich immer wieder ein, verstärkt manche Züge, schwächt andere ab. Unsere Vergangenheit aber scheint uns nicht für einen so phantastischen Fortschritt vorherbestimmt zu haben, wie wir ihn nach dem Ende des Zweiten Weltkriegs bis 1974 erlebt haben.

Bedenken Sie, daß Frankreich nie, wie Venedig, Amsterdam, London oder New York, der Mittelpunkt der Weltwirtschaft war. Daß es also alles in allem nie den hundertprozentigen Erfolg kannte. Daß es vor dem 18. Jahrhundert selber keine Geschäftsleute hervorbrachte, sie nicht aus seinen eigenen Reihen rekrutieren konnte. Daß es sie widerwillig von anderen Völkern ausleihen mußte. Bedenken Sie auch, daß Frankreich, wiewohl sehr reich, seine Wirtschaft nie wirklich zu dirigieren, sein Geld nie wirklich zu beherrschen verstand – wobei die Ausnahmen auch hier wieder nur die Regel bestätigen.

Wenn hier aber tatsächlich ein Versagen, eine Unzulänglichkeit vorliegt, könnte man sich womöglich versucht fühlen, auf Max Weber zurückzukommen, der den Kapitalismus ja zum Vorrecht des Unternehmertums und des protestantischen Geistes erklärte. Demnach hätte Frankreich durch die Ablehnung der Reformation im 16. Jahrhundert auch dem Großkapitalismus die Tür vor der Nase zugeschlagen. Nur daß die Techniken des modernen Kapitalismus schon im 12. und 13. Jahrhundert von Venedig, Genua und Florenz erfunden und praktiziert wurden.

Versuchen wir es also mit einer anderen Erklärung: Frankreich blieb bis mindestens 1914 seinem ländlichen Leben verhaftet. Lesenswert dazu das wunderbare Buch von Eugen Weber, das 1983 in einer französischen Übersetzung erschien, *La Fin des terroirs, la modernisation de la France rurale, 1870–1914*. Während Italiens Ruhm bis zum heutigen Tag auf seinen Städten beruht (auch wenn es herrliche Landschaften wie die Toskana besitzt – vorausgesetzt, sie werden nicht vollständig verändert!), machte Frankreichs ganzen Stolz das Land aus. In Frankreich bildeten das ländliche Leben, die bäuerliche Wirtschaft, die Grundrente, der Sparstrumpf lange Zeit die goldene Regel. Der bäuerliche Ursprung der heutigen Franzosen liegt meist nur ein, zwei oder drei Generationen zurück. Ihre Eltern, Großeltern oder Urgroßeltern haben noch Bäume gepflanzt, in ihrem Weinberg Reben geschnitten, ihren Garten umgegraben... Der Sparstrumpf aber, und darin hat Keynes ausnahmsweise einmal recht, ist ein Feind der Investition.

Außerdem haben sich in Frankreich öffentliche Meinung und Kirche seit jeher im Namen der Moral und der Gleichheit gegen den Reichtum und die Reichen verschworen. Und die Schmähungen gehen nach wie vor weiter. *Kapitalist* wird mehr und mehr zum Schimpfwort. Ähnlich bedeutet sich zur Rechten bekennen, etwas wie einen Makel einräumen. Geld machen, in einem Unternehmen, welchem auch immer, Erfolg haben, bringt Ihnen in Frankreich weniger Bewunderung für Ihr Talent als ein gewisses Mißtrauen ein. Als ob man nicht auch mit Anstand Geld machen könnte.

Die Folge ist, daß der Reichtum in Frankreich häufig den Schutz der Diskretion sucht. Er versteckt sich. Prachtentfaltung kommt für die Betuchten nicht in Frage – wo denken Sie hin? Was im viktorianischen England galt, galt nicht im zeitgenössischen Frankreich des Präsidenten Loubet. Noch am 29. Mai 1983 erklärte Guy de Rothschild in einem Interview: »Die Reichen werden nicht als Brüder, sondern als Angehörige einer anderen Rasse betrachtet, Geld isoliert.«

Soziale Spannung. Klassenkampf. Mißstimmung. Vor mir liegt eine meiner zufälligen Lesefrüchte, ein Dokument aus dem Jahr 1871 über eine kleine Industriestadt des Languedoc: »Nahezu alle französischen Industriellen ziehen sich, wenn sie ein mehr oder weniger beträchtliches Vermögen gemacht haben, zurück. Nicht so in England, wo der Industrielle, wenn er sich zur Ruhe setzt, fast sein ganzes Kapital für die Nachfolger in der Firma läßt ... [In Fankreich] betrachtet der Arbeiter seinen Vorgesetzten nur allzuoft als Feind... Und dieser Mangel an Vertrauen ist die Quelle allen Übels, hier ist die letzte Ursache unserer Unterlegenheit zu suchen.« Sich von der wenig beneidenswerten Position des Unternehmers auf eine schon vorbereitete, diskrete Position zurückziehen...

Natürlich kann man auf der Grundlage eines einzigen Dokuments keine allgemeingültige Diagnose erstellen.

Aber wenn ich mich nun zu guter Letzt Italien zuwende, so spielt die Gesellschaft hier doch gewiß auch nicht, wie in den Vereinigten Staaten, in ihrer ganzen Breite das kapitalistische Spiel, und doch suchen sein Kapitalismus, seine Geschäftsleute im großen und ganzen nicht das Inkognito oder das Halbdunkel. Ich selbst kenne in einer Industriestadt der Toskana erfolgreiche Geschäftsleute, die ihr Haus in ein regelrechtes Museum umgewandelt haben, mit Gemälden von berühmten Malern oder solchen, die an der Schwelle des Ruhms stehen, mit Geschmack und Vergnügen ausgewählt und – mit Vergnügen vorgezeigt.

Und Sie selbst kennen die italienischen Banken als großzügige Mäzene, die samt und sonders den Intellektuellen unter die Arme greifen und es sich zur Ehre anrechnen, ihre Publikationen zu finanzieren. Nichts dergleichen bei den französischen Banken, auch nicht bei den verstaatlichten. In Frankreich können erstrangige Werke aus Geldmangel nicht veröffentlicht werden. Beispielsweise fände ich von seiten unserer Banken, so gut es ihnen geht, zweifellos nicht die mindeste Unterstützung.

So fragt sich denn doch: Warum hat Italien einen so viel aufgeschlosseneren, intelligenteren und in jedem Fall auch effizienteren Kapitalismus als Frankreich? Bei der Antwort dürften die Historiker wohl ein Wörtchen mitzureden haben.

IX

Ein Wort von François Mitterrand in seiner Ansprache vom 16. September letzten Jahres (1983) genügte, um den Streit um den Geschichtsunterricht wiederaufleben zu lassen. Offenbar war es eben wieder einmal soweit.

Es ist ein alter Streit, der immer wieder aufflackert und keinen gleichgültig läßt, weder die Öffentlichkeit, die sich heute mehr denn je für Geschichte begeistert, noch die Politiker, die ja schon von Berufs wegen auf der Lauer liegen müssen, noch die Journalisten, geschweige denn die Geschichtslehrer. Es ist ein alter Streit, der nichts Neues bringt, gleichwohl aber immer weitere Kreise zieht. Unter seinem Dach finden alle Kontroversen Platz, kommen sie allesamt wie gute Truppen zum Kanonendonner angerückt.

Im Grunde geht es um den Lehrplan für die Grundstufe, von dem sonderbarerweise fast niemand spricht; um den Lehrplan für die Oberstufe, von dem mehr gesprochen wird, als man ihn studiert. Weiter geht es um den Bankrott oder sogenannten Bankrott des Geschichtsunterrichts, der skandalöse Folgen für unsere Kinder haben soll. Fragt sich nur, ob sich denn überhaupt absolut befriedigende Ergebnisse erzielen ließen, ob sie je erzielt wurden? Schon um 1930 gefiel sich eine Historikerzeitschrift darin, in ihren Spalten eine umfangreiche Fehlersammlung mit den Böcken von Pennälern aufzuführen. Und dabei wurde damals nach dem heute vielfach hochgelobten Handbuch von Malet-Isaac unterrichtet.

Und schließlich geht es um die Entwicklung der Geschichtswissenschaft in ihren verschiedenen Formen. Für die einen belastet die herkömmliche Geschichte, also der getreue, der sklavische Bericht, das Gedächtnis der Schüler rücksichtslos mit Daten, Namen und Taten großer Persönlichkeiten; dagegen machen die anderen die »neue« Geschichte, die sich »wissenschaftlich« gibt, die die lange Dauer und ähnliches kultiviert und darüber die Ereignisse vernachlässigt, für die didaktischen Mißerfolge verantwortlich, die angeblich wahrhafte Katastrophen heraufbeschwören, so zumindest den unverzeihlichen Untergang der Chronologie. Dieser Streit der Alten und der Modernen ist offensichtlich äußerst praktisch, gestattet er doch, die Probleme und die »Schuldfrage« unter dem Deckmantel einer pädagogischen Debatte zu vertuschen, anstatt die Fragen wissenschaftstheoretisch zu untersuchen und zu klären.

Ist das Problem wirklich so kompliziert? In der Oberschule hat man es zunächst noch mit Kindern, dann mit Erwachsenen zu tun. Dementsprechend muß sich der Unterricht an einem bestimmten Zeitpunkt notgedrungen ändern, in Geschichte wie in den anderen Fächern. Das Problem ist also die Verteilung des Lehrstoffs über die Schulzeit unter Berücksichtigung der verschiedenen Jahrgänge: am Anfang Kinder; am Ende Erwachsene. Was für die einen taugt, taugt nicht für die anderen. Es gilt also den Stoff aufzuteilen, und das erfordert eine Leitidee, ein Abwägen, was den einzelnen Jahrgängen einerseits nahegebracht werden sollte, andererseits zugemutet werden kann, mit einem Wort: aufmerksame Beobachtung und Intelligenz.

Für die *Kinder* habe ich stets eine einfache Erzählung empfohlen, Bilder, Fernsehberichte, Filme, kurz, eine traditionelle Geschichte, die für die heutigen Medien aufbereitet sein sollte, an die Kinder gewöhnt sind. Und ich weiß, wovon ich spreche. Denn wie alle Universitätsdozenten meiner Generation habe ich lange Zeit an staatlichen Gymnasien gelehrt, wo ich neben den letzten Klassen und den Prüfungen stets auch eine 6. Klasse betreute, das heißt Kinder zwischen zehn und zwölf Jahren. Ein wunderbares Publikum, das spontan mitgeht, dem man die Geschichte wie in einer Laterna magica vorführen kann. Das große Problem dabei ist, ihm die Augen für die Perspektive, die Wirklichkeit der gelebten Zeit, für die verschiedenen Richtungen und Bedeutungen und natürlich für die Abfolgen zu öffnen, die die Geschichte markieren, abstecken, ihr ein erstes erkennbares Gesicht geben. Ich bin immer wieder aufs neue entsetzt, wenn ich bei einem durchschnittlichen Schüler feststelle, daß er Ludwig XIV. im Verhältnis zu Napoleon oder Dante im Verhältnis zu Machiavelli nicht richtig einordnen kann… Deshalb heißt es die Zeit nach und nach zu erschließen, damit möglichst wenig Durcheinander entsteht. Außerdem aber soll die leicht faßliche Erzählung wie von selbst Schauspiele, Landschaften, Panoramen erstehen lassen. Wir befinden uns an einem bestimmten Ort, in Venedig, Bordeaux oder London… Zur Einführung in die Zeit muß die Einführung ins Vokabular kommen; die Kinder müssen lernen, mit den Begriffen, den abstrakten und den konkreten, korrekt umzugehen … Mit den Schlüsselbegriffen: Gesellschaft, Staat, Wirtschaft, Kultur… Und das auf die einfachste Weise der Welt. Sie müssen die wichtigsten Daten kennen, müssen die bedeutenden Persönlichkeiten, auch die verabscheuungswürdigen, zeitlich richtig einordnen, an ihren Platz stellen können.

Damit kommen wir zur Scheidelinie, zu den jungen Leuten, die heute freier, aber auch unglücklicher sind, als wir es in ihrem Alter waren, die aufsässig scheinen, während sich in Wirklichkeit die Gesellschaft, die Welt, die Lebensweise um sie herum verändern und sie in ihre Bewegungen, in ihre Zwänge, in ihre Wutausbrüche verwickeln. Sie sind vielleicht weniger intellektuell, weniger auf Bücher versessen, aber ebenso intelligent und mit Sicherheit neugieriger als wir es beim Abschluß unserer Lehrzeit waren. Wie also soll man ihnen die *Geschichte* vorsetzen?

In Frankreich verordnet ihnen ein absurder Lehrplan als Lehrstoff für die erste Klasse die Welt von 1914 bis 1939, während er die Welt nach 1939 für die Abschlußklasse aufhebt. Zweimal also die große weite Welt, aber die der Politik, der Kriege, der Institutionen, der Konflikte. Eine sagenhafte Masse an Daten und Ereignissen. Ich möchte den Historiker kennenlernen, der, mag er auch das Gedächtnis eines Elefanten besitzen, garantieren könnte, alle Fragen über diesen Wust oft mittelmäßiger Fakten, die einander vielfach nur folgen, weil sie eben einander folgen, fehlerfrei beantworten könnte... Vor mir liegt das neueste Lehrbuch über *Le Temps présent*, das beste seiner Art, wie man mir sagte. Ich für meinen Teil finde es nützlich, gut gemacht, aber enttäuschend. Kein brauchbares Wort über den Kapitalismus, die Wirtschaftskrisen, die Weltbevölkerung, die außereuropäischen Kulturen, die tieferen Gründe der Konflikte – nur die Konflikte selbst.

Wie konnte es zu einem solchen Skandal kommen? Durch eine absurde Entscheidung des Kulturministeriums. Ich persönlich hätte, wie ich es stets vorgeschlagen habe, die Einführung in die *histoire nouvelle* der *Abschlußklasse* vorbehalten. Die *histoire nouvelle* gliedert sich ganz bewußt die verschiedenen Wissenschaften vom Menschen an, denn diese betrachten und erklären die heutige Welt, sie machen das Durcheinander verständlich. Und mir erscheint es nun einmal notwendig, daß ein Achtzehnjähriger, der im Begriff steht, sich auf einen Beruf vorzubereiten, welchen auch immer, in die aktuellen Probleme von Wirtschaft und Gesellschaft, in die großen kulturellen Konflikte der Welt, in die Pluralität der Kulturen eingeweiht sein sollte. Daß er fähig sein sollte, eine große Tageszeitung zu lesen und zu verstehen, was er liest, um sich ein klares Bild machen zu können.

De facto aber ist genau das Gegenteil geschehen. Die »neue Geschichte« wurde in die unteren Klassen verwiesen, wo sie sich – und wie könnte es auch anders ein? – offensichtlich verheerend ausgewirkt hat.

Und schließlich wurden die beiden Geschichtskurse zum beiderseitigen Schaden an den Beginn und ans Ende der Gymnasialzeit gelegt. Die dadurch heraufbeschworene Konfusion wird noch dadurch verschärft, daß die Lehrer seit 1968 bei der Auswahl des Stoffs relativ freie Hand haben und in bester Absicht einen Ausschnitt auswählen und einen anderen ausklammern können. Wenn der Zufall es will, erfahren manche Schüler, zumal bei einem Lehrerwechsel, von dem einen oder anderen wichtigen Abschnitt der Vergangenheit auf der Schule überhaupt nichts; für eine chronologische Kontinuität ist dies nicht gerade von Vorteil...

Den Geschichtsunterricht der *Kinder* hat dasselbe Schicksal ereilt wie den Mathematik- oder Grammatikunterricht... Wozu zehnjährigen Lausern, die mit Sicherheit nicht einmal die ganz gewöhnliche

Arithmetik beherrschen und von denen sich nur ganz wenige später einmal an die höhere Mathematik heranwagen werden, mit Bindfaden und Hosenknöpfen die *Mengen*lehre beibringen? Und die Grammatik gleicht seit der Einführung der Linguistik einem von Wildschweinen umgewühlten Kartoffelfeld. Sie bedient sich neuerdings einer pedantischen, komplizierten, unverständlichen, und was mehr ist, vollständig unangemessenen Sprache. Die Folge: Grammatik und Orthographie sind noch nie so vernachlässigt worden wie heute! Aber für diese Ungereimtheiten sind weder die Linguistik noch die höhere Mathematik noch die Geschichte verantwortlich. Diese machen nur, was ihnen vorgeschrieben wird. Ohne sich darum zu kümmern, was in einem bestimmten Alter lehrbar ist und was nicht. Verantwortlich im vorliegenden Fall ist der intellektuelle Ehrgeiz derer, die den Lehrplan aufstellen. Sie wollen zuviel. Nun freut es mich ja, wenn sie für ihre eigene Person ehrgeizig sind. Für ihre Schützlinge aber sollten sie sich um Einfachheit bemühen, selbst und vor allem dort, wo es schwierig ist.

Nun frage ich mich, wieweit diese Erörterung einen italienischen Leser überhaupt interessieren kann. Bei näherer Betrachtung indessen wird er erkennen, daß sich der Streit im Grunde um ein äußerst wichtiges Problem dreht, das ihn nicht kaltlassen kann. Wer könnte schon die enorme Rolle der Geschichte bestreiten? Gewiß, sie soll sich nicht in der Kultivierung eines stets anfechtbaren Nationalismus verlieren noch in einem Humanismus aufgehen, für den ich eine gewisse Vorliebe hege. Das große Problem besteht darin, daß die Geschichte ein Ingredienz ist, ohne das kein Nationalbewußtsein lebensfähig ist. Und daß es ohne ein solches Bewußtsein keine eigenständige, keine wahre Kultur geben kann, in Frankreich sowenig wie in Italien.

X

Läuft der Roman, der Stolz unserer westlichen Literaturen, wirklich Gefahr, seine Vorrangstellung bei uns einzubüßen? Diese Befürchtung hat jedenfalls Milan Kundera, der Verfasser des in ganz Italien und ganz Frankreich bekannten hervorragenden Romans *Der Scherz,* im *Nouvel Observateur* vom 26. August 1983 geäußert und begründet. (Kundera, der die Tschechoslowakei verlassen hat, lebt heute in Paris.)

Seit seiner Geburt mit Cervantes' *Don Quichote* (erster Teil 1604, zweiter Teil 1614) hat der Roman, so Kundera, die mächtigen Kulturen und verschiedenen europäischen Gesellschaften mit einer langen Feuerspur durchzogen... Nun aber soll ihm die letzte Stunde geschlagen haben, wie man heute ja auch vom Ende des Theaters oder vom Ende der Kunst spricht. »Mit dem Geist unserer Zeit kann der Roman nicht in Frieden leben: Wenn er sich weiterhin wie bisher darauf versteift, Unentdecktes entdecken zu wollen, wenn er sich als Roman weiterentwickeln will, kann er das nur gegen die Entwicklung der Welt tun.« Eine triste, verzweifelte Diagnose, die auf den ersten Blick überrascht. Bei näherer Betrachtung jedoch neigt man dazu, Milan Kundera recht zu geben.

Jedenfalls tendiere ich dazu, wenn ich von meiner eigenen, kurzen persönlichen Erfahrung ausgehe, die das Problem natürlich nicht löst. Wie verrückt, buchstäblich verrückt, war ich doch als Zwanzigjähriger und noch viel später, mindestens bis 1939, nach der Literatur meines Landes und der meiner anderen geistigen europäischen Vaterländer, während ich heute immer seltener zu einem Roman greife: Heimlich, still und leise hat sich die Literatur aus meinem Alltag davongestohlen. *Testis unus, testis nullus.* Ein Zeugnis ist kein Zeugnis. Und in der Tat lancieren die französischen Verlage ja auch nach wie vor eine große Anzahl Romane. Dieses Gewerbe kennt bei uns keine Arbeitslosigkeit. Erst unlängst wurden im *Quotidien de Paris* 30 junge Schriftsteller besprochen, von denen manche gewiß berühmt werden. Ich wünsche es ihnen. Und der Prix Goncourt wird ebenfalls nach wie vor mit denselben Zeremonien und denselben Folgen verliehen wie gestern. Demnach hätte ich also womöglich doch nicht recht?

Um mich vor mir selbst zu rechtfertigen, sage ich mir, daß die heutigen Romane nur allzuoft die Welt und die Gesellschaft, in der wir leben, schildern, und daß mich diese heutige Welt und ihre Stürme, das Tun und Treiben ihrer Jugend – meiner Enkelkinder – trotz meiner Geduld und trotz meiner toleranten Einstellung überrascht, empört, abstößt... Und das Buch gleitet mir aus der Hand oder klappt von selbst zu.

Sollte der Mensch dazu verdammt sein, sein Leben lang den Landschaften, Erfahrungen und Büchern seiner Jugend die Treue zu halten? Dann hätte ich meine Jugend zweimal verloren. Mit dem Verschwinden von Proust, Gide und Valéry vor langer Zeit. Und mit dem gleichzeitigen oder doch fast gleichzeitigen Tod von Jean-Paul Sartre – dem lebendigsten von allen –, von Montherlant, Aragon,

André Malraux gestern. Ihr Abgang hat eine gewaltige Leere hinterlassen... Und wenn ich heute das Bedürfnis verspürte, einen Roman
zu lesen, würde ich zweifelsohne *Die Tatarenwüste* von Dino Buzzati
wiederlesen – in der heimlichen, wohl eher vergeblichen Hoffnung,
den Roman mit neuen Augen sehen zu können. Nun werden Sie mir
sagen: Ausnahmen bestätigen die Regel, und das stimmt ja auch.

Aber haben diese Meister von gestern den Roman nicht in gewisser Weise von vornherein verraten, auf die schiefe Bahn gebracht,
kurz, den doppeldeutigen und schwierigen Zeiten, denen wir entge-
gengehen, den Boden bereitet? Marcel Proust, der Memoirenschrei-
ber seines eigenen Lebens, hat die untergegangene Welt der oberen
Zehntausend der Pariser Gesellschaft mit großer Geduld getreulich re-
konstruiert. Aber ist dies das Verfahren eines Romans? Paul Valéry ist
Dichter und Philosoph. Sein Monsieur Teste im *Abend des Herrn Teste*
(»Ich habe mich geliebt, ich habe mich verabscheut, dann sind wir
zusammen alt geworden«) gleicht keinen Augenblick lang einem Ro-
manhelden. Auch Gide ist trotz seiner geglückten Versuche kein Romancier im eigentlichen Sinn: Er ist der Verfasser von *Uns nährt die
Erde* (»Nathanael, Nathanael, ich will dich die Glut lehren«). Und dasselbe gilt zum großen Teil für die anderen. Jean-Paul Sartre, Mann
des Theaters, Romancier, Soziologe, Philosoph und Mann der Tat, ist
in erster Linie wohl doch ein tollkühner Philosoph, der mit gesenk-
tem Kopf gegen die Absurditäten der Gegenwart anrennt. Der sich ir-
ren mag, aber stets bereit ist, von vorne anzufangen.

Und noch etwas. Eine Umfrage der Revue *Lire* von 1982 machte
mich fassungslos, beunruhigte mich mehr, als daß sie mich im entfern-
testen überzeugt hätte: Die Antwort der Leser auf die Frage nach
ihren Lieblingsautoren. 1. Claude Lévi-Strauss; 2. Raymond Aron; 3.
Michel Foucault... Genau besehen lauter Philosophen. Welch sonderbare Hitliste! Wer aus dem großen Publikum hat Lévi-Strauss' subtiles
Wildes Denken oder das ebenso rätselhafte wie brillante Buch *Die Ordnung der Dinge* von Michel Foucault wirklich gelesen? Den siegreichen
Drei folgten Jacques Lacan und Simone de Beauvoir. (Ist sie wirklich
eine Romanschriftstellerin?). Schließlich – o Schande – kamen die Historiker. Ja, Historiker. Nun frage ich Sie, was Historiker auf einem
Schauplatz verloren haben, der doch nicht der ihre ist? Sind sie gewissermaßen zur Vorsorge da, ähnlich einer Ersatzmannschaft, oder als
Reiseveranstalter für Reisen außerhalb der allzu bedrängenden Gegenwart? So unvermutet und unverdient eine solche Umfrage auch ausfal-

len mag, aufschlußreich ist sie doch insofern, als sie eine Erklärung anbietet, die Milan Kundera entgangen ist und die gleichwohl wichtig sein könnte. Daß die Philosophen in den Augen eines *Elite*publikums an die Stelle der Literaten treten, ist weit mehr als ein Zeichen. Offensichtlich glaubt dieses Publikum, nur die Philosophen könnten ihm die Ansichten der Sozialwissenschaften deuten, die das Denken des Westens heute erobern, überschwemmen, verformen, aus dem Takt bringen, bereichern. Und in der Tat, was haben uns die Romanciers schon angesichts dieser Masse neuer Ideen und Sprachen zu sagen? Sie versteifen sich – vielleicht sogar in der Tradition der sogenannten bürgerlichen Gesellschaft – darauf, uns, indem sie von anderen reden, letztlich doch wieder von sich zu erzählen. Und außerdem: Welcher Romancier wäre heute nicht von wiederauflebenden Freudschen oder immer noch durchschlagenden Marxschen Ideen besessen? Welcher Romanautor verirrte sich nicht eines Abends zu Lacan, der sein Werk, gleichsam zum Vergnügen, mit Hindernissen spickt? So wird die Literatur von einer neuen Sprache, einer neuen Redeweise erobert, wie die Flut unsere Ufer überspült. Und so stellt sich die Frage, ob diese unabweisbaren, undurchsichtigen Wasser schließlich alles unter sich begraben werden? Durchaus möglich.

Wie früher schon eignet sich Paris am besten für unsere Beobachtungen. Zwar besitzt Frankreich weder die besten Soziologen, die besten Psychologen und Psychoanalytiker, noch die einzigen Historiker, aber es liegt im Schnittpunkt Europas und wird getragen von den Intellektuellen, die hier zusammenströmen. Außerdem besitzt Paris das am besten harmonierende Orchester der Sozialwissenschaften, dessen Musik alles durchdringt, alles auf den Kopf stellt, alles aufhebt.

Und ich wage mich zu fragen, ob diese vielleicht etwas schnell hingeworfenen Bemerkungen auch in Italien, in England oder sonstwo fallen könnten. In Italien, das nach Kriegsende die wunderbare Blüte einer glänzenden Literatur, einer Filmkunst ohnegleichen, einer brillanten Kunst, kurz, eine wahre Renaissance erlebt hat. Wirklich Schlechtes über Italien aber werden nur die Italiener sagen, wie nur die Franzosen selbst schlecht über Frankreich reden. Und in der Tat sprechen die Italiener gern vom Niedergang des italienischen Romans. Nach ihren Reden hätte das Jahrhundert Dino Buzzatis nur wenige Jahre gedauert.

Wenn das zutrifft, sei noch einmal die Frage nach den Ursachen gestellt.

Wie alle Welt habe auch ich geglaubt, daß dem Roman im Film, ob im Kino oder im häuslichen Fernsehen, ein Tag und Nacht rühriger Gegner erwachsen ist. Einen Film schauen wir meist von Anfang bis Ende an. Wer dagegen hätte bei einem Roman nicht schon Seiten übersprungen, um schneller ans Ende zu gelangen?

Doch wenn das ein stichhaltiges Argument wäre, müßten Roman und Film ein widersprüchliches Schicksal haben, müßte es dem einen gut beziehungsweise sogar besser gehen, wenn es mit dem anderen bergab geht. Nun ist das aber nicht der Fall. Film und Roman sind Brüder; was den einen befördert, feuert den anderen an. Häufig liefert der Roman den Entwurf zum Film. So versteht man Alain Robbe-Grillet, einen besonders schwierigen Romancier, besser, wenn man sich den Film *Letztes Jahr in Marienbad* anschaut, dessen Dialoge er geschrieben hat, als wenn man seine Romane liest. Im übrigen ein wahrhaft sonderbarer Film!

Letztlich könnte der große Roman das Lösegeld einer in Chaos und Leiden gefangenen Gesellschaft sein: eine Befreiung, ein Plädoyer, eine Klage. Soziologie und Geschichte bezeugen es. Das gilt für Pasternak, für Solschenizyn. Und ebenso für das Nachkriegsitalien. Welch unbeschreibliches Elend herrschte damals! Es gilt auch für die Vereinigten Staaten, allerdings *a contrario*, denn ihre Romanciers protestieren, revoltieren gegen das materielle Leben, die Macht, die Ungerechtigkeit ihres Landes. Es ist eine übertragene, nach Europa versetzte Literatur.

Und Frankreich? Sollte es, wenn es sich nicht mehr der Literatur rühmen kann, die seinen ganzen Stolz ausmachte, wenn es sich zu seinen Philosophen und Sozialwissenschaftlern, dieser zum Kampf schlecht gerüsteten Fußtruppe, herabläßt, sollte es entgegen allen Behauptungen, nicht genug gelitten haben? Das Frankreich Jean-Paul Sartres ist wohl wirklich nicht das Frankreich Balzacs. So wird, wenn Frankreich leidet, auch seine Literatur wieder an Glanz gewinnen. Wie Sie sehen, kann keiner so schlecht über Frankreich reden wie ein Franzose.

Bibliographie der wichtigsten Schriften Fernand Braudels*

La Méditerranée et le monde méditerranéen à l'époque de Philippe II, Paris 1949; 2. überarbeitete und erweiterte Auflage, 2 Bde., Paris 1966; deutsche Übersetzung von Grete Osterwald und Günter Seib: *Das Mittelmeer und die mediterrane Welt in der Epoche Philipps II.*, 3 Bde., Frankfurt am Main 1990.

Navires et marchands à l'entrée du port de Livourne (1547–1611), Paris 1951 (zus. mit Ruggiero Romano).

Le Monde actuel. Histoire et civilisations, Paris 1963 (zus. mit Suzanne Baille und Robert Philippe); Braudels Beitrag zu diesem Schulbuch wurde bereits 1966 separat ins Spanische und Italienische übersetzt; der französische Originaltext erschien später unter dem Titel *Grammaire des Civilisations*, Paris 1987.

Carlo V, Mailand 1966; franz. Originaltext in: *Ecrits sur l'histoire II*, Paris 1990, S. 167–207; deutsche Übersetzung von Joachim Kalka: *Karl V. Die Notwendigkeit des Zufalls*, Stuttgart 1990 (limitierte Sonderausgabe); überarbeitete Übersetzung in: *Schriften zur Geschichte II. Menschen und Zeitalter*, Stuttgart 1993, S. 179–226.

Civilisation matérielle et capitalisme (XVᵉ–XVIIIᵉ siècles), Bd. 1, Paris 1967; deutsche Übersetzung von Günter Seib: *Geschichte der Zivilisation. 15.–18. Jahrhundert*, München 1971 (Kindlers Kulturgeschichte Bd. 31).

Ecrits sur l'histoire, Paris 1969; deutsche Übersetzung von Gerda Kurz und Siglinde Summerer: *Schriften zur Geschichte I. Gesellschaften und Zeitstrukturen*, Stuttgart 1992.

La Historia y la Ciencias sociales, Madrid 1968; franz. Originaltext: *Ecrits sur l'histoire*, Paris 1969; deutsche Übersetzung von Gerda Kurz und Siglinde Summerer: »Geschichte und Sozialwissenschaften. Die lange Dauer«, in: *Schriften zur Geschichte I. Gesellschaften und Zeitstrukturen*, Stuttgart 1992, S. 49–87.

Historia i trwanie, Warschau 1971 (Sammlung von Aufsätzen und Buchbesprechungen).

Filippo II, Mailand 1969; franz. Text (Rückübersetzung) in: *Ecrits sur l'histoire II*, Paris 1990, S. 209–253; deutsche Übersetzung von Ger-

---

* Zusammengestellt von Peter Schöttler

da Kurz und Siglinde Summerer: »Philipp II.«, in: *Schriften zur Geschichte II. Menschen und Zeitalter*, Stuttgart 1993, S. 227–279.

Histoire économique et sociale de la France, 8 Bde., Paris 1977–1982 (Herausgeber, zus. mit Ernest Labrousse); deutsche Teilübersetzung: *Wirtschaft und Gesellschaft in Frankreich im Zeitalter der Industrialisierung*, 2 Bde., Frankfurt am Main 1986.

La Méditerranée, 2 Bde., Paris 1977–1987 (Herausgeber, zus. mit Georges Duby, Maurice Aymard); deutsche Übersetzung von Markus Jakob: *Die Welt des Mittelmeers. Zur Geschichte und Geographie kultureller Lebensformen*, Frankfurt am Main, 2. Aufl. 1991.

Afterthoughts on Material Civilization and Capitalism, Baltimore, Mass. 1977; franz. Originaltext: *La dynamique du capitalisme*, Paris 1985; deutsche Übersetzung von Peter Schöttler: *Die Dynamik des Kapitalismus*, Stuttgart 1986.

Civilisation matérielle, économie et capitalisme (XVe–XVIIIe siècles), 3 Bde., Paris 1979; deutsche Übersetzung von Gerda Kurz, Siglinde Summerer und Günter Seib: *Sozialgeschichte des 15. bis 18. Jahrhunderts*. Bd. 1: *Der Alltag*, Bd. 2: *Der Handel*, Bd. 3: *Aufbruch zur Weltwirtschaft*, München 1985–1986.

L'Europe, Paris 1982 (Herausgeber).

Venise, Paris 1984 (zus. mit Folco Quilici).

Le Monde de Jacques Cartier. L'aventure au XVIe siècle, Montreal–Paris 1984 (Herausgeber).

Une leçon d'histoire de Fernand Braudel. Châteauvallon. Journées Fernand Braudel. 18, 19 et 20 octobre 1985, Paris 1986.

Discours de réception de M. Fernand Braudel à l'Académie Française et réponse de M. Maurice Druon, Paris 1986.

L'Identité de la France, 3 Bde., Paris 1986–1987; deutsche Übersetzung von Peter Schöttler, Siglinde Summerer und Gerda Kurz: *Frankreich*. Bd. 1: *Raum und Geschichte*, Bd. 2: *Die Menschen und die Dinge*, Bd. 3: *Die Dinge und die Menschen*, 3 Bde., Stuttgart 1989–1991.

Il secondo Rinascimento. Due secoli e tre Italia, Turin 1986; franz. Originaltext: *Le Modèle italien*, Paris 1989; deutsche Übersetzung von Gerda Kurz und Siglinde Summerer: *Modell Italien, 1450–1650*, Stuttgart 1991.

I tempi della storia. Economie, società, civiltà, Bari 1986 (Sammlung von Aufsätzen und Interviews).

Ecrits sur l'histoire II, Paris 1990; deutsche Übersetzung von Norbert Grube, Joachim Kalka, Gerda Kurz und Siglinde Summerer: *Schrif-*

ten zur Geschichte II. Menschen und Zeitalter, Stuttgart 1993 (gegenüber der franz. Originalausgabe erweitert).

Für ein vollständiges Schriftenverzeichnis (bis 1971) siehe:

Branislava Tenenti: »Bibliographie des écrits de Fernand Braudel«, in: *Mélanges en l'honneur de Fernand Braudel,* Toulouse 1973, Bd. II, S. 483–509.